明代贵州史全四种整理点校文献集成
贵州省高校人文社科基地贵阳学院阳明学与黔学研究院黔学研究丛书

[明] 沈庠 ◎ 修
[明] 赵瓒 等 ◎ 纂　赵平略　邢洋洋　赵念　吴春燕 ◎ 点校

弘治
贵州图经新志

西南交通大学出版社
·成都·

图书在版编目（CIP）数据

弘治《贵州图经新志》/（明）沈庠修；（明）赵瓒等纂；赵平略等点校. —成都：西南交通大学出版社，2018.1

（明代贵州史全四种整理点校文献集成 贵州省高校人文社科基地贵阳学院阳明学与黔学研究院黔学研究丛书）

ISBN 978-7-5643-5844-0

Ⅰ.①弘… Ⅱ.①沈… ②赵… ③赵… Ⅲ.①贵州－地方志－明代 Ⅳ.①K297.3

中国版本图书馆 CIP 数据核字（2017）第 262164 号

明代贵州史全四种整理点校文献集成
贵州省高校人文社科基地贵阳学院阳明学与黔学研究院黔学研究丛书

弘治《贵州图经新志》

[明]沈庠 修 [明]赵瓒 等纂
赵平略 邢洋洋 赵念 吴春燕 点校

出 品 人	阳 晓
责 任 编 辑	吴 迪
特 邀 编 辑	朱如意
策 划 编 辑	李晓辉
封 面 设 计	严春艳
出 版 发 行	西南交通大学出版社 （四川省成都市二环路北一段 111 号 西南交通大学创新大厦 21 楼）
发 行 部 电 话	028-87600564 028-87600533
邮 政 编 码	610031
网 址	http://www.xnjdcbs.com
印 刷	成都勤德印务有限公司
成 品 尺 寸	170 mm × 230 mm
印 张	22.25
字 数	395 千
版 次	2018 年 1 月第 1 版
印 次	2018 年 1 月第 1 次
书 号	ISBN 978-7-5643-5844-0
定 价	188.00 元

图书如有印装质量问题 本社负责退换
版权所有 盗版必究 举报电话：028-87600562

点校说明

1. 国家图书馆出版社根据馆藏明刻本弘治《贵州图经新志》影印，于2009年出版发行，本书即以此书为底本。贵州图书馆亦出了影印本，供读者使用。国家图书馆与贵州图书馆所据的本子虽然区别不大，但显然不是一个本子。本书以国家图书馆的影印本为底本，以贵州图书馆的影印本为对校本，并参校嘉靖《贵州通志》、万历《贵州通志》及郭子章的《黔记》《黔诗纪略》等资料。

2. 本书尽可能依照原书原貌，只有在原书的错误十分明显时，才做相应的改动。

3. 与多数古籍一样，原书异体字用得很多，为了方便读者的阅读，本书做了一定的处理。如"古迹"，原书既使用"蹟"，也用"跡"，而"古迹"一项，又是本书的小标题，为了保持体例的一致，也便于读者阅读，本书一律用通行的简体字"迹"。再如地名中的异体字，本书也一律统一为一种，如"珍州"，原书时而写为"琢州"，时而写作"珎州"，为便于阅读，本书一律作"珍州"。但"罗甸"，亦或作"罗殿"，因二字本非异体字，几不通用，点校时仍旧。

4. 现在通行用简体字的，均用现在通行的简体字。如"呌""欵""咲"，一律简写为"叫""款""笑"。

5. 地名中的异体字，一律用现在通行的简体字，如"扎佐"，原文多作"劄佐"。

6. 原书目录有错讹之处，且有时几个地方合为一卷，如第九卷包括永宁州、镇宁州、安顺州三个州，而贵州宣慰司则分为三卷，阅读起来有诸多不便。因此，本书新编了目录，每个地方单列一卷，但未改变原文顺序，并将原目录附于其后，以便于对照。

7. 原文缺或无法辨认之处，统一用□表示。

凡　例

一、古今地里图经志书，体制不一，至宋祝穆作《方舆胜览》，纲举目张，事类颇悉，而为诸家之冠。然亦未尽善也。迨我大明《一统志》出，一扫群志之陋，而程式之美，足为万世志法。故此志之作，兼准二书焉。

一、贵州地里自迁史而下皆载之。然自唐及元为详，元志凡四，建置互有不同，盖各据一时书之也。

国朝亦两有作，皆以典籍未备，故考究采掇，挂漏可笑。今志遍考《史记》，两汉书，《三国志》，晋、宋、齐、梁、陈、魏、隋、唐、五代史纲目，宋、元史，《文献通考》《玉海》并《舆地》诸书，及故老所传、碑碣所载，取其可信，缺其可疑，采撷备录，略无遗逸矣。

一、贵州夷汉杂居，风俗媺恶不一，自入圣朝，渐摩仁义，去其故习久矣。然旧志所载，尚循其常，今据实书之，不敢以厚诬也。其夷俗有未变者，则仍其旧。

一、贵州山川之秀颇多，而旧志所载独少。今于山之秀拔者，皆增载而详其胜，水亦录其源流之详，于以壮方舆之观，而资后日之考焉。

一、土产，书其异者，若世所同有，菽、粟、鸡、犬之类，皆不复载。

一、名宦，皆书其既任而德政之著者。

一、流寓人物，皆书其既世而有功德节义者，及耆艾归隐者，盖公论之已定也，其余虽贤能贵显皆不书，盖将有待而犹厚望其终也。

一、列女，旧志附于人物条下，今遵《一统志》改正。

一、科贡，纪人材之盛，亦地方所重，不可略者，故备录之。

一、题咏[①]，皆取其有关于风土政事者，其他吟咏风月者虽美，不录。

一、诗文，既分载志内，其或不能尽载，别为附录，庶后日有以见我朝文化之盛，无远弗届，而文献亦有所征焉。

---

① 题咏：贵图本作"显咏"，误。

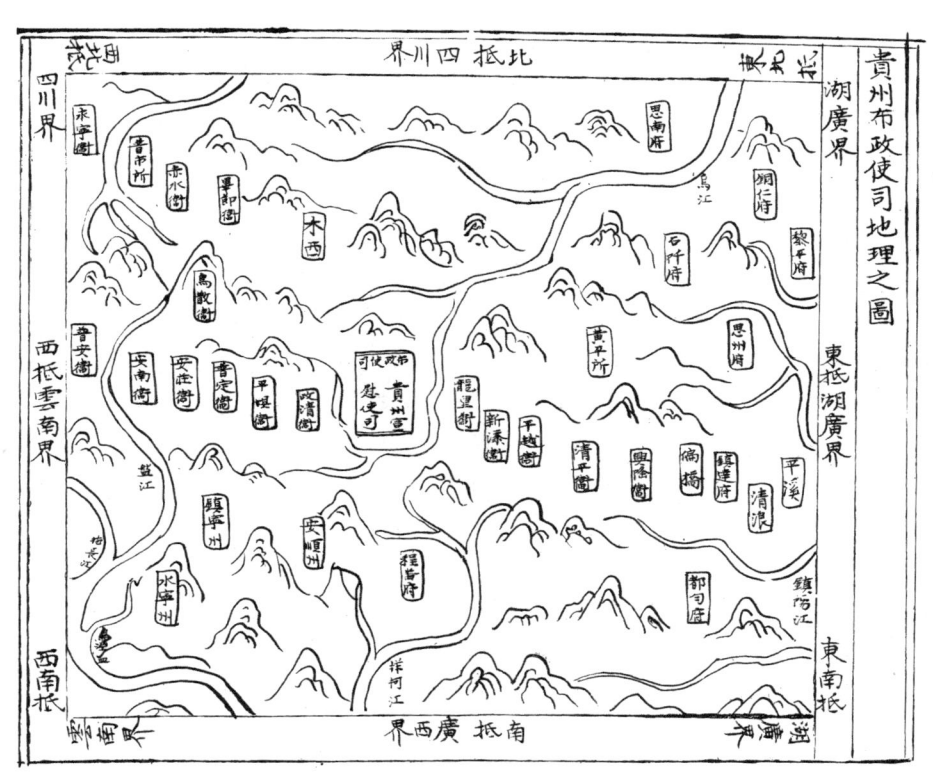

贵州布政使司地理之图

目 录

001	第一卷	贵州宣慰司
071	第二卷	思州府
080	第三卷	思南府
091	第四卷	镇远府
106	第五卷	石阡府
126	第六卷	黎平府
138	第七卷	铜仁府
146	第八卷	程番府
160	第九卷	都匀府
175	第十卷	永宁州
182	第十一卷	镇宁州
189	第十二卷	安顺州
195	第十三卷	普安州
209	第十四卷	龙里卫军民指挥使司
218	第十五卷	新添卫军民指挥使司
227	第十六卷	平越卫军民指挥使司
237	第十七卷	清平卫军民指挥使司
245	第十八卷	兴隆卫指挥使司
255	第十九卷	威清卫指挥使司
262	第二十卷	平坝卫指挥使司
269	第二十一卷	普定卫军民指挥使司
280	第二十二卷	安庄卫指挥使司
291	第二十三卷	安南卫指挥使司

298	第二十四卷	毕节卫指挥使司
309	第二十五卷	乌撒卫指挥使司
316	第二十六卷	赤水卫指挥使司
325	第二十七卷	永宁卫指挥使司
334	第二十八卷	黄平守御千户所
339	第二十九卷	普市守御千户所
343	后　记	

附：原目录

卷之一
　贵州宣慰司上
卷之二
　贵州宣慰司中
卷之三
　贵州宣慰司下
卷之四
　思州府　思南府
卷之五
　镇远府
卷之六
　石阡府
卷之七
　铜仁府　黎平府
卷之八
　程番府　都匀府
卷之九
　永宁州　镇宁州　安顺州
卷之十
　普安州

卷之十一
　　龙里卫　新添卫
卷之十二
　　平越卫　清平卫
卷之十三
　　兴隆卫　威清卫
卷之十四
　　平坝卫　普定卫
卷之十五
　　安庄卫　安南卫
卷之十六
　　毕节卫　乌撒卫
　　山川　　土产
　　人物　　科甲
卷之十七
　　赤水卫　永宁卫
　　黄平千户所　普市千户所

第一卷　贵州宣慰司

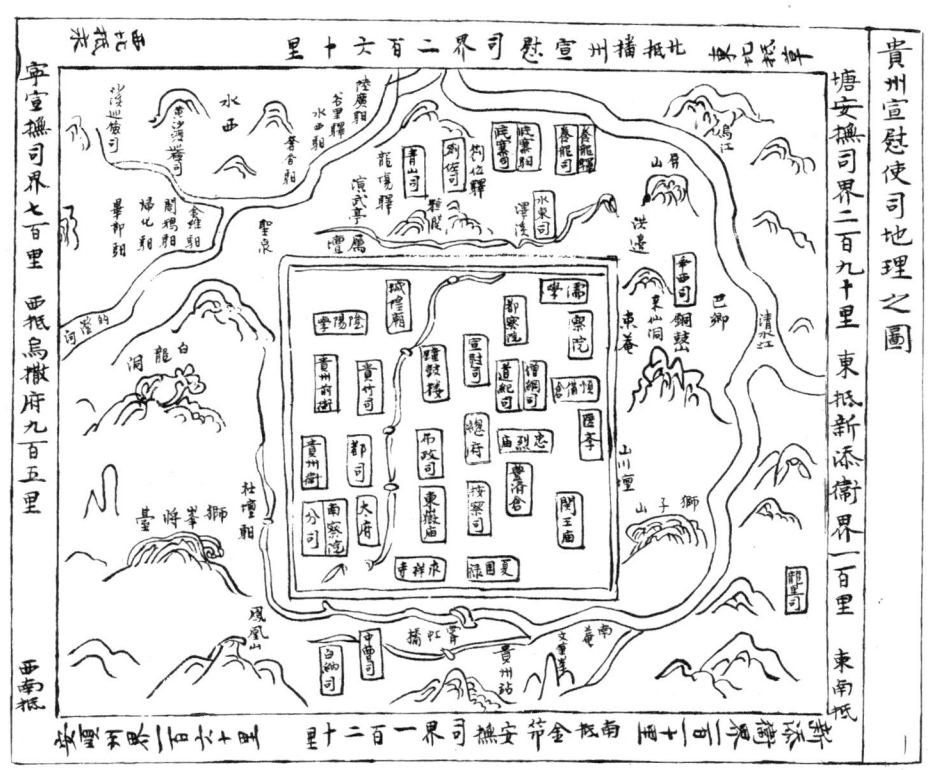

贵州宣慰使司地理之图

钦差提督学校贵州等处提刑按察司副使金陵沈庠删正
贵州宣慰使司儒学教授叶榆赵瓒编集
四川峨眉县儒学教谕①郡人易弦、庠生王佐同编

---

① 教谕：原本作"教授谕"，据本书他处改。

贵州布政司

贵州，《禹贡》荒服之地。

殷为鬼方。

周为靡莫之属。

战国时楚顷襄王遣弟庄蹻略地黔中。

秦伐楚，遂以为黔中郡地。

汉为西南夷地。武帝元鼎六年，平南夷，以是地分属牂牁、夜郎、武陵三郡。

蜀汉为牂牁、兴古二郡地。

晋分牂牁，置夜郎郡，属荆、益、宁三州，南宋、齐因之。

隋为巴东、黔安、清江、明阳四郡地。

唐武德二年归附，贞观十六年，开山洞，益拓其地，置思、夷、播、珍①等州郡十三，属黔中道采访使，并置羁縻蛮州五十一，属黔州都督府，昭宗大顺二年为蜀王建所有。

五代唐天成二年附于唐。

晋天福五年，都云酋长尹怀昌率其十二部、牂牁酋长张万浚率其思、夷等州，皆附于楚王希范。

宋至道三年，分隶荆湖、剑南、剑南西三路并罗甸②国。元丰间，隶湖北、夔州二路并罗甸国。政和中，置思、播、珍、承、溱五郡，寻废。

元为湖广、四川、云南、广西四行省地。至元十六年，诸夷降附，置八番罗甸等处军民宣慰使司及都元帅府于贵州。十九年，又以降夷八番、金竹百余砦，三万四千余户，悉为郡县，置顺元路金竹府，贵州以统之。二十年，又以讨平九溪十八洞为郡县，并立总管府，俱听顺元路宣慰司节制，初隶湖广，后隶云南。二十八年，改隶四川，寻改隶湖广，而割普定以西隶云南焉。二十九年，中书省言地狭官冗，请合宣慰司、都元帅府为一，从之，遂置八番顺元等处军民宣慰司都元帅府，领万户府一、镇抚司一、安抚司一、散府二、长官司五、顺元、思、播宣抚司三。

本朝以其地分隶云南、湖广、四川三布政司，永乐十二年，废思南、思州二宣慰司，始置贵州等处承宣布政使司，领贵州宣慰使司及思州、思南、

---

① 珍：原误为"玲"，据《黔记》等改。
② 罗甸：原文作"罗东甸"，衍一"东"，据下文及《黔记》等改。

镇远、石阡、铜仁、黎平、乌罗、新化八府，乌罗、新化寻废。成化十年，置程番府。弘治七年，置都匀府。仍为府八，并普安、永宁、镇宁、安顺四州。置贵州都指挥使司，领贵州、贵州前、龙里、新添，平越、清平与都匀、威清、平坝、普定、安庄、安南、普安①、毕节、乌撒、赤水、永宁一十八卫，普市、黄平二守御千户所②。置贵州等处提刑按察司，分贵宁、新镇二道。天顺间，擒置安平、思仁二道，兼察诸司、府、州、卫、所。三司并治于贵州宣慰司云。

贵州宣慰使司长官司

贵竹、白纳、中曹、水东、青山、龙里、扎佐、乖西、底寨、养龙坑。

建置沿革

《禹贡》荆梁二州之南境，天文参井之分。秦为黔中郡，汉为西南夷地，武帝平头兰即且兰，今播州也。遂平南夷在播州之南，为牂牁郡《汉书》云："郡有江名牂牁，通番禺城下。"即今程番府境内之江，自破蚕流入南海者。《旧志》不考，而指今思南府城西为牂牁古城，误矣。唐为牂牁国，武德三年改牂州，四年又改牁州，寻复曰牂州。诸夷杂处，其部落有七，曰卢鹿蛮者，即今罗罗也音相近而讹如回鹘，讹为回回之类。俗尚鬼，号正祭者为鬼主今犹谓之罗鬼。居普里即今贵州。数出兵侵牁地，为罗甸国。元和八年，上表请尽归牂牁。开成元年，鬼主阿珮内属。会昌中，封为罗甸王，遂以其地为罗甸国。唐天成二年，罗甸王普露靖率其九部落入贡。晋天福五年③，附于楚。宋仍为罗甸国。开宝间析置大万谷落总管府④。嘉定间，移府于今司治。绍兴三年，即广西邕州置司，提举市马于罗甸。

元初为罗氏鬼国，寻改罗甸军民安抚司。至元十六年，以李德辉奏，更罗甸为顺元军民安抚司，隶八番顺元等处军民宣慰司都元帅府。至元二十年，添置亦奚不薛总管府于司治北。二十四年，复添置顺元路⑤，并贵州于司治

---

① 普安：原误为"里安"。
② 千户所：原误为"千卫所"。
③ 晋：原误为"普"，据上文改。
④ 开宝间：原文误作"开宝门"。析：原文误作"祈"。大万谷落：原文误为"大万落乐"。据《黔记》及本书上下文改。
⑤ 顺元：原误作"领元"。

内，以统降附按《元史》，至元二十年，四川行省讨平九溪十八洞，以其酋长赴阙，定其地之可以设官者，与其人之可以入官者①，大处为州②，小处为县，并立总管府，听顺元路宣慰司节制，遂置州十二，长官司二十四，县十七。二十六年缘湖广省③，二十八年隶四川省，二十九年改隶云南省。

本朝洪武初，罢八番顺元等处军民宣慰司都元帅府，并宣抚、安抚司、顺元路、贵州，置贵州宣抚司。六年，升贵州宣慰使司，俱隶四川布政司。永乐十二年，置贵州布政使司，贵州宣慰司领长官司十来属。正统四年，又以贵州卫所领长官司十三隶宣慰司。成化十一年，置程番府，割长官司十三隶焉。

宣慰安氏亲领夷罗民四十八部，谓部长曰头目。宣慰宋氏亲领夷汉民十二部，谓部长曰马头。同知安氏亲领夷罗民一部，谓部长曰头目。

郡名

黔中秦名。牂牁汉名。罗甸甸或作殿，牂牁，牁州俱唐名。贵阳郡在贵山之阳，故名。八番顺元川名。贵竹郡产美竹，故名。

至到

地里

东至新添卫界一百里，南至金筑安抚司界一百二十里，西至四川乌撒军民府界九百五里，北至四川播州宣慰使司界二百六十里，东南到新添卫界一百一十里，西南到安顺州界一百六十里，东北到四川草塘安抚司界二百九十里，西到四川永宁宣抚北司界七百里。自司治至南京四千二百五十里，至京师七千六百七十里。

铺舍

在城者曰黄华；在龙洞曰龙洞，曰俾堡；在南者曰昌田，曰渭河；在西者曰倒树，曰阿江，曰小箐；在北者曰关口，曰毛栗，曰三冲堰，曰班竹，曰扎佐，曰清水，曰罗卜洞，曰底寨，曰落邦，曰乾溪，曰摆沙；在西北者

---

① 其：原文误作"箕"。
② 大处：原文误作"为处"。
③ 缘：当为"隶"。

曰卜野㗼，曰木阁箐，曰龙场，曰蜈蚣，曰陆广，曰青岗，曰谷里，曰垛泥，曰水西，曰两那，曰杨家海，曰西溪，曰乌西，曰金鸡，曰阁鸦，曰落折水，曰老唐，曰归化，曰第二。凡三十八铺。

形胜

东阻五溪，西距盘江《一统志》。

通都大郡贵州教授黄远《八景记》。

山经水纬，内藩楚蜀，外控蛮粤，为西南巨镇《旧志》。

据荆楚之上游①，为滇南之门户《一统志》。

富水绕前，贵山拥后，沃野中启，复岭四塞《新志》。

南至昆明，北极云梦，西抵瓯越，东及巴岷《新志·贵州教授王训贵南兴学序》。

千里山川，险阻阨塞 同上。

风俗

俗尚如实《旧志》：郡人多中州之迁谪，故居处、服食、器用，咸尚朴实，间有侈靡者，群訾笑之，亦习俗之美也。

士君子秀而文，其氓勤而务本《旧志》。

人多气节《旧志》：崇儒术，尚礼义，以气节相高，而耻为污下之事，其仕于外者，往往有廉介忠鲠之称。

不异中州吏部尚书王直《重修庙学记》："贵州之入职方，朝廷教养其民，一切不异于中州。"又大学士陈循《雁塔题名记》："兹郡之士，以明经举于乡，擢第于朝者，往往有其人，不异中州。"

文教丕振《旧志》：郡据边远，俗尚不浮。及入圣朝，文教丕振，冠婚丧祭，多用朱氏礼，向意诗书，登科入仕者，游济倍出。

风气和平《旧志》：风气和平，土壤饶沃，冬不祈寒，夏无甚暑。

不喜争讼，乐于恬退《新志》：民畏法，讷于讼，以恬退不争为贤。

集场贸易《新志》：郡内夷汉杂处，其贸易以十二支所肖为垓市名，如子日则曰鼠场，丑日则曰牛场之类，及期，各负货聚场贸易，仍立场主，以禁争夺。其负郭者，旧有卯、申二场。弘治己未，今巡镇大臣以军民生理疏阔，增子、寅、午、戌四场，并前为六场，人甚便之。

山谷间，诸夷杂处，俗尚各异。《旧志》：曰罗罗，即古乌蛮，亦有文字，类蒙古

---

① 荆楚：原作"经楚"，据《黔记》改。

书。其人深目长身,黑面白齿①,挽髻,短褐,徒跣,戴笠荷毡,珥刷牙,金环纳臂,佩长刀箭箙,左肩佩一方皮,腰束韦索。性好洁,数人共饭一盘,中植一匕,复置杯水于傍,少长共匕而食,探匕于水,抄饭一哺许,抟之盘,令圆净,始加之匕上,跃以入口,盖不欲污匕,妨他人食也。食已,必漱口刷齿,故齿常皓然。坐皆席地,器用如俎豆。犷黠,喜斗狠。然甚重信,人不敢示以妄。

曰宋家者,其始亦中州裔,久居边徼,而衣冠俗尚少同华人,男女有别,授受不亲,其于亲长,亦知孝友。

曰蔡家,与宋家杂处,风俗亦少相类。故二氏为世婚。

曰仲家,皆楼居,好衣青衣,男子戴汉人冠帽,妇女以青布一方裹头,肩细摺青裙,多至二十余幅,腹下系五采挑绣,方幅如绶,仍以青衣袭之。其语言喁呷。居丧,食鱼虾,而禁鸟兽之肉。婚嫁则男女聚饮,歌唱相悦者,然后论姿色妍媸,索牛马多寡为聘礼。疾病不服药,惟祭鬼而已。卜用茅或铜钱、鸡骨,通汉人文字,以十一月为岁首。

曰龙家,绾髻,白布束之,妇人亦绾髻,皆以白布为衣,亦用汉人文字,以七月七日祭先祖,甚敬。

曰曾竹龙家,其俗与龙家同,但妇人以布作冠,形如马镫,加于髻上,以金木或骨角为长簪焉。

曰红犵狫。男子旧不着冠,今渐作汉人之服饰,语言侏僞,妇人以毛布染红作裙,无襞积,谓之桶裙。

曰花犵狫,俗同红犵狫。但裙用五色,故云花犵狫。

曰东苗。男鬇髻,着短衣,色尚浅蓝,首以织花布条束发。妇着花裳,无袖,惟遮覆前后而已,裙亦浅蓝色,细摺,仅蔽其膝。其俗,婚娶,男女相聚歌舞,名为跳月。情意相悦者为婚,初不较其财,迨至一年,方遣人责之,虽死亦不置。

曰西苗者,俗同东苗。

曰紫江苗者,性犷恶好杀,饮食粗秽,余俗与东西苗同。

山川

铜鼓山 在三司治城东二里,高百余仞,山半硿峒。每阴雨,闻其中有声如铜鼓。相传为诸葛武侯所藏者,贵阳八景曰"铜鼓遗爱"即此。

本朝教授芒文缜诗②:"南龙卧龙天下奇,酋长畏之不敢欺。撼呵铜鼓鬼

---

① 黑面白齿:"面"原误作"而",据嘉靖《贵州通志》改,万历《贵州通志》作"黎面白齿"。
② 芒文缜:原文作"芒文镇",据《黔记》及本书他处改。本书尚有作"芒文镇"处一律改同此处,不另出校。

神在，名山作镇西南夷。仁人本心非爱杀，七纵频繁竟全活。甘棠未剪金未销，周室召公汉诸葛。"

郡人训导荣珍诗①："诸葛曾于此地过，独遗铜鼓镇山河。威稜千古犹生气，无复潢地恣弄戈。"

高连山 在治城东南二里，即新添关诸山也，高而连属。《唐史》谓牂州境内有高连、石门二山，即此。

狮子山 有三，一在治城东里许，昂首扬吻，形态宛然；一在治城西里许；一在治城南三十里，形似尤切。

砍马山 在治城西二里，俗名砍马冲山。

凤凰山 在治城南五里，山形如凤舒翼。

郡人训导周颂诗："凰昔鸣岐山，今化山崒嵂。穴结崆峒原，足蹑昆仑石。春花烂九苞，朝霞缉双翼。文王已弗兴，和声久岑寂。圣人今御天，奇祥蔚来集。何当返其真，哕哕梧冈日。"

交椅山 在治城南五里。

髑髅山 在治城东北四里，俗名枯髅山，《一统志》以为石洞山，山势嶙峋而中虚，旁有窦，通人行。

照壁山 在治城东狮子山之南，形如屏章。

斗崖山 在治城南里许，突兀峻拔，甲于众山，俗名倒崖者，夷酋阿阳苗居其上，遗趾尚存。

栖霞山 在治城东，山腹有洞曰来仙。

东山 在治城东，山颇高大，而林木丛茂，俗名老王山。本朝郡人知县陈昌归隐于此。

教授王训诗："百里花封早挂冠②，东山深处好盘桓。公卿不入新来梦，父老犹思旧任官。鞭犊试耕云半亩，闻鸡常卧日三竿。不应海内思霖雨，却使苍生望谢安。"

五虎山 在治城周遭，山形如虎者五，故老云郡有"五虎三狮"之胜，谓此。

白崖山 在治城北二里，贵山之麓，岩障如削，俯瞰兔场官道经其下。本朝郡人教授王训归隐于此。

御史徐节诗："先生嘉遁距尘寰，何幸乘间一蹑攀。云影天光池水碧，竹溪松径薜痕班。敲诗剩得趣中趣，纵目望穷山外山。试问幽栖似何处，阿衡莘野吕公磻。"

---

① 诗：原本误作"详"，据贵图本改。
② 挂冠：原文误作"闰冠"，据《黔诗纪略》改。

贵山 在治城北二里，孤峰峭拔，兀出群山，鸦关在其后，有名贵人峰。郡之得名以此。

郡人易繻诗："危峰突霄汉，缘谁号贵人？伟然自标异，邱垤能拟伦？"

骊珠山 在治城北五里，峭峰掘起，其北曰犬坡，而此山圆秀，处其颔下，故名。

翠屏山 在治城北八里，洪边之东。

本朝御史王子沂诗："云锦当空九叠张，金鸡拂曙叫扶桑。沧浪风动群阴伏，黄道天开万像光。松散晓烟晴漏影，花含宿雾暖生香。梧桐正在朝阳地，伫听朝阳有凤凰。"

卧牛山 在治城南二十五里，山半有石如卧牛，俗名胖水牛。

石人山 在治城北三十里，水西之道经其下①，山顶群石，拱立如人。

三脚山 在治城北五十里，三山攒立，宛如鼎足。

簸箕山 在治城北八十里，地崖堡侧，山半有圆迹，如箕而大，春夏草青，则其迹黄，秋冬草黄，则其迹青。

鲁郎山 在治城北八十里，地名乖西，一名书案山，前元有隐士鲁姓者读书于此，今面此山居者，人多知诗书礼仪，岂鲁郎之遗风欤！本朝四川参政黄跋序："鲁郎亦避世之士耳，一时流寓，居人遂感而事诗书，使孔门弟子，一莅斯土，则俄顷之化，又不知何如也。"书台遗迹常存。

木阁青山② 在治城西北四十里，延袤十余里，材木翁蔚，阖郡材木，咸于此抡焉。中有阁道，通水西毕节。

石门山 在治城东六十里，绝顶二石对峙③，人行其中，俨然如门。

唐帽山 在治城南八十里，土人尝于此避兵。

南望山 在治城北一百里，崇峰大箐，岚气昼冥，人迹罕至，为郡之镇。

清水山 在治城东二百里清水江旁，两岸壁立，水深莫测。

玛瑙山 在治城西二百五十里，峰峦逶迤，林木叠翠，水西宣慰安氏宅其麓。

阴阳山 在治城北八十里乖西，山色四时清翠，虽甚晴微，有云翳辄雨，甚雨，而山顶清霁即晴。居人倚为龟卜，故名。

风洞山 在白纳长官司北，有洞竟山，风度其中，鎗然有声如雷。

文笔峰 在治城南二里许，孤峰突出霄汉，铦锐如笔，拱向郡学，而钟灵毓秀，未必无所户也。

---

① 水西：原误作"水面"，《黔记》作"石人山，水西大道"，据改。
② 木阁青山：一般均作"木阁箐山"。
③ 石：原本误作"五"，据《黔记》改。

本朝都御史孔镛诗："碧峰肖笔端，相对黉宫立。钟秀本地灵，济济英才出。"

都御史钱钺诗①："峰峦如笔俯郊墟，坐对巍然圣者居。昔遇昌黎曾作传，今登天府更中书。管城岂可淹壤特，文苑真□赋子虚。偃息斋居无外虑，生花清梦夜蘧蘧。"

郡人知府易贵诗："孤特山昭兔颖寒，嵯峨雄势逼云端。字题紫雁数行朗，笺展青天一幅宽。霞酿生花当夜梦，雾攒覆百旧时冠。如椽好与群英用，节洒甘霖下舜坛。"

点易崖　在治城北三里许，知府易贵尝校《易》于此，遂名。

举人路义诗："□老镛将五马乘，碧山扫石究羲经。闲来崖下寻遗迹，蓍草空余满地青。"

青崖　在治城南五十里，贵州前卫屯田其下。

绣岭　在治城北八里，洪边之右②。

本朝士人廖驹诗："重冈叠嶂翠参差，课罢黄庭杖屦时。缓步闲寻仙子洞，会心高咏古人诗。隔花啼鸟移深树，抱叶惊蝉过别枝。因被白云留住久，却教童鹤怪归迟。"

梯岭　在治城南五里许，石级如梯，中曹路经其上。

知府易贵诗："路入中曹石磴崇，琼瑶界破碧山雄。一条练色拖银瀑，万叠涛纹卧玉虹。步步高临霄汉府，层层直接斗牛宫。天开当郡存何意，要与群英折桂红。"

忠节冈　在治城南二里许。本朝郡人徐资战没，其妻刘氏守志，既卒，合葬于此。佥事周孟中高其义，立石以表之。都御史孔镛有记，资及刘后以子节贵，赠资知府，刘为恭人。

御史陈瑶诗："为国捐躯死亦安，抚孤不二世尤难。人求臣妇当伊始，我直纲常在此肩。烈日秋霜昭节操，皇天后土鉴忠肝。几回读罢穹碑记，有后宜峨獬豸冠。"

朝阳洞　在治城东北六十里，废谷蘢长官司侧，其中可容数百人，悬岸滴乳，千态万状，极其巧怪。间有青绿傅于崖石，殊为奇绝，游观者多品题焉。

本朝郡人教授王训诗："朝阳仙洞若蓬莱，万朵芙蓉顶上开。里面云窗通日月，外头云路隔尘埃。岂无栖鹤千年树，尚有盘龙五色台。多少人游看不尽，只题须待我重来。"

---

① 钺：原本缺，据贵图本补。
② 洪边之右：原文作"洪边之在"，据《黔记》改。

知府易贵诗："谷龙名胜地，崖洞号朝阳。乳结琉璃柱，霞横玳瑁梁。幽深知广厦，转拆类廊□①。柯腐棋枰古，珠亡石窦荒，囊云过虎穴，剑雨度渔防。顶耸乔峰秀，面环清沘长。风萝垂幕箔，锦树烂文章。高纵曹由步，弘开天地脏。昔闻多怅怏，今赏足徜徉。"

白龙洞 在治城西北十五里，崖石玲珑，巧于追琢。深入数十丈，乃假烛导入，半里许，一水泠泠，莫究出没，驾竹桥其上，人可并行。又深入，有钟乳数株，大如楹，扣之，嘎然如钟。其他冰花瑶草，如珊瑚灵芝者，又错置杂陈，使人应接不暇，诚奇境也。

本朝监察御史俞振才诗："竹林山，何突兀，世传此是白龙窟。白龙忆昔天上来，下烛此地超凡埃。驾凌霄汉鞭风雷，潜官为构兹山隈。六丁以为斧，扶桑以为材。凿破层崖万丈雪，玲珑百叠营瑶台。霹雳击碎老蚌胎，大珠小珠堆复堆。顿使庭除尽生白，八窗四壁皆皑皑。冰照鲛窝七宝泣，月明璚树千花开。赤壁时看缟衣舞，蜀锦乱把并刀裁。萃涎绕涧涵云暝，气接太华峰头井。幻出碧藕积于薪，满壑清霜石毛冷。氤氲野马含微波，又凝暗脉通银河。仙桥斜挂玉虹影，广寒夜浴蟾宫娥②。洞门赤骨作虬立，轇轕松萝护苓魄。倚天万朵芙蓉霜，上指飞霓欲飞击。白龙白龙尔何灵，壮元气兮调元精③。营居自宅岂惟潜④，其形将以奠中土⑤，育群生。狐狸不敢哭，鳅鳝不敢鸣。九州四海相与跻文明⑥。名在《方舆》知己久，今日登临龙在否？山精为我启石扉，洞口小桃笑开口⑦。灵风相引自幽深，更有骊珠大如斗⑧。恍如红日藏覆盆，紫雾腾腾雷光走。试骑龙背呼长鲸，一击蒲牢辄鸣吼。雄声送我出，一步一回首。丁宁与山精，晨昏好呵守⑨。吟鞭欲上还迟迟，花落幽林鸦正啼。鸦正啼，日将夕。便叱霾窿走雷石，千山万山如火赤⑩。魑魅亡，虎狼匿，隔岸一声吹铁笛，诗成八极任挥斥。坐觉雄风生两腋，直须攀龙鳞，奋奎壁，举手长空邀太乙。"

---

① 此处应缺一字。
② 娥：原文作"我"，据嘉靖《贵州通志》改。
③ 元精：原文作"兀精"，据嘉靖《贵州通志》改。
④ 惟潜：原文误作 "潜淮"，不通，据嘉靖《贵州通志》改。
⑤ 以：原文作"汉"，据嘉靖《贵州通志》改。
⑥ 相与：原文作"祷与"，据嘉靖《贵州通志》改。
⑦ 开口：贵图本作"问"，嘉靖《贵州通志》与本书同。
⑧ 有：原文作"在"，据嘉靖《贵州通志》改。
⑨ 守：原文作"字"，据嘉靖《贵州通志》改。
⑩ 千山：原文作"土□"，据嘉靖《贵州通志》改。

都督吴经《陪御史俞振才游白虎洞》诗："白龙洞口晓云开，骢马遥同使节来。吊古正当全盛日①，勤王总是不凡材。一时风采摇山岳，满面霜威杀草莱。愧我提兵非霍卫，只将诗酒共徘徊。"

来仙洞　在治城东二里许，栖霞山之半，中平敞可居，洞外松竹花草，扶疏交荫，为郡人游乐之地。

本朝郡人教谕易弦诗："携酒来仙洞里游，洞云客与久相留。朱颜醉倚春长在，不信人间有白头。"

清平钱谷次韵："昔年曾到此山游，白鹤青松为我留。今日有松无白鹤，仙人骑上碧云头。"

郡人知县杨樊有记，附卷末。

观音洞　在治城东南三里许，地名新添关之东，崖石崆嵌，可以容众，垂珠滴乳，恩刻神剜，盖奇境也。

三仙洞　在治城东四十里，地名蒻若堡，中有三石座并列，旁有石盆，仰承崖溜，四时不竭，相传以为玉女洗头盆。

本朝郡人提举王韶诗："仙子何年下阆风，至今遗迹在崆峒。可怜徐福茫洋甚，空驾楼船碧海东。"

仙迹石②　在治城北四十里，地名牛矢屯，石上有人足迹，踵趾宛然，旁有亭曰"仙迹"，今废。

本朝郡人推官周谦诗："瑶池昨夜倒金樽，驭凰骖鸾出九阊。沉醉踏云云散去，独留踪迹在云根。"

望夫石　在治城北八十里，地名谷顶坝，大羊场之右。俗传昔有夫出征，其妇朝夕立望，遂化为石。至今形如妇人襁负孩童焉。

犀牛石　在治城西一里。

清水江　在治城东一百五十里，其水清冽疾驶，岸峰壁立，崎岖难行。乖西、巴乡诸部苗狫倚此为险。景泰三年，南和侯方瑛将兵济此，夷其两岸，以为坦途，至今苗狫夺气，不复有所蚌矣。

三水江　在治城北三十里。

乌江　在治城北二百里，湍流汹悍，乃贵播之界，北岸有乌江关。

廖驹诗："蔼蔼烟横古渡头，关门未锁夕阳收。千章木隐群猿啸，万叠山藏一水流。岂为贪程频策马，却因怯脱急呼舟。雁回好去传消息，明日行人到播州。"

---

① 吊古：原文作"吊日"，据嘉靖《贵州通志》改。
② 仙迹：原文误作"仙积"，据正文改。

南明河 在城南门外，源出程番府界内，东北流过治郡城，至巴乡，北流合乌江①，入蜀涪州界，会川江。

龙洞河 在治城东十里，岸侧有洞。

四方河 在治城西南五里。

济番河 在治城西南三十里，俗名花犵狫河，八番之路所经。成化初，宣慰使宋昂叠石为桥其上，人甚便之。

陆广河 在治城西北一百五十里，当水西驿道，于此置巡检司，以盘诘行者。

监察御史丁养浩诗："百道流泉合，千峰瘴雨多。派分落折水，源自滴澄河。滚滚来无极，滔滔去若何？如今江海里，终岁不扬波。"

鸭池河 在治城西北一百五十里。

富水 在治城南，源出八里屯山，东北流入南明河。

落折水 在治城东三百五十里。

涵碧潭 在圣寿寺前，即南明河之流，汇而为潭，涵碧莹澈，深不可测。渔舟往来，岸水荟蔚，雅有迥隔尘凡之趣。

郡人邹木诗："摆脱尘埃访贝林，一潭寒碧湛禅心。就中灵物藏修久，只待风雷沛作霖。"

龙潭 在治城北三十五里木阁箐山中，深不可测，土人相传以为有灵物居焉。凡旱祷之累应。

洗马潭 在治城北八十里，地名大乖西，俗传诸葛武侯南征时洗马于此，故名。

芳杜洲 在南明河中。

长丰堰 在治城南二十五里，卧牛山之南，溉田甚广。

泽溪 在治城北，源出枯髅山南，流贯郡城，入南明河，宣慰安氏第宅居其浒。

西溪 在治城西北二百八十里。

沙溪 在治城北二十里。

白莲池 在霍泉门外。

莲花塘 在治城北。

柳塘 在治城北趾，界两水间，高柳霖荫，游人往来，宛如画图。

知府易贵《柳塘夜月》诗："北阛垒下绿杨池，兔魄当头景绝奇。寒浸蚌珠栖荇带，光涵蠦鼓挂苔丝。贯鱼影列波沁叶，拂尘阴沉水底枝。地下天边

---

① 北：原文误作"此"，据嘉靖《贵州通志》改。

人度里，清期雅兴总相宜。"

花果园 在治城武胜门外，前元帅府官囿也。正统间，按察副使李睿复葺之，旧有芳菲堂、罨画亭于中，今废。

养龙坑 在养龙司两山之间，泓渟济深，灵物藏其下。当春初和畅，夷人立柳坑畔，择牝马之贞者系之，已而，云雾晦冥，类有物，蜿蜒与马交。其产必龙驹。洪武四年，伪夏明升降①，献良马十，其一白者，乃得之于此，首高九尺，长丈余，不可控御。诏祀马祖，然后敕典牧者衮沙四百斤，压而乘之，行苑中，久渐驯习。后将行夕月之礼于清凉山，乘之如躞云，一尘弗惊。赐名飞越峰，且命绘形藏焉。翰林学士宋濂为之赞，附卷末。

龙井 在城隍庙前，泉出石隙中，喷寒清洌，味甘，甚于他井。贵州八景曰"龙井秋阴"，即此。

教授芒文缜诗："云崖千仞璃瑶窝，月泓万顷金银波。顷年窟宅少移改，神珠照夜红光多。西城将回望霖急，香玉半含鹦鹉粒。漫空凉意绿垂垂，云泽潜通晴自湿。"

四眼井 在布政司门外左，覆以方石，上施四孔，因名。

北龙井 在北关外驿舍之右。

清泠井② 在北关外柳塘桥右。

普惠井 在清泠井西，泉脉涌溇，盛夏不竭，烹濯之功颇钜，一名四方井。

廉泉井 在按察司内。

通衢井 在城内小十字街北。

文泉井 在儒学南二百步外，井深三丈余，四方甃石，上有扶栏。

灵泉 在大兴寺内③，泉极澄莹，凡月出没，虽偏在东西，而泉中皆影见，今涸。贵阳八景曰"灵泉印月"，即此。

郡人顾璇诗："贝林深处凿方泉，一勺清涵月色鲜。玉兔夜凉和露浴，骊龙春暖抱珠眠。水晶宫接广寒殿，圆满光沉兜率天。境趣清明何所似，半龛灯影照枯禅。"

圣泉 在治城西五里，自山麓涌出，消长不一。本朝镇远侯顾成甃石为池，覆以亭，池中置一石鼓，以验水消长，其流溉田数百亩。亭侧有观音堂，郡人岁时灼观焉。贵阳八景曰"圣泉流云"④。

石阡知府祁顺诗："一脉灵泉妙莫寻，倏然清浅倏然深。痕从石鼓知消长，

---

① 伪：原误作"为"，据嘉靖《贵州通志》改。
② 清泠井：原作"清冷井"，据嘉靖《贵州通志》及下文"普惠井"条改。
③ 大兴寺：原作"太兴寺"，据《黔记》及嘉靖《贵州通志》改。
④ 八景：原本作"八贵"，据贵图本改。

沼出育山自古今。千载尘襟思洗濯，几朝风雨阻登临。贵闻八景兹尤胜，莫惜新诗寄赏心。"

镇远知府周瑛次韵："幽胜关心未去寻，灵源谁识几分深。万年消长都依旧，一气流行直到今。地轴有机分动静，海潮无路谩窥临。欲谈造化迷玄秘，风雨诗题劳寸心。"

贵州布政使范理诗："贵州已云僻，灵泉更此秘。赏玩几何人？伊予复后至。于兹阅三春，藩翰忝朝寄。仰望京国遥，俯瞰泉源易。佳期亦何阻，于今始停骑。白玉斫圆璇，三多表神异。渐进若有知，香甘竭清味。况此远俗尘，居然后避地。虽乏兼济功，得非类明智。夏谚游豫歌，取孤藏之义。于孟谅不苟，岂徒事幽致。况偕诸君子，各抱济持器。清言玉霄霏，落笔珠玑坠。已尽一日欢，宁乖百年志？圣哉不在泉，于予始无愧。"

贵州按察使刘福诗："圣水名传古到今，偶君送客一追寻。片时来往如呼吸，半故澄清自浅深。沃渴寒凝冰雪味，鸣湍巧作珮琮音。源源不竭来何自，思起潜龙布作霖。"

温泉 在治城北九十里，地名杨郎坝，其始出，可以热物，流渐远，乃可欲焉。

本朝主事郡人钟震诗："草漫平原景物奇，溶溶玉液洋芳池。花香薰灼玻璃暖，恍若杨妃赐浴时。"

潮泉 在治城北六十里，龙场驲侧，其水日三盈缩①。

神应泉 在治城北一百二十里，地名巴乡，泉初无水，傍有二石，汲者至，击其石数，则涓涓流出，随汲器大小，既声足，复缩不流，继汲者亦然。世所罕有，莫测其故。

瀑布泉 在龙场驲侧，自山顶飞流而下，亦奇观也。

九十九泉 在治城西二十里，地名高寨，泉出山顶，凡九十九穴。郡人袁浣诗："山泉九十九，山骨甚玲珑。流衍如霖雨，无穷泽物功。"

土产

茶。铁。马。姜。菖蒲生石上，寸九节。刺竹。筋竹。兰。香稻。䆉稻大者如饼，味甘，异于他产。前胡苗初生可食，俗名罗鬼菜。山药。桔梗。降真香。蛇含石。榾子 黄桃实巨如拳，色黄味甘。双萼莲花瓣繁密而不实。芝草司境山原皆有之，五色皆备，而紫者尤多，土人不之奇也，但中菌者，取煮汁，服之即差，故俗呼为菌王。漆乖西司出。木姜实如胡椒，味辛可食。

---

① 其水日三盈缩：原作"其水盈缩三日"，据《黔记》改。

公署

太府 在治城中西南隅，永乐二十年建，为刷卷御史所居。景泰间，巡抚都御史蒋琳辑为都察院。天顺间，镇守太监居之。地势卑湿，岁成淫雨，积潦淹没，随葺随敝，民不胜劳。弘治丙辰，镇守太监杨友撤而新之，东徙数十步，增大规制，堂寝门槩，汶然建新，名其坊名曰"控制"，右曰"安平"。

总府 在治城中，永乐间为布政司公廨。成化五年，镇守南宁伯毛荣重建堂宇，以为总府，今镇守总兵官居之。

都察院 在治城中东北隅。本朝初，为贵州前卫兵器局。成化十年，前巡抚都御史宋钦改建，今巡抚都御史居之。弘治甲寅，都御史邓廷瓒复西徙数十武，建如旧式。庚申，巡抚都御史钱钺复于院门外增建坊牌二，东曰"揆文教"，西曰"奋武卫"，及辟治街衢，甃以巨石，制度一新。

东察院 在治城中东北隅，永乐十八年建，今巡按御史居之。

都御史孔镛《题名记》：

"王者以仁政治天下，必有风纪之官，以为明目达聪之用也。我朝太宗高皇帝，奄有万方，用夏变夷，治尚仁政，而于建官则酌古准今，以损益之。是因古之内台而制之官，内有都察院，以总天下之风纪，外有察院，以专一方之风纪，院设于藩臬者一十有三，而贵为之重。盖贵，古鬼方，汉、宋历元为罗甸之国。自国朝以来，奉玉纳贡为内地①。列圣相承，开设三司、诸卫、府、州，内巩诸夏，外控诸夷，治道所系，尤急于诸方。以是，天子之命御史出廷巡按，以察吏治而观民风，于斯贵特加之意焉。

"弘治改元，监察御史包君好问寔按于斯。贵之所属，虽有百三十有奇，而贵竹为之会府。国初已来，历政交承，旧章成宪，籍是乎在。顾兹察院，规制虽备，而题名之典尚缺②，自好问于治事之暇，考之前政，得六十人，别其姓名可刻之石，命之曰题名，将待后政者继而题焉，以垂于祖，予许之。巡抚来，请纪之，予许之。

"别乃天子耳目之官，而按察御史所寓，出政令之所，自成周始建，秦、汉以下因之，而于其制有所崇益，分三院，综五冑，监诸司列郡，司六察，斯已重矣。在廷应天子聪明于内，出则广天子聪明于外。处其所职，若耳之职听，清浊之不淆；若目之职视，黑白之不混。苟为不然，则不职矣。四体有不职，在耳目以察之，诸司之不职，在御史以察之。故天子之于御史任之

---

① 奉玉：嘉靖《贵州通志》作"奉土"。
② 缺：原缺，据嘉靖《贵州通志》补。

常重，而御史之自任亦重。其所重者，历代然矣。好问巡贵，今将一载，政举刑清，民安吏惧，盖将即前政之臧否，为后政之劝戒，孰其称职为可师，孰其不职为可戒，必有辨之者在。然题名之记，岂惟表章风纪，观美一时而已。万世之下，于我朝制度尚亦有所考焉，是为记。"

西察院 在治城中西南隅，宣德间建，弘治七年，巡抚都御史邓廷瓒重修。

贵州等处承宣布政使司 在治城中。

本朝初为贵州前卫，永乐十一年，开设布政司，暂以城外贵州驿为公署，而库藏廨舍分置城中。景泰五年，巡抚都御史蒋琳创建于此，经历司、照磨所、理问所、司狱司、丰济库附焉。

左布政使萧俨《题名记》：

"洪惟我太祖高皇帝承天启运，混一六合，覆载之内，悉王悉臣。睹兹贵州，在牂牁之南，即古三苗鬼方之域，历代所未服者。今皆威之以神武①，而纳于职方，始建贵州都司，统卫所二十，以镇其地。钱谷之出纳，刑狱之按治，则兼于邻蜀。迨我太宗文皇帝继统守城，丕熙洪业。永乐十一年癸巳，乃以贵州渐被治化，壤地之广，人民之众，词讼之繁，不可无专总之官，复又议设布、按二司②。

"维时魏郡蒋公廷瓒以行在工部侍郎，选任左布政司，乘传而来，暂造城外之北驲馆，假为公署而听政，盖以草创，而衙宇未能暇及。时思南、思州二宣慰司，尚隶湖广，其二酋长皆姓田氏③，梗化不道。蒋公奏于朝，族其家，遂以地改设思南、思州及铜仁、石阡、镇远、黎平、乌罗、新化八府，与贵州宣慰、金筑安抚二司④，并割云南普定之界为州，总隶贵州布政司统制。其司之设官，则左右布政使二员、左右参政二员、左右参议二员。其首领则布经历司经历一员，都事一员，照磨所照磨一员，检校一员，刑狱则有理问所理问一员，副理问一员⑤，提控案牍一员，司狱司司狱一员，典金帛则有丰济库大使一员，官视中州无甚异。

"宣德中，又因民稀事简，虑其官繁以扰之。复革乌罗、新化二府，而民户田赋，并入黎平、铜仁，迨及所定者府曰六，州曰四，县曰三，宣慰、安抚各一，长官司共六十有七，而卫之长官司不与焉。至于官制，亦有损益，右布政、右参政及属之检校、副理问、案牍，府之判司，县之丞簿，渐次裁

---

① 今皆：原文误作"今昔"，据万历《贵州通志》改。
② 二司：原文误作"一司"，据万历《贵州通志》改。
③ 二：原文误作"一"，据万历《贵州通志》及文意改。
④ 金筑：原文误作"合筑"，据万历《贵州通志》改。
⑤ 一员：原本误作"一省"，据万历《贵州通志》改。

减不一，盖因时而例，宜也。粤自开设以来，武慴文绥，治理日臻，夷训就役，声教溢于列郡，桑麻遍于幽壤，才俊英出，为时显用，亘古未有也，吁①，盛哉。

"景泰七年，巡抚都御史蒋公琳重以假署外馆，非承流宣化之所也。奏徙城中，得隙地以建廨宇②，规制宏壮，轮焕一新。俨以菲才，荷今圣天子宠遇，为藩于兹，愚闻无补，但以斯域爰自列圣相继德化，涵煦百年之久，而前政寅僚奉宣德意，渐摩抚驯，善政遗爱，有以注人耳目，而浃人心者也。然而世远人亡，不能不民。用是，撮其建置大略与今昔官僚名位③，庸刻坚珉，庶其沿革历履易见，来者有征，且知祖宗肇造之艰，继理之盛，边俗丕变之懿，相与懋修职业，益隆治化，以永终誉于永久，俨则不敢自望，尚与僚寀勉图之。"

石阡府知府祁顺《贵州布政使司增修公堂记》：

"国朝置布政司十有二，皆以藩屏一方，宣政化而安兆民也，政不可阙，化不可壅，民不可病，天下皆然。而华夷气习不同，治之恒有难易，惟得人以修其所当为，则阙者完，壅者通，病者安，夷变而之华矣。贵州本西南夷，自国初全付版图，视犹内地。永乐癸巳，始设布政司，以工部侍郎蒋公廷瓒来任布政司使，时廨宇尚阙，假城外驲馆为莅政之所，后皆因之。景泰丙子，巡抚都宪蒋公琳以外馆非便，奏徙城中。肇建前后厅堂，暨门垣幕库，廨舍诸所④，莫不如制。又十年，左布政使萧公俨，仍其旧规，重以修饰，惟抱厅久未能立，厥趾存焉。是后陈公云鹏、诸公弼、朱公绅，相继为使，亦皆积有厅材，而因循未就，犹为阙事。

"成化壬寅冬，莆田彭公自广东左布政使迁任于兹。宣理有方，边人宁辑。乃以至之明年冬十月朔，谋诸右参政番易吴公、左右参议零陵吴公、万安戴公，命上职事，即前堂空趾为抱厅若干楹。费出于公，材因于旧，浃六旬而落成，于是，蕃司规制完且美矣。少参零陵吴公谓斯举宜张以辞，遂寓书属顺为记。

"夫堂宇之设，所以示等威，昭政令，一方于是乎观瞻，群下于是乎承式，阙而修之，义所当为也。方伯任重责专，政无不统，斯堂直一事耳。然一事之阙，汲汲图之若此，则承宣之政，有大于此者，其肯俾少阙耶？而况民之阙食而饥，阙衣而寒，与属吏之废官而阙职者，其忍置之度外耶？吾知一堂

---

① 吁：原文误作"所"，据万历《贵州通志》改。
② 隙：原文误作"源"，据万历《贵州通志》改。
③ 建置大略：原文误作"大略建置"，据万历《贵州通志》改。
④ 廨：原作"解"，据万历《贵州通志》改。

之上，同寅协恭，凡所当为，克殚心力，圣化虽已渐被，而益敷导之，以泽于遐僻之陬。生民虽已久安，而益煦育之，以跻于仁寿之域。声华文物，日盛月新。是贵藩治效，视中州有过焉无不及者。非得人为政，曷以臻兹？公之学行名节见重于时，行将入佐天子，大展才猷，山甫之衮，女娲之天，咸俾罔阙，其勋业自当不朽也。斯堂记不记恶足为公轻重？虽然，载岁月以示将来，亦不可阙。于是乎书。"

贵州都指挥使司 在治城中西，即元八番顺元等处都元帅府。洪武五年改建。洪武末，都指挥金镇重建，经历司驸焉。断事司别置于司之东北，司狱司驸焉。司城围九里，周建五门，东曰武胜，南曰朝京，西曰圣泉，北曰柔远，次南曰德化。皆镇远侯顾成、指挥马烨因前元故城而拓建者也。演武场在城北郊。

都指挥佥事王聚《题名记》①：

"贵在寰宇西南之极，天文实沈参井之次，壤僻以险，俗丑而夷，古昔号为穷荒，鄙而不治。至于近代，始用羁縻，《方舆》志之详矣。惟我皇明，受天显命，括覆载以为家，肇建都指挥使司于兹，以当一面之重。控制诸夷而抚绥之，所以成帝王大一统之治，示天下以无外道也。司之官制二等，其正曰都指挥使，佐曰同知、佥事焉。同寅协恭，以勤王事。使夫皇威远播，而疆场清宁，我武惟扬，而军民安堵②，此其职也。故在祖宗之时，命官必自宸衷，又从而简任之，盖以地远人恶，难于治理故也。

"由是以来，殆将百年，而前辈忠良，所以宣力效诚，上神王度，下卫生民，惠流于边，久而不息，若马公烨之开边立卫，程公遄之区置蛮戎，顾公成之奉天靖难，金公镇之重建公署，以及近时张公锐之为政之体，张公任之奋勇服远，一皆方岳之良。又尝以是结上知，登将任，延阶都府，享有侯封，未易悉数。虽其英声茂实，犹在人耳目，然历年兹久，文献不足，将无以闻于后。聚辱是官，深愧无以负荷而继嗣之，惟用警惕。迩因司印篆文，久而磨刻，特请更易，得颁受新章，实增感励③。凡政之当兴，职之当举者，咸勉而行之，景仰前休，还旷之躅，立题名之石，刻示求父，且寓劝惩焉。

"嗟，惟夫人负有才气④，遭遇圣君，官于都阃，致有方面之荣，得以行其志业。然百岁犹瞬息耳，其能与天地相为悠久，千古之下，使人想见而感

---

① 本文与万历《贵州通志》所载多异文，不一一出校，仅据万历《贵州通志》改正本书之误。
② 安堵：原文误作"按堵"，据万历《贵州通志》改。
③ 增：原文误作"憎"，据万历《贵州通志》改。
④ 夫人：原文作"大文大"，不通，据万历《贵州通志》改。

慕兴起，有不待生而存，不随死而亡者，其惟名乎？虽然，名者，实之表也。有善焉，有否焉，系乎其人而已耳。今既题其名矣，将不自勉，于后必有指而议之者，可不思所戒慎，而求免于斯乎？聚素不文，姑纪岁月，以告诸同事者，相与懋建忠勋，以图振后光前，毋但恃乎名之可久，而不畏乎人之所以议也。"

贵州等处提刑按察司 在治城中。永乐十八年建，内分贵宁、新镇、安平、思仁四道，并经历司、照磨所、司狱司驸焉。

翰林院侍讲学士彭华《题名记》①：

"贵州古蛮夷蔡流之城②，秦汉以来，大抵羁縻而已，或稍稍郡县之，奈之何士风习俗与中州殊绝，终不能约之就法度。我皇明有天下，武定文教，无远弗及。洪武初，即贵州立都司，统兵卫暨诸酋长。永乐癸巳，遂建布政司，悉州郡其地，间以宣慰、宣抚主之。越十八年庚子，乃设按察司以掌风纪，置按察使司使、佥事五员。分贵宁、安平、新镇、思仁四道，于是三司相维以治，部内咸与中州大藩等矣。盖纪欲以中州之治治之也。嗟夫，华夷异风教，所从来者，岂独限于山川哉？郡廓染于商纣，恒代袭于燕丹，其不为夷者几何？蜀之弦诵，自文翁而兴；闽之文物，因常衮而感，遂与邹鲁相争。所谓风俗与化移易，自古然也。③

"方今诞敷教化，以变僻陋之俗，朝廷固付之有司。而操黜陟之权，任激扬之责，使有司遵循礼法以导民者，不尤在风纪之官耶？风纪得人与否，其所关系重矣。同年卢君崇绩自湖广按察副使迁贵州按察使，铲奸除弊，扶弱植良，甫及期④，吏畏而民怀，间出巡山谷间里间，喜其俗之日迁。暇日，与诸僚佐叹曰：'吾逆数初建官时已五十余年，慨想前人功业，多炳炳在耳目，凡今夷俗之丕变，固本圣明之化，亦由诸公有以奉扬之也，秋等幸来承乏，盍录其名氏，勒诸坚珉，以昭示永久，可不可？'僚佐咸曰：'然。'乃走书征予记之。

"予曰：'凡前后官于兹者，奚啻数十百人，中间固多贤，未必尽贤。贤者能以礼法持身率下，不贤者自放于礼法之外，乌足以劝吏而导民？卢君不论人之贤否，概书之，固厚之道也。亦将使后之人指其名，歆羡其贤者而思取法，讥诮其不贤者而内自省，惕然戒惧，油然兴起，欢然若相劝勉，以将正

---

① 侍：原文误作"特"，据万历《贵州通志》改。
② 古蛮夷蔡流之城：万历《贵州通志》作"古夷蔡域"。蔡，原本误作"察"，据万历《贵州通志》改。
③ 自古：原文作"自白"，显误，径改。
④ 甫：原文误作"用"，据万历《贵州通志》改。

宪度，惠此遐陬，仰称圣明设官之意，此其有警于在位者无穷也已。请书此以为记，庶观者无迁视焉。'"

布按分司　在治城内西南隅，成化间建。

贵州卫　在治城内西，洪武四年建，经历司驸焉。卫镇抚及左、右、中、前、后五千户所，皆分置于卫之南。

贵州前卫　在治城内西，洪武二十六年建于治城之中。景泰五年，以其地改建布政司，而迁建于此，经历司附焉。卫镇抚及左、右、中、前、后五千户所，皆分置于卫之东西。

贵州宣慰使司　在治城中北，洪武五年置。成化间重建，经历司附焉。都御史孔镛记：

"予奉敕巡抚贵阳之明年，夷民向化，百废具举，贵州宣慰使司自国朝归附，开设以来，岁久倾圮。今宣慰使安贵荣、宋然，同知安约复新之，有仍有改，而厅事、后堂、仪门、左右两庑，仍其旧而为之也，如大门坊牌，皆改其旧而创之也。肇工于成化辛丑二月，讫工于弘治己酉三月，以至斋堂、寝室、厨库、廨舍，咸其黝垩，椽桷藻绘如式，请记于予。

"予按旧志，贵荣始祖起于蜀汉，从汉丞相诸葛亮南征有功，封罗甸国王，居寓水西，开拓境土。至元有霭翠者，受亚中大夫，世袭土官宣慰，闻我朝太祖高皇帝奄有万方，纳土入贡。洪武四年，天兵南下，授霭翠前职，升广威将军，于贵州北门内，即顺元宣抚司故址，建贵州宣抚司。洪武六年，升为宣慰使司。洪武七年，怀远将军宣慰使，诏命子孙世袭。洪武十三年，开故贵州、龙里一十七驿，陆广等四巡检司。霭翠卒，弟安约袭职，其后，子孙遂以安为姓。今贵荣得世袭其职，思祖宗之勋业，荷圣朝之宠任，乃能克修厥职，克举废坠，亦可嘉矣。

"虽然，今天下藩臬之司皆备厥官，而贵州独省其半，何也？以其民稀而杂夷，非有艰剧之务，重繁之役，官不必备，亦足以治也。朝廷悯念是方之民，不欲扰之，意甚至矣。居其位而施其政者，可不深体是意，思去苛军，务从简易，以与其民休息，使穷陬荒服之民，均得沾被上之德泽乎？今宣慰使安贵荣与同寅宋然，同知安约，既新其治矣。要必使政令之一新，俾上德无不宣，下情无不达，吾之声名之起，功业之著，又将有以光前而裕后矣。不然，则徒为学时之观美，何以有益于民乎？居是官者，其勖之哉，其勖之哉！"

贵竹长官司　附郭，元为贵州，寻改贵州等处军民长官司。本朝改贵竹长官司，编户四里。

水东长官司　附郭，元为水东蛮夷军民长官司，寻改水东寨长官司。永乐元年，以水东犵狫蛮夷军民长官司省入，置水东长官司。

中曹蛮夷长官司 在贵州治城南三十里，元为白乐县阿笋寨地，后改中曹白纳长官司，地亦隶焉。洪武五年，改置中曹蛮夷长官司。

乖西蛮夷长官司 在治城东北一百五十八里，元为雍真乖西葛蛮等处蛮夷军民长官司。永乐元年，改置乖西蛮夷长官司。

青山长官司 在治城西四十里，元置青山远地等处蛮夷军民长官司。洪武五年，改青山长官司。

龙里长官司 在治城东五十里，元初为龙里县，隶大龙番应天府安抚司龙里州，寻改龙里等寨蛮夷军民长官司，分合龙等处地亦置长官司。洪武五年，复合置龙里长官司，及改今属。

扎佐长官司 在治城北六十里，元为落邦扎佐等处蛮夷军民长官司，洪武五年，改置扎佐长官司。

白纳长官司 在治城南七十里，元为白纳县，后改中曹白纳长官司，已而，复以茶山之地益之，改茶山白纳等处蛮夷军民长官司，归附，中曹已置司①，而白纳之地失于奏报。宣慰司以头目周可敬领其地。永乐四年，始制白纳长官司，遂以可敬为长官。

底寨长官司 在治城北一百里，元为底寨等处蛮夷军民长官司。洪武五年，改置底寨长官司。

养龙坑长官司 在治城北二百二十五里，元为养龙坑宿征等处蛮夷军民长官司。洪武五年，改置养龙坑长官司。

贵州站 在治城东南二里新添关内。洪武中，建贵州诸站，军士专执递运，其役最劳，旧制不给粮。弘治间都御史孔镛建议，始月给粮三斗。

陆广河巡检司 在治城北一百里。

沙溪巡检司 在治城北二百里。

黄沙渡巡检司 在治城北三百里。

丰济仓 在治城内南，洪武间建。

税课局 在治城北，成化间建。

阴阳学 在治城内。

医学 在治城内东，成化间重建。

僧纲司 在大兴寺内。

道纪司 在大道观内。

预备仓 在治城内东，成化间都御史陈俨建。

养济院 在治城内南，弘治间，巡按监察御史包裕重建。

---

① 中曹：原文误作"山曹"，据上下文及《黔记》改。

学校

儒学 在治城内东，元初建于今都司北，为顺元路儒学，皇庆间改建于今都察院前。洪武间拓城，都指挥马烨、教授芒文缜等迁建于此。中为明伦堂，左右翼以四斋，曰同文，曰同仁，曰遵道，曰遵义。堂之东立太极图，西立欹器图二碑，东北立卧碑。景泰间，按察司副使李睿、教授王训立二雁塔于墀之左右，其一赐进士题名，其一乡贡进士题名。后为育英堂、尊经阁，阁左右翼以斋庐十。弘治庚申，巡抚都御史钱钺、巡按监察御史陈恪命工，创建阅经堂三间，号房四十间于学之东，规制宏壮，以为诸生肄习之所。

前吏部尚书王直《学记》：

"国朝受天明命，混一海宇，其所以教授斯民，一用圣人之道，故虽荒服之外，裔夷之区，莫不服诗书，循礼义，治化之盛，盖自唐虞三代以来未之有也。贵州去京师万里，实古荒服之外，裔夷之区也。德威所至，无思不服。

"太祖皇帝不鄙夷其民，既设贵州宣慰使司抚治之，又欲使皆复于善，诏立学校以教焉。由是，贵州始有学，盖洪武二十六年也。学在贵州城之东北隅，有明伦之堂。堂前辟四斋，以为讲肄之所，而未有庙。洪武三十五年，贵州都指挥金镇、汤清始为大成殿，翼以两庑，奉圣人像于其中，群贤陪位①，以次序列，春秋数祀，行礼有所，缭以周垣，前有棂星门，规模备矣。然两庑犹草创。

"永乐十六年，太宗皇帝绥靖诸夷，郡县其地，置布政司于贵州以统之，又设按察司以纠失，治教之不如令者。布政使蒋廷瓒周视庙中，叹两庑弗称，乃取材新作焉。历二十六年，凡三缮治，而后庙学始完美如制。今又二十六年矣，其棂星门日就颓仆，庙廷殿址，亦有塌然圮坏者。

"副使济宁李睿，自昔参议贵藩，暨转今职，尝有意修治，适监察御史溧阳杨纲巡按来贵，而睿与之图。于是参将都指挥郭英，按察使莆田林坦，副使束鹿朱理，佥事番阳屈伸、济南戴诚，左布政使宜春易节，左参政钱塘严恭，左参议淮阳顾理，右参议嘉禾汪涿，皆出俸金以举事，而都指挥张锐、洛宣、侯理、张任、张景，宣慰使安陇富、宋昂，暨训导昌黎王训，各以赀力来助。乃伐木命工，重造棂星门，地之圮坏，悉以方石砌之。凡盖瓦及砖，有破缺者藻绘，有漫漶黢黑者皆整饬华好。又建尊经阁于明伦堂后②，以藏

---

① 群贤：原文误作"群焉"，据万历《贵州通志》改。
② 建：原本作"达"，据贵图本改。

朝廷所赐《五经大全》诸书。其左右别置十室，以为幕次。作石塔二于堂前，仿唐进士题名雁塔之义。有自科目进身者，则题姓字于此，示激劝也。作二石柱于棂星门内泮池上，以为之表。经始于正统八年六月初八日，而以正统九年七月初十日讫工。向之敝者皆易而为新，昔所未有者皆有焉。高明壮丽，他学莫之先也。

"嗟夫！学校，教之地也，其所以为教者，则因人固有之善而明之，自夫伦谊之大，以至日用事物之常，使必循其道而皆有得焉。由是，发而为文辞，推而为事业，然后教学之功成。贵州之入职方久矣，朝廷教养其民，一切不异于中州。今诸君又大新庙学，诸生之游于斯者，仰圣贤之德容，而兴其向慕之心，诵经传之微言，而致其学问之力，朝夕不懈，以迄于成功，则庶几不负乎此。若徒饱食逸居而已，斯不有愧于心哉！

"屈君伸来京师，求予记，故记以告诸后之学者。"

射圃 在儒学东，旧狭隘不足以容射。弘治庚申，巡抚都御史钱钺市民家空地，展拓宽广，复建文事武备堂于上，举行射礼，以教诸生，至是文治始备。

社学 有二，俱在都察院门外之东西。弘治庚申，巡抚都御史钱钺以治城素无社学，散教民家，课肄不笃，无以为治。乃市民居，各建室十余间，聚子弟教之。闾里文化，勃然兴起。

书院

文明书院 在治城内忠烈桥西，即元顺元路儒学故址，皇庆间，教授何成禄建，今废。

宫室

尊经阁 在儒学后，正统九年教授王训建，藏国朝赐书。
三圣阁 在太府北，弘治十二年，太监杨友建。
圆通阁 在永祥寺后。成化间，太监郑忠建。
郡人王松嵒诗："高构岑楼礼竺星，日烘金碧射虚廊。晚来栏外天风起，吹落昙花满院香。"
乐射亭 在太府西，弘治十三年，太监杨友建。
本人诗："简命南来镇此城，敢望制治恃清平。团标且为筹边结，高扁谁将乐射名。练武正期酬重寄，弯弓元不从闲情。近闻夷寇深深遁，一笑何妨累举觥。"

东宁伯焦俊次韵："草亭结就最堪怜，雅称公余乐宴然。云外星流期中鹄，怀中月缺德鸣弦。升争只拟观心德，下饮应须注酒泉。酬酢不知天色暮，醉挥彩笔写诗篇。"

监察御史吴学诗："小丑平除未足怜，结茅寻射更欣然。公庭无事可凭酒，治世防危须控弦。今昔几人开绿野，乾坤何在是平泉。也知佳胜能传远，记取当时白云篇。"

布政黄琏次韵："山拱城围景足怜，茅亭新构独巍然。强弓仰射高凌汉，健准横飞随应弦。翠色侵阶墙外竹，清声盈耳涧中泉。序宾不侮追周雅，对酒同歌行苇篇。"

按察使刘福次韵："边上诸蛮日乞怜，射亭豪兴火初然。飞星百步连穿磨，劈竹一声先应弦。地主计功频劝酒，野人笑语杂鸣泉。此中真趣谁能识，试看宾之第一篇。"

副使沈庠次韵："尘事纷纷底用怜，射亭较艺总欢然。天声劲疾风行草，弓势横开月上弦。夹道拥旌真若堵，隔林呼酒信如泉。不忘武备边臣职，请诵车攻吉日篇。"

教授赵瓒次韵："安不忘危孰肯怜，仆姑较艺足怡然。弧弯满月风生腋，镞发流星响应弦。四外虏闻应破胆，一方人靖咏甘泉。于今圣主无南顾，会见金縢入史篇。"

皆春亭 在都察院内，成化间建。

都御史孔镛诗："台西亭子最清幽，雅称休衙日倡酬。艳冶四时浑是景，芳菲一片不知秋。词翻白云多新调，辔揽青骢作壮游。更喜兵民如挟纩，载歌清穆播皇猷。"

筹亭 在都察院内。弘治十二年，都御史钱钺建。

澄心亭 在东察院内，宣德八年建。

监察御史邹鲁记：

"贵州行台后旧有澄心亭，前监察御史杨君纲隶书揭诸楣，岁乙巳，鲁奉命南按，驻骢之暇，燕坐其中，抚亭兴慕，有以知杨君盖致究于澄兴之学者也①。因记之，以发其义。

"夫心学不传久矣。自危微精一之授受，博约克复之讲明，寥寥数千百载，

---

① 澄兴之学：原文误作"澄心亭学"，不通，据万历《贵州通志》改。

濂、洛、关、闽诸儒迭兴，浚源导流，而后心学复明。迄今又三四百年，中间得此者几何人耶？

"於乎，心学岂易言哉？虽然，人禀天地正大刚明之气以生，其理则具于心而应于物①。古今无圣愚，无外内，无将迎，尧、舜、周、孔子之心，不待澄而自无不澄，汤、武、颜、孟澄之，而后澄者也。桀、纣、跖、蹻，放其心，而不知所以澄之者也。

"圣人未易及，下愚不足言，贤人不可希乎？希之之要，莫过于澄心；澄心之要，莫过于主敬；敬则澄，澄则定，定则虚，虚则明，明则照。是故当喜而喜，不以我喜，当怒而怒，不以我怒。凡有感触，随物应兴，不然，欲求善应天下之事，是犹反鉴而索照也。

"《易》曰：'贞吉，悔亡。憧憧往来，朋从尔思。'其是之谓欤？世之君子，于是苟有得焉，庶几乎不愧于读孔孟之书，而所以尧舜其君民者，亦不外是矣。一旦出而仕也，不得入阁，以尽格心之功，则愿入台，以任言责之寄。盖自三代而下，格心之学不传，惟台官一路，可以上通天子之意，大言入，则天下受大利；小言入，则天下受小利。言行道亦行故也。台官之责，其重如此。非澄吾心，而无所私系，其言未有不失之矫亢，而能入者鲜也②。况纲纪攸司，百僚是肃，喜则赏，怒则刑，清则扬，浊则激，低昂屡变，又乌能各中其则哉？此心学不可不加之意焉耳。杨君之志，亦善且大矣。继自今者能追思所以，私淑其志，则风采所至，朝廷自尊，于是职乎奚愧？谨记以俟。"

菜根亭 在东察院。成化二十一年建。

邹鲁记：

"先正汪信民尝言，人常咬得菜根，则百事可做。旨哉言乎！盖以养心莫过于寡欲，寡欲必自咬菜根始。引伸触类，寡之又寡，以至于无，则圣可学矣，况百事乎哉？贵州行台东偏有亭焉，环植嘉蔬，鲁扁之曰'菜根亭'。盖有志于寡欲，以养此心耳。仍为铭：

"'物之淡泊，莫过菜根。物之甘脮，莫过梁肉。嗜有味之味，众人所同。得无味之味，君子所独。噫嗟！饮食大欲存焉，故《易》示朵颐之戒，《书》谨惟危之传，《礼》记豆觸之铭，《诗》歌乾餱之愆，菲饮食而大禹入圣，乐箪瓢而颜子称贤。苟以己从欲，斯乃人而匪天③。矧御史膺王上耳目之寄，

---

① 具于心：原文误作"其于心"，据万历《贵州通志》改。
② 鲜：原缺，据万历《贵州通志》补。
③ 乃：原缺，据万历《贵州通志》补。

纲纪之托，骢马行行，动摇山岳，风采凛凛，令人胆落。其本在正己，其要在于寡欲者耶。潭潭乌府，乾坤一亭，观颐养德，菜根乃名。於乎菜根，寡欲之则，为士大夫不可一日无此味，天下苍生不可一日有此色。'"

嘉瓜亭 在西察后，成化四年建，今废。

郡人教授王训颂①：

"明有天命②，奄有万方，贞元会合，君明臣良。维皇继统，景运弥昌。至和协应，发为嘉祥。南国之台，园有瓜瓞，绵绵其蔓，泽泽其叶。和风长养，瑞气凝结。两实并蒂，六本同列。含英吐芳，蕴秀流香。金肤玉质，雪子冰瓢。形圆而直，色正而黄。台臣稽首，献于明堂。曰此嘉瓜③，我朝之瑞。肇自高皇，龙兴草昧。适当其时，风云庆会。今我圣君，德信功配，仁风化雨，洽于迩遐。天人交感，行此禛嘉。再产斯瑞，视昔有加。实由天眷，寿我国家。至治之祥，太平之效。天子万年，永绥亿兆。小臣颂歌，以继舞蹈。"

同乐亭 在布政司后，弘治三年建。

左布政使张诰记：

"南京兵部亚卿恒山王公文振先以贵藩左方伯陟总内台，奉玺书巡抚滇南，分在贵，时边廷宁谧，乡井丰登，当岁稔人和之余，正乐以斯民之日。乃于弘治己酉，判土作亭藩堂后山之上④，名曰同乐，志在民也。

"故公冗之暇，辄与大参钟廷芳、林允吉，少参邓弘中、奚仲伟，小酌斯亭，寓同乐也。一遇好天佳日，竹林兢秀，花卉争芳，四美二难之并具⑤，辄邀按察使公张孟介、宪副柳文粹、陈季同、吴克、大宪佥李时泰暨藩僚，会饮斯亭，尽欢半饱，其同乐也何如？然斯会也，无丝竹之乱耳，无歌舞之荡情，射中奕胜，止觯文余，且肴核之味⑥，不过鸡黍藜藿、园蔬野蕨而已。酒数之行，不过三行五行七行而已，肴非侈也，酒非靳也⑦，在情不在物也。其乐斯民之乐⑧，而不在乎酒也。

---

① 王训：原文误作"王顺"，成化朝无教授王顺，《黔诗纪略》载此诗，为王训作，据改。
② 有：原作"四"，据《黔诗纪略》改。
③ 嘉：原文误作"皆"，据《黔诗纪略》改。
④ 土：原文误作"王"。
⑤ 具：原本作"且"，据嘉靖《贵州通志》改。
⑥ 射中奕胜，止觯文余，且肴核之味：原文此段话中，"觯"作"解"，"余"作"饮"，"且"作"日"，不可解，据嘉靖《贵州通志》改。
⑦ 酒非靳：原为"酒作靳"，不通，据嘉靖《贵州通志》改。
⑧ 其：原本误作"甚"，据贵图本改。

"是岁三月,王公有滇南之行,而余以蜀按察使代。其在辖亦尝与孟介、廷芎蓥暨后任大参郑叔亮、沈元节、宪副汤元之、少参吴廷璋、宪佥古体成诸僚友会于斯亭①,酒肴亦如前数,情真意厚,其同乐也又何如哉?是则王公与余及群僚之乐,非乐乎山水花木间也,乐乎全贵之民,边靖时丰,而寓之酒也。文僚武属,吏卒生徒,咸知群公会饮而乐②,而不知所乐其乐也。上既乐下之乐,下亦乐上之乐,上下一体,臣民一心,天公之道也。欲一省之治也何有哉?

"虽然,乐者忧之伏,忧者乐之倚。诗曰:'无已大康,职思其居。'《传》曰:'乐以天下,忧以天下。'然则万乘之主,三公之卿,台宪方岳,与守令及百司之执事,亦皆当如范希文所云,先天下之忧而忧,后天下之乐而乐也。弘治辛亥春,余亦叨拜总宪之命,往代王公之任,庭芳复饯余于斯亭也。于是乎记之。"

去思亭 在治城南圣寿寺前,弘治间郡人为巡抚都御史孔镛去而建,以识遗爱,中为去思碑。

郡庠生王佐诗:"买石南山刻去思,不忘仁政治边夷。虽然埋没寒烟里,也作南州堕泪碑。"

贞松亭 在治城南圣寿寺后,宣慰使宋然建。

都御史孔镛记:

"弘治元年八月十又二日,予偕侍御包君好问,出饯都宪章公赴南台,时秋暑方炽,道过城南庵贞松亭。爱其清而且幽,少憩其间,前挹江流,后披崇冈。高山叠嶂,环列左右。亭之外植松数株,岁久,皆乔然高数十寻。直而竦者干云霄,曲而蟠者若虬龙偃盖。赤日当空,则其荫蓊然,若烟云之弥漫也。清风徐来,其声玲然,若笙竽之并奏也。亭之外,有南昌漆兰大书'贞松亭'三字揭于门。周列曲栏。亭之中,静几广榻,盖一物之不杂也,一尘之不染也。

"询于寺僧圆吴曰:'此亭乃前宣慰使宋昂所建,以为饯客之所,岁久倾圮。今年春,其子宣慰使然复新之。而贵之往来缙绅大夫经于是者,皆歌咏之。顷间,然亦至,相与告曰:'亭之成,弗记之。恐久而复毁,无足以征之也,愿求一言,刻于亭石,以垂永久,不亦幸乎?'包君能言之而不言,让余言之者,以余有一日之长也。

"余辞弗获。乃谓凡物之接于目而动于中者,固皆可玩可乐,而亦不能无

---

① 古体成:原文误作"占体成",据《黔记》改。
② 知:原文误作"之",据贵图本改。

美恶。为所接之美恶，君子不可不慎也。恒言'近朱者赤①，近墨者黑'，以其所习所染故。以今贞松之亭，壁之所书者皆诗，外之所植者皆松。且松，植物之中独禀贞刚之气。当一气之伸，根而蕴者，荄而验者，莫不振翘舒荣，以逞妍于一时。及夫秋高气清，霜露既降，则皆凋零枯悴，无存者矣。其能岁寒而不易者，非松也耶？是故昔之君子每托以自励，于其处也，与松为伍，则巍然有以自立，及其为时而出，则刚贞自持，不为物议之所移夺，卒能立事功而泽生民，亦未尝与之相悖也。贞松之名亭，不亦可乎？然则父子以贞松名亭，亦可谓有志于君子，而求励乎节操者也。因其记亭，故并及之。"

镇远知府周瑛诗："劲节隆身郁郁青，发僭谁为表孤亭？老禅自顾非仙骨，懒向灵根劚茯苓。"

郡人袁栗诗："步步踏云深，青松郁作林。好山添与翠，流水伴鸣琴。选坐依危干，敲诗对碧岑。操贞诚可仰，共守岁寒心。"

会景亭　在治城北八里洪边山之上，宣德间，宣慰使宋斌建。洪边胜景凡八：曰翠屏旭月，曰绣岭晴霞，曰北庄绮陌，曰南谷璃林，曰环溪素月，曰鉴冶清风，曰马陇灵源，曰螺岩飞瀑。一登此亭，则八景具见焉，故名之。

迎思亭　在治城东南里许，郡人迎送之所。

真趣亭　在永祥寺后圃。

郡人教授王训诗："城上芙蓉傍水开，翠微深处结莲台。青狮拥坐菩提现，白马翻蹄内相来。花雨有声喧贝叶，条风无力扫苍苔。禅心静似方池水，夜月光中绝点来。"

折柳亭　在治城西三里，广济桥西。

郡人知县吴迪诗："柳绕离亭种，亭因折柳名。东风欲珍重，争奈又人行。"

驻节亭　在治城北里许，郡人迎送之所。

万松亭　在城北八里，洪边松山之上。天顺间，宣慰使宋昂建。

郡人训导黄禄诗："亭亭亭子立山头，不入闲花野草愁。坐绕青松万科树，一科科有岁寒谋。"

紫薇堂　在布政司厅事后，景泰五年建。弘治八年，左布政使张廉重建。

四川右参政周瑛记：

"古者国君治事之所，其前曰路寝，其后曰燕寝。路寝公也，所以治事；燕寝私也，所以退休。今制，官府有前堂，其古之路寝耶？有后堂，其古之燕寝耶？作前堂以治事，所以致劳也。作后堂以退休，所以就逸也。一劳一逸，古之制也！我太祖高皇帝统一寰宇，建十三布政司，以分理天下，专其

---

① 朱：原本误作"珠"，据贵图本改。

军马，其材赋，其刑法，各置大僚以掌之，势相颉颃而不相下，所以矫前代方镇尾大不掉之弊，而措天下于久宁之域也。贵州本夷部，高皇帝时以宣慰使田氏分领其地。永乐十一年，田氏违命，治兵相攻，无臣子礼。文皇帝怒之，乃籍其家，削其官，建布政司，以备一藩之制。初，诸宣慰多暴慢无礼，至是俯首帖服，惴惴不敢动。百年以来，诸贤良相继为治，其政渐敷，其俗渐移，府官次舍，以渐修理。

"弘治六年春，吴兴张公孟介由贵州按察使擢本司左布政司，一日，徘徊郎署，顾参政刘君敬之、周君懋德、参议韩君文亮、陈君朝美，谓曰：'吾藩财赋人民，视中州诸藩，不及三之一，然而犄角形势，控制苗獠，以通西南朝贡道路，其地至要也。今前堂如制，而后堂隳弊殊甚，其何以集谋议，广思益而合筹策之公？又何以布筵席，举觞爵而伸燕好之私。某不敏，愿与图之。'皆曰：'鲁叔孙婼讼于留所，馆虽一日，犹修葺其墙屋，及去，如始至焉。今吾人实官于此，而衙宇不治，宜如公之所言者。'时天子方聚兵境内，以讨都匀诸夷，公念使司财赋所出，朝檄暮输①，不暇以为。既而，群丑授首，境土廓清。公喜曰：'乃今可以有为。'

"因以其事告于镇守太监江公、巡抚都御史邓公、巡按御史王公，皆曰：'宜如制。'公乃约稍入而节缩之，取彼于此②，计工授程，陶土为瓦，烧石为灰，取栋梁榱桷于群木所宜，建后堂若干楹，东西厢旁若干楹，堂庭之中而屋之，以通前后往来又若干楹，后堂之广与前堂称，为高视前为不及，而修过之。其制雅雅言言，坐以谈公，列以序私，无不可者。

"初，居民十数家，漫入省垣内，与群吏杂处，公曰：'民与吏混淆，奸慝曷去？'乃授之直，俾择便地以居，即其处为左右二参政廨舍，又分其余以为诸吏舍。至是，以堂言之，则前后之制备；以居处言之，则内外之分严。

"公又命筑长垣环绕于司，如居所谓牙城为者，其垣下甃石，上覆以瓦，高厚长大，牢不可拔云。经营于弘治七年夏五月，告成于岁秋八月。凡靡白金若干两，粟若干石。邦人皆若不知公有所为焉者。

"既落成，众谓古人兴作，皆有所纪志，况此为工最钜，恶可以无述？乃走使蜀藩，属瑛纪其事。始，瑛待罪镇远府，于公为属吏，客有过吾郡者，谈方今人物，谓公威而不暴，明而不察，简而不烦，有古人风度，则其所抱负者深矣。抱负深者发泄大，然则今日之事业，其昔日之素蕴耶！探公所有

---

① 檄：原本误作"慕"，据贵图本改。
② 彼：原本误作"被"，据贵图本改。

而推之，厥世未艾也。岂但制一藩而已哉。谨书诸石①，用以纪前绪，且以卜后勋。"

九思堂 在按察司内，宣德间按察使应履平建。
忠顺堂 在治城北二里，宣慰使安观建。
世禄堂 在治城北，宣慰使宋斌建。
学士李时勉记：

"古者，封建之法行，公侯卿大夫皆世禄之家。后世封建既废②，公侯卿大夫皆由乡举里选，必贤能而后任，苟非贤非能，朝召入，暮废出之。由是，世禄之家皆鲜焉。国家稽古建官，其选贤任能之意亦犹古也。惟武臣之有军功，与边民之长，总率其众以奉朝廷正朔者③，皆命以官，皆得世袭其爵。虽非古者封建之制，而亦可谓世禄之家也。贵州宣慰使司宣慰使宋昂从颡氏，其先河北真定人，宋开宝初，有曰景阳者，仕宋为节度使，领兵征南，平之，夷人信服，遂留镇其地。历代以来，管率其民，甚尊之，簪组相承。从颡之尊府澹斋公，洪武中，授贵州宣慰使司宣慰使，进阶怀远将军，钦给诰命，俾世袭其禄。公者表请致仕，而以从颡代职。

"从颡读书好礼，事亲孝谨，与其弟昱居，友爱甚笃。一日，请于其尊府曰：'朝廷制文，有永保世禄之语，其所以其待之意甚厚，而谨戒之意亦至矣。可不慎哉！吾犹惧吾后之人，或不知而忽之也。因构一室，而名之曰世禄，后世子孙食其禄，知其所自，而思所以报之，其庶几焉。'尊府曰：'然。'

"既阴阳正术龙刚以公事至京师，求予文以为之记，易曰：'开国成家，小人勿用。'则凡为公卿大夫，皆贤而有功者也。书曰：'世禄之家，鲜克由礼。'则凡世守其禄而不废者，贤而有礼者也。宋氏自景阳来，至于今，凡若干世，历数百年，而簪缨禄位，承继不绝。虽其先世功德积累者厚，而亦后世之子孙多贤，有以致然也。今从颡父子又能不忘朝廷褒宠之恩，劝戒之意，而欲垂示于后之人，相与守之而不怠。其不尤贤矣乎？使后之人果能敬慎之如其意焉。则宋氏之福，其有穷哉！"

育英堂 在儒学内。
讲堂 在儒学明伦堂后。正统间，副使李睿、教授王训建。
阅经堂 在儒学明伦堂西。弘治十三年，巡抚都御史钱钺建。且作诗曰："堂成隙地倚崇冈，日究群经意味长。云影天光波湛湛，鸢飞鱼跃思洋洋。绛帷风暖尘埃净，书带春深雨露香。小大裁成无弃物，几多桃李在门墙。"

---

① 谨：原本误作"诸"，据贵图本改。
② 废：原本误作"发"。
③ 率：原文误作"卒"。

再用韵："麟游郊薮凤鸣冈①，万国同春日正长。人物中州元济济，弦歌边地亦洋洋。构成厦屋鱼鳞集，折得高枝桂子香。独立天街遥望处，文光彻夜照宫墙。"

贵州布政黄瑽次韵："人如美玉出崑岗，乐育明时议论长。理义悦心穷要妙，图书充栋叹汪洋。云屯泮水鱼龙化，春裹儒衣雨露香。更喜都台崇正学，增高夫子旧门墙。"

贵州按察使刘福次韵："威凤鸣阳向竹冈，太平化日正舒长。力专圣学同居肆，道功吾身异望洋。灯火不缘寒暑变，文章管取姓名香。诸生际此须珍重，免使他年悔面墙。"

贵州参政马自然次韵："阅经堂筑占高冈，此境光阴惜寸长。可铙可模师表表，宜弦宜诵士洋洋。青灯夜雨三更静，红杏春风二月香。我欲载书三十乘，等闲趋过孔门墙。"

贵州按察副使沈庠次韵："高堂新构枕梧冈，讲读偏宜化日长。一贯精微须领悟，六经文字本汪洋。春风吹过杏坛雨，秋月分来桂子香。希圣工夫应不远，见尧惟只在羹墙。"

贵州参议王杲次韵："阅经堂起背龙冈，洙泗源流道脉长。午夜文星常灿灿，一时士气总洋洋。青灯莫厌经书苦，黄甲当题姓字香。当道盛情须体念，莫教空负此门墙。"

贵州按察佥事龚嵩次韵："数区新辟草莱冈，学舍如鳞接栋长。灯火连窗明焰焰，书声隔屋听洋洋。人才喜际风云盛，事业期垂竹白香。赖有都台兴学政，庄韩容引一窥墙。"

贵州按察佥事朱仪次韵："讲堂新建正南冈，积学工夫贵久长。理在先天知浑浑，道从费处见洋洋。明窗远映芹池翠，绛帐轻凝杏雨香。文教一时蒙振作，英英人物满门墙。"

郡人教谕易纮次韵："阅经堂据学西冈，坟典相亲岁月长。尽剔蠹鱼功汗漫，细寻蝌蚪义茫洋。不妨竹简韦编绝，且挹缥囊翰墨香。仁看五车归腹笥，眼空子贡及肩墙。"

教授赵瓒次韵："阅经堂建据危冈，灯火咿唔午夜长。知向物中观要妙，理从心上造汪洋。尽芟荆棘私方净，细咀芝兰语自香。过此坐忘何用力，始知吾道在羹墙。"

后乐亭 在按察使后。弘治十三年，按察使刘福建。

---

① 郊：原文误作"效"。

谯楼 在治城内，宣化坊北，即元故城北门之址，本朝拓城而北楼废。成化间，太监郑忠重建，高五十尺①，周五十步。复出间阁，俯瞰一郡。上置壶漏钟鼓，以节晨昏。

尚书白圭记：

"皇明有国，度越前古，天覆地载，悉主悉臣。肆惟贵州，本穷荒之域，三代以前，鄙而不治；自后虽有羁縻，不过通使以贡其土而已。惟我太祖皇帝以大有为之君，乘大兴之运，威以神武，以致其卒服，绥以文德，以遂其生成。由是，城郭、宫室、衣服、礼乐、儒师、命吏、守将、戒兵，罔不周备。是以百十年间，彬彬郁郁，与中国无异。况是邦实总镇之区，列郡之司属，诸夷之耳目所瞻仰，而钟鼓迨今未有建置。

"前都知监太监涑水郑公忠以先朝之命，作镇于兹，历十五年，是为成化之癸巳也。维时百谷告登，三边无警，民不知劳，财有所措。公于暇日访求郡之故老，得其故址于城北正街，盖自前元，尝为顺元都元帅府所建土城之楼。国初，展其城于今北门而夷其址。历兹世远人亡，无以考其沿革。公则创以是役，谋于巡抚都宪宋公钦、总戎都督吴公经、巡按侍御梁公泽，既协其谋，而又可否于都、布、按，佥以为然。

"遂经始于是年四月八日。凿石南郊，抡材北野，陶于肆，冶于场。役匠与夫必更番而不再藉，既食而又货之，有若傭者。故人皆子来其心，而父事其役，是以功虽若难集，然不期月而告成。财不取费於公家，役不旁征於他郡，有若所谓灵台者焉。讫工之日，是为明年甲午五月七日也。

"楼基以石为台，高六尺，周方一十六丈有奇。虚其中以为通衢，屋重其檐，通高五丈有奇，广与之等，而深则杀其五之二焉。公于前期以值购得赤金三千斤，命工治其精纯，铸为大钟者一；以牛革制为大鼓者四，又以白金二镒，走使滇南，募匠制为铜壶滴漏，俱以良旦悬钟置鼓于楼，而奠壶于其下。

"自是暮鼓晨钟，更漏有准，节候不爽，昼夜分明，远近之人莫不耸观而趋听；使其在公者不失其夜寐夙兴之时，养生者各遂其出作入息之候。又外而使犬羊之众，襁负其子而来，环而观之，有若龙蟠虎踞，鲸吼雷轰，莫不改容而夺气，于以潜消其跳梁梗化之心焉。

"总戎吴公以为是役之成，不可无述，乃假其弟锦衣千帅孟章求予为文，以纪其岁月。予惟扩前人之未发而自我作古，创无前人之事业而有开必先，非有高世之材而操可为之势者，不能也。今郑公以中臣际遇圣明，出领边镇，

---

① 重建，高：贵图本误作"重高建"。

又得贤都宪、元戎、侍御为之寮采，三司方岳相与辅相之，有以奉宣天子德意以怀柔远人，至于承平，乃能以其绪余谋及钟鼓之事，创百尺之楼台，以耸一方之视听。其所建制，足以振后而光前，可谓丰功伟绩，烈烈轰轰，垂之不朽者也。自非其有迈世之材而操可为之势，能若是乎？是盖可书以告将来者也，于是乎书。"

肃边楼 在按察司门之左。成化间，按察使卢秩建。诗：

"宪台雄建肃边楼，楼上风霜总是秋。形拱北辰蛮雨歇，势凌南极瘴烟收。凭高每压山川气，柔远常怀社稷忧。最喜遐荒净如洗，倚栏偏好望神州。"

郡人王松喦诗："雄建危楼控斗南，珠帘高揭拥晴岚。肃边自有经纶策，樽酒何妨日笑谈。"

东楼 在治城内南。隐士顾璇建。璇工诗，尤情绘山水。都御史孔镛有记。

万卷楼 在治城北。郡人知府易贵建以藏书。

无边风月楼 在治城北八里。文士宋昕建。

教授王训诗："百尺楼中几席前，风光月色渺无边。入帘剪剪春三月，到枕娟娟夜半天。送暖生凉飘短袂，流光弄影照华筵。登临尽有无穷趣，半在金樽半锦笺。"

晚翠楼 在治城北。文士宋冕建。

知府易贵诗："钟情桃李世情同，过眼繁华次第空。曾似远楼种松柏，萧疏时节亦丰隆。"

读书台 在治城北二里许，白崖山半。郡人教授王训归隐时所筑。台下累石作院，引泉凿池，杂植花竹，有棋枰琴案，皆假山石为之，训常与客觞咏于此。

程番知府汪藻诗①："满抱经纶隐北山，就中佳致足盘桓。戋戋束帛终当聘，未许幽栖老谢安。"

寺观

大兴寺 在治城中。元至正间，庐陵商人彭如玉建。洪武二十年，长沙云游僧南宗重建。庭宇宏敞，国有庆典，每于此设绵蕞焉。僧纲司在其后。

四川按察司佥事时季照记：

"大兴禅寺在贵州城之中。贵州西南裔，地杂苗獠，曩未闻有寺也。元至正间，有江西庐陵县道人彭如玉来创精舍，奉普庵祖师，导释氏法。后土僧

---

① 汪藻：原文误作"江藻"，据本书他处及《黔记》改。

真贤嗣其业①，拓故址②，建大雄殿、毗卢阁，庄严设像，遂名大庆寺。皇明洪武四年，贵款附，立军卫，开都司，戍守之士，概率笔簪名流，禳禬于浮屠，而夷俗亦渐知向慕焉。且贵西距南诏，东接荆湘，列城相望，轮蹄上下，当通道要路，由是寺之名益显。

"二十年，长沙沙门南宗游方至寺，苦行洁修，真实不妄，缁素推重，寻留为住持。宗悉心殚力，以葺造为己任，施者填委。构四天王殿、山门、僚舍，重塑三宝、毗卢诸佛及观音、地藏、十八罗汉等像，并五十三参。涌壁傍植松柏，外周垣墉，焕然增美，宗实能作兴其门者哉！相其成者，其徒圆智与有力焉。

"二十七年，都司官今总戎镇远侯顾公尝以寺之来历启于蜀王殿下，改赐今额，复妙选解宗乘者性空补其处，空造僧堂，延纳同袍，及其而去。永乐二年，都指挥金事李正言于总戎公，谓寺居兹土，实祝祈道场，遐迩瞻仰，首席不可久虚。乃物色平越卫圆通寺慧智，俾领南事。智质厚恬静，志存本教；其先亦庐陵人。八年，宣慰使复举智赴京，准设僧纲司，就授都纲。贵之僧有官有署，昉于智。

"智首营大室三间，为栖禅之所，念遐陬荒服，罔知佛祖演说微妙，乃购大藏经一部，六千三百五十余卷，为钞以贯计，凡二万有奇。翻阅三月，致祥云覆绕之征；又于大雄殿之前，甃以石台，缭以石栏，作两壁厢廊庑各十有五间。

"智白于总戎公及金事李君，曰：'寺幸苟备，乏者钟楼藏殿耳。'遂同以贵为列卫都会，司有钟，实昏昕之号，藩垣所不可缺，即相与卒赤铜七千五百斤，鸠工铸镛，仍架重屋于廊左，筑藏殿于廊右。智汲汲穷早暮，他无私营，惟匠石是视，若有程督之者，可谓劳已。且曰：而以是而峻，当勉求吾佛息心之旨，而遂吾之身矣。

"今榱甍翚飞，而云霞掩映，楹础鳌负，而丹艧辉煌，巍巍猊座，翩翩彩幢。既鼓既钟，鸣雷吼鲸，乃祝乃诵。香霭灯光，若弹指而开楼，俨化城之现宝坊者焉。

"余以巡历屯田抵贵，尝诣寺瞻礼，方悚然亦为之改容。而智以寺之札建，不有文以纪其颠末，则曷足以俟其后来？亟以为请。

"洪惟我圣明声教所被，幅员之广，远迈汉唐。贵虽夷壤，而渐摩涵煦，驯致华风。因思柳子厚《柳州复大云寺记》，讥越人董之礼则顽，束之刑则逃，

---

① 士：原文误作"土"。
② 故：原文误作"政"。

唯浮屠事神而语，大可因而入焉，有以佐教化，谅哉言乎！夫贵之士民出入操刀弩，动辄斗狠贼杀，固习俗。然其去中国为尤远于柳，而浮屠之在夷，有不宜于贵耶？况朝廷设释老氏之官，盖使严其道而尊其典，警世以祸福，而趋于慈爱也。然则贵之寺，华夷人士之往来，或闻其教，或履其国，耳之目之，起敬起信，其本然之善，岂不油然而生，良于王度阴有助焉。予既歆艳我朝统一之盛，又嘉智之能缵集之绪，其志行有颖出者，遂为之记；而系以诗曰：

维佛曰觉，觉彼蒙迷。明固吾有，迷亦匪亏。爰自身毒，式为导师。以传以暨，于华于夷。其一。

我朝统御，际天覆帱，一视同仁，光无私照。为释建官，聿阐其教。俾淑昏嚣，是则是效。其二。

于贵之邦，西南遐荒。粤自国初，归隶职方。夷落种性，易于敛勖，威而弗诱，渎我典常。其三。

既列兵卫，亦有佛寺。盛于我朝，创自元季。大庆肇额，大兴改赐。克趾乃暮，法徒不匮。其四。

孰为道人，来自庐陵。筑室礼祖，梵仪首兴。绳武匪一，恢宇弥宏。后贤慧智，克集厥成。其五。

宝刹耸构，困盘夷阜。绣闼雕甍，丹楹朱楠。玉偈雷鸣，金奏鲸吼。祇园讵远，兹美匪苟。其六。

为国祝釐，为众有祈。祸福斯劝，庶几信依。于以善行，于以化夷。翊我王度，具曰是宜。其七。

懿兹胜区，实基化刀。人上慕瞻，思神辟易。孰为记之，垂祀千亿。我制斯文，永刻贞石。其八。"

永祥寺 在治城内西南隅，旧名潮音。成化间，镇守太监郑忠建。寺址高阜，殿阁翚飞，竹树掩映，溪流萦绕，为郡胜概。敕赐今额。

学士万安记：

"寺在贵州城西南隅，据山瞰溪，一径曲折，甃石为磴，而通于中。周回松竹参天，苍翠可爱，诚清胜地也。旧有观音祠宇及僧室，岁久弗葺。今都知监太监涞水郑公忠，天顺初以征苗功衔命来镇兹土。下车之明日，首先谒寺，睹其痹隘，不足以妥佛灵，慨然欲重修之。度其时有未可，力有未能，每早作夜思，修举废坠，以抚绥军民为己责。久之，苗獠畏服，境域安宁。遂捐资市木①，取砺取锻，购邻壤以广之者，凡若干丈。已，乃命工兴作，

---

① 捐：原文误作"损"。

撤故易新。先建正殿，次建罗汉阁，又次建禅台、僧舍与夫庖湢、库庾、门垣、冈下，以次完具。其规制轩豁，藻绘辉巧，甃砌安固，非复往昔可比。

"是役经始于成化四年五月，成于十年四月。先期，公恳辞请乞额名。诏为永祥寺，仍赐玺书护持。命至之日，祠宇为之改观，缁流为之欣踊。公乃望阙拜，稽首称谢讫。窃惟寺之建，颛以上祈利于国家，下祈利于生民，幸荷天宠汪濊，命名赐敕若此，苟无文演其说，何以垂示将来邪？于是状其始末，介诸子锦衣百户表特诣京师，属笔于予。

"夫惟佛氏之书浩瀚不一，予未尝经日而究之，兹不敢援引妄为之说，姑取吾儒之书之言推演之，可乎？《书》曰：'作善降之百祥。'祥即福之谓也。《易》曰：'积善之家，必有余庆。'庆亦福之谓也。言人能久于为善，则诸福之积，未始有不永久矣。永祥之旨，岂非有取于此者欤？公于寺之建①，上祈福于国，忠之至也，下②祈福于民，爱之至也。一兴作之间，忠爱之心兼尽，其为善也，固有在焉尔。公以简命，守镇斯藩，地方安危所关、军民休戚所系，顾所为善，初不止此，尚于号令政事之布施，悉与巡抚、巡按以及藩臬有司商榷，务求上合天理，下合人心，可以经久无弊者，而后施布之，是能耿耿之善，为己之善，其为善也，不亦广且大乎？然将见一藩之内，下焉人心协合，上焉天心庇祐，四时顺序，五谷丰登，百姓享饱食暖衣之天，诸夷无兵革战斗之虞，则祥祉毕降于一藩者，可既言耶？圣明赐额之意，诚在于兹，而佛书为善获报之说，抑亦殆相合欤？予特书之于后，俾将来继公镇斯藩者，观此惕然有感，而图称委副，以召延祥祉云。"

王松岊诗："梵刹岹峣耸碧岑，烟霞常为护幽沉。夜来竹影筛明月，疑是檀那布地金。"

圣寿寺 在治城南门外，霁虹桥之东。旧名南庵。前俯清潭，后负崇冈，群峰列巇，左右环绕，草木竹石，杂置错陈。论者谓郡中诸寺据高阜之胜者，莫如永祥；而得山水之胜者，莫如此焉。

都御史钱钺诗："白石苍苔曲径通，谁来此建梵王宫。渔舟上下一溪绿，鸟韵幽扬千树红。仗锡僧归烟霭里，飞鞚人在画图中。兹游不减西湖胜，题咏惭无苏长公。"

御史俞振才诗："上方消洒近清都，车骑登临喜见呼。云际飞来峰独秀，草根流出水何纡。烟霞环护小蓬岛，天地生成真画图。倾倒玉缸须痛饮，隔林斜日叫提壶。"

---

① 寺：原本此字不清楚，当是"寺"字。
② 下：原文误作"口"。

按察使刘福诗："春雨初收试省耕，水边萧寺可人情。数声牧笛风林晓，一叶渔舫石濑平。醉倚曲生开笑口，坐驱诗将破愁城。天连铜鼓流云净，清籁依稀作鼓鸣。"

通化寺 在治城北八里洪边。成化间，宣慰使宋然建。

龙泉寺 在治城北八十里，地名大乖西。元大德辛丑，安抚使苟彬卿建，名云泉寺。据高阜，自顶及址，有三泉，混混不竭，俗名三台井。成化间，苟氏子孙重建。宣慰使宋然易今名。

弥陀寺 在治城北九十里，地名杨郎堡。

波若寺 在治城东北一百五十里，地名底窝。

兴教寺 在扎佐司北。

大道观 在治城中，元至正间建，旧名崇真。洪武间重建。道纪司在其侧。教授王训记：

"天启皇明，肇开有国，既用孔子之道经世理民，而又崇奖二家，阴翊皇度，故自京都以至郡邑，皆有其官，此道纪之司所由设也。贵州古为荒服，我太祖龙飞覆载，归于一统，始创藩关兵卫，置宣慰使司，文绥武詟，以来远人，未暇及于此也。正统戊辰，英庙继成仁祖之志，以大道经典颁布天下，而贵受之，贮于城之大道观中①。前宣慰使安陇富、宋昂，深以道纪未立，虽尝访举云游道人戴雪隐为之住持，而尚未有官守，乃上疏请立，制可之。其观盖昉于元，旧名崇真。文献不足，无以详其所自。

"故址狭隘，前巡抚都御史蒋琳命有司募财，购得邻之千户方勇废宅一区，平其坎堃，大其营构，旬月告成。门庑室堂，尽合规制，乃遵护持制真，改其额曰大道。仍荐雪隐于京。拜为都纪，领篆而来，以司其政。天顺丁丑也②。

"自雪隐始至，以迄于今，历三十年。而凡观其所当为者，无不尽其心焉。继而，陇富之孙贵荣与昂之子然序有民土，勤于为政，法意作新。由是，雪隐得以遂其夙心，次第修举。以故常住有田，阐教有器，讲馔有席，居寝有所，以至台榭、花木、园林、蔬果无不有焉。是皆雪隐之所致也。尚虑久而湮沦，无徵于后，方欲勒石以纪其详，志未成也而羽化。今弟子王绍业，将以道行端谨，嗣教有官，不忍泯其师绩，属训为序以刻之。

"训尝周览是方，考其先后、沿革、建置之殊由，其事体之宜，各有缓急之异③。盖自创立郡县藩枲以至道纪司之建，中间几百年，而是方官制始备。

---

① 贮于城之大道观中："于"原文误作"天"，据嘉靖《贵州通志》改。
② 天顺丁丑也：嘉靖《贵州通志》作："约束羽流，以阐玄范。护持宝笈，以视皇图，时在天顺丁丑也。"
③ 各：原文误作"冬"，据嘉靖《贵州通志》改。

於戏，祖宗创业垂统，罔不因时损益①，其所望于圣子神孙，善继善述，以成两仪无外之业，至是为有征矣。推之天下，岂特一道纪司而已哉？故为之记，使知我朝一统之制，愈久而愈盛且备也。"

崇圣观 在治城东北八里洪边。天顺间，宣慰使宋昂建。

东庵 在治城东一里。国初建。

教授王训记：

"贵城东距一里许，有寺，曰东庵，诸山盘旋，丛林蓊蘙。由林之外，攀跻石磴以入，可百余武，而至山门。其曲折清幽之景，可以涤荡烦襟，迥隔尘世。其间梵宫朴陋，门户周回，仅可以庇法王，宅缁众而已。然其负郭不远，境界佳胜，故骚人墨客多所游咏，公卿大夫亦颇往来。粤自皇明有国之初，贵始归于职贡。而是庵创于前人，盖有不可考其建置之繇者，历兹百有余年，而其殿宇倾颓，草木蒙闭，比丘散逸，久而不居，其不至为狐兔之墟也者几希矣。然而地有胜境，得人而后发；人有心匠，得物而后开。

"成化丙戌，总戎南宁伯毛公荣作镇兹土，乃于治政之暇往观之。慨是庵迹古而地灵也，乐为修营，尽撤其旧而易以新。材木不取于有司，轮奂悉资于饩廪，募众鸠工，以致完美。适游僧智灯以戒行端谨、恪守清规，久居空门，淡而不斁。公遂命为住持，以事佛阐教。自是晨钟暮鼓，壮观山门，草色岚光，庄严法界，岂惟奂然而一新，又将有加于往昔矣。

"不幸南宁物故，而镇守太监郑公，志尤乐施予，乃以己资购田密迩于庵者，凡五亩，以为常住。智灯又以云游者众，岁之所入无以充其日之所用，乃即东郊近庵隙地可为畎亩者，尽力垦之，遂得田若干亩，于以补其用之不足。而智灯用心之勤，亦可嘉尚也已。自兹以往，至于将来，佛有香火，僧无匮食，经久之规于是而肇立矣。

"郑公既殁，灯复虑其久而无征，恐为有力而贪得者所夺，无以示证于后人，乃具修建及置田之繇，请于镇守总戎巡抚方岳诸公，欲刻之石，众皆可之。灯因请予为文以纪之。其常住田亩之丘垅，四至沟浍之经繇，租税之定额，详刻碑阴，以示永久，庶为之后者有考焉。"

石泉庵 在治城南三里，新添关之上。

郡人王杲诗："石隙奔流玉一泓，山僧缘此结檐楹。尘客俗状纷来往，谁解清泠暂濯缨。"

---

① 损：原作"陨"，据嘉靖《贵州通志》改。

祠庙

文庙 在儒学前。洪武二十六年建。中为大成殿，旁设两庑，前为戟门，西庑之北有乐器、祭器库，东庑之后有宰牲神厨房。成化二十三年，巡抚都御史孔镛伐石作灵星门。门外建二坊，东曰聚奎，西曰登俊。

洪武二十六年，都指挥程遑等置田一十五分以供春秋丁祭。一分一十七坵，在城南门外阿秧苗。东至河，南至路，西、北皆至山。一分五十坵，在城南门外。东、西至山，南至河湾寨，北至军人吴中田。俱佃户薛贵领种。一分二十五坵，在城南门外石厂坡下。东至军人郭文田，南至沟，西至河，北至军人吴中田。一分一十三坵，在城南门外石厂坡下。东至山，南至军人吴中田，西至河，北至军人刘广田。一分一十七坵，在城南门外小桥边。东至军人金一田，南至军人许文义田，西至金二田，北至大路。一分九坵，在城南门外小桥边。东、西至坡，南至军人梁升田，北至大路。俱佃户尤敬领种。一分二十三坵，在脱衣亭边。东至军人赵三园，南至脱衣亭，西至塘，北至水井。一分一十四坵，在上桥边。东至民人刘广田，南至大路，西、北至河。一分三十八坵，在城南门滴楼边。东至大路，南至百户沈思敬园，西至大路，北至滴楼门。俱佃户钱子实领种。一分五十八坵，在城南门外狮子山下。东至指挥王振田，西、南至山，北至路。佃户廖思诚领种。一分七十一坵，在洪边路下。东至指挥李晟坟，南至祭祀官田，西至民人彭从容田，北至孙牛郎田。佃户孙牛儿领种。一分一百四十二坵，俱在洪边路口。东至大路，南至石桥，西至河，北至军人田四田。佃户刘文德领种。一分四十六坵，在圣泉门外。东至大路，南至河，西至军人王拜儿田，北至军人王以仁田。佃户刘源庆领种。一分二十四坵，在狮子山，四至皆山。一分一十坵，在东庵山下。东、南皆至庵，西、北皆至山。俱佃户刘道升领种。

正统壬戌，按察副使李睿、教授王训制铜爵一百八十。

成化庚寅，郡人知府易贵制铜云雷罇一[①]，铜牺罇一，铜象罇一，铜水壶五，铜登十一，铜铏五，铜簠十二，铜簋十二，俱有盖；铜瓠斗五。

弘治间，宣慰宋然制铜香炉、花瓶、烛台二副及锡器六十五件。

成化间，布政萧俨奏请制大成雅乐一部及六佾之舞，寻僧乐什之五，舞作八佾。按察使钱钺增制乐舞生衣冠带履，凡二百六十四件。

贵州按察司按察使钱钺《新建灵星门记》：

---

① 一：原文误作"不"。

"昔孔子欲居九夷①,而或者陋之。今去孔子之居若斯之远也,后孔子之时若斯之久也。然朝廷右文崇化,虽贵阳僻壤,皆为建学立师,严饰庙貌,与京师近地等。自文武众臣,下及生儒,以至闾巷之俊秀,皆诵习孔子,鞠躬庙下,罔敢不处。凡所以饬身莅事者,咸遵其教以为法程。稍有违越,则人皆指而瑕疵之,不齿于人。孔子之道,亦可谓大行矣。设使当时偕门弟子,一迹兹土,则俄顷之化,所以被斯民而泽后世者,将与邹鲁同称,不特如斯而已。故曰:'君子居之,何陋之有?'惜乎,或者未之见也。

"成化岁丁未,都宪孔公镛以节钺按贵阳,执诸孙之礼拜孔子于庙廷。慨门墙颓北,弗称揭处妥灵之意。谋之镇守张公成、都督吴公经、御史王公鉴之,将作而新之,佥以为宜。乃嘱方伯吴公中鸠工庀材,以石易木,文楣笔柱,奂然增饰,不逾月告成。于是孔子之门墙益以增大,方伯将列作兴者之氏名于石。命予识其岁月。

"昔鲁僖公修泮宫,复閟宫,奚斯董其役,史克颂其事,文与事称。故今颂僖公之德,而歌泮水、閟宫之诗不衰。今巡镇及方伯诸公崇饬庙廷,作兴学校,真足以媲美前人,成天子用夏变夷之志。惜予非史克之俦,不能诵而传之,姑书此以俟后之能者。"

云间陈迪《大成殿记》:

"孔子为天下所通祀,韩文公《处州庙学碑》论之至矣。贵州旧有大成殿,卑狭浅陋,固不足以揭处妥灵。矧在阛阓之内,军民杂居其所,豢狗猪鹅鸭,秽践于其庭,工作憩卧之人,袒裸侮慢于其室。春秋朔望,释奠展谒,一时汎扫,不过应故事,守朝典而已。有识者病焉。

"洪武二十六年,颁印建官,开设宣慰使司儒②,命名儒芒文缜为其职,卜筑于城东北隅,辟趾宏广,地势爽丽。后作讲堂,列为两庑,缭之以垣,植之以木,幽邃严肃,俗迹鲜至。视殿旧之基制,相去奚翅倍蓰?虽曰事当有渐,然失所先后矣。今年,贵州重建都指挥使司,副使金侯、汤侯与僚属共议,加伐材木,分以遗学,始立大成之殿于前,雕削藻饰,务尽观美。殿成,昇圣人像崇奉于中,设陪祀位,以班于序,而致礼焉。贵之父老惊叹感激,奔走相告,合辞谓迪曰:'吾郡本南荒之域,前代只羁縻耳。今我太高祖皇帝不夷待之,视与中国齿,既命文武重臣以抚之,复遣精能之师以教之,使吾民若厥后世囿于文治,其恩渥也。侯之之举,其方岳之仰瞻,扩前人之未逮,丐书诸石,以传永久。'迪扭缩谢曰:'此何所在,而趾于踪。'固辞弗

---

① 九:贵图本误作"加"。
② 儒:当为"儒学"。

获，敬录所睹闻者，以纪岁月云。"

城隍庙 在治城内北。洪武间建。成化间，总兵官南宁伯毛荣重建。

社稷坛在治城西。

山川坛在治城东。

厉坛在治城北，俱永乐中建。

贵州左布政使萧俨《城隍庙记》：

"国朝之治，内而京都，外而府州县之治，偏遐迩皆许建城隍之祠。自天子亲王以及守令之职，通上下皆得祀其神，盖为天下国家生民计也。《易》曰：'城复于隍。'《史》曰：'增浚隍舟。'则城隍之称远矣。城以居民，隍以固险，此功之大，不可无崇祀之典。故有天下国家者，立法定礼，必于城池是重，而奉以明神，司之位秩，牲帛品节咸具，每岁两配山川之享，三主厉坛之祭，与先师孔子、社稷诸祀并，盖诸神以教育民，城隍以居民，皆万世永赖之功，祀之庙之，可归废乎？

"京都西南行万里为贵州，界乎辰、播、滇、蜀之际，四古三苗荒服不治之区，迨我皇明统运御极，遣大将临征，贵之诸酋慑伏，始城其地以居其众，即城北隅创庙，用栖城隍之神。维时都、布、政三司以次而设，总戎旅，专教养，肃以宪度。治具既张，祀飨有谨，幽明并治，人神胥悦，边戍静而诸夷听役，帖帖乎百年矣。此固列圣相承，治化之隆，抑边藩得人，神灵阴庇之故也。

"今总戎南宁伯毛公过祠宇，睹其屋朦弗修，揭处弗称，爰谋于镇守太监郑公、巡抚秦公、巡按戴公洎三司诸公，撤而新之。公既捐己赀，吏民响应，财用不匮。木取于箐，甓取于冶，庀工择辰，委文武职有干力者程督，不期年而成。

"中为殿庭，后为寝室，甃露台，列两庑。前门有屏，固缭有垣，丹雘金碧，与夫肖像绘塑之工，皆极精巧，可谓矩模弘壮，足为边境观瞻矣。且公尝以庙门迫临河渠，而适庙之巷窄隘，稍遇雨雪，泥污没胫。乃命工于河浒，依崖垒石补缺，高与巷齐。又自庙至城闉皆铺阪石，直接通衢，是以巷道宽平，凡谒庙名贵与士女往来者便之。公以庙成，属予为记。

"予惟古者诸侯祀其封内山川，盖以形体之载，神气之通，有感孚之道焉者。唐绍云令李阳冰因旱，与其城隍神约，以五日不雨焚庙，及其果沛，乃迁庙以答神庥。前元大都，城即成，增弘庙制，设像封王而祠之。自内庭及官庶，水旱疫疾之祷，无不崇礼，遂致治平，民物繁阜。国初，太祖高皇帝驻师汴城，册进开封城隍，亦以王谥。天章宸翰，至今辉烛中上。

"嗟夫，神也！如水行地，随处而注。有以阴翊皇祚，溥庇黎元，此感而彼应，茫茫赫赫，曷有古今上下之间乎？有天下国家者，所以隆重于神而弗敢也欤！况公以文武材勇，受命来镇贵阳，于兹三载。首征都事，开锋破寇，大著功烈，而政行人服，四境肃然。乃能垂意葺理，所以示镇边隅，昭答神贶，而能体朝廷崇祀之意，不负委托之重矣。虽然，公之祀神，非为己之徼福，为生民计也。与神共守一方，均有责耳。裕国康民之政既修，筹边御寇之策复善，则雨畅乖戾，灾祸裋迫，其谁之责？所谓永赖之功亦泯，尚可与诸通祀者并哉？必也，志有不逮则启之；力有不能则扶之，俾封内之民，熙熙皞皞，气裋不起，兵革无用，此则神之职也。役始于成化五年五月，讫工于十二月云。"

忠烈庙　在治城中。洪武间，都指挥使程暹建。祀唐忠臣南霁云。景泰间，载在祀典。

教授王训记：

"唐忠臣南公以忠义保江淮之乱，国步亦危，遂死。其乎英风烈气，炳耀汗青，历世兹多，未有祀典。贵州远在西南万余里，国初肇置方镇，居民乃建神祠，处事惟谨，灵爽深彰，捍忠御灾，赫有明验。景泰辛未，贵州按察使合肥王公奉命廉问是邦。肃政之余，祗谒神祠，慨慕神之风节，且有以阴佑于斯土也。具以事闻，朝廷嘉神忠义灵贶，特颁祀典，命有司以春秋行事，仪文宣著，万世有光。公虑其久而遗坠，敬镌于石，以永其传。

"噫，神宜庙食，古今之公论也。向非公以言请，千载之下，何以致此？是诚昭代旌忠报德之恩，而公之嘉言善政，亦足以与同其悠远矣。谨勒石下，以志不忘云。"

都御史邓廷瓒诗："烈烈轰轰此丈夫，艰危志在灭强胡。孤城受敌丹心壮，大厦虽倾赤手扶。正气满腔凌日月，清名千古振寰区。我持斧钺来霄汉，愿借英风扫叛徒。"

郡庠生王佐诗："保障江淮力战攻，孤城援绝挫群凶。骈头就戮何忠烈，愧死奸囚食万钟。"

旗纛庙　在都司内。祀军牙六纛之神。洪武中建。又一在阅武场北。

东岳庙　在治城内南振武坊。永乐间建。成化间重建。

巡抚都御史陈宜记：

"《书》曰：'有功于民，能御灾患，则祀之。'故自君国子民于凡百神，克弭灾捍患，民物资之以遂生育者，则皆庙祀，以为黎元康靖之图，而四方之人亦皆建庙设像，致其崇奉之意加谨焉。如东岳之神，历代祀于泰山，我朝祀之亦隆，故内而畿甸，外而郡邑边陲，皆有庙像之设，人家尊理而向往之。盖以是神位居东震，职司生育，有功于世而为民之利故尔。

"贵阳城之东北旧有东岳神祠,相传恒有显应,凡城内外与旁邑之人有疾疢哭患,诣祷祠下,辄获灵验;岁或水旱,吏民屡祷,即应感不爽,民赖以济。厥祠历岁滋久,几于倾覆,风雨不蔽,相貌剥蚀,民殆无所瞻礼。

"昨镇守少监郑公忠惟以爱民报国是念,顾兹蔽毁,乃惕然于怀,谓既无以妥神灵,且无以致远人敬神而趋善。遂谋于总戎南宁伯毛公荣暨藩臬诸君子,各捐己赀,裒良材,而乡之耆名善士咸愿有助,鸠工择日,撤而新之。作前后殿七十二司,正门旁房凡若干楹,巍然奂然,高明宏壮,像设庄严,彩绘鲜丽,咸臻精妙,诚边陬之伟观者也。

"经始于成化戊子十月,毕工于明年六月癸丑。金谓是宜有记,而以属予。窃谓之,德以长育民物为用,而太监郑公镇守是邦,则以恤民阜物为心,故其所以加意于神者,盖欲一方之人皆蒙神之荫佑,风雨时而百谷登穰,寿龄延而疠疫消殄,边境宁谧,寇盗不兴,咸乐熙皞之治于悠久,非徒徼于一己而已,此其所宜书者也。故予特记其事,刻石于庙,俾后之览者知太监之用心不苟,而凡继吏兹土者,庶知是祠重建之所自云。"

关羽庙 有二,一在治城南三里新添关①;一在治城内南。元初建。至正间,镇守八番顺元等处那怀重建。

教授廖志贤记:

"大元江南湖北道宣命虎符武德将军镇守辰阳路昆阳万户府万户镇守八番顺元等处万户府事那怀,至正四年十月,承奉湖广等处行中书省札付选差分镇;至正五年春,统领诸翼军马,诣府署事。越明年,三边宁谧,军民安和,城市太平,宛如内郡,各翼英济显灵。武安王祠宇修梁巨栋,丹青焕然。惟府城东北隅乃邓旧、昆阳、两淮三翼所共祀,军民蕃庶,基址旷阔,然以岁久月深,风雨凌震,非惟己恻,行者怆之。惟神之灵,兵士是倚。其庙貌如此,可不修举?兹念拳拳,首输己禄,命工度木,开敞旧址,乃迁雄图,以营新制。山环水朝,吉福来萃。

"爰以是岁丙戌六月戊申朔旦经始,至十月三日庚申吉竖立。重檐复栋,如翚斯飞,众庶攻之,不日落祀。十二月甲申奉安新像,金彩彰施,龙髯凤目,威灵煌煌。檀施郑善竭力助财以成其事,而关周二将,左右具立,塑像彩绘,一一备焉。于是楹栋美奂,门庑增制,粉素营饰,丹雘绘图,环以宫墙,崇以陛级。内则御屏拥壁画图,圣绩神功,今古忠壮,俾来者往者,观之仰之,孰不敬悦?此文府吏陈答、刘壁并力捐赀,协赞完就。至于绮窗朱户,銮几兽炉,宝盖朱幢,侍卫森列,以戊子秋孟鸠工。

---

① 一在:原文作"在",佚"一",据文义补。

"一日，苑侯谓予曰：'我公武德克己笃念，一新庙庭，神欢之，人乐之，敬大书王号，招揭前观，功成事美。请记实焉。以寿诸石。'

"嗟夫！王之忠勇，冠于二国，公之诚敬，著于今时，既目盛举，辞不获已。乃记。且曰：先君柱国蓟国公平章荣禄存日，以万夫长作二军师，然素秉忠真，犹存仁恕。大德丙午，青山南列卜兰木作叛，勉获平定。至大庚戌，乖西歹蛮叛，招谕来归，亲率大军。凡在为国宣力，抚绥边庭，号令宽平，神人悦服。后累立奇勋，位至宰相。公今承受侯爵，来镇府治，莅事四载，安静一方。兵不烦徭，民不苛扰，令行禁止，远近歌欢，庙堂之器，从可见矣。惟敬事神，犹书诚意，作新祠宇，施予不靳，以为禋祀悠久，计其福泽，何可量哉？仍为祠神乐章，歌之曰：

"堂堂英雄惟我王，忠义揭日今古彰。普天庙祀昭灵光，亿千万载流源长。边庭钦仰诚恐惶，三军依安乐且康。新祠赫奕金碧煌，云蒸雾蓊瑞霭苍。荐馐蘋芷何芬芳，笾枕上达徹禛祥。王其惠兮家国昌，再拜奠兮王歆尝。"

真武庙　在治城北。天顺间建。

五显庙　在治城中。

晏公庙　在治城中。

文昌祠　在文庙左。

夏国公祠　在治城内南。祀本朝功臣顾成，载在祀典。

大学士金幼孜记：

"永乐十二年夏五月丁酉，奉天翊运推诚宣力武臣、特进荣禄大夫、柱国①、后军都督府右都督镇远侯顾公薨于贵州，时年八十有五。秋八月，讣闻京师，天子辍视朝，遣行人李鉴往祭之，诏定谥，议追封夏国公，谥武毅。

"明年春二月，公之子勇、孙兴祖自贵入谢。兴祖祗承恩命，袭封镇远侯爵。既而，泣告于予②，曰：'先祖久镇西陲，义行信孚，边人常愿立生祠，天子可之。今不幸倾游，将树碑于祠，以著先烈，请为文刻之，以昭示后世。'予弗获辞，遂序平生功业如左。

"公讳成，字景韶，其先湘潭人，祖、父皆善武艺，尝往来江淮间，因寓江都，遂家焉。曾祖百四、祖千二、父万一，三世皆追封夏国公，其配皆追封夫人。

"以至正庚午十二月十六日生于江都之苊篱湾，自幼机警异常儿。既长，涉猎书史，姿貌魁伟，有膂力，善习水骑射。常泛舟北游元都，夜有盗十数，

---

① 柱国：原文误作"往国"，据《黔记》改。

② 于：原文误作"王"，据贵图本改。

持刃抵其舟，众皆骇惧失措，公独率六人击走之。

"元季，群雄并起，张仕诚伪号泰州，公知其无足为。闻太祖高皇帝自和州渡江，克太平诸郡，行阵肃整，所至市不易肆。公自扬州归附，从元帅至镇江，与勇士十二人奋战①，直抵城下，无敢当其锋者。会日暮，守将执缚至江上，已戮十二人，公奋起就执刀者，仆之以身，转至水次。适遇縻舟者，投之以斧，公得斧，绝其缚，乃溯江而上。遇舟师桑院判，因语众曰：'镇江无敌士，可破也。'众从之。攻其城，克之。

"青军据扬州，公以母故，请往说之使降。既至，主将置酒，议不协，将害公。公觉之，独托更衣去，微服出城，载母驰归，其从者皆被窝矣。

"已而，从中山武宁王徐公攻常州、宁国、江阴，克之，败陈友谅兵于龙湾。每战皆有俘获。甲辰，从征武昌，擒伪汉主理，授凤翔卫百户。乙巳，从开平忠武王，取襄阳，克泰州，留守兴化。丙午，攻浙西，破旧馆，取湖州，进围伪吴张仕诚于姑苏②。吴元年秋九月下之，公最有功，升金吾卫副千户。

"尝扈车驾自汴梁还，御舟胶浅，篙师集力不得发，公时解衣入水，以背负舟，大呼，舟随脱以行。即日，授坚城卫指挥佥事。其攻信阳、唐州，所俘妇女以百计，悉访其亲还之。

"自平蜀之后，调贵州卫。岁丙戌，蛮人作乱，公率其兵③，连岁攻破瓮蓬、洛邦、洪边、乖西等寨，斩获无算，降土酋王万全，贼首龙小思走死，蛮人自是闻公名，皆心胆震掉，目公为顾老虎。辛酉，从颖川侯傅友德征云南。明年，克普定，诸蛮之地皆平。太祖高皇帝遣中使特赐龙衣金带，升普定卫指挥使。自甲子中至辛未④，凡八年，数受命讨阿黑、螺蛳、尾洒、龙山诸蛮，悉破斩之。

"壬申夏五月入朝，宴赏甚厚，升镇国将军、贵州都指挥同知。未几，复征诸蛮，有功。丙午，骠骑将军右军都督府都督佥事。冬十一月，承制充总兵官，佩征南将军印。五开诸洞蛮獠之弗顺者，连征剿捕之，杀获殆尽；其输诚纳款者，辄抚绥之。蛮人帖服。戊寅，还京师。

"己卯，皇上提兵肃清内难，所至皆望风款附。公知天命有在，自真定挺身来归，遂承命守北京，竭诚尽力，昼夜不息。凡御备攻战，莫不有法。庚

---

① 勇士：原文误作"勇主"，据《明史·顾成传》改。
② 进围：原文作"淮围"，据《黔记》改。
③ 率：原文误作"卒"，据《黔记》改。
④ 甲子中：原文作"中甲子"。

申,升后军都督府都督同知。辛巳,升右军都督。壬午夏六月,内难既平①。九月,论功行赏,公封侯爵,食禄千五百石,加赐白金彩币,颁赐诰命铁券。仍以其孙兴祖袭普定卫指挥使。冬十月,公出镇贵州。

"初,公还京师,蛮人谓公弗复至②,时相聚出没,剽掠边卫,弗能禁止。公再至,有美狗者,公从遣之,俾谕诸酋以复来之意,未几,皆相率来见③,公抚,辄于宣布朝廷威德,边人遂安。戊子夏六月,上念公久处于外,驰驿诏还京,赏劳有加。秋八月,复回贵州。时蛮寇皆叛,公遣其子贵州都指挥同知勇领兵剿绝之。其后,累征诸酋为寇者,擒杀贼首苗普亮、王忠、杨再智等,解京师。甲午夏四月,还军贵州。公在军中得疾,有命,遣医士陈汝正往治之。五月,疾加剧,遂终于镇。

"夫人彭氏,子男八人,长统,任普定卫军民指挥使,次锐,次铨,次铣,并卒于难,次勇,任贵州卫指挥同知,次亮,次三胜保先卒,次原。女七人,德音、德瑜、德善、德柔、德现、德能、德真,俱适显官。孙男七人,曰再兴;曰兴祖,袭爵镇远侯;曰兴旺;曰长寿;曰福寿;曰普忠;曰普德。曾孙二人,重兴、永兴。犹子瞻为蜀府仪宾。

"公天性雄勇,有胆略,能料胜制敌,出师攻战,必获万全。虽骁将强寇,莫敢婴其锋者,蛮人慑伏,边夷用命,此其功德彰彰皎著,有不可掩。《礼》:有功德于民则祀之。则在公宜有祠庙,以享祀于无穷。古者庙必有丽牲之石,以载勋烈,昭示万世,是宜叙公之盛烈且为诗刻之,俾岁时荐献于祠下者歌以祀。其辞曰:

"'天眷皇明,肇造区夏,群雄虎吞,喋血四野。於穆太祖,显命在躬。壮士如云,欻其承风。公时锐然,奋其膂力,仗剑来归,横行八极。东征西讨,克锐摧坚。捐躯贾勇,莫之或先。群雄既殄,万方底平。赐公爵禄,光被恩荣。受托腹心,委以重镇。用辑蛮人,俾安俾顺。太祖宾天,内难既作,圣皇提兵,将除巨恶。公知天命,率先效义,乃俾城守,托为心膂。昼夜备御,运筹决谋。圣皇南征,后顾无忧。奸凶既袭,宗社载安。论功赐赏,策命攸颁。貂蝉玉带,侯国是封。荣及先世,光辉显荣。公遹上命,往镇西鄙。摧强抚顺,疆场攸理。西人畏公,公善用兵。不威而慑,不令而行。靖远绥边,有功赫赫。匪惟有功,而又有德。西人怀公,何以报之?兰俎在登,享祀无期。'"

先民祠 在文庙戟门西。弘治间,都御史孔镛建。以祀先民功德之著者,

---

① 平:原文作"平和",衍一"和"字,据《黔记》改。
② 至:原文误作"五",据贵图本改。
③ 率:原文误作"卒",据贵图本改。

汉诸葛亮、宋宋景阳、元李德辉、张怀德，本朝霭翠、芒文缜、王训、易贵诸贤，孔寻诏入，事遂寝。教授戴琰惟勒孔像于中祀焉。

马祖祠 在治城东北隅。今废。俗名马王庙。

关梁①

新添关 在治城东南三里。贵州站在其下。

鸦关 在治城北三里。群山环叠，中唯一径可守。洪武间，贵属四川布政司，故驲道经焉。贵阳八景曰"鸦关使节"。

教授芒文缜诗："皇华信使晨朝天，持酒饯别在鸦关。紫黄芝草生满地，乌衔至此多经年。问君入奏缘底事？机密事未易人先传②，天颜有喜降恩泽，指日关下迎归鞭。"

瓮岩关 在治城南一百里。

霁虹桥 在治城南，南明河之上，凡九空。永乐二年，镇远侯顾成建。贵阳八景曰"虹桥春涨"。

郡人汪成诗："荡荡和风积雪消，漫漫春水涨虹桥。来时银海千寻浪，怒似钱塘八月潮。况有鯈鳞能变化，宁无健翮快扶摇。想当送客朝天去，高挂云帆上九霄。"

振武桥 在都司左。永乐间建。

威远桥 在柔远门内。

崇真桥 在大道观前。洪武二十七年，都指挥程暹建。

遵德桥 在布政司西。

南浦桥 在治城南二里，富水之上。郡人多于此舣别。

监生易绍诗："南浦霏微曙色开，几多惜别此徘徊。潺潺桥下无情水，酷似行人挽不回。"

太慈桥 在治城西南五里，四方河之上。俗讹为太子桥。

济番桥 在治城西南二十五里花犵狫河。成化三年，宣慰使宋昂建。

通济桥 在治城西北二里。其桥有三，通济为第一桥，又里许为第二桥，又二里许为第三桥，皆宣德元年建。

贵州按察使胡器记：

"作桥者何？贵州都、布、宪三司以斯桥适当要路，邮驿所经，宣上命而

---

① 梁：原缺，据贵图本及本书他处补。
② 此处衍一字。

达下情，不可一日无也。名之者谁？巡按御史岳阳方公佺谓其所通者远，所济者博，故以通济名之也。

"桥距城西四里，介乎两峰矻立之间，跨于一溪奋流之上。先是有桥，下唯一窦，每遇积雨，不能遽泄，则弥漫冲激，信宿始消。久而桥之西向被决凡若干丈，而行者艰于徒涉，诚可病也。由是，三司议设舟楫以济。有时水落石出，则舟不可施。必造舆梁，而工钜费广，度无所出。乃相议于巡按御史豫章萧公良。公谓此举非假富者施财，贫者佣力，弗克襄事，佥以为然。而都指挥同知淮阳焦公得闻之，以为己任，分命诸僧求助于有力者。不数月，计所得赀，可充厥用。

"遂募工，凿石于山，植基于水，增甃二窦，合旧一窦，通为长桥。焦公仍朝斯夕斯，以董厥事，凡五阅月而功告成。度有赢财，又构亭于旁，以为迎送之所。自是拆流为三，悠然而逝。虽弥月之霖，襄山之潦，不足忧也。

"官僚相与庆于亭，士卒相率观于傍①，行者乐，劳者憩，孰不啧啧曰：'斯桥雄冠乎古今，便利乎商旅，向非焦公，弗克就也。'既而，甫及期岁，焦公举二男子，同一母乳，岐嶷可爱。众咸谓为公作桥之律也。

"尝闻之，郑子产以乘舆济人于溱洧，孟氏讥其惠而不知为政；宋庠拯蚁于陷溺之际，后卒致乎显相。议者谓子产有济人之惠，而不及庠之济物出乎无意，故其应有不期然而然者，若公能竭己之力而成千百载及人之利，将见其效，未有涯矣。岂徒举二子而已哉？他日，父子显庸，朱紫联络，为舟楫，为霖雨，其遂大济于世，皆可预卜。是虽以桥致而亦不止是桥之置也。"

控制桥	在太府前。弘治间，镇守太监杨友建。	
宣泽桥	在治城北，洪边巷内。弘治间，宣慰使安贵荣、宋然建。	
忠烈桥	在郡城内，忠烈庙前。弘治间，指挥胡旻重修。	
德化桥	在治城西，德化门外。	
凤鸣桥	在治城北，柔远门外。	
化龙桥	在治城北，仁寿街。弘治十年建。郡人知县杨樊有记。	
鸦关桥	在治城北，鸦关之下。	
麦驾桥	在治城北三十里，水西之道所经。宣慰使安观建。	
李五桥	在治城西北三十五里。安贵荣建。	
阿江桥	在治城西十里，阿江铺前。云南大道所经。	
乌当桥	在治城北十五里。成化间，宣慰司舍人宋辂建。长二十余丈。	
龙场桥	在治城北五十里，龙场驲左。	

---

① 相率：原文误为"相卒"。

龙洞桥 在治城南十里，龙洞铺侧。

南津 在治城南门外。霁虹桥跨其上。

郡庠生王佐诗："何年驱石跨通津，宛若鲸鲵截水滨。风景依稀如洛下，吟边只欠听鹍人。"

黄沙渡 在治城北三百里。

馆驿

贵州驿 在治城北。洪武十五年建。

扎佐驿 在治城北六十里。洪武间建。

底寨驿 在治城北九十里。洪武间建。

渭河驿 在治城北一百里。洪武间建。

养龙坑驿 在治城北一百二十里。洪武间建。

龙场驿 在治城西北一百八十五里。

谷里驿 在治城西北一百八十五里。

水西驿 在治城西北二百一十里。

奢香驿 在治城西北三百四十里。

金鸡驿 在治城西北三百里。

阁鸦驿 在治城西北三百五十里。

归化驿 在治城西北三百八十里。

古迹

藏甲岩 在治城内西南隅，永祥寺址。俗名鬼王洞。汉王智武勇过人而貌陋，军中呼为鬼头，官至校尉，从诸葛武侯征南，擒拥铠过此，藏盔甲以镇服百蛮。故老云，尝有人秉炬入洞，盔甲俨然挂岩壁，欲取之，辄有蝙蝠如鸦，扑灭其火，岩中啾啾有声，遂惧而出。

本朝都御史邓廷瓒诗："将军随侍武侯来，瘴雨蛮烟万里开。兜镫洞中尚英烈，虹光夜夜照三台。"

废大万谷落总管府 在治城北一百二十里。宋开宝八年建。嘉定间移建于郡城内。

废乖西军民府 在治城北一百里，地名大乖西。皇庆元年建，以土官阿马知府事，佩金符。今废。

废洪边州 在治城北八里。元至元间建，隶八番罗甸宣慰使。寻废。

废龙章州　在治城北二十里。元置，今废。俗讹为陇上。

废大罗州　在治城南二十里。元置，今废。俗讹名大罗街。

废瓮蓬县　在治城北四十里。元置，今废为瓮蓬堡。

废小罗县　在治城南。元置，寻废。俗名小罗街。

废白纳县　在白纳长官司西八里，曰躬腰寨。元置，寻改中曹白纳长官司。

废鸭水县　在治城北一百六十里，鸭池河上。元置。

已上俱县，俱顺元路，今废。

废骨龙等处长官司　在治城东北六十里。元置，今废。

废陆广等处长官司　在治城北一百五十里。元置，今废。

废底窝紫江等处长官司　在治城东北一百五十里。元置，今废。

废曾竹等处长官司　在治城西北八十里。元置。大德七年，顺元同知宣抚事阿重尝为曾竹蛮夷长官，以其叔父宋隆济结诸蛮为乱，弃家朝京师①，陈其事宜，深入乌撒、乌蒙，至于水东，招谕木楼、苗猪，生获隆济以献。今废。

已上长官司俱隶八番顺元宣慰使司。

将台　在治城西，狮子山上。洪武初，总兵官傅友德筑台于上以阅武。遗址尚存。贵阳八景曰"狮峰将台"，即此。

郡人王巽诗："青狮峰上有荒台，云是将军驻马来。百万雄兵屯虎豹，一封捷奏净氛埃。英雄寂寞留青简，陈迹依稀竟绿苔。今日我来闲吊古，临风凄怆易兴哀。"

石田　在治城南二十五里。相传昔有隐士习黄白冲举之事甚笃，忽有道士从假牛耕石田种玉②。隐士与之方耕治，隐士妻来索牛，道士怒，遂舍之③。至今石上耕治之迹宛然。俗名鬼打耙。

郡人陈钝诗："云根平似砥，陇亩自天成。已布蓝田种，何缘玉未生？"

水西故城　在治城西北二百一十里。本朝初听筑，垒门尚存。

仙人篱　在治城北八十里，高崖之上。故老传云昔有黄冠结居其上，今篱尚存，历岁不腐。

陵墓

贵国宋忠宣公墓　在治城北一百二十里，地名祖蒙，公名阿重。元大德间平宋隆齐有功，卒，葬于此。

---

① 弃家朝京师："弃"误为"叶"，据《黔记》改。
② 假牛耕石田种玉：原文误作"假生此石曰种玉"，不通，据《黔记》改。
③ 舍：原作"余"，不通，据《黔记》改。

何宣慰墓　在治城东一里。何亡,其去前元时为八番顺元宣慰使,有善政。卒,葬于此。土人遇寒食携麦饭祀之。

义友十墓　在治城北二里。故老云,元末贵阳夷獠叛命,十人结义①,保障乡里。既卒,列葬于此。今十冢垒垒相连,惜其名不传。

张参将墓　在郡城西。参将名任。天顺间,以都督佥事右参将,镇守贵州。卒,敕葬于此。

名宦

周·庄蹻　楚顷襄王弟。王命为将,略地黔中,西至滇池,而贵州之地始通中国。

汉·唐蒙　武帝拜蒙为中郎将,始见夜郎侯,谕以威德,西南夷遂附,建牂柯郡。

刘尚　建武十九年为武威将军,讨平西南夷。

诸葛亮　琅邪阳都人。事汉为丞相。建兴三年,以南中诸郡叛乱,率众南征②,西至昆明,东抵牂柯,深入不毛,偏躅夷境。南中四郡皆平,百蛮怀服。

李恢　后主时封兴亭侯。牂柯叛,与丞相亮分道南征,为蛮所围,恢以计绐之,围守稍缓,恢出击,大破之。追奔逐北,南至盘江,东接牂柯,与亮声势相连。主土平定。恢军功居多,加安汉将军。

马忠　字德信,巴西阆中人。建兴三年,丞相诸葛亮拜忠为牂柯太守,抚育恤理诸夷,甚有威惠。忠为人宽济③,有度量,处事能断。蛮夷畏爱④。及卒,莫不涕泣,为之立庙。

唐·韦皋　贞元中,为剑南西川节度使,抚绥西南,威令大著。

段文昌　字墨卿。穆宗朝为西川剑南节度使。政尚宽静,间以威断,不专任也。群蛮震服。长庆二年,黔中蛮叛,文昌使一介开谕,蛮即引还。

宋·宋景阳　河北真定人。开宝八年,累官至宁远军节度使。时广右诸蛮作乱,诏景阳率师征之,悉定广右,复进兵都云、贵州等处。西南以平。诏建总管府于大万谷落等处,授景阳宁远军节度使、都总管以镇之。景阳抚

---

① 故老云……结义:原作"故老子九末,贵阳夷獠叛命,十人命义",不通,据《黔记》改。
② 率:原文误作"卒",据《黔记》改。
③ 宽济:原文误作"宽滴",据《黔记》改。
④ 蛮夷:原文误作"蛮夷夷",衍一"夷"字,据《黔记》改。

绥劳来，甚得远人之心，而柳州、庆远之民多归附，其苏①、赵、周、高、兰、蔡、南容七姓者，举族附焉。卒，赠太尉，谥忠成。朝廷录其功，俾子孙世爵兹土。

胡舜陟 绍兴七年，以待制帅邕州，领市罗甸马事，招徕有方，夷人归之。岁中获马四千二百匹，诏褒赏之。

元·阿里海牙 畏吾人。至元间为平章政事，降八番、罗甸蛮。以其总管文龙貌入见，以宣慰使八番、罗甸等处，并置安抚以镇之。

刘继昌 至元时，有两淮招讨司经历阿里海牙遣招西南诸夷，继昌不避险远，深入不毛，谕以威德，而八番、顺元及两江溪洞皆降附，遂郡县其地。

李德辉 字仲实，通州潞县人。至元中，罗施鬼国既降复叛。诏云南等路合兵讨之，时德辉以左丞被命，在播州，遣张孝思谕降。其酋阿察熟德辉名，即身至播，泣且告曰："吾属百万人，微公来，死且不降。今得所归，蔑有二矣。"德辉乃奏，改鬼国为顺元路，以其酋为宣抚使。后有潜德辉受鬼国马千数者，世祖曰："是人虽一羊不妄受，宁有是耶？"

张孝思 至元中为左丞李德辉偏裨，招降叛夷，功著边徼。

速哥 蒙古人。至元十九年为顺元等路军民宣慰司宣慰使。经理诸蛮，得其归心。后迁河东陕西等路万户府达鲁花赤。夷酋赴阙留之，遂降八番、今竹②、百余等砦，得户三万四千，悉以地为郡县，置顺元路金竹府，贵州以统之。东连九溪十八洞，南至交趾，西至云南，咸受节制。为西南名臣第一。

也速苔儿 都元帅纽璘之子。智勇类其父。为四川西道宣慰，加都元帅。至元时，罗氏鬼国亦奚不薛叛，诏以四川兵会云南、江南兵讨之。至会灵关，亦奚不薛遣先锋阿麻、阿豆等将数万众迎敌。也速苔儿驰入其军，挟阿麻、阿豆出，斩之。亦奚不薛惧，率所部五万余户降③。

斡罗思 至元二十六年置八番罗甸宣慰司，首以斡罗思为宣慰使，进嘉议大夫。时诸蛮叛服不常，斡罗思讨平之。乃立安抚等司以守焉。二十八年，平杨都要，进等中奉大夫，锡虎符。后官至四川行省平章政事。卒，赠光禄大夫、益国公。

刘国杰 字国宝。女直人，入中国，改刘姓。貌魁雄，善骑射，胆力过人。元贞初，为湖广行省平章政事。大德五年，罗鬼女子蛇节反，乌撒、乌

---

① 苏：原文作"蓟"，据《黔记》改。
② 今竹：《黔记》作金筑。
③ 惧，率：原文误作"俱卒"，据《黔记》改。

蒙、东川、芒部诸蛮从之，皆叛，陷贵州。诏国杰将诸夷兵，合四川、云南、思、播兵以讨之。贼兵劲利，且多健马，官军战失利。国杰令人持一盾，布钉其上，俟战合，即弃盾伪遁。贼果逐之，马奋不能止，遇盾皆倒。国杰鼓之，贼大败。既而复合，众请战，国杰不应。数日，度其气衰，一鼓破走之，追奔数十里。七年春，擒斩蛇节、宋隆济、阿女等，西南夷悉平。

张怀德 大德间，为州知州。值土官宋隆济反，攻贵州。时治平既久，兵备废弛①，众心汹汹无措。怀德募民壮，合官军千余，喻以忠义，人殊效死，军势颇振。然众寡不敌，力战被擒。贼欲降之，怀德大骂，不屈而死。郡人表其战地曰崇节。

移剌四奴 蒙古人。至大间为万户湖广省。乖西带蛮阿马等入寇，遣移剌四奴及调思、播土兵并力讨捕。枢密院以移剌四奴备知事势缓急、地里要害，乞听其便宜调遣。制曰可。已而寇平，足称斯举。

何成禄 皇庆中为顺元路儒学教授。富文学，饬容止，训迪诚恳。郡中文美，勃然以兴。又尝迁建学舍，而以故址创书院，勤于所事如此。

乞住 至顺初为八番顺元宣慰使。有惠政，而武略亦过人。尝命将兵讨云南。武功茂著。

那海 至顺间任云南行省都事。忠勤，辞令复出，等夷乌蒙土官禄余叛，省遣那海奉诏往谕禄余。拒不受。俄而贼大至，那海因与力战。及脱，乌撒兵入顺元境，左丞帖木儿不花御贼，那海复就阵宣诏招之，遂遇害。

冯士启 为八番顺元等处都元帅府经历。裨赞帅幄，多良谋，时人贤之。后官至礼部尚书。

完泽 蒙古人。至正间任八番顺元等处宣慰使、都元帅。奉宣德意，怀柔远人。境内康乂。今都司乃其所建之帅府也。

范汇 至正间为顺元等处宣慰副使、都元帅府事。文学政事，闻于一时，而郡中纪载多其手笔。

廖志贤 至正间任顺元路儒学教授。启迪多方，号称善教。

本朝·郑彦文 蔚州人。仕元为万户。入蜀，居彭城，因家焉。平蜀②，率土官首先归附③，授贵州宣慰使。招集民夷，聿有善政。洪武八年，调潼

---
① 废弛：原误作"废弘"，据《黔记》改。
② 平：原文误作"乎"，据《黔记》改。
③ 率：原文误作"卒"，据《黔记》改。

川知府；未几，仍改宣慰。从征云南，有功，升工部右侍郎①。

傅友德 洪武初，为颍川侯。将兵征西南，威车并著②。夷僚降附，边境以宁。

马烨 洪武初置贵州都指挥使司，以烨为都指挥使。时边方初附，烨政令时肃，时称为马阎王。贵州诸卫城堡并驿传、铺舍、桥道，皆烨创建，极其坚固雄伟，其他攻击抚循之绩③，尤为茂著。论者以为开创贵阳，功居第一。后坐事，南人至今惜之。

顾成 直隶江都人。状貌魁杰，有膂力。洪武八年授贵州指挥佥事。十四年，寻升普定卫指挥使。二十九年，升右军都督府都督佥事，充总兵官。讨水西叛夷，累功升镇远侯。又拓筑贵州城，规模宏壮。其他修创学校，置建官司，皆有头绩，垂于不朽。边人为立祠，肖像祀之。及卒，朝廷命有司岁时致祭，追封夏国公，谥武毅。详见《祠堂记》。

程暹 自沧州卫指挥使升贵州都指挥使。是时，夷民初附，边备草创，暹因事制宜而经略之。又请建学为教，文事武备之功多矣。寻以疾卒。边人思之不置。教授黄远有《送行序》述其详，附志末。

芒文缜 临川人。任国子学正。洪武二十六年开建贵州儒学，以文缜为教授。训诲有方，人始知学，两典文衡，为时所重。

蒋廷瓒 大名人。美须髯，有器量。永乐初，以行人计平思州、思南叛寇，升工部侍郎。十一年开设贵州布政司。朝廷以廷瓒素谙夷情，转本司左布政使。凡衙间建置、刑政沿革，莫不戮力为之，时称循良。

成务 兴国州人。永乐初任监察御史。振扬风纪，绰有能誉。十一年开设贵州按察司，超升按察使。风裁凛然，宪度画一，边方以肃。

周农圃 嘉禾人。永乐间任贵州驿丞。博学能文。虽居小官，亦屑尽职。有诗集行于世。

吴讷 海虞人。任监察御史。宣德二年巡按贵州。一道肃清，百度整饬。然又注意学校，诱挺后进。尝注《小学直解》行于世。

吴亮 滁州人。宣德间，由淮安参将升都督，充副总兵，镇守贵州。号令严明，士卒畏而爱之。子经，成化间继镇兹土，有父风。

易节 万载人。宣德任贵州布政司。宽猛得宜。抚贵州，蛮夷畏服，边尘④。

---

① 功：原作"公"；升：原作"阵"。均误，据《黔记》改。
② 威车并著："车"当误，应是"惠"。万历《贵州通志》作"恩威并著"。
③ 攻击：原误作"功击"，据万历《贵州通志》改。
④ 此处脱二字，应是"边尘以尽"或"边尘以静"。

王询 湖广公安人。宣德五年进士,任翰林庶吉士,授检讨。累升大理寺丞。正统间巡抚贵州,蛮夷畏服,边尘不生。后改国子祭酒。

杨廉 扬州人。宣德间任贵州右参议。操行端洁,抚绥有方①。自谓关西苗裔,当不失清白之守。寻卒于官,果如其言。

范循 四川南充人。正统间,自监察御史升贵州按察使佥事。执法不挠,为监司巨擘。

侯琎 泽州人。公勤智勇,文武兼资。正统间,以兵部侍郎征云南麓川,平;又以贵州平越、清平等处苗贼攻围城池,道路阻绝,命琎督征,升尚书。功垂成而卒。两省军民至今慕之。

蒋琳 钱塘人。任右副都御史。景泰间巡抚贵州。公廉刚果,锄恶扶善,恩威大著。尝讨平清水江叛苗。迁建布政司。卓有治效,为时能臣。

王训 字继善,昌黎人,号寓庵。博学知兵,诗文雄伟。年十八,上《保边政要八策》,宣庙嘉纳之。宣德乙卯,中云南乡试。正统间,以都督吴亮荐,授贵州儒学训导,教法严整,文化以兴②,足以绵蕝后来,蓍龟多士。先是,郡学制度草创,训与副使李睿极力营建,与中州等。正统十三年,麓川思仁发叛③,尚书王骥总师讨之,辟训往佐,卒获渠魁。十四年,苗狇攻围新添、平越等卫,尚书侯琎亦辟训赞画。不阅月,围顿解。论功,升教授。训强士,时当道累列荐,皆引避,晚以子官,推封武略将军。卒年八十。有《寓庵文集》三十卷,并《孙子注解》传于世。

李睿 济宁人。正统间任贵州按察司副使。刚毅有为,政教兼举。又鼎建庙学,凡百器用堂宇皆备。诸属卫旧无学校,睿请遍建。边方文教之兴,睿之功也。

张锐 保定人。正统间任贵州都指挥使。有才术,知人体。为政几三十年,始终如一。后升南京右军都督佥事。

宋有文 天顺间,以监察御史巡按贵州。激浊扬清,剔奸摘伏,人不敢干以私。

陈宜 泰和人。任右副都御史。成化间巡抚贵州。怀柔有方,远人畏服。寻升兵部右侍郎。

李贵 本姓苗氏。天顺间,以总兵官镇守贵州,赐姓李。谋略义勇,为世称重。时贵境苗夷抢攘弗靖,贵同太监郑忠竭力抚捕,未久而宁。忠亦多智有为,孜孜以便民为志。尝修创境内桥道,及建谯楼,制壶漏以明时节,

---

① 绥:原文误作"缓",据《黔记》改。
② 文化:原作"成化",据《黔记》改。
③ 思仁发:原作"思仁废",误。据《黔记》改。

茸祠庙以求福民，奏增乡试举人名额以劝后学。郡人为建生祠焉。

秦敬 涿州人。成化间，以右副都御史巡抚贵州。威惠并著。及去，父老攀送，涕泣不舍。

杜铭 蜀人。成化初，为贵州按察使。听讼平恕。后官至刑部尚书。

宋钦 成化间，以都御史巡抚贵州。光明正大，不尚苛察，夷汉向慕，边务以清。寻升大理寺卿。

陈俨 庐陵人。成化间为大理都御史巡抚贵州，抚按逋亡，民撤安集，音诗西堡叛寇，境内帖然。寻升工部侍郎。①

孔镛 阙里人。弘治初为贵州巡抚左副都御史。宅心仁恕，政不苛猛。暇以文事自适，境内佳山水，多经品题。后迁工部右侍郎。郡人立碑，以识去思。

吴裎 永州人。成化间任贵州布政司参议。性狷介，政严明。参藩几十年，始终不渝其守。

徐珪 蜀安岳人。成化间任贵州按察使。从容和裕，狱多详谳，政宽而集。后升浙江左布政使。

王诏 成化间任贵州左布政使。度量汪渺，政贵岂弟，列郡化之，民以宁谧。后升都御史巡抚云南。

王鉴之 会稽人。成化间巡按贵州。正已接物，不倚于法。时都匀蛮弗缉，鉴之深入其境，喻以德意，遂降款。穷黩之害，人幸不及。

彭韶 莆田人。成化间任贵州左布政使。博官能文②，奉公守法，政务清简，吏悦民服。官至刑部尚书。

吴倬 淳安人。成化、弘治间为按察司金事。倜傥敢为，严而能恕。尝行部列郡，见学校廪饩不继，士之宾兴者贫不能行。倬区画多方，积泉货以贸学田。迄今肄业劝驾，两得其资。又以贵州诸站堡军士递运劳苦③，无廪饷为请，月给食米一斗，复为市田以分给之④。而境内桥梁路道，皆辟建一新。及讨平清都叛夷，升云南按察使。

刘元 蜀仁寿人。弘治间任贵州右布政。宅心人恕，公廉有为，裁省冗

---

① 此段多有不通。兹录《黔记》陈俨传于此。陈俨，字时庄，庐陵人。景泰甲戌进士。成化十四年，由山东左使升副都巡抚。兴利剔惠，惟恐不及。西堡寨夷弗驯，躬往谕导之，归化者半。有终弗率者，请于上，躬擐甲胄，捣其巢。号令严明，信赏必罚。于是渠帅稽首，余党震怖。凭崖伏洞者闻风请降，或持牛酒诣军门罗拜欢呼。捷闻，加从二品俸。

② 博官：当是"博学"之误。

③ 站堡：原文误作"宁堡"，据《黔记》改。

④ 市田：原误作"莆田"，据《黔记》改。

费，民以宁谧。自奉甚约，每饭惟蔬菜而已，人称青菜刘。寻以内艰去，清白之名，震于境内。

钱钺 钱塘人。弘治初任贵州按察使。持己廉正，御事明决，振肃纪纲，敷施德惠。而尤注意学校，奖率人材，制衣冠带履，凡二百六十四事，以供春秋祀事，礼文秩然。寻升佥都御史巡抚山东；进右副都御史，巡抚河南。十二年，贵之苗寇俶扰边纪，公以旧职巡抚贵州，兼理军务，选进练兵，丰储缉垒。时遣偏裨廉察渠魁巢穴，皆捕斩之。一平普安，再平表苔，三平西堡，皆由庙算制之，不假兵力之众。惟都匀苗寇，最称桀骜难制。公经思有道，贼乞哀请命，不为之贱，边尘以宁。行者以夜继日，无寇盗之警出。好民缓急，增修学舍，创阅经堂三间、号房四十间，以为诸生肄习之所，士愈乐学。又为社学，以训武弁之子，及民间幼稚。造大石梁于的澄河。辟文事武备堂于射圃，展甓境内道途五百余里，险阻以远，民甚便之。一二年，百废具举。

包裕 桂林人。弘治间巡按贵州。用心平恕，宽猛适中，断狱多所平反，人以不冤。又修建养济院，存恤孤老。时号知务。

邓廷瓒 巴陵人。弘治间，以右副都御史两抚贵州。刚直简易，令行禁止，剿平都匀，开拓郡县，奇才伟绩，居然可纪。

陈金 应城人。弘治间任贵州按察使。政尚平易，裁决如流，狱无宽抑，民爱敬之。寻转云南按察使，父老攀送，请留只履，以识去思，金不许，以所挥扇畀之，众珍藏焉。贵士夫遂有"遗扇清风"之咏。

庠生余翔诗："父老随车不忍离，扳留无计众心悲。半轮明月留余照，一幄清风慰志思。解愠谩跨挥引处，袂炎应忆播扬时。古人盛事谁如此，召伯甘棠叔子碑。"

吴伯通 广安人。弘治间任按察使。学优才瞻，政平讼理。有暇辄召郡学诸生讲议经旨，多所发明。政教兼举，人共称之。

张廉 浙江归安人。弘治初，任贵州按察使。明决刚毅，宪制明肃。寻升贵州左布政使。弘治八年，升右副都御史，巡抚贵州。边情政理，稔谙无疑，甚为一方倚重。

张诰 华亭人。弘治三年任贵州左布政使。守经据正，藩政秩然。寻迁右副都御史。

王一言 四川内江人。弘治七年，以监察御史巡按贵州。贞白严重，吏民奉法，常修治行台，以肃政令。

丁养浩 浙江仁和人。弘治九年，以监察御史巡按贵州。锄奸权，通壅遏，边人为之苏困。尤笃教事，修治类庠，时论甚其知务。

黄珂　四川遂宁人。任监察御史。弘治十一年巡按贵州。操心行法，内外一致。境内肃然，莫有犯者。

　　张淳　直隶庐宁人。弘治十二年，以监察御史巡按贵州。倜傥有为。平普安夷，功著边徼。

　　汤全　华亭人。弘治间任贵州按察副使。严毅和缓，宽猛适中，吏民畏而爱之。

　　罗昕　广东人。弘治间授贵州按察佥事。方正老练，见称于时。寻升广西副使，边人思之不置。

　　周孟中　庐陵人。成化中为贵州按察佥事。文学政事，两有可称。后升广西按察副使。

　　钟蕃　崇德人。弘治间为贵州左参政。严毅洁修，政尚闲静，吏民安之。升山东右布政。

　　吴瑰　莆田人。弘治中任贵州参议。政誉宣著。升云南参政。

　　李孟旺　雎州人。成化间授贵州按察佥事。美丰仪，有器识。寻升云南按察副使。

　　刘本　富顺人。成化间任贵州按察佥事。持正不阿，恬退贞介。未久致仕而去。

　　周宏　德清人。弘治间任贵州右参政。庶事不苛，人用安阜。寻升江西左布政。

　　张抚　宝鸡人。弘治间任贵州左布政使。政尚严肃，而廉白之操，阖境畏之。寻升南京太仆寺卿。

流寓

　　宋·冉琎　播州人。与弟璞俱有文武材，隐居蛮中。尝同游贵阳，观山川险易，若有所营。时人莫识，以为景纯之流。后仗策谒余介，为画城钓鱼山之策。人始知其异云。

　　元·张禧　东安州人，至元十七年，从右丞刘深征八百媳妇国，师次顺元，与叛蛮宋隆济等力战而殁。赠宣忠秉义功臣、资善大夫、湖广等处行中书省左丞、上护军，追封郡公，谥武宣。

　　塔海　蒙古人。由进士为嘉定路同知。有善政。天历中，顺元、永宁夷猡弗靖，驿传废弛，使命阻绝，蜀省檄塔海往谕之，深入遐荒，申以信义祸福，诸酋遂幡然，遂奉期约。不两阅月，驲骑咸集，传舍一新。寻升罗罗斯宣慰司同知。嘉人立去思碑以颂之。

本朝·陈迪 云间人。工诗文。洪武初，谪戍贵州。境内佳山水多经品题，而碑碣纪载，亦多其笔，流布传诵，至今不泯。

伍建 上虞人。洪武间，初登进士第。慷慨有大志。以言事谪贵阳。工诗能文，所著又《木庵诗集》。

易楚诚 字大信，吉水人。洪武间，父游贵阳，岁久，老且病。楚诚侍养不倦。父尝盛夏思冰，楚诚泣天致恳，已而，大雨雹。又尝病瘍，医欲得兔髓和药。楚诚求之野，偶有群鹰攫一狡兔，争食之。持归付医，疾以旋差。有司欲上其事，固辞曰："此非吾诚所致，偶相遇。"且不愿以是得名，事遂寝。乡人至今称之。

廖驹 字致远，顺昌人。宣德间谪贵阳，有诗名，宣慰使宋斌延教诸子。有《强恕斋诗集》若干卷行于世。

人物

汉·济火 为牂牁帅。一名济济火。善抚其众。时闻诸葛武侯南征，通道积粮以迎，武侯大悦，遂命为先锋。赞武侯以平西南夷，擒孟获。及归，克普里犵狫氏所与争雄者，拓其境土。武侯以昭烈命封为罗甸王，即今安氏之远祖也。

唐·赵国珍 牂牁酋长赵君道裔也。天宝中，战有功。阁罗凤叛，宰相杨国忠兼岭南节度使，以国珍有方略，授黔中都督，败南诏，护五溪十余年，天下方乱，而此部独宁。仕终工部尚书。

阿珮 开成元年为罗甸鬼主。率土内属①。会昌中，封为罗殿王，世袭爵。

唐五代·宋朝化② 为牂牁清州八郡刺史。使唐，贡方物，仪矩率度。时人贤之。

普露 为昆明大鬼主、罗殿国王，当乱世，知慕中国，率其九部落各遣使入贡。

宋·普贵 一名宇归。五代末为罗甸国王。宋太祖开宝中，招降西南夷，以诏书谕普贵，曰："予以义王邦，华夏蛮貊，罔不率服，惟尔贵州，远在要服。先王之制，要服者来贡，荒服者来享；不贡，有攻伐之兵③，征讨之典。于往年为扶播南杨氏之弱，劳我王师，罪人斯得④，想亦闻之。有司因请进

---

① 率：原文误作"卒"，据《黔记》改。后文多有此误，不一一出校。
② 唐五代·宋朝化：原文为"五宋唐代朝化"，误。
③ 攻伐：原文误作"功伐"，据《黔记》改。
④ 罪人：原文误作"罪久"，据《黔记》改。

兵尔土，惩问不贡。予曰：'远人不服，则修文德以来之。穷兵黩武，予所不忍。'寻乃班师。近得尔母子状，知欲向化，乃布兹文告之。尔若挈土来庭，爵土人民，世守如旧。予不食言。故制兹旨①，想宜知悉。"普贵遂纳土归顺，仍赐王爵，以镇一方。

宋万明 景阳之七世孙也。性端重，有勇略，以荫授总管。乾道丙戌，西南蛮为乱，命左卫将军王益与万明讨平之。戊子，加万明经略安抚使、都总管。

宋永高 万明之曾孙。亦有荫拜官。嘉定庚午，诏永高招降西南夷。以功升贵州经略安抚使、镇南都总管。

元·阿画 一名阿拂普，贵州人。至大元年，授武略将军、顺元等处军民宣抚使，袭带原降虎符②。泰定间，赐名帖木儿卜花，升中奉大夫，兼升侍卫亲军都指挥、八番沿边宣慰使。至顺元年，加授资善大夫③、云南行省左丞。后以征伐有功，授昭勇大将军佩三珠虎符④、顺元八番等处军民宣慰使，加龙虎大将军，封顺元郡罗甸侯。卒，赠济国公。

宋阿重 永朝京陈其事宜，命湖孤部族分散。及长，会云南省兵讨之，久居祖。至元十二年，西蜀南诏平，加高之玄孙也，九龄而降，拜同知安抚使，寻边武略将军。恢复先业为己，在世明威将军同知、顺元安抚使，佩一。重伏剑来归，燕赏幄据，顺元等处军民宣抚司，始革大安抚使。天德辛丑，转具叔隆济结诸蛮为乱，阿重弃家，球金虎符，俾于贵州、广、河南、四川三省守臣刘二括都万谷，乐息吕行，甲辰而未平。阿重躬提所部，直捣疑抄，擒以献阙，升怀远大将军、顺元等处军民宣慰使，寻加招毅大匀军靖江路总管，佩三珠金虎符、荣禄大夫、平章政事、柱国、顺元侯。卒，赠贵国公，谥忠信。⑤

---

① 旨：原文误作"行"，据《黔记》改。
② 袭带原降虎符：原文误作"寻边元降虎符"，据《黔记》改。
③ 加授资善大夫：原文作"至改升善大夫"，不通，据《黔记》改。
④ 昭勇：原文作"昭赠"，据《黔记》改。
⑤ 此段文字多有错误，今录《黔记》"宋阿重传"供参看。宋阿重，永高玄孙也。九龄而孤，部族分散。及长，即以先业为己任。世祖至元十二年，西蜀、南诏平。阿重伏剑来归，燕赏优渥，拜同知、安抚使。寻迁武略将军、安抚使。大德辛丑，转明威将军、同知、顺元安抚使，佩三珠金虎符，俾于贵州置顺元等处宣抚司，始革大万谷乐总管府。甲辰，其叔隆济结诸蛮为乱。阿重弃家朝京，陈其事宜。命湖广、河南、四川三省守臣刘二拨都会云南省兵讨之，久而未平。阿重躬提所部，直捣其阵，擒以献阙。升怀远大将军、顺元等处军民宣慰使，寻加昭毅大将军、靖江路总管，佩三珠金虎符，荣禄大夫、平章政事、柱国、顺元侯。疾卒，赠贵国公，谥忠宣。

本朝·霭翠 阿画之后，有牧民才。仕元为四川等处行中书省左丞，兼顺元等处宣慰使。洪武初归附，授怀远将军，世袭宣慰使。

宋钦 阿重孙，旧名蒙古歹。元时，以平寇保境功授昭勇将军、八番顺元等处宣慰使、都元帅，加镇国上将军，兼四川等处行中书省参知政事。洪武初，同霭翠归附，赐今名，授怀远将军，世袭宣慰使。有善政。

宋诚 字思诚，钦之子。洪武十年嗣宣慰使，赐三品冠服。十五年入朝。太祖嘉其忠诚谨顺，授亚中大夫，亲御宸翰制诰文予之，曰："黔中之地，诸夷杂处，汉姓同居，御其方者，非德足以化顽，勇足以悍侮，则官守不宜。况历代命世守者，必初从之义笃，揭忠勤之不辞，方膺是任。如或不然，曷能居其地驭其民？尔诚之父，当朕命将西南，经理斯土，首以义从，固膺是任，永保世禄。今命尔袭父前勋，当抚恤诸夷，选能御侮，以安是方，足于尔加①。"

张任 贵州前卫人。初为指挥佥事。骁勇有才略。尝遇虎据林鸣吼，众莫敢撄，任独持枪刺杀之，时遂称为"莽张"。正统间征伐，累功升右军都督府佥事，充参将。卒，赐葬祭。

顾勇 镇远侯成之子也。忠勇天成。正统中，为贵州都指挥同知。从征麓川②，力战而死。朝廷谕祭褒之。

宋斌 永乐间序职，居澹寡默，政尚清静，息号淡斋③。卒于官。民称慕之不置。

洛宣 贵州前卫人。官至贵州都指挥同知。正统间征麓川，攻鬼哭山④，身先士卒，死于锋镝。诏赐祭，加其子官二级。

王辂 贵州前卫人。为贵州都指挥佥事。正统间，征麓川战死。谕祭有才勇之褒。

王璘 字文玉，贵州卫人，号樵隐。性至孝，博通经史，善于诗辞。隐居不仕，取与以义，一介不苟。开家塾以教郡子弟余五十年，生徒多至千人，而能官材将，往往出其门焉。所著有《樵隐杂稿》若干卷，藏于家。

越升 字朝阳，宣慰司人。博学能文，尤长于诗。仕播州宣慰司儒学训导。卒于官。

宋昂 字从颙，号省斋。以荫授贵州宣慰司。好学工文，服勤持俭，爱民礼士，惟日不足。苗民有弄兵者，昂必自咎于政，不加诛责。以故政治旁

---

① 足于尔加：《黔记》作"则于尔嘉"。
② 征：原文误作"正"，据《黔记》改。
③ 息号淡斋："息"当为衍字。
④ 攻：原文误作"政"，据《黔记》改。

洽，边鄙缉和。又多收致经史，以崇文教。时人称其循良如文翁焉。

宋昱 字如晦。昂之弟，号宜庵。性颖悟好学，善属文，诗格清丽，有晋魏风致。被服朴素，操行雅饬，尝注《郁离子》，未脱稿而卒。有《联芳文集》行于世。

汪胜宗 贵州卫人。早孤，家贫，事母至孝。母卒，负土成坟，庐于墓侧，昼夜哀号，乡里称之。时巡按御史叶蓁以其事闻，命未下而胜宗卒。

朱璲 贵州卫人。少好学能书。早丧母，事父以孝闻。父尝剧病，璲尝粪以验甘苦。及卒，刻木为像，事之如生。有司具以事闻，命亦未下。

陈铣 贵州前卫右所千户。风度修整①，博雅文翰，多积奇书以自娱，尤好吟咏。时人目为陈秀才。有《醉乡诗集》遗于家。

朱宪 字伯章，贵州前卫人。修身隐居，不求闻达。正统间，以贤良举，不就。蜀献王闻其贤，招致于国，未久，亦辞归焉。

段达 贵州前卫人。父病痹蛮，起居饮食皆达为之。夜寝榻下，闻謦咳转侧，即起扶持，问所欲。日则负出外庭，招长老与共谈谑，具饮食为欢，竭力侍养，如此者二十余年。及卒，哀毁逾礼。时人呼为段孝子云。

陆续 又陆续者，事亲弗懈，亲卒，庐墓，亦以孝闻。

秦颙 字士昂，贵州前卫人。登正统壬戌进士，累官至云南参政。履正奉公，旬宣不怠，而谦牧之德，尤为乡邦之所重也。

李彬 字尚文，贵州宣慰司人。性慈煦，急人难如饥渴。尝谓济人之术莫善于医，遂精之。景泰初②，郡中大疫，彬日煮药数斛，贮以大壶，令子弟分携，赴间陌疗之，全活者众，时称为阴骘先生。后以寿终。

朱暹 贵州前卫千户。少尚儒雅，善于辞令。正统间，副使李睿以将材荐，暹力避不就。尚书王骥征思仁发，至金沙江，暹以利涉之策上之。公虽不用其言，而心则器之，班师，授武德将军。

汪成 字大用，贵州卫人。能文工诗，隐德弗耀，为乡间所重。有《讷庵诗》五卷藏于家。

易贵 字天爵，宣慰司人。性通朗刚王，淹该载籍，为文善序事。登景泰甲戌进士第五人。筮仕职方主事，两奉使命，升礼部郎中。出知辰州府，崇学校，恤民隐。遇事明而能断，不昧于势利，有古循良风。归田，杜门校书十余年而卒。所著有《竹泉文集》十五卷，《诗经直指》一卷，《葬书》一卷。

佘生 字子仪，贵州前卫人。少好文雅，善射骑，有勇略。累从征讨，

---

① 修整：原文误作"修筑"，据《黔记》改。
② 景泰：原作"景奉"，据《黔记》改。

自部卒而官至指挥佥事。卒年八十四。弘治初纂修《宪庙实录》。有司尝以其绩上之。

詹英 字秀实，贵州卫人。豪迈不羁，以《诗经》领云南乡荐，授河西教谕①，抗执师道，条约肃然。时用兵麓川，英画策以闻，且劾主师之过。英庙以英有职，俾恣赞军事。英辞不就。士论高之。

马端 宣慰司人。性孝。母病，思鲤为脍②，端彷徨求之。至南陲，忽一鲤跃出潦中，持归供母，病遂愈。人以为孝诚所感。景泰间，东苗悖逆，端又输粟百石以给军。成化间，赐勅旌义。

李顺 贵州前卫人。累官至都指挥佥事。有能名，然雅尚恬退，不以利害自拘。尝守备安平道，调度有方，枹鼓不警。后致政还，开葵轩以延儒绅。时出词调，丽藻焕发，优游二十余年，寿八十而卒。

俞玑 字廷美，贵州前卫人。登成化壬辰进士，官至工部主事，终平乐府通判。为人忠厚慎密，居官廉洁有为。惜大用未究而卒。

陈晟 贵州前卫人。敦礼尚义。正统间，南蛮入寇，公廪不继，晟输粟足之，授七品散官。景泰初，又输银百两以助军事。闻赐敕奖之，世复其家。年八十卒。

王轼 贵州卫人。与弟辄友爱深挚，同居七十年，始终无间，一门化之，怡怡如也。

科贡

贵州自建学校，而乡试合于云南，然所取共十五人，贵之与选者，不过数人。寻增二十人，贵州得七人。正统间，又增二十五人，贵州得十八。景泰间，巡抚都御史蒋琳请增额三十人，贵州得十二人焉。成化间，太监郑忠、都御史秦敬、布政萧俨以人才渐多，请设科于贵州，不允。但令增额四十人，而贵州得十四人；寻增四十五人，而贵州得十六人。弘治八年，贵州守臣复请开科，命仍旧制。乃改云南乡试作云贵乡试，增额五十人，而贵州得十九人焉。夫百年之间，而人才倍出，较云贵合试之初，今贵州之入选者其数加十之五。则圣朝文化之盛，从可见矣。今具列其姓名，庶后日有所征焉。

薛琼 宣慰司人。宣德七年举人，任经历。

彭程 宣慰司人。宣德十年举人，任教谕。

---

① 《黔记》称其授四川会川卫训导。
② 脍：原文误作"绘"，据《黔记》改。

秦颙 贵州前卫人。宣德十年举人，正统七年进士，任礼部主事、郎中，升云南右参政。

王训 贵州卫人。宣德十年举人，任贵州宣慰使儒学训导，升教授。

汪懋 贵州卫人。正统三年举人，任教谕。

詹英 贵州卫人。正统三年举人，任云南河西县教谕。

谢机 贵州前卫人。正统六年举人。

越淳 宣慰司人。正统六年举人，任四川播州学训导。

胡升 贵州前卫人。正统九年举人，任同知。

茹皓 宣慰司人。正统九年举人，任云南马龙州同知。

叶茂 贵州前卫人。正统九年举人，任山东吴桥县知县。

陈昌 贵州前卫人。正统九年举人，任湖广桃源县知县。

易贵 宣慰司人。正统十二年举人，景泰五年进士，任兵部主事，转礼部郎中，升湖广辰州府知府。

周询 贵州前卫人。正统十二年举人，任四川简县学教谕。

朱晛 贵州前卫人。正统十二年举人，任福建蒥县儒学训导。

黎逊 宣慰司人。景泰六年举人，天顺元年进士，任户部主事，转郎中，升湖广长沙府知府。

张举 贵州前卫人。景泰元年举人，任云南武定军民府同知。

钟震 贵州卫人。景泰元年举人，天顺元年进士，任工部主事。

王本 贵州前卫人。景泰元年举人，任河南邓州知州。

张胤 宣慰司人。景泰元年举人，任训导。

汪济 贵州前卫人。景泰四年举人，任河南泌阳县知县。

王宗敩 贵州卫人。景泰七年举人，任云南河阳县学训导。

汪澜 贵州卫人。天顺三年举人，任四川嘉定州知州。

徐节 贵州卫人。天顺三年举人，成化八年进士，任河南内乡县知县，升福建道监察御史，转直隶太平府知府，升云南右参政。

陈翊 贵州前卫人。天顺六年举人，任云南定远县知县。

胡骥 贵州前卫人。天顺六年举人，未任卒。

谢经 贵州前卫人。成化元年举人，任国子助教。

陆纪 贵州前卫人。成化元年举人，任江西九江府学训导。

陈经 贵州前卫人。成化元年举人，任国子助教。

曹霖 贵州前卫人。成化元年举人，任蜀府伴读。

周谦 询之弟。成化四年举人，任四川成都府推官。

朱佐 贵州前卫人。成化四年举人，任云南大理府学训导。

范冠　贵州卫人。成化四年举人，任四川青神县学教谕，转贵州宣慰司学教授，升南京国子监博士。

俞玑　贵州前卫人。成化七年举人，成化八年进士，任工部主事，升广西平乐府通判。

蒋哲　贵州前卫人。成化七年举人，任四川垫江县知县。

齐洪　贵州前卫人。成化七年举人，任四川夹江县学训导。

程润　贵州前卫人。成化十年举人，任四川江安县学教谕，升河南陈州判官。

曹隐　贵州卫人。成化十年举人，任直隶昆山县学训导，升四川高县学教谕。

朱绶　贵州卫人。成化十年举人，任京卫武学训导，升国子监学正。

林润　贵州前卫人。成化十年举人，任广西永安州知州。

朱璧　贵州卫人。成化十三年举人，成化二十年进士，任湖广黄梅县知县，升都察院经历。

周颂　贵州卫人。成化十三年举人，任四川富顺县学训导。

杨樊　贵州卫人。成化十六年举人，任云南太和县知县。

汪汉　贵州卫人。成化十六年举人，任直隶魏县知县。

汪霖　贵州前卫人。成化十六年举人，任广东吴川县知县。

熊玺　宣慰司人。成化十六年举人，任云南定边县知县。

萧䫫　贵州卫人。成化十六年举人，任云南马龙州知州。

路义　贵州前卫人。成化十六年举人。

章越　贵州前卫人。成化十九年举人，任湖广沔阳州学正。

平钢　贵州前卫人。成化十九年举人，任广东徐闻县知县。

罗玉　贵州卫人。成化十九年举人，任四川剑州学正。

王韶　贵州卫人。成化十九年举人，任广东市舶提举司提举。

陈玑　贵州前卫人。成化十九年举人，任四川垫江县知县。

孟震　贵州卫人。成化二十二年举人，任湖广浏阳县学教谕。

袁清　贵州前卫人。成化二十二年举人，任四川锦州学正。

杨敞　宣慰司人。成化二十二年举人，任广西乐平府学训导。

陈辅　贵州卫人。成化二十二年举人，任云南安宁州学正。

周相　颂之子。成化二十二年举人。

王勉　贵州前卫人。弘治二年举人，任四川新都县学训导。

郑华　贵州卫人。弘治二年举人，任四川金堂县学训导。

周鸾　宣慰司人。弘治二年举人。

尤善 宣慰司人。弘治二年举人。
汪度 懋之子。弘治五年举人。
张宇 贵州卫人。弘治二年举人。
易弦 贵之子。弘治五年举人，任四川峨眉县学教谕。
张本 宣慰司人。弘治五年举人，任直隶临淮县学教谕。
吴夔 贵州卫人。弘治五年举人，任湖广枣阳县学训导。
马和 宣慰司人。弘治五年举人，任湖广零阳县学训导。
杨琮 贵州卫人。弘治五年举人，任云南石屏州学训导。
詹恩 英孙①。弘治八年举人，弘治十二年进士，任大理寺评事。
程度 润之子。弘治八年举人。
李升 贵州前卫人。弘治八年举人，任湖广德安府学训导。
袁栗 清之子。弘治八年举人。
郑銮 贵州前卫人。弘治八年举人。
章锦 贵州前卫人。弘治八年举人，任湖广湘潭县学训导。
袁檠 清之子，栗之弟。弘治八年举人，未任卒。
蒋相 哲之子。弘治十一年举人。
黄甲 贵州前卫人。弘治十一年举人。
杨襘 贵州卫人。弘治十一年举人。
李夔 贵州前卫人。弘治十一年举人。

贵州宣慰司自洪武十六年建学，永乐间始给廪起贡，兹以岁久，不能详其所贡之士，姑据所知者书之。

徐瑢 字廷玉，宣慰司人。永乐十七年贡，任直隶南宁县主簿。
萧景 宣慰司人。景泰三年贡，任云南嵩明州知州。
邹遥 宣慰司人。景泰四年贡，任湖广道州判官。
汤济 宣慰司人。景泰五年贡，任湖广靳水县县丞。
李琮 宣慰司人。景泰六年贡，任湖广光化县县丞，升监利知县。
吴迪 贵州前卫人。景泰六年贡，任直隶昌平县知县。
谢纲 宣慰司人。景泰七年贡，任四川遂宁县知县。
曹旻 宣慰司人。天顺元年贡，任直隶常熟县主簿。
姜海 宣慰司人。天顺二年贡，任浙江钱塘县主簿。
孙达 贵州前卫人。天顺二年贡，任湖广武岗州同知。
徐绍 宣慰司人。天顺四年贡，任四川眉州判官。

---

① 孙：原文误作"子孙"，据《黔记》改。

王敏　宣慰司人。天顺五年贡，任四川安岳县县丞。
杨祥　宣慰司人。天顺六年贡，任四川昭□县知县。
俞亮　宣慰司人。天顺七年贡，任四川叙州府经历。
九杰　宣慰司人。天顺八年贡，任云南曲靖军民府通判。
袁铨　贵州前卫人。成化元年贡，未任卒。
孙廉　宣慰司人。成化二年贡，任浙江平湖县主簿。
越熙雍　宣慰司人。成化三年贡，任唐府伴读。
包清　贵州前卫人。成化四年贡，任四川井研县学训导。
欧玉　贵州卫人。成化五年贡，任四川蓬溪县知县。
刘晟　前卫人。成化六年贡。
茹宽　宣慰司人。成化七年贡，任云南定远县知县。
龙海　宣慰司人。成化八年贡，任四川雅州判官。
党源　宣慰司人。成化九年贡。
罗冲　宣慰司人。成化十年贡。
周贤　宣慰司人。成化十一年贡。
欧阳英　宣慰司人。成化十二年贡，未任卒。
李纯　宣慰司人。成化十三年贡，未任卒。
张铨　宣慰司人。成化十四年贡，任珉府教授。
黄福　宣慰司人。成化十五年贡，任广西柳州府经历。
向庠　宣慰司人。成化十六年贡，任云南广南府照磨。
汤润　宣慰司人。成化十七年贡，任靖江府典仪。
曹纲　宣慰司人。成化十八年贡，任湖广邵阳县县丞。
蒋华　前卫人。成化十九年贡，任蜀府纪善。
郭兴祖　前卫人。成化二十年贡，任陕西古浪所吏目。
周昊　宣慰司人。成化二十一年贡，任湖广茶陵州吏目。
刘信　宣慰司人。成化二十二年贡。
荣珍　贵州卫人。成化二十三年贡，四川顺庆府学训导。
张泰　贵州卫人。弘治元年贡。
金銮　宣慰司人。弘治二年贡，任广西安隆长官司吏目。
汤载　宣慰司人。弘治三年贡。
桂苑　前卫人。弘治四年贡。
尤可　宣慰司人。弘治五年贡。
马淳　宣慰司人。弘治六年贡。
张俸　宣慰司人。弘治七年贡。

周玺 宣慰司人。弘治八年贡。
易绍 贵之子，弦之兄。弘治九年贡。
黄录 前卫人。弘治九年贡，任四川名山县学训导。
黎诚 宣慰司人。弘治十年贡①。
李鉴 贵州卫人。弘治十年贡。
王杲 前卫人。弘治十一年贡。
汤儒 宣慰司人。弘治十一年贡。
王汉 宣慰司人。弘治十二年贡。
杨镛 前卫人。弘治十二年贡。
汤轸 宣慰司人。弘治十三年贡。

列女

奢香 宣慰使霭翠妻也。洪武初，相其夫输忠，率土归附，贡马万匹。亡几，霭翠卒，其下有欲挟之作乱者，奢香不从。朝廷知之，喻使入见。奢香乃赴京。太祖高皇帝嘉其诚款，命中官引入内宫见太后，与语，大悦，赐珠冠、殿花、金带并彩缎，筵宴。复颁诰封贤德夫人而归。

刘氏 宣慰使宋斌母也。洪武间，地方初附，民物凋瘵，累岁逋赋，而有司催科，不少假贷，民不堪命。刘氏躬至京师，以其情闻，免之，且命宴于谨身殿。复有珠冠、金带、彩缎、白金、楮镪之赐。时水西土官妻奢香为帅臣所挫，其下有欲挟之为乱者。上命刘氏召之。刘归，奉宣慰意，奢香即偕子妇奢助，因刘之京纳款。地方以安，皆刘之功也。进封夫人。以寿卒。

陈氏 贵州千户夏玘妻。玘卒，陈方妙年，哀毁如礼。葬毕，窃整衣冠，闭户自缢。景泰间，表其门曰"真烈"。

张氏 本司举人越淳妻。年二十七岁，淳故。无子，痛毁几绝，以死自誓不再醮。孀居二十年，年五十卒，葬附夫侧。有并蒂梅实生冢上，士林多称咏之。

孔氏 贵州卫小旗陈通妻也。通以正统末御寇被害。孔年才二十七，累欲求死不可得，乃毁容屏饰，养姑陆氏，姑终，经营葬祭，哀感闾里。抚其遗孤祥，亦抵于成，贞操洁行，始终一致。弘治初，巡按御史包裕以其实闻。

陈氏 郡处士徐资妻。正统间，都清苗叛，资从征力战，为贼害杀。陈氏惊恸，绝而后复苏，乃坚志守节，抚教遗孤节登进士第，擢监察御史，历

---

① 十年："十"字原缺，据上下文补。

升云南参政。封陈恭人，寿八十终，合葬资冢。佥宪周孟中题其岗曰忠节。御史王鉴之为之记。

李氏 贵州都指挥同知洛宣妻。征龙川，战殁。时李年才二十，有二子，经在襁褓，守忠不二，抚经成人。亲携赴京袭升父职。每教经以忠孝大节，且以清苦自励。经卒，李又抚其孙忠以绍厥绪。时人贤之。封夫人。

又王辑妻陈氏、朱晟妻董氏、王暎妻耿氏、易纶妻李氏、袁莕妻汪氏、龚璟妻袁氏皆以贞节称。

刘氏女 贵州卫指挥芳之女，名惠贞。年十六，母病，医药弗疗。刘祷天刲股，为粥以进，母病遂愈。论者以为孝诚所感。

仙释

南宗 长沙沙门也。尘网蚤脱，悉志禅宗。洪武间，游脚至贵阳，募建大兴寺，推演内教，感化者多。示寂荼毗，得舍利焉。

刘明德 本司人。少遇异人授以大雷秘法，呼召风雷，奔走神鬼，世莫能及。然戒行清厉，尤为时重，后端坐而卒①。时人以为尸解。

彻空 蜀僧也。正统间，来往郡潮音寺。机锋警敏，造诣精到，诗格亦清峻。后复还蜀，称寂示偈，唯以振宗风为要。

林春 钱塘人也。父文中，永乐时以高道征，寻坐谪戍贵阳而卒。春性诚敏梗介，长身伟貌，敕遣受业于真人周思德所，尽得其醮崇祷祠之法，而行之以诚，多所感召。卒年九十二岁。子宣有才行，书法遒劲，隐居以终。

箬笠僧 不知何许人。成化间，戴巨笠偶抵郡大兴寺②，郡士罗玉藏修寺中，僧见之曰："子何勤苦如是，吾有术能为银，助汝饔粥。"乃取铜锡集炉中，顷刻化为银。罗意欲传其术。僧曰："此不足学，败尔业矣。"少选，不知其所往。③

拜经和尚 名兴宗，大理人。住持永祥寺，诵《法华经》，每字一拜一木版④，岁久，木为之穿。隐迹四十年，未尝下山，其戒持端谨类此。镇守太监郑忠重之，为建事请额曰"永祥"。年七十，僧腊五十，自刻卒期，鸣鼓告众而逝。

---

① 尤为时重，后端坐而卒：原文误作"尤为时后，重端坐而卒"，据《黔记》改。
② 郡：原文误作"群"。
③ 此段原有几处脱字，据《黔记》补。
④ 木版：原文作"木版籍"，衍一"籍"字，据《黔记》改。

碎尘 云游僧也。卓锡青崖谷精寨观音庵以居。确守戒律，不妄接人。诗律古淡，有世外之想。

题咏

南谷青青远树芳。

左春坊庶子周述《贵州南谷冬景》诗："三冬天暖布熙汤，南谷青青远树芳。尚有寒花正浓艳，更无玉露与凋伤。疏阴落处晴光动，宿鸟归时暮色苍。遥想鸣驺拥笳吹，珂声隐隐出林长。"

何幸明时建官府。

太学士杨士奇《赠贵州按察使胡士奇》诗："澹云心事坚冰操，白首加公见诗□。春城雨霁晓天凉，蛮塞烟清见远荒。金筑西连山似戟，铜仁南去水如汤。千家烟火浮晴树，几处笙歌拥夕阳。况喜西戎今已靖，遐陬民物乐陶唐。"

山势北来无尽头[①]。

都御史孔镛诗："水声东去有穷处，山势北来无尽头。"

苗舍数家埋箐里。

按察司佥事周孟中出巡诗："千里巡边出瘴乡，边尘不动喜时康。霜威落胆惊行部，雨泽随车浃远荒。苗舍数家埋箐里，戍屯几处隔溪傍。太平气象重熙世，好采民风远圣朝。"

谁道贵阳非乐土。

按察使刘福《游南庵》诗："晴昧生意蔼天涯，半日僧房客兴赊。玉树风前喧万籁，碧山云外露双鬟。溪流有本横拖练，野草无名乱著花。谁道贵阳非乐土，太平随地即为家。"

时平民物不知边。

镇远府知府周瑛《贵阳风景》诗："好山明媚映长川，南□谁言声教偏。路远轮蹄还入贡，时平民物不知边。□□普照无双日，雨露覃敷同一天。为贺南来诸边□，寒□渐吹死灰然。"

驿路梅花还可拆。

贵州儒学教授□瓒《送张进士》诗："捧□纶音入贵城，□□未几又分襟。寒毡一榻宦情薄，鲁酒三杯别意深。驿路梅花还可拆，马头山色正堪吟。悬知此去登枢要，耿耿芳声简帝心。"

---

① 北：原文误作"比"，据贵图本改。

第二卷 思州府

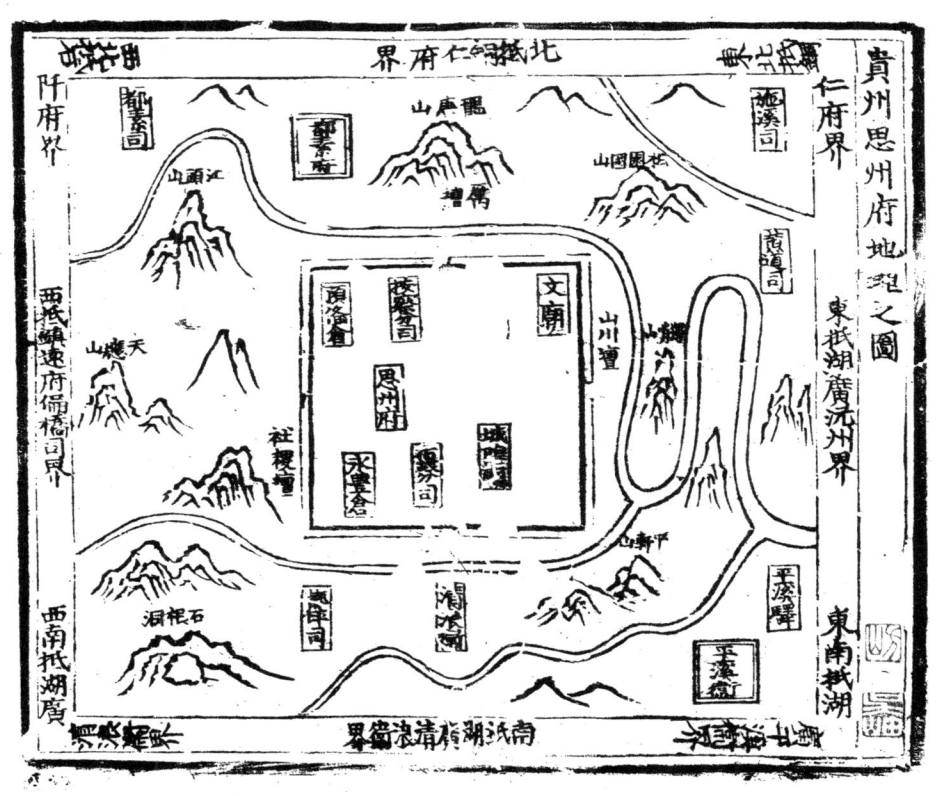

贵州思州府地理之图

长官司

都坪峨异溪、黄道溪、都素、施溪。

建置沿革

《禹贡》荆州之裔，天文翼轸分野。春秋为楚黔中地。秦为黔中郡地。汉属武陵郡酉阳县。三国吴分置黔阳县，地隶焉。隋属清江郡，或云即清江郡。唐为思州宁夷郡丹川、丹阳二县地。宋为思州安夷县地。元世祖至元十二年，思州田氏降，置沿江安抚司，隶思州军民宣抚司；寻自龙泉坪徙宣抚司治于清江，即此，因称此为思州，而改称故思州为思南，隶湖广行省。

本朝吴元年，田氏归附。洪武五年，遂分置思州、思南二宣慰使司，隶湖广布政司。永乐十一年，宣慰使田琛与思南宣慰使田宗鼎有隙，弄兵，坐废，遂改思州宣慰司为思州府，隶贵州布政司，领长官司四。

郡名

清江隋名。宁夷唐名。丹川同上。沿江元名。

至到

地里

东至湖广辰州府沅州界九十里，西至镇远府界一百里，南至黎平府界，北至铜仁府界，俱二百二十里，东南到天柱千户所一百五十里，西南到镇远府九十里，西北到铜仁府提溪长官司一百七十里，东北到沅州麻阳县一百八十里。自府治至南京四千二百里，至京师七千七百二十里。

铺舍

曰府前，曰瓮平，曰茅坡，曰田城，曰木林，曰马口，曰丙溪，曰羊平，曰下坪。凡九铺。

风俗

民性刚悍，外痴内黠。《一统志》。

夷风丕变。《一统志》："郡内夷汉杂处，言语侏僰。椎髻跣足，衣服斑斓，长不掩胫。居依山谷，或数十家，或三五家为一聚。土著久者自称洞官、洞长。假贷要约则刻木为契。疾病不事医药，惟用鸡卜瓦卦以占吉凶，屠牲祭鬼而已。自入本朝，夷俗丕变。"

新春把忌。《旧志》："土人每岁自正月元日为始，每晨汲后不许人更汲浣，污秽其河。往来者亦不许入其村落，有犯则以为不祥，群詈责之。如是忌者，凡一、二、七日始解。"

形胜

西南雄胜之地。《一统志》："东连沅靖，西抵涪渝，作湖广之唇齿，扼盘瓠之喉襟[1]。商贾贸迁，居民辐辏，实西南雄胜之地。"

地连溪洞。《文献通考》。

重山环抱，溪流萦带。《府志》。

土产

铅。蜡诸司俱出。朱砂。水银施溪、黄道二司俱出。铁。竹鸡诸司俱出。鹤膝竹出黄道溪，可为杖。丹桂都素司出。

山川

龙唐山 在府城北。产铅铁。

松园囤山 在府治北。高大磅礴，为郡之镇。

本朝推官田振诗："□山镇兹郡，万松立山头。勖哉郡中士，贞德当与侔。"

平山 在府城北里许。顶平如台。

点灯山 在府城南里许。山半或夜有光如灯，盖燐火也，故名。

贵州庠生俞通诗："万仞峰峦接杳冥，银缸千古寄崖肩。不知天禄谁为校，疑是青藜午夜灯。"

平轩山 在府城东一里。

土麻山 在都素司。

独峭山 在府城东里许。聿然孤峭，卓异群峰。

峨山 在府治南。崒嵂难登。

岩前山 在府城东五十里。

江头山 在府城西北八十里。傍有歇路坪，土人每遇节序则相聚笙歌于此。

天应山 在府城西一百里。相传昔人祷雨于此，呼雷而雷声应，故名。

葛皂崖 在都坪司境内。

---

[1] 盘瓠："瓠"字原本不清，据万历《贵州通志》补。

杨柳岩 在黄道司境内。

石根洞 在都坪司境内。

住溪河 在府城西一十里。诸溪潆此而复流。

黄道溪 在黄道司南。

施溪 在施溪司境内。

架溪 在府城南。架木溪上，以济往来。

龙溪 在府城西五十里。相传昔有土人击铜鼓于此而龙出。

养苗溪 在府城西北八十里。有巨石障流，土人架木，引以灌苗。

异溪 在府城东八里。以小水各分派入平西大河，故名异溪。

洒溪 在府城南。即清江也。

公署

府治 即前思州宣慰司也。永乐十一年改建。正统末毁于兵。成化七年，知府王常重建。经历司、照磨所、司狱司附焉。常又以府无城垒，时有苗贼劫掠之患，乃筑城，延袤千三百步。覆以楼橹，周疏四门，东曰迎曙，南曰通和，西曰丰成，北曰镇安。

贵州按察使卢秩记：

"思州，春秋时楚黔中地；秦、汉、吴、隋①、唐以来，郡县州治，建置沿革，随时变易，莫有定制。宋大观丁亥，蕃部长田佑恭愿为王民，始建思州，即今思南。至元间，自龙泉坪改置思州宣抚司于此。天朝革命，率土宾王。洪武壬子，改思州宣慰司。永乐壬辰，嗣宣慰者肆恶，于罹宪典，遂革宣慰司为思州府，入隶贵藩，而领四司。自是，典郡者率天子之命吏，而土著之官不复齿录矣。然而，后先相代，往往视廨宇如传舍，不之为营，坐待岁月而已。间有草创，未抵苟合，复为苗寇所焚荡。

"乃成化纪元之初，巴蜀王君常以民部尚书郎奉天子之简拔，知是郡之政理，仁声流布，义风远扬。未及三载，民有经业，王君乃偕僚属进四司民长暨黎庶喻之曰：'守令牧民，固不忍为劳以厉民，然公府之设，城隍之制，皆为民也。今吏至无所居，寇至无所御，其何以出政令，宁而生哉？而其思之，且不暂劳者不永逸。'众乃合辞曰：'公利我也，非厉我也。氓愚无所倡无能为，公其主之，敢不大作从事而违教命乎？'维时总戎吴经、参戎彭伦俱顿兵清浪，为保障边陲之师，恒以思居边徼，时有外侮之虞为虑。适王君请命，

---

① 隋：贵图本误作"随"。

启二公之素志，遂协心赞襄，力主其事。择门下有干济者以监斧斤坂筑之事。

"王君乃计物费，辨方位，取材于山，召工于佣，经画措置，出人意表。间有不足，复捐己资以济，而民之赴者亦沓然子来，无有后先。经始于成化庚寅，讫工于甲午。岁凡五更，役凡万徒。为城延袤一千三百步，悉建连屋，其上覆以陶瓦，防风雨霜雪之凌。周辟四门，架层楼以置鼓钟，为寅夜之徼。界四门以画通衢，因地势以建公署。府治位乎正中，而廨宇附焉。孔子庙建于北，而学校附焉。藩臬分司峙于治之东西，城隍祠、长官司列于治之左右。逋逃四归，商民聚处，环城内外，栉比蜂屯，鲜有空隙。弦诵洋溢，鸡犬熙蕃，非复萍浮星散，昔之萧索也。盖吏有所据以治事，民有所倚以为安，不逞之徒消其觊觎之谋，流转之民去其虺虺之厄，宜其皆安堵奠枕于今日矣。

"夫百年废坠，一旦修举，诚可以内愧尸位，然亦岂寻常者可以致此哉？尝闻之，建大事者必有大力，有大力者必有大志，盖力大则足膺负荷之重，而大事可建，志大则执守坚定，而大力不馁。王君其力之大，而志之定者欤？落成之日，秩盈九载，将奏丕勋，进禄加爵，在指日矣。吴、彭二帅恐没其善，谓予：'王君有同年之雅，请纪其事。'予以为不有王君，不足以属大事；不有二帅，不足以主此大事。王君二帅之善，皆不可不记以垂示于后也。用接颠末，以勒于石，俾观者知王君二帅之有功于思如此云。其他分劳相役，以共成厥功者，亦列名碑阴焉。"

布政司分司 在府治西。成化二十年，知府张介建。

按察司分司 在府治东。成化元年，知府王常建。

都坪峨异溪长官司 附郭。本隋清江郡。唐宋皆为思州地。元为台蓬若洞住溪等处溪洞蛮夷军民长官司，隶思州宣慰司。《元史》谓徙司治于清江，即此。本朝初，改置都坪峨异溪蛮夷长官司。洪武二十五年，省入黄道溪长官司，隶思州宣慰使司。永乐十一年复置，改今属，编户四里。

都素蛮夷长官司 在府城西六十里。前代未有建置。本朝初为马口寨，属黄道溪长官司。永乐十一年，始于此置都素蛮夷长官司，编户二里。

施溪长官司 在府城北二百二十里①。唐为丹川县，以溪水产丹砂，故名，隶夷州。武德六年，改隶务州，寻省入务川县。宋因之。元置施溪等处长官司，隶都云定云安抚司。本朝洪武元年，迁置施溪长官司于平地寨，隶湖广沅州卫；六年，改隶思州宣慰使司。永乐十一年，改今属，编户一里。

---

① 府城北二百二十里：原作"府城南□百四十里"，《黔记》作在府城北二百二十里。本卷卷首地图亦标注施溪司在府北。因据《黔记》改。

黄道溪长官司 在府城南一百二十里。唐为丹阳县,隶思州,寻隶务州。贞观二年,省务川。宋因之。元为黄道溪野鸡坪等处蛮夷军民长官司。本朝洪武五年,改置黄道溪长官司;二十五年,以务程龙鳌坪、岳溪都坪二蛮夷长官司省入,迁治于武陵坪,隶思州宣慰使司。永乐十一年,改今属,编户二里。

平溪卫 在府城东北五十里。洪武二十三年建,隶湖广都指挥使司。

阴阳学。

医学。

皆有印而无廨宇。

学校

思州府学 在府治北。永乐十一年,知府崔彦俊建。正统间毁于兵。成化八年,参将彭伦、知府王常重建。南徙二百步,俱东向。成化十七年,巡抚都御史陈俨复改建,南向。二十一年,知府张介重修。中为明伦堂,左右翼以两斋。

祠庙

文庙 在府学前。永乐十一年建。成化十七年重建。中为大成殿,左右为两庑,前为戟门、灵星门。

城隍庙 在府城内南。永乐十一年建。成化七年,知府王常重修。

社稷坛在府城西。

山川坛在府城东。

厉坛在府城北。

俱永乐十三年建。

飞山庙 在府城南一里。其神即唐诚州刺史杨再思也。前代封英惠侯,血食此郡。夷人有灾,祷之屡应。

关梁

平溪关 在府城东北三十里。

黄土关　在府城南二十五里。

鲇鱼关　在府城东北六十里。

迎恩桥　在府治南。

馆驿

平溪驿　在府城东北五十里。洪武四年，都指挥马烨建。

古迹

废都素府　在府城北七十里。元初置，寻废。

废丹川县　在施溪司。唐置，属夷州。

废丹阳县　在黄道司。唐置，隶思州。

废台蓬若洞住溪等处蛮夷军民长官司　在都坪峨异溪司南。元置。本朝洪武二十五年省。

废野鸡坪等处蛮夷军民长官司　在黄道溪长官司西。元置。本朝洪武五年省。

废务程龙鳌坪长官司　废岳溪都坪长官司　二司俱在黄道司西，俱本朝洪武二十五年省。

废平溪等处蛮夷军民长官司　在府城东北五十里。元置，隶都云军民府。今废。

名宦

本朝·崔彦俊　永乐十一年为知府。时府治初创，彦俊抚绥叛亡，周旋难险，勇于为政，法制整备，境赖以安。及去，人益见思。

彭伦　湖广永定卫人。成化间，以都督佥事参将镇守平溪清浪等处地方。折冲御侮，功著一方。又□建思州城及他堡成。至今人倚□之。

王常　四川马湖府人。成化七年，知思州府。处己公平，莅事勤敏，修葺废堕，创建城垒。九载课最，升广西参政。

张介　四川内江人。成化间，为思州知府。敦实老成，政体谙练，修治郡学，亲为讲授，士习一新焉①。

---

① 士习一新焉：原本作"一习□新焉"，据《黔记》改补。

人物

元·刘贵　思州宣抚司人。以忠顺授本司同知。平易近民，结有善誉。
黄原铭　本司人。才智出人，民夷亲附。以荐任沿江安抚司安抚。
本朝·党宗仁　洪武初，以才干授思州宣慰司佥事。

科甲

傅汝舟　湖广清浪卫人。以思州府学生中成化三十一年湖广乡试。
侯位　湖广平溪卫人。以思州府学生中弘治八年湖广乡试。

题咏

谁道思州万里程。
南京吏部尚书倪远《送思州知府熊宗德》诗："谁道思州万里程，骎骎五马亦专城。催科自署阳城考，迁秩犹殊贾谊行。简易但为今日政，廉公肯负旧时名？伫看定论来高擢，盘错须知老更成。"
行拟征书到夜郎。
太常寺丞俞雄《送知府熊宗德》诗："作郡怜君去路长，解携江浒倍凄凉。灯前举白情难尽，眼底垂红蓼正芳。上国有谁同管鲍，远人从此识龚黄。凤翰未许终栖枳，行拟征书到夜郎。"
城绕青山水绕城。
贵州按察司副使沈庠诗："城绕青山水绕城，坐中风景一般清。若为仙境疑无路，信是桃川空有名。半日身心方觉定，通宵鸡犬不闻声。地方偏隘怜如斗①，惟恐人来说调兵。"
数里山城随上下。
前人《至思州闻新守熊君将至》诗②："僻郡巡行当此日，新侯远到自南都。得人先为民情喜，对景偏令客思孤。数里山城随上下，几区公廨总萧疏。屈伸听命从吾道，天地何人是丈夫？"

---

① 怜如斗：原文作"民□□"，据万历《贵州通志》改补。
② 本诗题万历《贵州通志》作"按部至思州闻新守熊君将至"，作者是副使沈庠。

思州城上望中州。

贵州按察司佥事罗昕诗："思州城上望中州，满眼狼烟动别愁。关塞极天红日近，园林经雨绿云稠。横披瘴疫行三郡①，尽借风霜作九秋②。安得禹王重治水，生灵同济大川舟。"

巡经万里程。

贵州按察司副使阴子淑《思州闻鹧鸪》诗："奉命诘戎兵，巡经万里程。丈夫担荷远，不听鹧鸪鸣。"

---

① 三郡：万历《贵州通志》作"三部"。
② 尽借：万历《贵州通志》作"直指"。

第三卷　思南府

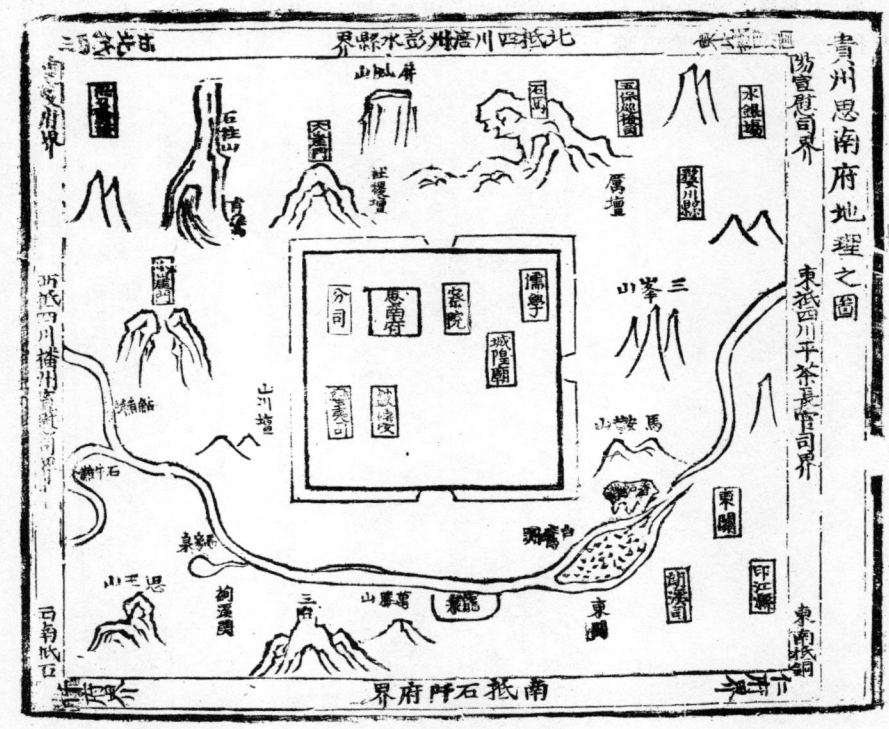

贵州思南府地理之图

长官司

水德江。蛮夷。沿河祐溪。朗溪。

县

婺川。印江。

建置沿革

《禹贡》荆州之域，天文翼轸分野。春秋战国属楚，为黔中地。秦属黔中郡。汉为武陵郡地。吴分置黔阳郡。后周属清江郡。隋置务川县，属庸州，寻废庸州，以县属巴东郡。

唐武德二年，以务川当牂牁、夜郎要路，合隋巴东郡之扶阳、务川二县，置务州宁夷郡。贞观四年，更名思州宁夷郡，以思王、思邛为名，今镇远府东南六十里思邛山下有思王废县，南九十里都来山下有思邛废县，初领务川、思王、思邛三县。贞观元年，又以废夷州之宁夷、伏远、思义、明阳、高富、丹川，又废思州之丹阳、城乐、感化、思王、多田隶之，寻省思义、明阳、丹川；二年，省丹阳；八年，省感化；十年，以高富隶黔州；十一年，省伏远，仍领务川、思王、思邛三县，户千五百九十九，口万二千二十一，土贡蜡。

宋初，为羁縻州。大观元年，蕃部长田祐恭愿为王民，始建思州，治今务川县，寻废为务川城。绍兴初复置，领安夷、邛水、思邛、务川四县。

元置思州军民安抚司，寻改宣抚司，隶湖广行省，领镇远府、务川县，并楠木洞等长官司六十六，徙置龙泉坪，今属石阡府。城被焚，移置清江，即今思州府治。至元十七年，敕徙宣抚司还旧治。

本朝洪武五年，改思南宣慰使司，治今镇远府，隶湖广布政司；二十三年，徙治水德江。永乐十一年，宣慰使田宗鼎以罪废，改思南府，隶贵州布政司，领长官司四、县一。正统四年，又领废乌罗府之朗溪长官司。弘治六年，改思印江长官司为印江县，今领长官司四、县二。

郡名

黔阳吴名。务川、思州、宁夷俱唐名。思南见《方舆胜览》。德江。

至到

地里

东至铜仁府界三百九十里，西至四川播州宣慰使司界四百里，南至石阡府界一百四十里，北至四川涪州彭水县界六百五十里，东南到铜仁府界一百五十里，东北到四川酉阳宣抚司界二百里，西南到石阡府界一百六十里，西北到四川重庆府界四百里。自府治至南京四千四百五里，至京师七千三百九十五里。

铺舍

曰府前者一，曰司前者二，曰县前者二；曰鹦鹉；曰板平；曰蛇盘；曰松溪；曰天井；曰丰乐；曰斗塘；曰石马；曰卜龟；曰濛溪；曰小田；曰安牙；曰野苗；曰朱家；曰谯家；曰毛田；曰土沱；曰谷旦；曰水桶；曰黑鹅溪；曰天池；曰马朋；曰浓水；曰掌溪；曰山仁家；曰地施。凡三十二铺。

风俗

蛮獠杂居，言语各异。《寰宇记》："风俗同黔中。地在荒徼之外，蛮獠杂居，言语各异。居东南者若印江郎溪曰南客，有客语；居西北者若水德江蛮夷，沿河、婺川者曰土人，有土语。彼此不开谙，惟在官应役者为汉语耳。"

渐被华风。《图经》："思南之地，渐被华风。饮食、言语，素所服习，椎髻之俗，悍劲之性，縻然变易矣。"

汉民尚朴。《元志》："汉民尚朴，婚娶、礼仪、服食体制与中州多同。"

信巫屏医，击鼓迎客。同上。"蛮有犵狫、犵狘、木猺、猫猱数种。疾病则信巫屏医，专事祭鬼。客至则击鼓以迎。处山箐者则芟林布种，刀耕火种；处平隰者则驾车引水，以艺粳秫"。

务本力穑。《郡志》："夷獠渐被德化，俗效中华，务本力穑。"

唱歌耕种。《府治》。

以泥封门。《旧志》："夷人山居野处，衡门荜户，不知扃锁，出则以泥涂之，他人不敢辄启。"

得兽祭鬼。《旧志》："居山野者谓之苗民。其性凶狠，不惮深渊，不畏猛兽，出入持刀负弩及鱼筌木叉，以渔猎为乐，得禽则祭鬼而后食。"

采砂为业。《新志》："婺川县境有板场、本悠、岩前等坑，产砆砂，其深十五六里。土人以皮为帽，悬灯于额，入坑采砂，经宿方出。其良者如芙蓉箭簇，生白石上者，为砂床；碎小者末之以烧水银，为银砆。土人倚为生计。岁额水银百六十斤入贡，而民间贸易，皆用之如钱钞焉。"

形胜

牂牁要路。《唐书》："务川当牂牁要路。"

控夷咽喉之墟。《郡志》："东接酉阳，西连锦播，一江襟带于左右，重冈起伏于四隅，诚控夷咽喉之墟。"

山川阻险。《文献通考》："山川险阻，狸獠所居。"

　　群峰叠翠，一水萦流。《府志》。

　　一塞四堡。《方舆览胜》："郡有一塞四堡，以备要害。"

　　据涪江上游。《府志》。

土产

　　丹砂。水银。银硃俱婺川县出。铁。猿黑色，首有丛毛如髻。竹鸡。白鹇。兰。菖蒲。葛。降真香。楠木。蜡已上诸司县皆出。椒朗溪出者，味馨色赤。

山川

　　思唐山　《方舆胜览》作唐山。在府城东四里。南连河水，北枕内江水①。

　　无党山　在府城南一百里。《方舆胜览》云："去思邛县四十里，四面悬绝。或云即务川之华盖山也。未知是否。"

　　三峰山　在府城东。巍然高竦，奇秀可爱。顶上四时常有云气悠扬。

　　本朝贵州庠生易繻诗："三峰屹如削，巍然倚天表。安得立上头，俯瞰沧瞑小。鼓袖催云行，作霖溉枯槁。"

　　万胜山　在府城前一里。一名顿岭。上平可艺。郡人题咏"顿岭春耕"即此。

　　本朝贵州庠生松品王佐诗："嵯峨插层霄，作镇乌蛮徼。丘垤视三危，培塿笑五老。碧树凝紫烟，红兰倚朱岛。山椒砥砺平，畎浍烟霞绕。牛鸣振四维，农歌闻八表。安得灵运登，雄辞发幽眇。"

　　贵州按察司佥事罗昕诗："瘴云近午望犹迷，万胜山高五岳齐。老树背岩无鸟宿，翠屏当面有猿啼。城头樵径藤稍薄，沙口人家草屋低。更欲寻幽穷十景，无诗堪续使君题。"

　　东胜山　在府城东三里。群峰峡峭如画。一名东山。

　　崖门山　在府城西。两山对峙，岩壁险峻，官道径其中。左曰大崖门，右曰小崖门，即武胜关也。为郡保障。

　　马鞍山　在府城东三十里。以形似名。

　　石柱山　在府城西二十里。巨石屹立如柱。

---

　　① 内江水：万历《贵州通志》及嘉靖《贵州通志》均作"内江"。

屏风山　在府城北百二十里。状如屏。

石马山　在府城北百八十里。峰峦耸拔，独冠诸山。上有巨石如马。

本朝郡人郎中安康诗："天上房星殒为石，宛如神骥跃山中。已无汗血劳边将，空有岚光引塞翁。翠鬣蒙茸常冒雨，丹蹄壁立不追风。一朝千里威棱旧，惭愧名同事不同。"

思王山　在府城西南三百七十里。旧名龙门山。与古费州浮阳县分界于此。

华盖山　在婺川县。山峦高大①，林木深邃。相传前代避兵者长子孙其间，隐处不与世通，世人亦不得径而入，如桃源焉。

安峰山　在婺川县。

大岩山　在婺川县东八十里。山有岩屋，深邃容百人。为县游玩之处。

大圣登山　《一统志》作大至登山。在印江县东。山涧深沉，多鱼鳖。相传神龙宅之，故人不敢取。

佥事罗昕诗："上攀云雾下山椒，晓雨初晴瘴未消。北岸人呼南岸渡，前溪水没后溪桥。石藤有子如闽榄，山果无名类越椒。却笑奔驰成底事，换将云鬓作霜条。"

铜锣山　在府城东十五里。山形圆围如锣，而水声亦如锣鸣。俗曰铜锣铁圈。

乌江　源出程番府东北，流至郡城西鲇鱼峡，东流经府治，入四川涪州，合川江。《唐史》云城乐县西一百五十里有涪陵水，宋《方舆胜览》云思州有巴江水，皆指此也。

德江　在府城前二里。源出乌江，下通彭水。

思印江　在府城东三十里。源出朗溪，北流入德江，即古思邛水也，后世讹"邛"为"印"。

河只水　在婺川县东二十一里。河只者，獠之姓名。

罗多水　在务川县东八十里。因獠姓名为名。下合丰乐渡。

青鸾溪　在府城西北十四里。相传昔有青鸾仪于溪上，故名。土人不识，以为黑鹅，故又以黑鹅名溪上之铺。

石牛潭　在府城西南三十五里。水澄澈深广，潭上有石如牛。

龚滩　在府城北三百二十里。惊涛骇浪，訇然如雷，咫尺不闻人语。长十余里。舟楫至此去载，以虚舟上下。古称巫峡之险，不过此也。

---

① 山峦：原文误为"山蛮"。

袁滩 在龚滩下。水势亦汹涌可畏。

香炉滩 在府城东三里。滩崖有石如鼎。

鲇鱼峡 在府城西四里。两崖壁立。乌江之流至此，顿就敛束，奔涌澎湃甚疾。

狮吼洞 在府城北二十里。其水即乌江，流经府治，至此洞，下泻十余丈，声如狮吼，舟莫能行。傍有古碑，俗讹为思喉洞。

潮底泊 在狮吼洞下。水流至此，平静不波。商人于此易舟。下流抵川江，达荆楚焉。

白鹭洲 在府城东三里，香炉滩之下。洲兀出江中，鸥鹭翔集。

丹砂坑 在务川县。坑有三，曰板场，曰木悠，曰岩前。其深十四五里，内有败船杇木，莫测其故。土人采砂其中，经宿始出。

龙泉 在府城东二里，万胜山下。洞深五丈余，泉水泻出，如白蜺垂空，为思南一景。

汲溪泉 在府城西北八十里。其水日有消长，人多游玩焉。

温泉 在府城北二百里。夏凉冬热，人多浴焉。

神龙泉 在婺川县东二十里。其泉或一日一涨，消则澄清，涨则浑浊①。
□②
十一年建。弘治三年，知府金爵重建。

按察司分司 在承流宣化坊东。永乐十八年建。弘治□年，知府金爵重建。

都儒五堡三坑等处巡检司 在府城北三百二十里。隶婺川县。

覃韩偏刀水巡检司 在府城西北二百九十里。隶水德江长官司。

板场坑水银场局 在府城北三百二十里。隶婺川县。

阴阳学。

医学。

二学皆有印而无廨宇。

养济院 在府治右。

学校

思南府学 在府城内北。前宣慰田氏废宅也。永乐十一年改建。成化间，知府王南重建。内有明伦堂，左右两斋，曰志道，曰据德。

---

① 其泉或一日一涨，消则澄清，涨则浑浊：原文为"其泉或一日□涨"，或□。原文缺，与下文无法连接。今据万历《贵州通志》补足此句。

② 此处原有缺文。

宫室

谯楼 在府城内西南。长官安洛建。

寺观

圆通寺 在蛮夷长官司。长官安洛建。
水月寺 在婺川县水银场。
玄天观 在水德江长官司北。长官杨茂建。
金仙寺 在府城北二百里。
桐山寺 在婺川县西五十里。

祠庙

文庙 在府学前。永乐十一年建。成化间,知府王南重建。弘治三年,知府金爵复撤庙前民居拓建。中为大成殿,左右翼以两庑,前为戟门、灵星门。其他神厨祭器皆备置焉。
城隍庙 在府城内南。洪武间建。
社稷坛在府城北四里。
山川坛在府城西三里。
厉坛在府城东三里。
俱永乐间建。
马援祠 在故□州。宋时,土人田祐恭之母梦援来居其宅,及生祐恭,祠不复灵;及祐恭卒,有见其归于马援祠者,自后灵应如初,而田氏之后代有异才。
汉寿亭侯祠 在府城内。永乐二年建。
昭化庙 在府城北,安峰山上。宋建。不知其神为谁,或曰汉夜郎王也。故老云:汉陈立为牂牁太守,阻兵保据思邛水,汉将夜郎王将兵数万破立,百姓感之,故立庙祀焉。至今土人有所祷多应。
英祐侯祠 在府城北,袁滩上。昔人建以祀水神,碑刻存焉。土人改建,以祀英祐侯萧公。

关梁

永胜关 在府治东。

武胜关 在府城西，崖门山下。

水关 在府治南。

太平关 在府治北。

绚溪关 在府城南。

通济桥 在府治东。

迁善桥 在府治北。

思济桥 在府治南。

甘腴水桥 在婺川县东。其水遇夏暴雨，阻绝往来。弘治六年，知县蔡嵩建桥于上，行者利焉。

龙登桥 在婺川县东。弘治六年，知县蔡嵩造。

洪渡 在府城北三百里。其旁居民皆事舟楫。

丰乐渡 在婺川县东六十里。

古迹

思州故城 《元志》云："去今思州一百八十里。"然元思州治今镇远府，则此城当在镇远府境内。不言方隅，不可考也。

古牂牁郡城 《大明一统志》云："在府城西，即汉末伏时所保。"《唐史》云："牂牁国，武德中改为牂州，寻改牁州。境内有石门、高连二山。"今贵州宣慰司境内，山名有曰石门、高连者；况思州之治，自古至今，迁徙不一。而《方舆胜览》亦云："思州郡非古城。"又《唐书》称罗殿蛮曰："牂牁蛮也。"《五代史》云："辰州西千五百里为牂牁。"今思南去辰州不千里。况唐以思州为内郡，而以牂牁为羁縻，则牂牁郡城不在思南明矣。岂所谓牂牁古城者，特群夷未服时所保，既伏之后，西徙贵州乎？或曰石门山即崖门山也。皆未详是否。

废费州 后周宣政初置。隋开皇中，于州理置涪川县。唐武德间移理蒙笼山①。

废溱州 唐贞观中置，治荣懿县，及领扶欢、夜郎等县。天宝初，改溱溪郡。五代时，沦于蛮。宋政和间复置②；宣和间废。

废庄州 隋分牂牁郡，立南寿州。唐改庄州，隶黔中郡。永徽间废。

废城乐县 《元志》云："在府城西北一百五十里。唐武德中，招慰生獠

---

① 蒙笼山：原本缺"蒙"字，据《黔记》及万历《贵州通志》补。《黔记》作"蒙龙山"。万历《贵州通志》作"蒙笼山"。

② 政和："政"字原缺，据《黔记》补。

置，属思州。始筑城，人歌舞之，遂名。真观中，改属费州，县西一百五十里有漳陵水①。

废多田县 《元志》云："在府城西北四十五里。唐武德中置，属思州。真观中，改属费州。宋废。北有禹浮山。"②

废浮阳县 《元志》云："在府城西北八十里，隋于水之北置县，属庸州。唐属费州，宋废。"③

废扶欢县 《元志》云："在府城西南二十里。唐属溱州，县东有扶欢山，故名。宋废。"④

废宾化县 《元志》云："隋置，寻废。唐武德中复置。复属同州⑤，废。"已上县俱据《元志》，而□志地□无考。

名宦

唐·冉安昌 为招慰使。以务川当牂牁要路，请置郡以抚之。其后思夷等州地土之辟⑥，夷民之附，皆权舆于是举焉。

宋·庞恭孙 为运使。筑思州、秦州⑦，治务川。因山川控扼，建一塞四堡以备要害。

本朝·何辙 蜀人。景泰间任知府。怀柔远人，政平讼理，兴理除害，迄今民犹德之。

王南 成化间知府事。才智颖敏，不挠于物，恤孤教士，尤拳拳焉。又尝葺府治学校，民不知扰。⑧

流寓

宋夏大均 政和间，蕃部长田祐恭被召入觐，拜伏进退，不类远人。徽宗异之，问其故，对曰："臣门客夏大均实教臣。"上悦，拜大均保州文学。⑨

---

① 县西：原缺"县字"，据《黔记》补。
② 此段原文缺"费""宋""禹"等字，据《黔记》补。
③ 此段原文缺"隋""庸""费""宋"等字，据《黔记》补。
④ 此段中原缺"二""东"二字，据《黔记》补。
⑤ 属：原缺，据《黔记》补。
⑥ "地""辟"二字原缺，据《黔记》补。
⑦ 秦州：原缺"秦"字，据《黔记》补。
⑧ 本段"恤""葺""扰"三字原缺，据《黔记》补。
⑨ 本段"徽宗异""臣""学"五字缺，据《黔记》补。

人物

汉·尹珍 武帝时，从汝南许淑重受五经，还牂牁，以教授其乡，于是南域始知学。①

宋·田祐恭 思州人。生有明识，为番部长。□民挈土内附，遂建思州，以祐恭为守。后子孙世有其官。

本朝·申祐 正统间，以进士授监察御史。刚正不阿，勇于弹劾。从跸北征，死于土木之难。

邹庆 学识醖籍，以乡试累官姚安知府。惠政治民，得名于时。

科甲

周冕 宣德七年举人。

苟添禄 宣德七年举人。

申祐 正统九年举人，十一年进士，授四川道监察御史。

邹庆 正统九年举人，累官至云南姚安军民府知府②。

安康 景泰四年举人，授司务，升南京户部员外郎。

张绅 景泰七年举人。

王纪 天顺六年举人。

邹奭 成化四年举人③。

田显宗 成化七年举人，授四川彭山县知县。

石泉 成化十六年举人。

吴溥 成化十九年举人，授四川大邑县知县。

周邦 成化二十二年举人。

田谷 弘治五年举人。

题咏

深山行尽不辞难。

本朝监察御史冯玘《过思州地施铺》诗："满面霜威到处寒，深山行尽不辞难。只缘领得君王命，要把勤劳赎素餐。"

---

① 本段"五""还"二字原缺，据《黔记》补。
② 累：原缺，据上文补。
③ 四：原缺，据贵图本及《黔记》补。

地向西南通蜀道。

按察司副使沈庠诗："僻郡无城四野荒，分司清坐小穿廊。得从浅水移舟稳，敢怪青山笑客忙。地向西南通蜀道，人从东北望吴乡。风霜此日催冬令，旋解行囊著敝裳。"

处处桑麻生意遂。

前人诗："印江名县岂虚名，万倾膏腴似掌平。蓟北尘沙全异趣，江东风景颇同清。一围碧水浑如画，四面青山便是城。处处桑麻生意遂，太平百姓不知兵。"

鸥渚清吟半日闲。

前人《自苗民司水路至思南》诗："连旬矮轿登高岭，今日轻舟下浅湾。老我尚余山水兴，信谁能出利名关。苗村独卧三更冷，鸥渚清吟半日闲。五柳门墙松菊满，古人风致未曾扳。"

风俗渐看同郡国。

佥事罗昕《朗溪司》诗："百家村落置官司，列嶂回峰碧四垂。风俗渐看同郡国，印文犹自刻蛮夷。重楼钟鼓初晴夜，夹道旌旗薄暮时。自是年来亲翰墨，粉墙随处有题诗。"

又驱骢马过思南。

按察司副使阴子淑诗："致身不惜鬓鬅鬑，劳苦收将一担担。欲为黔黎祛宿瘴，肯缘风雨驻征骖。野云对起如相约，山鸟争呼似共谈。触物感怀吟未了，又驱骢马过思南。"

岚深只说山无路。

前人诗①："宿雨②初晴鸡乱鸣，轺车行处未天明。岚深只说山无路，林静还闻水有声。一曲镜湖何处乞，数茎霜鬓此中生。仆夫莫惮驰驱早，已有田翁接陇耕。"

两历思南草正荒。

佥事龚嵩《次沈宪副韵》："两历思南草正荒，委蛇忆昔步岩廊。簿书无奈民情扰，岁月难禁马足忙。翘首五云连帝阙，计程十日是吾乡。班斓欲向慈帏舞，敢著缝来密密裳。"

---

① 嘉靖《贵州通志》及乾隆《贵州通志》均录有此诗，作者为阴子淑。
② 宿雨：乾隆《贵州通志》作"阳雨"。

第四卷　镇远府

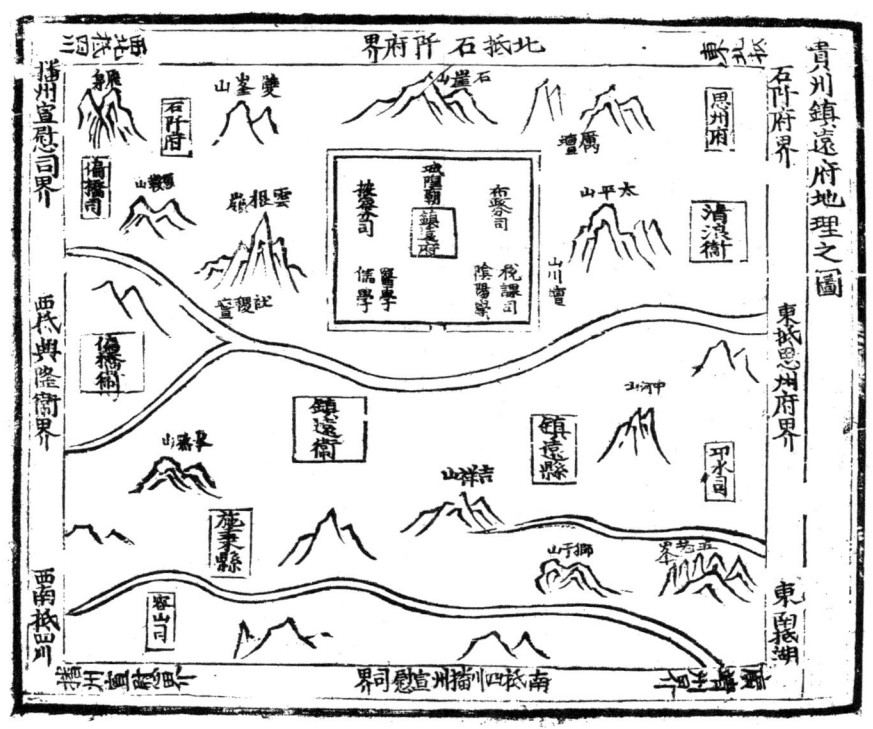

贵州镇远府地理之图

长官司

偏桥。㵲水十五洞。

县

镇远。施秉。

建置沿革

《禹贡》荆州南境，天文翼轸分野。秦属黔中郡。汉属武陵郡，即五溪之潕溪，今镇阳江即舞水也。隋为清江郡务川县地。

唐武德元年，以是地当牂牁之冲，置务州，寻改思州宁夷郡，领务川、思王、思邛三县。五代时，附于楚，为竖眼大田溪洞之地。

宋大观元年，蕃部长田祐恭内附，建思州，领婺川①、邛水、安夷三县，寻废，以其地隶黄平。宝祐二年，筑黄平，为镇远州，《府志》谓"镇远之名，始于元"，误矣，属湖北路。

元初，置镇远沿边溪洞招讨使司，领镇安、定安、永安三县；至元二十年，改镇远府，俱隶思州军民宣抚司，而宣抚司亦治于此。

本朝洪武五年，改为镇远州，隶湖广思南宣慰使司。永乐十一年，仍于州置镇远府，隶贵州布政司。正统三年，州省，领长官司四。正统十年，改施秉长官司为施秉县。弘治十一年，改镇远溪洞金容金达长官司为镇远县，今领长官司三、县二。

郡名

潕溪汉名。镇远宋名。大田、镇安、定安、永安俱元名。

至到

地里

东至思州府界，西至兴隆卫界，俱一百二十里，南至四川播州宣慰司界六十里，北至石阡府界一百八十里，东南到湖广靖州界四百二十里，东北到石阡府界二百里，西南到四川播州宣慰司界一百五十里，西北到四川播州宣慰司界一百四十里。自府治至南京四千四百里，至京师七千九百三十里。

铺舍

曰府前，曰司前者二，曰县前者二②；曰白羊；曰宛溪；曰焦溪；曰小

---

① 婺川：原文误作"敉川"，据《黔记》改。
② 二：原缺，据万历《贵州通志》补

溪；曰梅溪；曰瓮溪；曰白虫①；曰新庄；曰黄母；曰金莲；曰白塘；曰黄家冲；曰竹坪。凡一十八铺。

风俗

习俗质野，服用俭约。《一统志》。

尚信知礼。《府志》："附郭土著之民，纯厚尚信，读书知礼。"

三年一祭。境内夷民，种类不一，其居山野者，曰洞人，曰杨黄②，曰仡獠，曰犵头，曰沐獠，曰生苗，曰熟苗。其俗每三年一次，杀牛祭祖。尤尚端午、正日二节，男女会集饮酒，未婚者相唱和戏舞，情意合则为伉俪，不用媒妁焉。

游宦者安之。《新志》："暑不烁石，寒不随指，四时无疾疫瘴疠，游宦者安之，亦可喜也。"

俗用媒讲。苗俗有事，则用行头媒讲。行头，能言语讲断是非者。苗讲，苗以苗为行头；民讲，民以民为行头。凡行头讲事，皆用筹以记之。多至一二百筹，少亦二三十筹。每举一筹曰某事云云，其人不服则弃之；又举一筹曰某事云云，其人服则收之。如一二百筹讲至数十筹，二三十筹讲至数筹，然后往报所为讲者，曰某事其人不服，所为讲者曰是，则令其人依数陪偿；或不以为然，行头又复如前往讲之，至有十数往，或经月始定。若所讲筹尚多，其人不能尽偿，则劝所为讲者掷一筹与天，一筹与地，又掷一筹与和事之老，然后约其余者责令陪偿。凡讲杀人，谓之算头；讲偷盗牛马曰犯瓦，苗以一火为一瓦；皆酌量事情轻重以为等差，谓之媒讲者，如婚姻用媒以通两家情好也。凡请行头，皆用银布，名曰缚行头，言缚之使不二心也。大概苗易生衅，凡事媒讲，亦息争端，此乃御边一术也。

形胜

溪河旋绕，山岩森列。《一统志》。

徼外一都会。《府志》："崇冈复岭，城堡罗列。长江大河，舟楫通利。辰沅以此为上游，云贵以此为门户，商贾辐辏，物货富饶。亦徼外一都会也。"

白崖东枕，碧峰西峙。《旧志》。

山川

石崖山 在府治北。屹然壁立，状如列屏。郡之镇山也。

---

① 虫：原缺，据万历《贵州通志》补。
② 杨黄：原缺"黄"，据《黔记》补。亦作"徉獚"。

观音山 在府治东。上有观音岩。

笔架山 有二，一在府治东南，五峰伛偻相联，一名五老山。一在邛水司东南二里，山形尤佳。

太平山 在府东二十五里。上有小池如斗，祷雨即应。

吉祥山 在府治西。上有吉祥寺。

中河山 在府治东半里。两水夹流，山处其中，北崖产白石，光润可琢砚，土人谓为竖眼鬼所居，故莫敢采。西□有香炉石。

马首山 在邛水司南一里。其山东昂西俯，状如马首。长官邓章尝聚兵保民于此。

巴邦山 在邛水司西三十里。四围陡绝。居人常避兵于此。

岑鳌山 在施秉县北一里。元末有陈元帅者，屯兵其上，营垒尤存。

巴施山 在施秉县北一十五里。浑石所成，状如卓笔。

二仙坡山 在府南三十里。

马鞍山 在府西四十里。

思邛山 在府东南八十里，连思邛水。《方舆胜览》云："在思王县东。"

都来山 在府东南九十里。《方舆胜览》云："在思邛县东二十里，接锦州常丰县。"

都波山 在府东南九十里。《方舆胜览》云："在思邛县，东接锦州洛浦县。"

双峰山 在府治西三里。地名平冒，平冒诸山，自白羊坡而来，至此，双峰圆耸，江水环绕，四山回合，中有平原可居。弘治间，知府周瑛尝议迁府治于此。

西峡诸山 自镇远勇溪西至偏桥两岸，山多如楼台，如鼓角，其崖黑白相兼，如银墙，如铁壁，其势上下相承，如神工鬼斧砌筑而成。有瀑数处，挂崖石而下，其状如轻绡，如薄雾，如撒珠几。其近瀑崖石如倒肝，如悬肺[①]，怪奇特甚。

云根岭 在府治西。

知府周瑛诗："迂回开岭路，历落见云根。白日山川暝，春风花木繁。兴来常独往，坐处辄忘言。万古此天地，幽怀谁与论。"

又石阡府知府汪藻次韵："石以云为伴，云以石为根。疏阑护曲折，大道不芜繁。书室宣尼语，骚台屈子言。何时登绝顶，对坐细谈论。"

漏日崖 在偏桥司东半里。高数十丈，有窍通明，朝日自东漏西，暮日自西漏东。

---

① 肺：原缺，据《黔记》补。

张果老崖　在偏桥司西北五里。崖石黑中有白纹，如人跻足形，乡人呼为张果老云。

观音崖　在镇远县西十里。岩高数十丈，屹立江上，其址有洞，涵浸清漪，可比船而入。洞半有窍如窗，上有石，磊磊如佛像，洞顶色碧，石纹隐起，如龙蛇然。

鼓楼坡　在镇远县南二十五里。

马场坡　在镇远县东十五里。两旁皆深谷，中有一路。苗自白虫来者必由，于此遏之，所谓一夫据险，万夫莫当者。昔建大胜堡，舍此而就宛溪，可谓失险矣。

瓮蓬洞　在偏桥司东十五里。江水经此洞而出，洞为陑五处。相传汉诸葛亮经营南方时，欲漕长沙以西粟，凿此，竟以陑塞而止。本朝参将彭伦等亦尝凿此，竟无成功。盖所谓瓮蓬洞者，言舟楫过此，如入瓮中，如居蓬底，不见天日也。其水自芙蓉洞至瓮蓬洞，长不满百尺，已高百丈余矣。加以两崖积石，易为崩溃，所以旋凿旋塞，终不能成坦流也。

石柱　有二，一在偏桥司南十五里，崛起山上，高十数丈。一在镇远县西十里，双石临江，并立如柱。

铁山　在镇远县东北三里。山色如铁，突兀奇怪。郡人游赏，常集于此。

镇夷石　在府东八里。

太和洞　在中河山南。

北洞　在中河山北。其洞视太和洞加深广。土人为竖眼鬼所居。

大洞　在镇远县东五里，分水岭上①。俗呼七间屋，盖夷山多空，此其最大者。中有石乳滴地，如炉斗。好事者多游焉。

石岩　在铁山溪第一湾。有巨石，下瞰如屋。其前溪水清冷，可流觞。盖附郭胜处，每燕赏必集。

潕水　在府治南，一名镇阳江。首受黄平、兴隆诸水，过郡，东流三百余里入沅水。又名潕溪，五溪之一也。

邛水　在邛水司。即思邛水也。源出夷境，东流入洪江。

洪江　在施秉县南。

杉木河　在偏桥司北。源出四川播州，东流入潕水。郡产杉木，皆浮出于此。

黄平河　在偏桥司西。源出黄平，东流入潕水。

长潭　在府治东三里。

---

① 上：原文误作"止"。

铁溪 在镇远县东北三里，铁山之下。南流入潕水。中产蠃蟹及刀鱼，味佳。

湖广布政司参议王鼎诗："向来耳目若眬瞺，谁信此中罗万汇。醉眠云屋寒沁衣，渴饮石泉清入胃。山回谷转花木幽，全仗新诗与经纬。赏心乐事一时并，西山落日鸦归未？"

宛溪 在镇远县东十五里。经行委曲，故名。

焦溪 在镇远县东四十里①。

梅溪 在镇远县东五十里。

秋溪 在镇远县东一百三十里。

牙溪 在镇远县西五里。

松溪 在镇远西北三里。

小田溪 在镇远县西三里。

勇溪 在镇远县西十里。犵獠所居，崖洞产怪石。

白冰溪 在镇远县西三十里。溪高江下，水自盘石奔注入江，灿然洁白如雪。

秉溪 在施秉县南。西流入洴江。

龙池 在府北一十里。俗传有龙出其中，取水祷雨即应。

龙羊井 在府治东，宛溪之源也。昔人见双羊在井傍，就之，跃入井。盖龙去。今乡人祷雨于此。

味井 在府治西。水味甘美。

圣婆井 在邛水司东南八里，岑楼山上。土人云，昔有下妇领五男来略地，行至岑楼，渴甚，以柱杖卓地，祝云："我得地，水当应杖而出。"果得水。又以竹枝植地，祝云："我得地，竹当成林。"后果成林。待核辛挥涕竹止。今雾雨，此处竹有液如涕。又土人取得一②。

□□□③

水十五洞蛮夷长官司 在府城东八十里。唐为思州县地④。宋于此置邛

---

① 东四十里：原文误作"东西十里"，据《黔记》改。
② 此段有缺漏，且"待核辛挥涕"不可解，现录《黔记》"圣婆"条，以相参看。"圣婆，不知何许人。领五男，行至镇远邛水司岑楼山。渴甚，以手拄竹杖卓地，祝云：'我得地，水当随杖出。'果得水。又以竹植地，祝云：'我得地，竹当成林。'果成林。时挥涕竹上，今雾雨竹有液如涕。又土人拾得一裙，呼为圣婆裙。一十二幅，长五尺二寸，每与苗战，即揭以为帜。苗见帜辄败去，盖苗畏鬼，故败。今岑楼山圣婆井犹存。"
③ 此处有缺页，按本书体例。除山川的部分外，尚缺公署设置之首页。
④ 思州：原为"思州思州"，衍"思州"二字。

水县，属思州，以县在思印水傍。前元初改安定县。至元二十年，复为㵲水县。洪武五年初，置㵲水、团罗、得民、晓隘、波洞五长官司；二十五年，省团罗等四长官司入㵲水，隶思州宣慰司。永乐十一年，改今属，编户五里。

  施秉县 在府城西南四十五里。古思州地。元始于此置施秉前江等处蛮夷军民长官司。洪武五年，改施秉蛮夷长官司。永乐十年，本司长官杨光海坐与思州宣慰使田琛起兵罪免。正统十年，改施秉县。天顺初，迁县治于岑麓，编户一里。

  镇远卫 在府治西南，潕水西岸。洪武二十三年建。

  偏桥卫 在偏桥司南。洪武二十三年建。

  清浪卫 在府治东七十里。洪武二十三年建。

  已上三卫俱隶湖广都指挥使司。

  臻剖六洞横坡等处长官司 在府城西南。隶镇远卫。

  相见堡 在府治西。隶镇远卫。

  柳塘堡 在府治北六十里。隶偏桥卫。

  梅溪堡 在府治东六十里。

  清浪堡 在府治东七十里。

  俱隶清浪卫。

  税课司 在府治东。成化十六年建。

  阴阳学 在府治东。成化七年建。

  医学 在府治西。成化间建。

  养济院 在府治东。

学校

  镇远府学 在府治西。永乐十年，建于府治东。成化十五年，知府沈熊迁建，工未告成而罢。弘治十三年，贵州提学副使沈庠措置白金二百余两，及他材木砖瓦，鼎新创建，规制广大，埒于旧贯什九。中为明伦堂，左右为志道、据德二斋，旁列号房，而门垣、庖湢皆备具矣。

宫室

  鼓角楼 在府治前。成化十七年，知府徐虔建。

  得晖楼 在府治西。

  石崖书屋 在府治后圃。成化二十年，知府周瑛建并记：

"成化甲辰，余自南京礼部郎中出守抚州，丁未，改镇远。镇远在古荒服之外，是为蛮獠出没之冲，盖夷郡也。

"余来，既治邸舍以居，乃别作室于石崖之上，以为读书之所。读书而别作屋，以图静也。作室而依石崖，据形胜也。室前跋石而台之，题曰读骚台，怀古也。台左凿崖石以登，题曰云根岭，书僻也。石崖书室，总据形胜，而台与岭皆书室所有也。居夷作事艰，故规制皆就简，室为崇仅盈丈，修视崇加尺有一，广陪崇加尺有三，台之崇之修，皆与室同，广不及室，上尺岭，自平地至台凡五折，其崇与台等，其修视崇倍之。

"夷民寡词讼，财赋易完。每平居，夷獠受约束，木契箭刻不驰，皆暇日。暇则坐室中，读吾行厨所有书，或挟楚骚读书台上。时上下往来于岭，甚适也。

"客问曰：'子年迈矣。尚占毕未已乎？'

"余曰：'天道备于圣人，圣人心术寓于书①。而《易》《诗》《书》《礼》《乐》《春秋》皆书之大者，读书则有以探圣人心术精微之蕴，而天道可得，以是而立三纲，以是而秩五常，以是而酬庶务，天地所以位，万物所以育，皆是道也。恶可不读书。'

"客曰：'骚之为辞，风雅之变也。昔人尝谓醇儒庄士，或羞称之。子何以骚为哉？'

"余曰：'骚之辞可议，骚之心，直与日月争光。昔者屈原有为国之忠，有叙事之能，不胜上官靳尚之谗，是以有江南之放。故其为辞，跌宕怪神，怨怼激发，然其爱君忧国之心，皆出于至诚恻恒，有不能以自已者。后人读其辞，察其心，尝为原流涕矣。又恶可不读骚？'

"客曰：'书之益于人也如是，骚之感于人也又如是，吾乃今始知室与台不虚作也。'

"客退，因镌于石，以树于台、于岭，复备述其事以记于石。"

同心堂 在府治厅事后。

兴隆卫经历李文祥记：

"镇远府治，旧在镇阳江南。宣德元年，知府颜公泽迁今治。中为正堂，左为经历司，右为照磨所，前左右翼为六房。中道为界石亭，亭之外为门二焉。其规制宏伟矣。后风雨震凌，水火交作，堂制寝失其旧。成化间，知府沈公熊请征商补造正堂，未竟，以忧去。徐公虔踵治之。凡三年，而堂始落成焉。

"弘治元年，莆田周公瑛来知府事。一日，二守向君麒、节推杨君钦与今

---

① 书：原文缺，据上下文补。

通守杨君复生相与请，曰：'堂名久虚，非有待于公耶？'公遂题曰同心堂。盖有取也。四年，公东归。文祥来送之，公谓曰：'同心堂未记。记微子无以发予义。诚为一言，是予所以处二三子也。'

"文祥窃惟天下之事成于同而败于异，古今一致也。公以是名堂，其意不亦远乎？其说不亦大乎？盖公所谓同，非同于欲，同于理也。理也者，是即所谓天命之性、率性之道，乃人心之所同然者，岂有不同耶？但气禀拘焉，物欲蔽焉，不知穷理以明之，克己以复之，始有不同而异者矣。故于处事接物之际，各怀私心，各骋私说，贤智者或立异以为高，愚不肖者或卑污以徼利，于是天下国家事，遂有如作道傍之舍，逐多歧之羊者矣。欲使事得其理，物得其正，何由而致耶？间有同者，则又安常之故，习比昵之私情，徒足以溺人心而坏天理，君子弗取也。

"故在《易》，同人之道，又必以真为利焉。同仁之象曰：'同人于野，亨，利涉大川，乾行也。文明以健，中正而应君子，正也。惟君子为能通天下之志。'今之君子，岂不知天下事以同而成，异而败舆？然卒不能以大同者，患在于用智而自私耳。盖惟文明则不用智，惟刚健则不牵于私，持此二者，致亨利涉何有哉？故君子不患事之难成，而患心之难同；不患心之难同，而患己之难克。使不役于智，以牵于私，从容审其终所以异者，反求其始所以同者，因天下之理，处天下之事，吾见一日二日，万几其中，裕如也。夫如是，则显而天下，幽而鬼神，近而华夏，远而蛮貊，前乎千万世之既往，后乎千万世之将来，以是心推之，将无不同者也。而况于天下乎？况于一藩一郡乎？况于二三僚友乎？心既同矣，而事有不得其理，物有不安其止者，无是理也。故曰君子能通天下之志，是以能成天下之务，非虚语也。

"予既述作堂之由，而备发明堂之义如此。若夫相与周旋于是堂之上，睹其名，思其义，求以臻其效，则诸君子当自力焉。"

拙宜亭　在府治后圃。知府周瑛建。

卧义轩　在府治内。亦前人建。

读骚台　同前。

兴隆卫经历李文祥诗："一上高台思不禁，汨罗烟水望中深。冶容自是能倾国，缄口从来解铄金。世去纲常存砥柱，古来风雅此遗音。汉家才子称能赋，不尽商人七窍心。"

云南进士张志淳诗："珍重灵均去国辞，高风姱节是吾师。娥眉正苦多谣诼，芳佩空怜光陆离。蜀水含羞杨子去，湘江吊古贾生悲。高台百尺青山下，一种幽怀谁得知。"

园趣亭　在镇远县西。镇远卫指挥陶□建。

寺观

吉祥寺 在府治西。洪武二十二年建。宣德十年重修。

平宁庵 旧在府治西六十里。洪武二十五年建。景泰四年，迁建于镇远卫城南。

真武观 在府治东。洪武二十一年建。

玄妙观 在府治东。永乐间建。天顺间重修。

玉虚观 在府治南。

沅州判官陈缨诗："驻马入仙观，修然隔世喧。松风林下筜，竹雪水边轩。白首徇微禄，丹书遗志言。三生忆前梦，浪说旧精魂。"

祠庙

文庙 在府学前。宣德元年，知府颜泽建。成化十五年，知府沈熊迁建。弘治四年，贵州按察司提学副使吴倬重建。十三年，提学副使沈庠撤而新之。中为大成殿，左右翼以两庑，前为戟门、灵星门。

城隍庙 在府治前江北。永乐十四年，推官卢恩建。

社稷坛在府治西三里。

山川坛在府治东一里。

厉坛在府治东二里。

俱永乐十五年同知徐彰建。

武侯庙 在偏桥长官司东二十里。中有柏百余株，森郁可爱。盖古庙也。景泰间参将安顺、天顺间指挥陈姓者俱重修。相传武侯征南时，欲凿瓮蓬洞以通漕运，驻兵于此。

湖广按察司佥事沈庆诗："祠庙荒凉岁月深，数椽重建大江浔。左军见说劳三顾，南房传闻畏七擒。讨贼未酬安世志，鞠躬不负托孤心。高陂山畔斜阳里，荐藻频频表寸忱。"

又知府周瑛诗："万树鸦声送夕曛，孤祠独对大江濆。伯图先识炎纲正，国势终成鼎足分。伊傅胸襟明日月，轩黄行阵布风云。相材将略畴能比，一瓣心香特地焚。"

文昌祠 在旧儒学内。正统十年训导王哲建。

关梁

东关 在府治东。

北津关 在府治北。

油榨关 在府西一十里。

焦溪关 在府东一十里。

俱洪武二十二年建。

瓮蓬关 在府西五十里。

梅溪关 在府东六十里。

清浪关 在府东七十五里[1]。

烂桥关 在府西七十五里。

紫冈关 在府西北八十里。

俱洪武一十三年建。

永安桥 在府治前。

偏桥 在偏桥长官司东十里。左倚高崖，右临溪水，凿石架木，以通往来。

东津桥 在偏桥长官司东一里。

知政桥 在施秉县前。成化间，知县张纲建。

清浪桥 在府东七十里清浪卫。

焦溪渡 在府治东三十里。

下坪渡 在府治东九十里。

古迹

废思王县 在府东南八十里，思卭山西。唐《元和志》，故老相传汉陈立为牂牁太守，阻兵保据思卭水。汉将夜郎王将兵数万，破立于此。抚安百姓，时人思慕，遂名思王县。

废思卭县 在府东南九十里。唐贞观四年置，隶思州宁夷郡。宋省入务川、安夷二县。

废洛浦县 唐置，隶夷州，后废。宋政和中复置，隶思州，宣和间废为堡，隶黔州。

废定安县 元置，隶镇远沿边溪洞招讨司[2]，寻废。

废永安县 同上。

废德珉蛮夷长官司 在府治南。

废晓爱泸洞赤溪等处长官司 在府治东南八十里。

---

[1] 十五：二字原缺，据贵图本补。

[2] 镇远沿边溪洞招讨司：原缺"沿"字，据本书他处及《黔记》补"溪洞"，贵图本作"洞溪"。

废卑带洞大小田等处长官司　在府东七十里。

已上三司俱元置，隶思州军民宣抚司，今废。

古观音石像　在府治东，观音岩上。

瓮蓬洞石刻　瓮蓬第一洞，有巨石立水中，刻云："在山形势已仁威，何必趋重占水湄。为汝碍舟呼匠者，少顷一客即平夷。"旁刻云："都梁唐中立作。时大德丁未四八也。"今详此诗，盖恶此巨石阻截水道，舟不得进，欲凿去之也。

名宦

汉·陈立　蜀郡临邛人。成帝时，为牂牁太守，讨平寇乱。又徙守巴郡及天水，治绩为天下最。天子赐以黄金四十斤。后入为左护军。

本朝·颜泽　江阴人。永乐十一年初设府治，以泽为知府。勤政恤民。秩满，民保留复任。宣德元年，泽奏以谢家寨为府治，开设衙门，建立学校，政绩为多。

张英　扬州人。宣德七年，以给事中知府事。刚介有为，政事修举。

刘善　济南人。正统间任知府。才优学赡，政教兼举。公暇，进诸生讲议经史，竟日不倦，多所造就。

黄鉴　临江人。宣德间任通判。学识才干俱优，政以礼义率民，民俗为变。

王叙　临汾人。成化间任知府。事神、恤民，两有佳政。

沈熊　归安人。成化间任知府事。孜孜政理。尝迁建学校、府治。惜未久以忧去。

徐虔　揭阳人。继前守沈熊，亦有美政。

李昌　汝南人。成化间知府。守法奉公，以忠谨称。

周瑛　莆田人。成化间知府事。富文学，勤政事。常拟本府前通长江，后逼高山，参错广轮，丈不满百。每苗寇入境，自高临卑，势难固守。奏迁西三里，地名平冒。事虽未允，识者韪之。及议合府卫以却外夷，立城池以固门户，复城堡以保居民，分镇兵以扼咽喉，复盐利以节民财，节冗官以纾民力，皆康济一方之要策。惜未见之施行，又尝编修本府志书，采摭最备。升四川布政司参政，转布政使。奏疏附卷来。

李圭　云南人。天顺初，任施秉县知县。多才智，善抚绥。迁县治于岑麓，居民安之。

徐彰　四川重庆人。永乐间，为同知①。政有遗爱。社稷诸坛皆其所建。

---

① 同：原缺，据《黔记》补。

彭伦 楚人也。自湖广永定卫指挥累官前军都督府佥事,守备清浪等处。屡征叛乱,多树奇勋,添设城堡,增广戍兵,边备克举。寻镇贵州,兵夷畏服。后上疏请老,诏优许之。

人物

元·杨绍先 镇远人。至正间,以荐授本府同知。政声大著。

本朝·田仁智 镇远人。元末为总管,团兵保境,人民以安。本朝吴元年举土内附,授思州宣慰使。

杨忠顺 镇远人。元末为总管府同知。洪武初,以总管田仁智诣军门送款,时嘉其识。

何瑄 镇远人。以荫授本府同知。沉毅刚果,熟知边事。正统末,苗叛,偾军杀将,道路梗塞。瑄领土兵游击,寇难用平。累拜文绮之赐。

杨瑄 忠顺之后。以荫补本府通判。累著军功。成化二年,茅坪盗起,瑄力战而死。事闻,赠奉议大夫、本府同知,赐宝钞六百贯,彩段二表里。仍录一子入监读书,依例出身。

科甲

时顺 镇远县人。正统九年乡试中式,任四川常寿县知县。

何矼 本府人。景泰四年乡试中式,任云南石屏州知州。

何磁 矼之弟。天顺三年乡试中式,任直隶潜山县知县。

李懋 镇远卫人。成化四年,湖广乡试中式。

程庆 镇远卫人。成化七年,湖广乡试中式。

欧升 施秉县人。成化十四年,云南乡试中式。

熊祥 偏桥司人。成化十九年,顺天府乡试中式。二十三年,登进士第。累官广西按察司佥事。

何驯 本府人。弘治二年,云南乡试中式。

何天衢 磁子。弘治二年,云南乡试中式。

杨载春 本府人。弘治十一年,云南乡试中式。

列女

汪氏 郡人何瑛妻。瑛卒,汪氏年十九,子骏未晬。矢志独居,抚骏以成。里人上其事,已核实,而旌表之诏未下。

何氏 郡人杨昌文妻。昌文卒，何年方十有七，遗腹生子曰胜昭。何誓不再嫁，纺绩以育其子，贫苦万状，终不贰心。有司亦常以其事闻。

刘氏 郡人罗溶妻。溶卒，时刘方少年，家贫无赀。姑年高，无他侍丁，刘攻苦食啖，养其姑，数月，得遗腹子宏复。力贫，教以诗书。有司以其实上之，而旌表之命未下。

题咏

山川从此生光辉。

湖广按察司副使郑恭《游铁山》诗："铁山苍翠望欲迷，铁溪清浅石稜齐。百年射猎见夷獠，谁人为此磨崖题。风流太守人中彦，大笔如椽洒来遍。山川从此生光辉，何幸同舟偿夙愿。隔林无用呼行厨，前山有果水有鱼。舞雩风咏忆曾点，借问此乐更何如。兵备无为高袖手，风尘不动台前柳。太平人不在山川不在酒。"

楼台山堞晓。

贵州按察司佥事罗昕《镇远道中》诗："楼台山堞晓，筘鼓瘴云昏。石磴沿崖转，溪风卷浪喧。三苗残孽在，四堡老兵屯。干羽千年事，无人可共论。"

云深藏雉堞。

湖广按察司副使沈钟《过清浪》诗："清浪西头路，山根一线通。云深藏雉堞，滩浅奏丝桐。九月霜初白，千岩叶未红。玺书方在念，踪迹任飘蓬。"

依山安哨堡。

工部主事张佶《过偏桥》诗："下马投公署，苍茫日向昏。依山安哨堡，背水闭城门。行役几时尽，世情何处论？短檐听老妪，劳瘁悯诸孙。"

平冒山前宿雾开。

石阡知府祁顺《平冒山》诗："平冒山前宿雾开，凭高喜有此亭台。一川花柳四时好，十里溪山八面来。诗到兴浓方得意，酒因怀好更添杯。遨头行乐非无事，要使春风到草莱。"

遐荒乃有此丘壑。

贵州按察司副使陈揆《铁溪》诗："野云带雨岩前落，石室幽深鬼斧凿。马蹄无处避红尘，遐荒乃有此丘壑。一樽相对共倾倒，千尺尘缨忘羁缚。掀髯长啸回轻舟①，惊起长松一声鹤。"

水云浩荡未成醉。

本府知府周瑛《西溪》诗："百尺岩下停诗船，溪声带雨寒溅溅。携壶过

---

① 回：原文误作"四"，据《黔记》改。

江觅村酤,扫叶傍石烹溪鲜。水云浩荡未成醉,天地寥阔欲登仙。却笑柳州颇多事,鉧潭袁渴留残篇。"

今日四郊无战垒。

前人诗[①]:"百年难得好怀开,野酌山歌傍将台。村落无期留客醉,管弦有意送春来。雪消波影侵诗幕,云破山光落酒杯。今日四郊无战垒,可追周雅赋台莱。"

青山城郭静。

前人诗:"青山城郭静,白日文书稀。百拜谢君恩,臣职此其宜。"

萧萧风雨满山城。

前人诗:"一点孤灯百感生,萧萧风雨满山城。西窗好谢芭蕉叶,莫作羁人枕上声。"

---

① 此诗嘉靖《贵州通志》亦录,作者为周瑛。

第五卷 石阡府

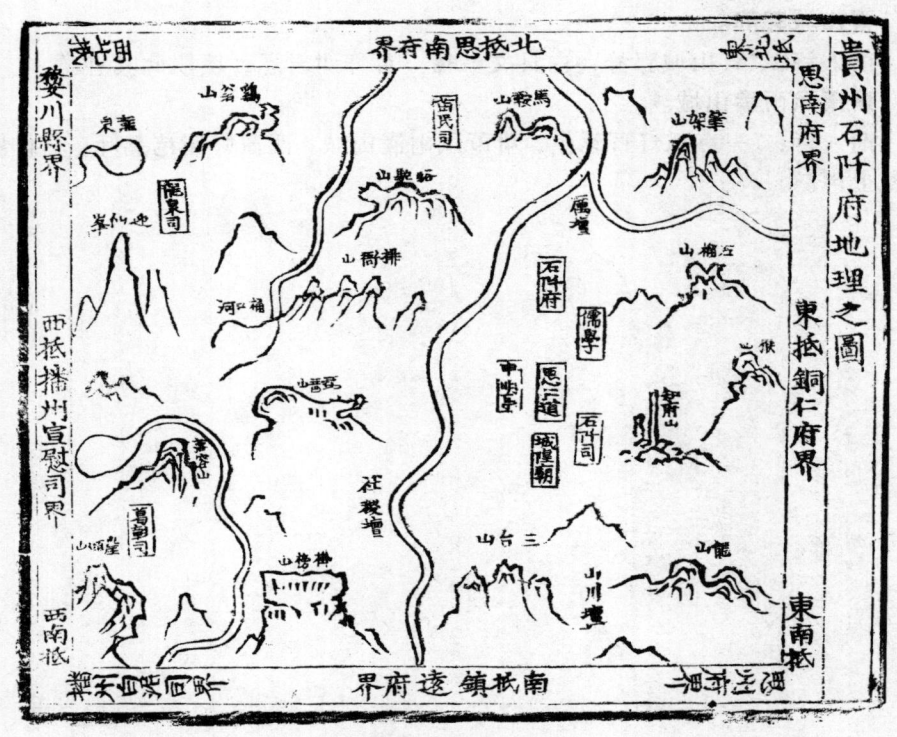

贵州石阡府地理之图

长官司

石阡、苗民、葛彰葛商、龙泉坪。

建置沿革

《禹贡》荆州南境,天文翼轸分野。战国属楚。秦为黔中郡地。汉为夜郎国牂牁郡地。晋分牂牁，置夜郎郡。宋、南齐因之。隋属明阳郡。

唐初为思、黔二州地。武德二年，以信安、义泉、绥阳三县并置都牢、洋川二县①，置义州，在今龙泉坪北义阳山下，遗址尚存。四年，以思州之宁夷县置夷州义泉郡，即今府治，领夜郎、神泉、丰乐、绥养、鸡翁、伏远、明阳、高富、思义、丹川、宣慈、慈岳十二县。五年，更义州曰智州。六年，省鸡翁。真观元年，郡废，省夜郎、神泉、丰乐、宁夷、伏远，以明阳、高富、思义、丹川隶务州，宣慈、慈岳隶涪州，绥养隶智州。真观四年，开山洞，复以黔州之都上县置夷州义泉郡②，即今葛彰葛商司也，省州之都牢。五年，以废邪州之乐安、宜林、芙蓉、琊川四县隶智州，又领废夷州之绥养。六年，复置鸡翁，隶夷州。十一年，徙郡治于绥阳，以高富来属；改智州曰牢州，徙治义泉，领绥阳、都上、义泉、洋川、宁夷五县；户千二百八十四；口七千一十三，土贡犀角、蜡。五代复为蛮夷。

宋太平兴国三年，夷州蛮入贡，置绥阳、夜郎二县，隶珍州③。

元置石阡等处军民长官司，隶思州宣抚司。

本朝改石阡长官司，隶思州宣慰司，永乐十一年改石阡府④，领长官司四。

郡名

夜郎汉名。明阳隋名。义泉、夷州、义阳、义州、智州、牢州俱唐名。石阡元名。

至到

地里

东至铜仁府界一百八十里，南至镇远府界一百七十里，西至四川播州宣慰司界一百六十里，北至思南府界一百三十里，东南到思州府界一百一十里，西南到四川播州宣慰司界一百六十里，东北到思南府界一百七十里，西北到思南府界三百六十里。自府治至南京四千里，至京师七千七百六十里。

---

① 绥阳三县：原文误作"绥阳二县"，据上下文及万历《贵州通志》《黔记》改。
② 置夷州：贵图本误作"夷置州"，万历《贵州通志》《黔记》与本书同。
③ 珍州：贵图本缺"珍"。
④ 石阡府："府"贵图本误作"有"。

铺舍

曰府前，曰铁场，曰板桥，曰苗民，曰昔留，曰琵琶，曰落桥。凡七铺。

风俗

其民以耕殖为业。《图经》："其民端庞淳固①，以耕殖为业。天资忠顺，悉慕华风。"

渐染中华之教。《府志》："郡夷多种，曰犵狫，性勇而谲。男子绾髻于额，短裙编发。妇人袭青衣，用珠二三串，悬于颈上以为饰。婚配以花褥为聘。洞人即狑獠，奸狡多诈。男子带竹笠，鬊头跣足。妇人绾尖髻，插两股钗，带大耳环。婚姻论财。问名之日，女家先宰一牛为开口钱；无牛则以钞贯及花布代之。男家或贫不能成婚，女家先以女归之；逾三五年，然后索财礼焉。有丧则屠羊豕为祭，槌鼓唱歌以相乐。今则渐染中华之教，所变易者多矣。"

形胜

高山环绕，流水萦回。《一统志》。

黔中故壤。《图经》："古夜郎郡，黔中故壤。"

与黔思犬牙相错。《方舆胜览》："夷州之境，与黔思犬牙相错。"

边方胜境。《新志》："山溪峻险，江水萦纡，悬崖峭坂，林木蓊蘙，乃湖播参之地，蛮夷丛蓑之墟。而府据镇山尤为奇特，排衙诸峰秀列于前，龙、侯二山高耸于后，林峦环抱，水石清幽，诚边方之胜境也。"

山川

知府山 在府东三里。秀丽雄壮，左右复有山为之辅翼，盖郡之镇也。府治当其下。

本府教授吴衡诗："兀坐嵯峨瞰碧流，两山环抱气清幽。嘉名早赐龚黄位，福寿尤过卓鲁侯。西领排衙如拱揖，东山远映若朋俦。千年传说今方见，始信天成有自由。"

知府祁顺登山记：

"环石阡郡治千余里，莫匪高山。而近于郡者为胜。郡之后，群山磅礴，障蔽一方，而镇山尤为雄特。盖巍然居中，势挺霄汉。龙山峙其左，侯山屹其右，江水横其下，排衙、挂榜、三台、飞马诸山绕其前。而郡庭上距镇山

---

① 固：原缺，据嘉靖《贵州通志》补。

半里许。一方形胜,尽钟于斯。

"余守石阡以来,出入起居,视听思虑,恒与山水相接。岁遇重九,辄欲登高以抒怀抱,然非值风雨,则为人事所妨。斯念弗遂,已三年矣。丙午季秋九日,簿书稍暇,宾客不至。凉风淡日与山气交清,余笑曰:'三年夙念,今其偿乎?'

"遂命隶从举蓝舆,历崎岖嶔岩之径,以抵龙山;由龙山右麓,达于镇山之下。微雨倏至,停盖少待,仰视山形,前如覆釜,峻不可登;乃从其后蹑坡陀,芟草莽,凌绝顶而止。山脊一石,长不越寻,高尺有咫,槎牙怪特,如蛟龙攫拏,爪甲飞动。余蹑其上,徘徊者久之。仰之,天空云浮;俯之,人烟一簇,江水如带。前所谓侯、龙二山,以及排衙诸峰,旁侍近拱,抵徊万状。其外,则穷西南,极东北,高山绵亘,真与天际,盖所望者远,而知所处者高也。

"嗟夫!天下名山随在而有,匪直石阡为然。独余生于岭海,筮仕于京师,当是安知石阡为何地。而今乃获游於斯,殆有数焉,非偶也。矧兹山密迩郡庭,举足可至,然登览一事,犹必四重阳而始遂,则夫事之远者大者,又可偶然致哉?前人登此者,不知几何,而文字弗传,无所于考。余是记之,后来君子追余践履,必有感斯文而继作者矣。"

绥阳山　在龙泉坪长官司西北。

挂榜山　在府城南,群崖并列,面平如削。

府学教授王宣清诗:"石阡山水若多情,一带高崖保障横。自古号称为挂榜,至今恨杀不瞒名。光迎晓日通天白,色比秋霜映月明。相对郡斋青不断,时时感发在诸生。"

侯山　在知府山右。

排衙山　在府城西五里。

府学教授吴衡诗:"官中勤政星排衙,山类排衙景象嘉。不报时辰长拱立,每岩班级炫光华。成行玉笋笼香雾,拥队金戈刺晚霞。几度隆冬霜雪里,恍疑幢节燿琼花。"

琵琶山　在府城南四十里。

青山　在府城北七十里。

笔架山　在府城北七十五里。状如笔架。

狮子山　在葛彰司侧。

知府余志诗:"铜头铁额尾如斗,化作青山锁天口①。因迷树影佛髯飞,

---

① 口:原缺,据嘉靖《贵州通志》补。

风递泉声作雷吼。巍巍雄恃云霄间,盘回路险难追攀。万年作镇地方静,石阡遥倚为天关。"

金顺山 在葛彰司东五十里。

擒龙山 在知府山左。

朝天马山 与琵琶山连。

三台山 在府城南四十里。

东山 在龙泉司东三十里。

鸡翁山 在龙泉司西北二十里。

知府余志诗:"嵯峨高岭号鸡公,势自昂藏气自雄。五鼓已阑声即动,三啼未毕日升东。桃都信著知时候,函谷关开见大功。一自长鸣经伐复,至今山石尚穹崇。"

骆驼山 在石阡司西。

飞马山 在石阡司西。

文笔山 在石阡司北。

知府祁顺诗:"巨笔卓晴峰,天然制度工。云霞妆五色,风物助三红。脱颖非囊底,生花似梦中。流年多少恨,终日谩书空。"

马鞍山 在苗民司东。

知府余志诗:"天厩星呈露①,秋山乃象形。锦鞯云外现,玉辔望中停。霜压金环重,风摇宝佩玲。飞腾归御苑,安肯隐林坰。"

笔架山 在苗民司南。

黄阳山 在苗民司东,山产黄阳。

青山 在苗民司西。

狮子山 在葛彰司北五里。

麒麟山 在葛彰司南。

飞凤朝阳山 在葛彰司东。

隘门山 在葛彰司北。

擒苗山 在葛彰司西。

军牙山 在龙泉司北。

将军岭 在府西八十里。

石榴岭 在府东北。

长砂岭 在苗民司东。

杉木岭 在葛彰司北。

---

① 星呈:原本"呈"字不清,贵图本误作"星星",据嘉靖《贵州通志》改。

黄阳岭 在葛彰司西。

牧羊岭 在龙泉司北。

洋溪 在府北十里;源出铜仁提溪山中,西流与桶口河合,入思南大江。

深溪 在府西一百二十里;下流入乌江。

各容溪 在石阡司西八十里。

鬼塞溪 在石阡司西南。

小溪 在苗民司南。

清江溪 在龙泉司北;南流入桶口河。

犵木溪 在龙泉司南;环绕司前。

乌江 在府城西一百五十里;自四川播州流入府境,东流过思南境,入四川涪州;即《方舆胜览》所载珍州思溪①,出南平军与明溪合者是也。

龙底江 在府城南;自包溪、解溪二处发源,至地名黄茅屯合流②,环府前,入思南大江。

小江 在石阡司西一百二十里。

乐回江 在葛彰司东南。其源有三,至方竹合为一流,出司之东北而注之深溪大江。

乌江 在苗民司北。

龙洞 在府域西南龙底江上。阔三丈,深约三里,中产奇石,大如鸡子,青碧色,上有花纹,俗名风鬼蘸果,人不敢取;岁旱,祷雨其中多应。

风鬼洞 在石阡司后龙山下。俗传风鬼所居,中有铜鼓金盆之类;深入,则大风迅发,不可进;岁旱,取水祷雨,亦有大风随之。

秋满洞 在石阡司南梭寒隔山下。

崖门洞 在石阡司西崖门山下。

温泉 在府南一里许。泉源涌沸,四时清暖;其上三十步许,有小温泉;遇旱决渠,引以灌田,为利亦溥。

望乡崖泉 在府西一百六十里。

白水泉 在苗民司东。

瀑布泉 在葛彰司西。春水发,垂涧苑如瀑布。

知府祁顺:"石崖接幽涧,飞瀑出山外。源从河汉来,派与沧江会。长虹垂碧电,白练挂林蔼。雨后鸣春雷,风前响天籁。我欲洗尘颜,几时一倾盖。"

---

① 珍州:原文缺"珍"字,据万历《贵州通志》及《黔记》补。
② 黄茅屯合流:原缺"屯合流"三字,据万历《贵州通志》及《黔记》补。

石荫泉 在葛彰司金顺山下。广丈余，深莫测；春夏涨而潢涌，秋冬澄而清冷。

鱼子孔泉 在龙司东。水四序澄清，深不可测，常有小鱼自孔中出。

儒学教授吴衡诗："云外青山拥翠螺，山根泉眼水如梭。鱼随浪出桃花暖，云触风生地脉和。豹雾泽文羞未及，羊裘垂钓乐如何？跃渊携得涓涓去，霖雨苍生四海波。"

寒林箐 在府西。

知府余志诗："参天竹树昼阴阴，常带浓烟锁翠岑。寒气逼人毛发竖，霏霖终日草茅深。苗民恃险希边警，山鸟临风弄好音。一自天戈芟刈后，丘隅安静到于今。"

杉木箐 在府西北。

烂沉箐 在苗民司之南。

来林箐 在苗民司南。

坪畔箐 在葛彰司南。

伯劳箐　崖头箐　葛蔓箐 俱在葛彰司境。

深箐 在龙泉司，即青竹崖。

黄蜡箐 在龙泉司东。

隘头箐 在龙泉司北。

迎仙峰 在石阡司北三百里，下有龙塘泉，俗传常有龙出。

大夫峰 在苗民司西。

三尖峰 在葛彰司西。

聚兵墩峰 在葛彰司南。

石笋峰 在龙泉司北。

犲角嶂 在石阡司西。

山丹坪 在葛彰司西。

绵花坪 在葛彰司西。

乌头坪 在龙泉司南。

茶坊坪 在龙泉司北。

塘地岩 在石阡司西南。

葛冲岩 在葛彰司北。

峰洞岩 在葛彰司西。

山羊岩 在龙泉司东。

崖门 在石阡司东。

望乡崖 在迎仙里。

斜崖　在苗民司西。

瓮古崖　在葛彰司西。

甘猛崖　在葛彰司东。

青竹崖　在龙泉司北。

马脑崖　在龙泉司东。

野鬼崖　在龙泉司。

中宗崖　在龙泉司。

冷水谷　在石阡司西南。

风神谷　在石阡司东。

鬼芒谷　在石阡司西南。

云谷　在葛彰司南。

穿廉谷　在龙泉司东。

石龙　在石阡司东南①。

红石　在石阡司西南。

坐石　在石阡司西。

和尚石　在苗民司东北。

朝阳石　在葛彰司江南。

屏风石　在葛彰司江北。

三跳石　在龙泉司江水发源之处。

温泉潭　在平贯寨前。

大龙潭　在苗民司北。

知府祁顺诗："千尺飞流下九天，碧潭深处有龙眠。俗尘远隔清幽境，灵气长浮紫翠巅。麟甲倒涵松影晃，骊珠凉浸月华圆。兴云致雨寻常事，不管江湖帝所专。"

小龙潭　在苗民司北。

深潭　在葛彰司南。崖有岩穴。

石块潭　在龙泉司西。

石滩　在石阡司西。

相公滩　在苗民司北。

金场滩　在苗民司南。

三渡滩　在葛彰司北。

㶇龙滩　在葛彰司南。

---

① 东南：贵图本作"西南"。

大塘滩　在龙泉司北。
平贯沙洲　在石阡司北。
保大沙洲　在石阡司西。
沙州　在苗民司东。
金溪源　在石阡司西南。
梭寨井　在石阡司南。
甘谷井　在石阡司南。
司前井　在葛彰司前。
鹿井　在龙泉司北三十里。
登望池　在石阡司北。
塘地池　在石阡司西。
登沙塘　在石阡司南。居民筑堤遏水，以备旱荒。
菖蒲塘　在龙泉司南三十里。
天井塘　在龙泉司十五里。
暖塘　在龙泉司东八十里。
各容陂　在石阡司。
新寒陂　在石阡司西。
官陂　在葛彰司东。
潭龙陂　在葛彰司南。

土产

犀角唐贡，今无。蜡。木瓜。银杏府境俱出。铁苗民司出。水银石阡司出。葛布。紫草。土锦。

公署

府治　永乐十一年建，正统己巳毁于兵，成化间知府杨荣迁建，经历司、照磨所、司狱司附焉。
思仁道　在府治南，知府余志建。
公馆　在府城内南，成化末知府祁顺重修。
石阡长官司　附郭，唐为宁夷县，属思州；武德四年，改属夷州；贞观元年，省入务州；十一年复置，属夷州义泉郡。宋省入绥阳县，属珍州。元置石阡等处军民长官司，属思州宣抚司。本朝改石阡长官司，属思南宣慰使司，永乐十一年改今属，编户五里。

苗民长官司 在府城北七十里。唐为洋川县，有水名洋川，今洋溪是也；武德二年置[1]，属义州；贞观四年，改属夷州义泉郡。宋为乐源县地，属珍州。洪武十年，置苗民司于故县治之北碧林，属思州宣慰使司；永乐十一年改今属，编户一里。

葛彰葛商长官司 在府城西一百里。唐为都上县[2]，属黔州；贞观四年，开南蛮，以都上县置夷州义泉郡，县隶焉。宋废县，以地属珍州。元治葛彰葛商长官司，属思州宣抚司；本朝因之。永乐十年，改今属，编户一里。

龙泉坪长官司 在府城北一百七十里。隋为义泉县，置明阳县。唐武德二年，改属义州；贞观十一年，改义州为牢州[3]，徙治于此。宋为珍州地。元置龙泉坪等处长官司，属思州[4]，而宣抚司亦治于此。本朝改龙泉坪长官司及改今属，编户一里。

板桥巡检司 在府城北三十里。

阴阳学 在府治前。

医学 在府治北。

学校

石阡府学 在府治南。永乐十三年建，正统末毁于寇。成化十六年，知府余志重修；中为明伦堂，左右为居仁、由义二斋。

贵州按察司佥事周孟中记：

"石阡居荒外之地，唐宋以前，声教所未暨也。皇明永乐十有一年癸巳，肇开郡治，时郡守贵溪李君鑪道建于郡治之左，堂舍率皆茅茨而已；正统己巳遭兵燹，自后守者，相脩继起，未克完美。至西蜀杨君荣，乃于文庙讲堂，圣贤像设，咸用究心，仅有可观。成化庚子，闽滩余君志，撤旧更新，文庙讲堂，俱易茅以瓦，而两斋仪门未立，廨舍仍复以茅，犹未称圣明建学立师导民成俗之意。

"岁癸卯，东莞祁公致和由江西大参来守是邦，爬梳提抱，夷情感孚。遂谋诸推官张荣，鸠工抡材，居仁、由义两斋及仪门、廨宇，凡若干楹，悉陶

---

[1] 二年：原文误为"一年"，据《黔记》改。
[2] 都上县：原文缺"上"字，据上下文、《黔记》及万历《贵州通志》补。
[3] 牢州："牢"字原本不清楚，贵图本作"牟州"，但此一带从未设过牟州，根据上下文及《黔记》，当是"牢州"。
[4] 属：原缺，据《黔记》补。

瓦代茅。记可经久，若文庙、两庑、讲堂，皆易其朽腐，饬其溃漫，焕然翼然，气象一新。而边豆罍爵，登铏盘筐之类，靡不既完且洁，有以称报功报德之典。盖始事于乙巳冬十一月，迄工于明年春二月也。

"公博学好修，由名进士任地官郎。尝与考会试，第服公明。出使朝鲜，却金不受，一时朝野隐然有公辅之望，故其为郡，尤孜孜布宣德意，扶树教化，未尝鄙夷其民。而民之秀者，争先激昂磨濯，蓁蓁向进。丙午乡试，诸生唐必聪衰然前列。盖自设学以来七十余年，今始有之，非本于公之教而然哉？

"孟轲氏曰：'舜生于诸冯，东夷之人也。文王生于岐周，西夷之人也。'舜王，古今称圣者，未有能过之者也，乃生于东西夷焉。由是观之，天之生人，曷尝有彼此远近之间？赋予之善，盖人人同也。其向背善恶之殊途者，特系所教与所学之异耳。不然，石阡僻在荒服万里外，自有天下以来，何落落无才？而今始有之，公之教岂诬哉？诸生由是而益勉焉。曰：'舜何人也？文王我师也。希之则是。'庶几圣朝建学导民，贤守祗承作兴之意为不负矣。教授毛渊辈请记，以示久远。遂书。"

宫室

明时楼 在府治前。成化十六年，知府余志建。

儒学教授王宣清记：

"石阡昔为长官司，所治因其不率。永乐十一年，开设府治，以控制之，建置不一，更代靡常，难以悉举。成化乙未冬，余承乏石阡教事，仰瞻府治，惟治事厅一所，后则太守宅也。六房虽设，而吏典散居于外。门无所禁，行人若通道，诚不足以具瞻万民而壮观于一郡也。刻漏未制，更筹未明，晨昏莫知其节。

"成化己亥秋，闽之瀍阳余侯由名进士拜官秋台，升守是郡。视事之余，徘徊增叹，谓：'一府乃四司之管辖，万民之依归。临民施政，固有厅之可处。刻漏明时更，顾谯楼之未立，诚为缺典。'于是，即以其事达于巡抚都宪陈公，得请。遂于明年庚子，首捐俸为倡，同寅推府胡公冈不协志赞襄，而又因宜措置，设法经营。是以材良工巧，士乐人勤，不逾三月，厥功告成。栋宇巍然，规模轮奂，涂垩丹垩，云日争辉。用度广而不费于官，成功速而不劳于民，皆侯规画之也。

"於乎。更漏分明，有司首务，世之为有司者留心于此，十无二三。侯下车之初，拳拳以是为念，不亦善于为政而急所先务者乎？虽然，侯之善政，岂特一楼云乎哉？若夫肇建吏舍以居吏典，重脩文庙以严祀事，激劝士类，扶植善良。吏畏其威，民怀其德，政清讼简，盗息时丰，桥梁坛壝，无一不缉，颂声载道，香人齿颊。然则侯果何以得此哉？盖由禀性刚介，宅心仁恕，一念之所出，一行之所施，不惟欲徇乎己，而必欲合乎人，不惟欲徇乎人，而必欲当乎理①故也。清忝以文字为职业，敢不因侯之实绩而记之，以示于后乎？"

宦适轩　在府治内。成化二十年，知府祁顺建。本人记：

"成化壬寅，予自江右藩司，来知石阡郡事。郡属贵州，在京师西南七千里外，古夜郎、牂牁之域；朝廷使有罪者居之，盖欲其尝险阻，履忧危，而省躬思咎也。幸今天下承平，四夷百蛮，罔不从化。而贵州自入职方百有余年，民乐耕稼，士知问学，顽横之俗变为衣冠礼乐久矣。

"石阡地阻而僻，其民朴而少争，贡赋易完，宾客罕至。吏于是者，无迎送之劳，无催征之迫，无狱讼之扰，而山水登临之乐，乃兼有焉。是故仰而观山，则适乎目；俯而听泉，则适乎耳；优遊于诗书文艺觞咏之间，则适乎心；出入起居，动作食息，无适而不适也。盖务繁华者，必于都会之邦；志幽静者，必于穷僻之境。

"吾从仕中外二十余年，都邑之雄富，人物之盛丽，固常览之矣，然或朝谒之拘，或宣理之勤；所职有兵事焉，有钱谷焉，有讼牒焉；凡耳目之所接，心思之所及者，皆是事也。簿书期会之余，则宾客往来之交也。当其冗剧之际，虽欲放情物外，求一日之适，复可得耶？兹获脱彼之劳，安此之佚，自适其适，而忘其有罪之忧，上之为赐也大矣。昔之人有居清华之秩，而以烦剧妨其赏适为恨者，夫彼此不能两兼，而赏适尤吾性之癖矣，失彼得乎此，夫可谓之不遇耶？虽然，吾不敢以己之适而忘悔艾之心，亦不敢不思己之所以适而忘图报上恩于万一也，于是，名其退食之轩曰宦适，且为之记，以自观省焉。"

寺观

观音寺　有二，一在府治南，今废；一在葛彰司。
钦道寺　在府西北义阳山。
圆通寺　在葛彰司东。
隆安寺　在龙泉司东。
长栏寺　在龙泉司之人姜水。

---

① 理：贵图本作"礼"。

祠庙

文庙 在府学前，永乐十一年建；成化十五年，知府余志重修。中为大成殿，左右翼以两庑，前为戟门、灵星门。

铜仁府知府周铨记：

"天能生人而不能教人，其所以代天教人者，孔子也。封人曰：'天将以夫子为木铎。'正以孔子代天而设教，使天下后世圣贤者作，因之以赞夫天佑斯民之功于无穷，故为人君，为人父，知尚于仁慈；为人臣，为人子，知尚于忠孝；夫妇、朋友、长幼，各知所尚，与夫知好善而恶恶，知贵王而贱伯，知尊中国而外夷狄者，皆孔子教之之功。君民赖之以扶植维持，不至于昏昏贸贸焉者，即罔极之恩所庇也，可不知所以报之耶！

"故自汉以来，世主皆知尊孔子，厚其礼而饰其祠者，所以报其恩也。我神祖高皇帝奄受天命，首建天下学校，立文庙两庑，崇祀先圣先贤，以尽报本之大者也。上而圣君知所报，下而臣工知所报，其所以报之者，匪直严祀事，以修故事而已，必饰其庙以妥其明灵，妥其明灵，则祀必享焉。苟灵不妥，尚望其享之乎？

"石阡自永乐初开辟府治，先立庙学，以遵圣制也。自正统戊辰经苗燹后，西蜀杨公荣来守斯土，见地皆鞠为茂草，愀然熏心，草创殿庑，覆以茅茨，岁久朽败。杨公去，继之者乐安廖公俊、吉水杨公显嘉，咸有志而力不逮。

"成化己亥秋，闽滩余公志续守；首谒圣贤殿庑，见其弊陋，而二丁祭礼止用释菜，慨然以为甚非崇重之典，报本之意。用是，请于上，用释奠之礼，且一新庙貌，不谋于下而决于己，不劳民力，不费民财，不惑众议，设法经营，陶瓦代茅，不逾月而麟覆甲苁，鳌角壮丽，加以黝垩，奂然一新，诚足以妥明灵也。功之大，费之广，民皆莫如。猗与休哉！

"郡溥王宣清走书来求予记，予惟孔子之道，天子之道也，孔子之教，天子之教也，国家生民不可一日无者，此也。二帝三王行斯道斯教于上，孔子明斯道斯教于下者，皆圣人也。使后之继帝王之位得以行斯道斯教者，孔子之功之恩也。论其功而隆其礼，报其恩而饰其庙，明圣人之心也。余公能体明圣之心以崇其报者，孰非有补于圣门也与？稽诸僖公守鲁，聿修泮宫，诗人咏其事以颂祷之；文翁守蜀，大兴孔庙，人到于今以为美谈。石阡非僖公、文翁时也，公汲汲修庙如此，其贤视二公有加矣，是宜诵祷以为美谈，又当书之以告于后世。且昔昌黎、河东二公皆尝作修孔庙记，辞极铺张。铨也菲才，滥膺所请，不能杨厉厥美，姑记其实以示于后云。"

城隍庙 在府城内南，永乐十一年建，成化二十二年重建。

本府知府祁顺记：

"城隍庙之祠未详所从始，唐李杨冰谓祀典无之。宋陆务观言：'自唐有祭，至宋尤谨。'然考之，元魏间梁人攻郢，编苇漭，绝水上流以阻舟，道守慕容严即庙祈之。须臾，风浪大作，苇漭断绝，梁人遂却。则唐以前尝有庙矣。宋之时，城隍或称某神，如镇江府祀汉将军纪侯之类，而他郡不皆然者。大抵高城深隍，自有神以主宰之，不必其为谁也。

"我朝著令天下郡邑咸祀城隍，每岁两配山川之享、三王厉坛之祭，与凡祷祈报赛，必于是焉。神之尊崇，尤非前代可比。

"石阡自永乐癸巳设郡，即建庙于郡南百步许。其初，制度苟简。正统己巳，复毁于兵。是后，结茅数间，隳坏，风雨侵凌，几不可知。

"成化丙午秋，贵阳握兵者将有事于苗郡，集兵民数百为之助。臬司金宪卢陵周公行部适至，睹斯庙之蔽，慨然欲图之。以民兵未行，乃召而谕之曰：'城隍奠兹一邦，尔民阴受其庇，而庙貌若斯，非所以事神也。矧用师征苗，尚资神佑，盍因尔众之暇，为之修理乎？'众感激，咸用效力。遂委推官张君荣督理其事，伐木于山，陶瓦于冶。才用不足者，官为经画，不烦于民。修正殿及大门、仪门各三间，建后堂及左右司房凡九间，坚朴宏敞，焕然一新。缭以周垣，植以嘉木，神安人悦，俯仰益虔。盖兴工於是年秋九月，落成于是冬十一月。以数十年废陋之余，而完美于旦夕之顷。善哉，金宪公之使民有道也。

"夫崇民祀以福生灵者，朝廷之典；明礼度以淑人心者，有司之责。石阡僻陋在夷，凡宫室祭祀之礼，皆未甚备。其民喜巫信鬼，而于所当祀者，或忽焉。虽习俗使然，亦礼教奉行而有未至尔？余守兹土以来，惟加意于祀典所载之神，而未尝一迹他祠下，是故孔子之宫、社稷、山川诸坛，咸以次修举，至城隍一祠，又幸公倡率成之。国制之明，民俗之正，或由于此，夫岂值为观美哉？郡人士咸谓斯役不可忘，愿一言纪其成，以垂诸后，乃序而诗之曰：

'繄维城隍，灵应夙彰。祀事尊严，遍于遐荒。兹郡有祠，久弊弗治。忽正驱邪，俗尚则夷。远邪必斥，崇正宜力。协众经营，庙貌乃餙。正直惟神，感通惟人①。弭患降祥，百福用臻。祠事咸藏，国家常典。制度修明，俗由以腆。神惠孔多，民居则那。勤词诏后，永世不磨。'"

土主庙 在石阡司北。

东岳庙 在府治南。

---

① 正直惟神，感通惟人：二"惟"字，贵图本均作"为"。

五显庙　萧公庙　在龙底江。
城隍庙　在葛彰司西。
五显庙　少师庙　在府城西。
城隍庙　在龙泉司东。
川主庙　在府城东。

关梁

牛水口关　在龙泉司西八十里。正统间苗寇不靖，以土官守之，天顺八年罢。
达远桥　在府治南。
迎恩桥　在府治东。
来宾桥　在府治北。
聚贤桥　在府治北。
板桥　在府城北三十里，上覆以屋。
石桥　在苗民司东。
板桥　在苗民司南四十里。正统元年建。天顺三年、成化十四年俱重建。本府知府余志记：

"石阡府苗民司北上四千余武地，有小溪，为源出萧溪、龙泉，滔滔汩汩，穿石逾涧，逶迤而下。出溪口，汇石阡江而入宁夷，与川江合。山夹水疾，往来经涉者，衔尾接踵，肩袂日相属。一或滛雨经旬，山水泛涨，汹涌拍岸，涉者病焉。

"正统丙辰岁，土民余子华竭力仗义，两崖垒石为砥柱，架木为梁，平布以板，上建瓦屋数椽，其利甚博，经行者无病涉之患，因名板桥。旁立巡检司，亦因以名焉。岁戊辰，寇燹毁炉，行者又复病涉。

"天顺己卯，郡主湖南吴公俊乃命龙泉坪主官百户冉思忠率四司土兵重建一新，覆以茅茨。历时既久，风雨震凌，颓靡朽坏，人不堪度。

"成化己亥岁，闽滩余志来守斯土，念桥梁乃王政之一端，司土者之责也。明年庚子，设法措置，命本司吏目章宽、巡检张友纲总督其事，冠带人汪圭、耆宿何遐、石忠分任厥劳，鸠工庀材，大兴工作。木采于山而不劳乎民，费出于官而不取于民，陶瓦代茅，恢廓体制，计①屋五楹，从尺五十有奇，横尺一十有五，高倍于横，可谓壮矣。肇始于季冬廿六日，告成于辛丑之春。

---

① 计：原文误作"许"，据嘉靖《贵州通志》改。

奂然一新，不陋不侈。

"公私相庆，曰：'桥既成矣，憧憧便矣。盍记岁月，俾后人有征，惟明府毋靳于一言。'予义其请，不忍拒，乃曰：'桥梁者，王政之所当务，而平政者所宜究心焉。古者，岁十一月徒杠成①，十二月舆梁成，桥梁可谓饰矣。使其不饰，纵有乘舆济人，而所及者有限，徒涉之病有所不免，孟氏所谓惠而不知为政，是已。后之为政者有于通津要路，或设私渡以取利②，乃自以为善于措置以益公家之用，或又视民之病涉而恬然安之，败不之缉，废不之举，此又不可不知戒也。呜呼，法度之不行，有由然矣。平政君子，宜感于斯。顾予叨膺平政之责，所以重念斯桥之作，正欲以利民于无穷，奈何听其败厥成以付于天运哉？是又有望于后之君子念之，则斯桥斯寿，将与石阡山水同于不朽也。"

天生桥　在葛彰司西五里。

龙桥　在龙泉司十五里。

太平寨　在石阡司前。

金柱寨　在苗民司南，近府。

乐回寨　在葛彰司北。

东山寨　在龙泉司东。

水口渡　在石阡司西一百三十里。

司前渡　在石阡司南。

石块渡　在龙泉司西。

三渡水　在龙泉司南三十里。

古迹

废义州　在龙泉司北义阳山下。

废明阳县　在龙泉司西。

废绥阳县　在今龙泉司西北。《唐史》云："县有绥阳山。"

废鸡翁县　在龙泉司东南鸡翁山下。

废洋川县　在苗民司南洋溪山下。

废夜郎县　在葛彰司西十六里。唐置，隶夷州；宋改隶珍州；元废。

---

① 徒杠：贵图本误作"徒江"，《孟子》同本书。
② 设：贵图本作"谓"，当非。

名宦

本朝·李鉴 江西贵溪人。永乐十一年初设府治，任本府知府，创制立法，导民变俗。九载满去，民不忍舍。

胡信 江西庐陵人。正统间以刑部主事升本府知府，色温气和，志真才瞻，为政一以奉法爱民为本。正统己巳，苗寇猖獗，四境绎骚，渐逼府治。众咸请信避，信曰："吾受命守此土，吾去，则百姓无与为主守者。宁死守此，不可去也。"已而贼至，信率民兵悉力御之，城破被擒，不屈而死。论者谓信，"始执正以守，终执正以亡，有巡、远之节焉。"详见知府余志所作传。

杨荣 四川青神人。以刑部员外郎升本府知府，律己以廉，爱民以恕，一新府治，百废渐兴。九年考满，升贵州左参政，至今士庶咸称之。

余志 福建建宁人①。成化十五年以刑部主事除知府，疏爽有为，政绩明著。

祁顺 字致和，广东东莞人。成化十九年以江西左参政左迁本府知府，才智丰敏，有守有为，尝著《石阡府志》十卷，及他制作皆伟丽为时重，寻升参政。

康頵 江西太和人，以评事调除本府推官。有能声。

杨彬 云南太和人，正统间任本府经历，勤于赞画，寻以忧去，民请留之，服阕复任。

刘清 字孔廉，山东人。成化十三年以刑科给事中左迁本府经历，寻以课最升山西代州判官。

周冕 南昌人。宣德间以汉府纪善改本府照磨，文章政事俱优。

吴衡 揭阳人。永乐十一年任本府教授。时初设学，衡能振起文教，诱掖士类。在郡凡二十年。

流寓

唐·李白 流夜郎时过此，盖石阡即唐夷州，夜郎在其境内，《方舆胜览》载蔡宽夫诗话云："太白之从永王璘，世颇疑之。唐书载其事甚略，亦不为明辨其是否。独其书自序云：'半夜水军来，浔阳满旌旃。空名适自误，迫胁上楼舡。从赐五百金，弃之若浮烟。辞官不受赏，翻谪夜郎边。'"以此观之，则太白岂从人乱者哉？

---

① 福建建宁：原缺一"建"字，作"福建宁人"，据《黔记》补。

人物

汉·尹珍 汉威帝时牂牁人。珍自以居于荒裔，不知礼义，乃从汝南许慎、应奉受经书图纬，学成，还乡里教授，于是南土始知学焉。

元·安德勇 本府人。多智术，有勇力，至元间，以功授葛彰葛商司长官。

杨政德 本府人。至正间保障有功，授葛彰葛商司副长官。

本朝·朱珏 龙泉司人。洪武初，以军功授思州千户所镇抚。

王显文 石阡司人。洪武间以忠勇称，授思州千户所百户。

科甲

安康 龙泉司人。其父仕思南府，遂为思南府学生。景泰四年，云南乡试中式，任南京兵部司务，升南京户部员外郎。

唐必聪 葛彰司人。成化一十二年，云南乡试中式。

列女

王氏女 名伽蓝，本府人。父英任云南普溯驿丞，伽蓝随之任，闲闺仪，精女工，受同郡士人杨振纲聘。正统戊辰，英解任，挟伽蓝以归。适后洞清水江草塘诸苗叛命。英行至府界扬寨遇贼，英年老不能逃避，被害。伽蓝时年十九，贼执驱以行，欲污之，伽蓝厉声骂曰："吾父既为汝所害，恨不啖尔肉，尚敢更为不道耶？"贼强逼之，又曰："宁同父死，不共贼生。"骂不辍口，贼怒而害之。

题咏

夜郎万里道。
唐李白《寄江夏韦太守》诗："夜郎万里道，西上令人老。"

山绕夜郎城。
唐张文昌《送蛮客》诗："借问炎州客，天南几日行？江连恶溪路，山绕夜郎城。"

夜郎迁客带霜寒。

李白《寄韦南陵》诗："君为张掖近酒泉，我窜三巴九千里。天地再造法令宽，夜郎迁客带霜寒。"

今从礼乐变顽嚚。

鸿胪寺序班戴顺诗："名藩开镇化边民，济济苍生仰德仁。旧恃兵戈贪斗狠，今从礼乐变顽嚚。阳回地脉寒泉暖，雨过山腰瑞草新。椎髻卉裳皆乡服，赞扬圣主颂贤臣。"

乾坤一统归王化。

本府知府余志诗："路入边方动客愁，可堪风景入吟眸。高山还绕连思郡，流水萦回出播州。瘴厉弃医专事鬼，波涛触石不通舟。乾坤一统归王化，喜见蛮烟带雾收。"

黍稌连阡带雨肥。

前人诗："郡外山高易落晖，郡前茅屋总柴扉。雷鸣土鼓驱巫罢，风送芦笙摘稻归。处处苗蛮垂额髻，家家男女著花衣。圣恩覃被时丰稔，黍稌连阡带雨肥。"

千里何劳抚字方。

江西参议林同《送知府祁顺》诗："当宁忧民率旧章，铨曹择守为遐荒。万言已试经纶策，千里何劳抚字方。粉署才名高北斗，薇垣节概凛秋霜。几回默诵停云句，离恨悠悠章水长。"

石阡雨露顿更新。

南安知府张弼送前人诗："随天行止乐天真，岭有周行海有津。薇省衣冠犹念旧，石阡雨露顿更新。清诗漫写陶韦兴，直道难趋卫霍亲。闻说郡斋幽绝甚，青松翠竹四边邻。"

遥向石阡行。

江西佥事方中送前人诗："天书下薇省，遥向石阡行。道在身何屈，官闲乐自生。驿程千嶂隔，风月万家清。去去章江水，难禁此别情。"

云洞远钟山舍静。

贵州左布政使彭韶《寄知府祁顺》诗："人过中年百事休，自知涯分更何求。红尘紫陌无新梦，秋鹤春猿有别愁。云洞远钟山舍静，玉湖疏雨草堂幽。左官未敢轻言出，且寄愁情与白鸥。"

人家半在荒烟里。

知府祁顺诗："柳拂晴堤草映川，春光如画满东阡。人家半在荒烟里，山色遥连落日边。蛮徼只合安治化，云林自古隔嚣尘。循行正欲询民瘼，一念清勤不愧天。"

一水湾环绕石阡。

贵州按察司副使阴子淑诗："山路通行不记年，箐初尽处见人烟。层崖壁立摩霄汉，一水湾环绕石阡。香卉竞春还可挹，青萝附木也堪怜。天涯莫道终牢落，科第年来出俊贤。"

雨后羊肠路转荒。

前人《石阡翁头铺》诗："雨后羊肠路转荒，乌依丛薄唤斜阳。茫茫远徼凄凉景，空对春风慢举觞。"

一方尽说定秋成。

前人《石阡喜雨》诗："春夜惊霆彻晓声，浓云迷塞雨如倾。坐闻路断山溪涨，行见农趋畎亩耕。千里顿教祛旱魃，一方尽说定秋成。东巡惟恐孤民望，今仗升平慰此情。"

孤馆萧条一驻骖。

前人《宿石阡苗民铺》诗："孤馆萧条一驻骖，黄昏林野半含烟。肠因雨后曾回九，鸡过宵中唱已三。清梦欲偿前日志，素餐常抱古人惭。而今饱历风霜遍，但得民安苦亦甘。"

第六卷 黎平府

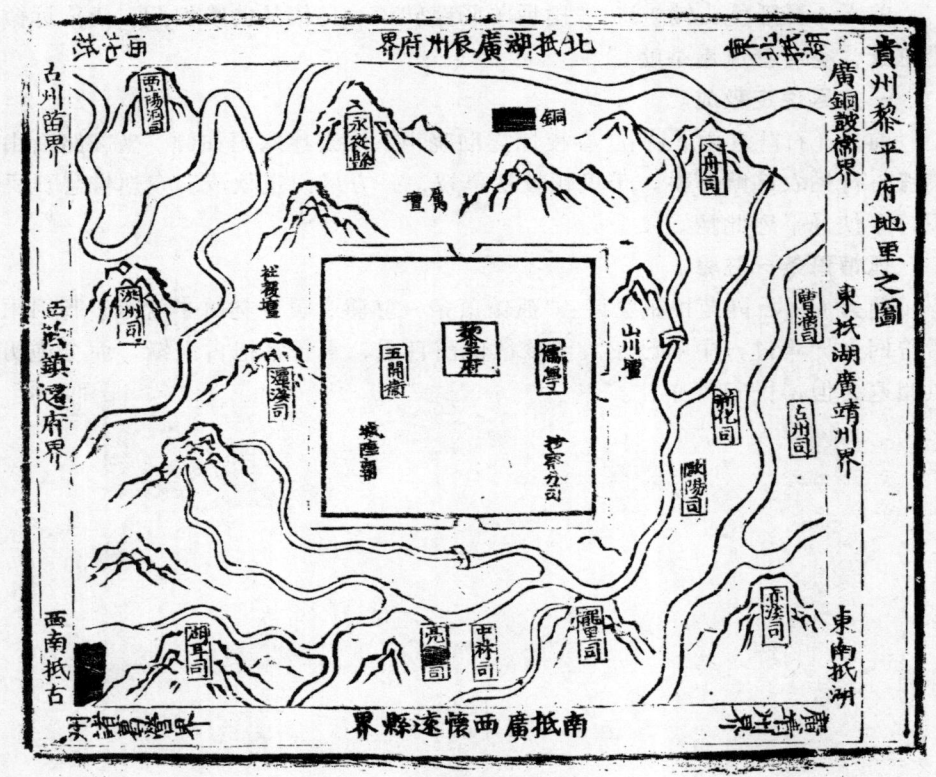

贵州黎平府地里之图

长官司

潭溪。洪州泊里。八舟。西山阳洞。曹滴司。新化。古州。湖耳。亮寨。中林验洞。欧阳。赤溪湳洞。龙里。

永从县。

建置沿革

《禹贡》荆州荒裔。天文翼轸之余，鹑尾之次。春秋属楚，秦属黔中郡，汉更黔中为武陵，地隶焉。唐为夷、播、叙三州之境，地分十洞，后周时节度使周行逢卒，叙州刺史钟存志奔武阳，土酋杨正岩遂以十洞称徽、诚二州，因置溪洞、诚州。五代属楚，置诚州。

宋太平兴国间，十洞酋长杨通蕴送款内附，遣弟通宝来贡。遂以通宝为诚州刺史。淳化初，其子瑫来贡，复以为诚州刺史。又诏于武冈之西作城，在渠河之阳，赐名靖州。寻为董氏夷酋所据。而杨氏复还治故诚州，遂与今湖广靖州分治矣。熙宁八年十二月，诚州蛮来降。盖是岁熊本平渝川獠，得地五百里，置南平军，故诚蛮惧而来降。明年五月，靖州蛮董整白亦降，诚、靖之分亦可见矣。崇宁二年，诚州为沅州猺所破，寻复归职方。

元至元间，以靖为散州，隶江陵府荆湖置制司，分其西南之半立古州八万军民总管府，诚、靖再分治矣。寻废总管府，置上黎平长官司，以其余地分属思州、都匀定云、新添三安抚司。

洪武五年，仍置蛮夷长官司十四，属思州宣慰使司。十八年，立五开卫以镇之，俱隶湖广。永乐十一年改为黎平、新化二府，属贵州布政司。宣德十年，以新化府省入；弘治八年，迁府治于五开卫南，领长官司十三，县一。

郡名

诚州、徽州俱唐名。渠西宋名，以郡在渠河之西。古州元名。

至到

地里

东至湖广靖州界二百四十里，西至镇远府界三百六十里，南至广西柳州府界五百里，北至湖广辰州府沅州界四百里，东南到湖广靖州界二百七十里，东北到湖广铜鼓卫界一百一十里，西南到古州诸葛营三百里，西北到古州苗界三百里。自府治至南京三千七百五十里，至京师六千一百里。

风俗

衣冠习尚，益同华风。《新志》："黎平虽在边幅，然与沅靖相接。《方舆胜览》载：

'魏华公言称其风土不恶，民俗亦淳，时岁丰则物平如土。'自本朝建置官府，衣冠习尚，益同华风焉。"

民性刚狠，语言鴃舌。《一统志》。

夷汉杂居，风俗不一。府治所部夷民，种类非一，习尚亦异。

曰洞人者，其先皆中无人迁。□□气习如蛮，语言鴃舌，性狠不驯。有所争，不知讼理，惟宰牲聚众，推年长为众所服者，谓之乡公，以讲和；不从，即相仇杀，久之欲解，复宰牲聚而论之，侏儸终日，负者词穷，则罚财畜以与胜者，饮血酒为誓①。若其日用之常，不知揖拜之礼。男子科头跣足，或趿木履出入，持镖架弩；暇则吹芦笙木叶，弹琵琶二弦琴，牵狗臂鹰以为乐。妇女之衣，长裤短裙，裙作细褶，裙后加布一幅，刺绣杂文如绶，胸前又加绣布一方，用银钱贯次为饰，头髻加木梳于后。男女常浴于溪。女以水沐发，不施膏粉，好带金银耳环，多至三五对，以线结于耳根。织花紬如锦，斜缝一尖于上，为盖头；脚趿无根草鞋。冬衣无绵絮，惟以茅花御寒。饮食炊爨以鼎罐，不食盐酱，以草木灰汁淹鱼肉笋菜，如鲊，食之积岁败。人死，不服衰麻，但以尺布裹头，丧家未葬，不食酒肉，送殡者至葬所欲醉，各执火由别路而回，不设灵位，名曰送哭。男女婚姻，或自相悦慕，或答歌，意合而成，聘礼以茶酒玉帛，俱入母舅之家。为女子时，父母不禁其出入。男女或唱和于山中，或坐歌于月下，既合则防闲之，而人不敢犯。病不服药，惟于古木水边祭鬼，用鸡以卜吉凶，或结草为卦。不晓文字，以木刻为记。惰于工作，男则计口而耕，女则较身而织。亦无贾商，大略如此。近年以来，渐染邻郡，其习俗与中国略同矣。

曰獞家者，乃西山阳洞之土人，即广西溪洞獞蛮也，与苗人杂居，其俗嫁聚葬，□□□大同小异。其语言、饮食、衣服，与广西柳州夷同，但其性尤凶狠好杀，煎诸毒草为药，傅之弩箭，人兽中之，利明□死，不可救，故诸蛮皆畏之。其所居屋，用竹为阁，或板木为□，人安其上，畜在其下，秽不可当。有与编氓杂处，久而渐变。谙战无夷。

曰苗人者，即古三苗遗种也；其类有二，曰生苗，曰熟苗。生苗者，自古不知王化，刀耕火种，□熟苗者，叛服不常，其葬丧嫁娶与夫好杀等俗，大仇□□人猿家相类，而加丑耳，盖洞人习。苗所为□□□□□多以攘夺为生。夜卧不用被席，死葬不用□。本饮食肉，欢乐如平时，亦无尺布之孝。男女所服衣裳，多青红色，有裙无裤。饮食龌龊，潘行尤甚。其女子间有好妆饰者，其衣之领袖，裳之裙裾，多用彩色。□□之，头结直髻，身负小蓝，三五成群，歌唱采掇于山，如世俗所画毛女。自设立府治以来，皆入图籍，服役粮差，仰遵王化，变其常矣。②

---

① 血酒：贵图本作"酒血"。
② 原文多模糊，贵图本亦多缺失。

形胜

汉牂牁武溪之间。《方舆胜览》。

山势森绕。《一统志》:"东连靖州,西控生苗,南通交广,北达辰沅,山势森绕,脉络相属。"

据荆湖上流。《旧志》。

南接广右,北抵洞庭。同上。

襟带湖湘。同上。

山川

锦屏山 在府城东一里。

笔架山 在府城南一里。与府相峙。

宝带山 其形若带,环绕郡城。

银赖山 在曹滴洞司南一十里。

铜关铁寨山 在潭溪司东二十里。其山高峻,上颇平广,可容千人,三面据险,惟南可登。

磨盘山 在前司东四十里。上有石如磨,遇旱,摩之则雨。

太平山 在府城东四十里。

巴龙山 在府城东南九十里。

龙见山 在府城东二百里。相传昔有龙见于此。

宝唐山 在府城西北一百二十里。

四寨山 在府城西南一百二十里。

八舟山 在八舟司南。上有石如人,名仙人岩。

大岩山 在西山司北。其西有高峰岭,西南有西山,其东有天南山。

石流山 在湖耳司东南三十五里。飞泉迸出,乱石如流;又东十里,有九牛山。

六叠山 在新化司西一十五里。盘回六叠至顶。

陆倍山 在洪州司北二十里。

都莫山 在司前南一十里[①]。

摩天岭 在府城东八十里。其高摩天。

---

① 十:原作"千",显误,不合情理。据嘉靖《贵州通志》改。

铜鼓岩 在府城东北一十里①。有洞高大如屋，深远可三里，中有溪水横流。

龙洞 在洪州司小山下。洞内宽广，深一里许，傍有龙潭，祷雨辄应；西南莲花池。

罗团洞 在府城东北一十五里。洞门宽广，傍有石磴如床，可容二百余人。

福禄江 源出苗地，至府西境为古州江，东流至永从县，南合彩江为福禄江；又东合大岩江为南江，流入广西柳州界。

洪州江 在洪州，北经龙见山下，合渠阳江。

潭洞江 在洪州司南一里。

容江 在曹滴洞司西南。源出苗地中，流入福禄江。

新化江 源出府城西南三十里，北流为八舟江；又东北流为新化江；又西北合于清水江。

清水江 源出生苗地，东至赤溪两江口合新化江。

敛村溪 在府城东六十里。

潭溪 在洪州司治南。

清泉 在湖耳司治西。两石相向，中有泉穴，深不可测，遇旱祷雨有应。

洒洞泉 在洪州司洒洞山下，亦名神泉。

石岩 在潭溪司铜鼓寨西一里。形势奇异，四壁峭然，中可容二百余人，上有二石床。

白云岩 在湖耳司西五里。其岩石耸秀，山环揖岩畔，长有白云停住，名云岩。

响水洞 在湖耳司西八里。其洞下有潭，傍有方石屹立，水中响声不绝，岁旱，取其中水，祷雨有应。

神鱼井 在府城内育贤街中。有巨鱼，求不可得。

郎江 源出湖耳山；见《方舆胜览》。

土产

土锦诸司出，以苎布为质，彩线挑刺成之；今谓之洞被。犀角宋淳化元年贡，今无。蜡，铁，茯苓，葛布，紫檀木诸司俱出。洞茶叶大而味美。洞布绩苎蔴为之，细密洁白。枫乳香洪州司出。

---

① 十：原作"千"，显误，不合情理。据嘉靖《贵州通志》改。

公署

府治 在府城内。永乐十一年建于城内西。弘治八年，知府张纲迁建于五开卫之南，经历司、照磨所、司狱司、大有仓附焉。

按察司分司 在府城内东南隅，永乐元年建。

潭溪蛮夷长官司 在府城东南三十里。宋置潭溪洞蛮夷军民长官司。元因之，属都匀定云等处安抚司。洪武五年，改潭溪蛮夷长官司，属思州宣慰使司。永乐十一年，改今属，编户三里。

八舟蛮夷长官司 在府城西北三十里。宋置八舟蛮夷军民长官司，属诚州。元因之，属思州安抚司。本朝改八舟蛮夷长官司，属思州宣慰使司。永乐十一年，改今属，编户二里。

洪州泊里蛮夷长官司 在府城东南一百里。宋置洪州泊里蛮夷军民长官司，属诚州。元因之，属思州安抚司。本朝改洪州泊里蛮夷长官司，属思州宣慰使司。永乐十一年，改今属，编户四里。

曹滴洞蛮夷长官司 在府城西一百二十里。宋为容江巴黄长官司地。元置曹滴洞蛮夷军民长官司，属思州安抚司。本朝以容江巴黄长官司地并入，置曹滴洞蛮夷长官司，属思州宣慰使司。永乐十一年，改今属，编户六里。

古州蛮夷长官司 在府城西北八十里。元置古州八万蛮夷长官司，属都云定云等处安抚司。本朝改古州蛮夷长官司，属思州宣慰使司。永乐十一年，改今属，编户二里。

西山阳洞蛮夷长官司 在府城东南二百六十里，古生苗之地境。永乐五年置，属思州宣慰使司；十一年，改今属，编户二里。

新化蛮夷长官司 在府城西北六十里。元置新化等处蛮夷军民长官司，属都云定云等处安抚司。本朝改新化蛮夷长官司，属思州宣慰使司。永乐十一年，置新化府，领新化以下七长官司。宣德末，新化府废[1]，来属，编户一里。

湖耳蛮夷长官司 在府城北一百二十里[2]。元置湖耳蛮夷军民长官司，属思州安抚司。本朝改湖耳蛮夷长官司，属思州宣慰使司。永乐十一年，改属新化府。宣德末，新化府废[3]，来属，编户一里。

亮寨蛮夷长官司 在府城北九十里。元置亮寨蛮夷军民长官司，属思州

---

[1] 新化：原文误作"乌罗"。据万历《贵州通志》改。
[2] 二十里："二"字原缺，据万历《贵州通志》补。
[3][4] 新化：原文误作"乌罗"。据万历《贵州通志》改。

安抚司。本朝改亮寨蛮夷长官司，属思州宣慰使司。永乐十一年，改属新化府。宣德末，新化府废③，来属，编户一里。

欧阳蛮夷长官司　在府城北七十里。元置欧阳洞官，属思州安抚司务川县，寻改欧阳蛮夷军民长官司，属思州安抚司。本朝改欧阳蛮夷长官司，属思州宣慰使司。永乐十一年，改属新化府。宣德末，新化府废，来属，编户一里。

中林验洞蛮夷长官司　在府城北八十里。元置中林验洞蛮夷军民长官司，属思州安抚司。本朝改中林验洞蛮夷长官司，属思州宣慰使司。永乐十一年，改属新化府。宣德末，新化府废，来属，编户一里。

赤溪湳洞蛮夷长官司　在府城北二百六十里。元置赤溪湳洞蛮夷军民长官司，属思州安抚司。本朝改赤溪湳洞蛮夷长官司，属思州宣慰使司。永乐十一年，改属新化府。宣德末，新化府废，来属，编户一里。

龙里蛮夷长官司　在府城西南五十里。元置龙里蛮夷军民长官司，属思州安抚司。本朝改龙里蛮夷长官司，属思州宣慰使司。永乐十一年，改属新化府。宣德末，新化府废，来属，编户一里。

永从县　在府城西南八十里。唐为溪洞福禄州。宋改福禄永从军民长官司。元因之，属思州安抚司。本朝改永从蛮夷长官司，属思州宣慰使司。永乐十一年，改今属。正统七年，改永从县，编户二里。

五开卫　在府城内北。洪武十八年建，隶湖广都指挥使司，卫城围十里，周辟四门，东曰迎恩，南曰阳和，西曰镇夷，北曰宁远。

铜鼓卫　在湖耳长官司西。洪武三十年建，后二年废。永乐三年复建，隶湖广都指挥使司。

黎坪守御千户所　在府城西南二十里。

中潮守御千户　在洪州泊里长官司西南。

新化亮寨守御千户所　在新化长官司东。

三所俱洪武二十一年建。

龙里守御千户所　在龙里长官司南。

新化屯千户所　在新化长官司西南三十里。

二所俱洪武二十五年建。

五所俱隶五开卫。

阴阳学　医学　俱在府治前。

学校

黎平府学 在府城内庆元街西南。永乐十一年，以前征虏前将军周骥故宅建。正统十一年，贵州按察司副使李睿增修。成化二年，知府杨纬重建。弘治八年，知府张纲再建。中为明伦堂，左右翼以四斋，曰崇志、曰广业、曰进德、曰游艺。

贵州左布政使萧俨记：

"黎平在贵州之东，界于沅靖之间，古狫狑苗獠之区，不与中国之治。迨我圣朝洪武初，取其地设黎平守御千户所，移军镇之，犹羁縻而已。永乐十一年癸巳，始设府治，寻徙五开卫城于此①，遂以元戎周骥故宅为儒学。时选士人及武胄俊秀者充弟子员，命儒官训迪，椎结加之衣冠，侏僸变为弦诵。

"天顺七年癸未②，大理杨侯纬来守是邦，初谒庙，叹其鄙陋，不足以阐教而育贤也。复虑夷性冥拗，未可遽以力役扰之。于是夙作夜思，以格以柔，越数载，政通人和，岁复大稔，爰询同寅，咸以为善。

"遂积材鸠工，彻而新之。中为礼殿，素王正位，旁列配哲，冕旒巍巍，山龙烨烨。东西二庑从祀名贤，各设神主，备载名爵，位次秩秩，道统绳绳。前凿池曰泮水，建门曰灵星，周以崇墉，饰以丹漆，俨然王者之居制也。殿后则明伦堂，傍启四斋，为师生施教肄业之所。至于廨宇、号房、厨库，罔有不具。经始于成化丁亥秋九月，至于戊子十月。古成杨侯请记，以垂不朽，且以勉黎之士子。

"余惟昔者圣人以为人君非人材罔克以成治，众人非教育罔克以成材，此学校所由兴也。自闾里之塾至于党庠术序，教以三物，造以四术，尚贤尚德，简而用之。此其教之也详，而取之也严。故天下无一不学之人，而用无一不学之士，以天下之大，付于人而理之，咸求备于学，此学校所以为致治之原也。

"仰惟我太祖高皇帝龙飞淮甸，峻德神化，丕冒海隅，罔不率俾，即其学校，课其吏治。太宗文皇帝继统，益恢洪业，虽极边壤，而学校之修，无异中邦。以及列圣继治，百年之久，为郡县者亦皆奉宣德意，渐摩抚育，治道之隆，教化之美，遐迩一致。

"诸士子当知朝廷与郡守所以兴学养贤之意，勉进向学之方，务使三物之

---

① 徙：贵图本作"从"。
② 天顺：贵图本误作"天永"。

理备于躬，四术之教笃于行，人谓不贤且德，予未之信也。是故达则济世用，穷则善乡俗，无往而不可。俾洞寨之氓，闻风感效，消其习俗之陋，变为文明之美，不其伟哉？

"又闻杨侯于凡祀典坛遗，及仓库之废者，悉兴举。夫以冥顽难治之民，一旦驱之以供力役，非其德政之洽于民心不可。杨侯其贤矣乎！予迂且拙，何足以启告黎之士？惟黎之士，念杨侯勤倦建学之意，毋孤之为良。"

宫室

钟鼓楼 在府城内南。
观亭 在洪州司东。土人为宋名贤程子山建，遗址尚存。
观音寺 在府治东。

祠庙

文庙 在府学东，旧在府学前。永乐十一年建。弘治八年，知府张纲迁建。中为大成殿，左右为两庑，前为戟门、棂星门。规制之美，视前有加。
文昌祠 在文庙右，建置与文庙同。
城隍庙 在府城内西。永乐间建。天顺七年，知府杨纬重建。
社稷坛在府城西。
山川坛在府城东。
厉坛在府城北。
诸葛武侯庙 在府城内东南隅。
旗纛庙 在五开垆后。
飞山庙 在府治东。五代梁时靖州杨再思刺诚州，死而有灵，土人祀之。宋封英惠侯。旧在靖州飞山，洪武十九年迁建于此。

关梁

天生桥 在潭溪司南。一石跨潭溪，广二丈余，长二十丈余。
武安桥 在府城中。
清平桥 在湖耳司西南。
来远桥 在府城中。

通远桥　在府城东十里。

驿馆

黄团驿　自本驿至靖州永平驿，凡八驿，俱隶五开卫。

古迹

诸葛营　有二，一在府城东北三百里古州乐昌界，一在府城北八十五里新化长官司界。相传以为诸葛武侯南征时立营于此，遗址尚存。

废古州八万军民总管府　在府城北八十里欧阳长官司南。元置，今废。

废新化府　在新化司治西北。永乐十一年置，寻废。

废铜鼓长官司　废五开洞长官司　俱元置，属都云定云等处安抚司，今废。

废上黎平长官司　废诚州富盈等处长官司　俱元置，属新添葛蛮安抚司，今废。

陵墓

徐知府墓　在新化司东南。相传宋辰州知府姓徐者，因入洞招抚蛮人被害，弃尸河内，日逐下流，夜复上流，人皆惊异，遂收葬之。

名宦

后周·周行逢　为节度使，蛮夷率服，寻卒于任。

五代梁·杨再思　以左仆射为诚州刺史，有遗爱，及卒，民庙祀之。

本朝·黄恭　松江上海人。以刑部主事知庐州府，改知本府。才优智敏，政惠旁浃。正统十四年，府境诸苗弗靖，恭募民兵，足馈饷，以征以守，境土用安。又能得苗民之情，诛赏攸当，远近畏服。数年间，苗民不供常赋，天且旱，土田不毛，公私告困。恭辍己资为用，事赖以济。苗平之后，骸骨蔽野，恭皆为之掩瘗。良德美政，不一而足。景泰四年，加二品禄。九载满去，民不忍舍，至今犹称思之。

刘行政 华容人。景泰初,为本府推官。智勇过人,勤政不怠。府境自正统末,苗寇猖獗,所在啸聚,攻劫城堡,行政力以抚捕自任,提兵四出,亲冒锋镝,或深入巢穴,谕以顺逆祸福。不半载,远近畏威怀德,投诚效顺,地方以安。

胡宗政 松滋人。以鸿胪序班改本府经历。有干济,多谋略。先是,西山獞苗互相仇杀,渐出劫夺,祸及平民。当道委他官抚治,数年不解。宗政至,请行,遂冒险深入,为辨其曲直,申以威德。至今獞苗相得,不敢扰边,皆其功也。

流寓

宋·程子山 高宗时,以忤秦桧谪居渠西。岁余去。土人为作观亭,今在湖耳司境上。

人物

宋·杨通蕴 诚州人。才雄一时,众举为长。开宝中,举州内附。
杨通宝 通蕴弟。美仪度,善辞令。开宝中,送款京师。太宗命为诚州刺史。
杨瑊 通宝子。淳化元年,贡土锦、蜀马、犀角,求嗣父职。太宗以瑊得民心,许之。

题咏

地近牂牁。
宋祝穆《方舆胜览》:"湖右奥区,渠阳明郡,地近牂牁,种余盘瓠。十洞创州,肇自圣明之世;双旌出守,遴求岂弟之贤?九溪十洞,蛮丁旧属于羁縻;五马双旌,郡将兹为之弹压。"
屯戍兵家齐鼓勇。
湖广按察司副使沈钟诗:"野雾团空晓时霜,猛风如箭射衣裳。乾坤有意供诗料,山水无言说陋乡。屯戍兵家奇鼓勇,侏僑夷语不成章。樗材忝备观风使,今日观风愿始偿。"

向化苗夷在抚摩。

前人诗:"缠绵蔓草历坡陀,乱石荒溪窄似梭。野宿已经三夜过,云山更向五开多。临边境界偏寥落,向化苗夷在抚摩。到处纪行诗兴好,此行此语奈愁何。"

军中按堵无边檄。

湖广按察司佥事卜同和前人诗:"宦途游辙几经霜,行到南封近越裳。湖水偶来徐孺宅,家山多梦郑公乡。军中按堵无边檄,天上咸宁有报章。明日萍踪又何处,山川宿负未曾偿。"

第七卷　铜仁府

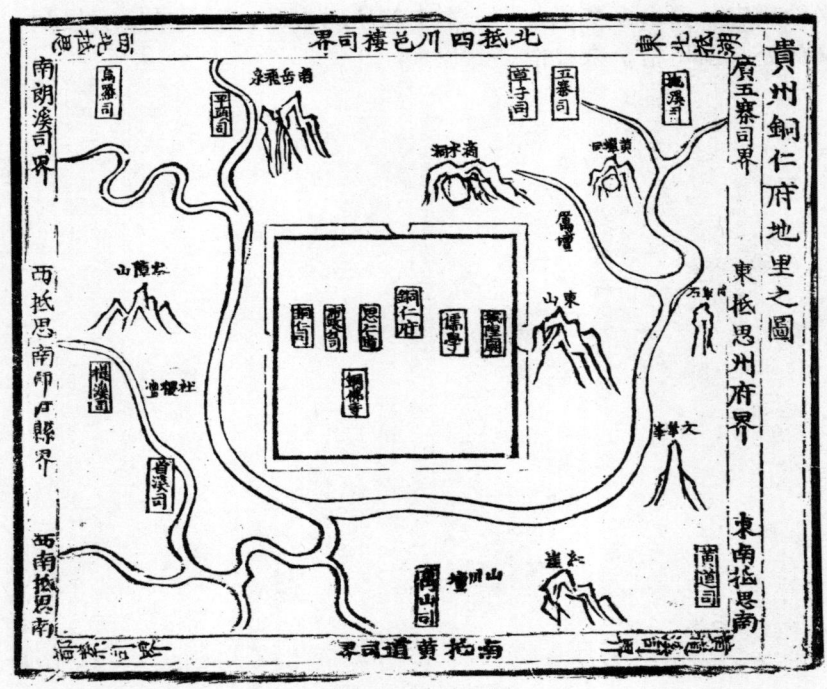

贵州铜仁府地里之图

长官司

铜仁。提溪。大万山。省溪。乌罗。平头着可。

建置沿革

《禹贡》荆州之裔①。天文星翼轸之余，鹑火之次。周属楚②，汉为武陵

---

① 之裔：二字原缺，据《黔记》补。
② 周：原缺，据《黔记》补。

郡地。隋属清江、明阳二郡。唐初为辰州地①，垂拱二年②，分辰州麻阳县地，置锦州卢阳郡③，始于此置万安县为属。天宝元年，更名常丰。五代时没于蛮。宋为思、珍二州地。元置铜仁大小江等处蛮夷军民长官司，以司治有古铜人三，故名，隶都云定云等处安抚司。洪武初，改铜仁长官司，隶思州宣慰使司。永乐十一年，置铜仁府，隶贵州布政使司，领长官司四。正统四年，又以废乌罗府之乌罗、平头二长官司来属，今领长官司六。

郡名

万安、常丰俱唐名。定云元名。镇江。

至到

地里

东至思州府施溪长官司界，南至黄道溪长官司界，俱七十里，西至思南府印江县界一百里，北至四川邑楼长官司界二百二十里，东南到思南府黄道溪长官司界八十里，西南到思州府都素蛮夷长官司界一百三十里，东北到湖广五寨长官司界一百五十里，西北到思南府朗溪长官司界一百四十里。自府治至南京四千二百七十里，至京师七千八百里。

铺舍

曰府前者一，曰司前者五，曰坝黄、曰坝盘、曰陈家寨、曰桃映、曰沔寨、曰开添、曰游鱼江、曰凯土、曰木耳溪、曰中蓬，凡十六铺。

形胜

群山环绕，二水合流。《一统志》。

东连麻阳，西接思南，北控苗界，南抵思州。《郡志》。

高山峻岭，穷谷深溪，人迹罕至。《府志》"高山峻岭，穷谷深溪，不可胜数，人迹罕至。"

---

① 唐初：原文误作"秦初"，据上下文及《黔记》改。
② 二：原文误作"一"，据《黔记》改。
③ 置锦：二字原缺，据《黔记》补。

风俗

与辰沅同风。《府志》"郡居辰沅上游,舟楫往来,商贾互集,故其风俗、言语、居处、服食,大抵相同焉。"

稍知礼仪。《一统志》"犵狫性勇而谲;洞人性狡无常;苗人刚狠轻生,出入常佩刀弩;土人稍知礼仪。"

山川

东山　　在府治东。雄壮秀拔,为一方之镇。

铜崖山　　在府城南,屹立铜仁大小二江之间。

文笔山　　在府城东南五里。高插云汉。

新坑山　　在府城南九十里。岩谷深邃,土人常避戎兵于此。

狮子山　　在府城南九十五里。

岑嶂山　　在府城西一百一十里。层崖叠嶂,如壁立。

独崖山　　在府城西二百里。

大万山　　在府城南二百里。

百丈山　　在府城西二百一十里。峰峦崒崔,林木丛密。

云朵山　　在乌罗司境内。秀丽可爱,状如云朵。

迎红山　　在乌罗司西南。山自林昔来,高出诸山之表,每朝日初升,山色红映,光彩飞跃。

石梁山　　在乌罗司东。山石横亘如栋梁。

森崖山　　在平头司内。山高林密,蓊郁如云。

岑桃岩　　在府城西一百二十里。岩中有泉,常有云气,祷雨辄应。

蜗溪叠岩　　在府城西一百二十里。峻壁间有一石门,泉从中出,岁旱祷之,风雨辄作。

石榴坡　　在乌罗司境内。

贵州按察司佥事罗昕诗:"畏途尽说石榴坡,毒雾笼人似网罗。跳啸有苗时伏草,往来无客不持戈。未分北阙忧民念,尚想南风解愠歌。破虏平胡男子事,好期勋业誓山河。"

木耳坡　　在乌罗司旁,官道经其上,俯览群山森列其下,苍翠郁然无间。

将军石　　在府城东大江之侧。形如人擐甲胄,故名。

黄蜡洞　　在府城东五里。

滴水洞　　在府城东十里。

川江洞　　在府城北四十里。

铜仁大江 在府城西南。

铜仁小江 在府城西北。源出瓮济洞，东南合铜仁大江。

逦逻江 在府城西一百六十五里。

卞江 在乌罗司南。上纳乌罗、山羊溪二水，下达辰州，江可通舟筏。因接宋陇苗蛮境，以是不通。

提溪 在府城西一百七十里。

木耳溪 在乌罗司南。其流曲折，东流抵平南寨为九十九度水。

乌罗溪 在乌罗司东。源出林昔诸山，东南流，萦带本司之前。

木耳泉 在乌罗司山洞中。日有盈宿，取水祷雨辄应。

甘梗泉 在平头司石岩中，一源涌出，清浊分流，有如泾渭之状。相传出于万山之底。

飞泉 在府治北八里。泉自山椒飞下。

土产

砆砂省溪、大万二司出。水银大万司出。金省溪、提溪二司出。铁铜仁、省溪二司出。蜡。楠木。杉木。箭竹。葛布各司俱出。降真香。黄杨木大万司出。

公署

府治 在府城内。永乐十一年建。正统八年，知府萧和重建。正统末毁于寇。成化五年，知府杨显嘉再建。经历司、照磨所、司狱司附焉。府城周七百五十八丈，旁启四门，东曰照明，南曰安阜，西曰伏远，北曰长宁，各覆以楼，皆景泰中建。

布政司分司 在府治西。永乐十一年建。

思仁道 在府治西。永乐十一年建。

铜仁长官司 附郭。建置同本府。编户五里。

省溪长官司 在府城西一百里。元置省溪等处军民长官司，隶都云定云等处安抚司；后改省溪坝场等处蛮夷长官司，隶思州军民宣抚司。本朝改省溪长官司，隶思州宣慰司。永乐十一年改今属，编户一里。

提溪长官司 在府城西一百四十里。元置提溪等处军民长官司，隶都云定云等处安抚司，后隶思州军民宣抚司。本朝改提溪长官司，隶思州宣慰司。永乐十一年改今属，编户一里。

大万山长官司 在府城南二百里。元置大万山苏葛办等处军民长官司，隶思州军民宣抚司。本朝改大万山长官司，隶思州宣慰司。永乐十一年改今属，编户一里。

乌罗长官司 在府城西二百里。元置乌罗龙于等处长官司，属思州军民宣抚司。洪武初属思南宣慰司。永乐十一年改隶乌罗府，府废，改今属，编户三里。

平头著可长官司 在府城北一百二十里。元置平头著可通达等处长官司，隶思州军民宣抚司。本朝改平头著可长官司，隶思州宣慰司。永乐十一年改隶乌罗府，府废，改今属，编户一里。

学校

铜仁府学 在府城内东。永乐十三年建。正统间，知府萧和、洪钧俱重建。成化十七年，知府周铨再建。中为明伦堂，左右翼以二斋。

宫室

思堂 在府城西，铜仁小江之上。宋张惇建。惇丞华亭时，尝建思堂。及为湖北常平使，筑沅州，所至，皆以此颜其所居之堂。而铜人即沅州之麻阳县地也。

苏子瞻记：

"嗟夫，余天下之无思虑者也，遇事则发，不暇思也。未发而思之，则未至。已发而思之，则无及。以此，终身不知所思。是故临义而思利，则义必不果；临战而思生，则战必不力。若夫穷达得丧死生，则吾有命矣。且夫不思之乐，不可名也。虚而明，一而通，安而不懈，不处而静，不饮酒而醉，不闭目而睡者，以是记思堂，不亦缪乎？虽然，言各有当也。万物并育而不相害，道并行而不相悖。以质夫之贤，其所谓思者，岂世俗之营营于思虑者乎？《易》曰：'无思也，无为也。'我愿学焉。《诗》曰：'思无邪。'贤人以之。"

授时楼 在府治前。成化五年，知府杨显嘉建，即谯楼也。

寺观

铜佛寺 在府城西街。洪武六年，长官李渊建。内有古儒释道三铜像，不详何代所制。郡之得名以此。

祠庙

文庙 在府学前。正统十二年，知府洪钧建。中为大成殿，傍列两庑，前为戟门、棂星门。

城隍庙 在府治东。永乐十一年，知府田载建。成化五年，铜仁司长官李椿重修。

五显庙 在府城南。洪武九年，长官李渊建。

川主庙 在府城西。洪武八年，长官李渊建。祀蜀蚕丛氏之神。

晏公庙 在府城东。洪武十六年建。

关梁

天生桥 在府城北一百二十里。石崖横亘溪上如桥。

双江渡 在府城西南。崖峭水深，渡以小舟。

古迹

仙人题柱 在平头著可司之翁蓬寨，详见《仙释》下。

废万安县 在府城西。铜仁大江之左①。唐置，隶锦州庐阳郡。宋废。

废常丰县 即万安县。唐天宝初置，寻改为万安。

废德明洞长官司 在府城西北。元置，隶思州安抚司。今废。

废乌罗府 在乌罗长官司。永乐十一年建，正统四年废。

名宦

唐·南承嗣 范阳人，霁云子也。为清江郡太守。多善政。时巡夜郎牂牁，传沛恩德。南人以承嗣父为唐忠臣在溪峒人，多政惠，故所在皆建霁云庙，祀之。或曰霁云死而为神，主南岳，故南人祀之。

本朝·田载 北平人。永乐十一年为本府知府。时初设府治，载能尽心职业，创制立法，咸有可称焉。

阳显嘉 吉水人。成化间，本府知府。有为有守，夷民畏服。常修建府治，民不告扰。

周铨 云南曲靖人。成化间任本府知府。慈而能断，政教两集。尝建庙学，增广生员。

---

① 大江之左：原文误作"大江之一"，据《黔记》改。

尧卿 四川安岳人。成化末任本府知府。性恬政简,民甚宜之。弘治九年,致仕而去。

人物

本朝·李渊 铜仁人。尚文学,多能事。洪武五年,率众归附,授本司长官。政迹名于一时,迄今民犹称焉。

杨政 省溪人。仕元,为省溪坝场司长官。警敏多智。洪武间归附,授省溪长官。亦以能闻。

杨政华 铜仁人。仕元,为大万山苏葛办等处长官。严斥堠,守境土。洪武间,西南内属,仍以华为大万山长官。忠诚为民所重。

杨世雄 乌罗人。元授忠翊校尉①、乌罗长官。洪武间内附,诏仍其职。子孙世之。

仙释

鹥莚道人 不知何许人。宋开宝间,郡翁蓬寨人杨再从崇尚仙学。一日,有丐者携草莚一俩诣再从,索金五两鹥焉。再从意欲买之,其妻不从。道人掷莚于地,化为双鹤,冲天而去。道人亦不知所往,但见门柱有诗曰:"新月芒鞋巧又牢,五两黄金价不高。杨君不听妻儿语,从我蓬莱走一遭。"其字以水洗之不去,刀割之益显,柱至洪武十四年方圮。

题咏

浪道丹砂可引年②。

贵州按察司佥事罗昕诗:"暂下肩舆坐渡船,中流回首思悠然。朝岚夕霭千山树,乍雨还晴五月天。峒老竹垣多说寨,野人茅屋半依田。几多未到铜仁客③,浪道丹砂可引年。"

郡邑未开惟鸟过。

贵州按察司副使沈庠诗:"山崖险恶总无情,处处□声杂水声。郡邑未开惟鸟过,民夷虽定人少行。记如韩愈知难尽,画到王维恐不成。向晚却愁烟雾重,前途酋长率兵迎。"

---

① 校尉:原文误作"校慰"。
② 丹砂:原文误作"砂舟",据正文改。
③ 未到:原文缺,据《黔记》补。

思南五日到铜仁。

前人诗："思南五日到铜仁，万水千山上下频。止宿也能供驿廪，送迎多只是夷民。朝廷上宇过三代，天下疲癃岂一人？堪叹徒劳无寸补，自知两事愧君亲。"

云山尽净见峥嵘。

贵州按察司副使阴子淑诗："征铎初鸣宿雨晴，山云尽净见峥嵘。凌风直上绝高处，身近青天眼界明。"

几段畲田山客火。

前人诗："朗溪烟树接乌罗，处处峰蛮带雨过。几段畲田山客火，数椽茆屋洞民窝。俗缘祭鬼多抛业，人为归王始息戈。二百年来声教遍，喜闻顽梗尽销磨。"

东风与我共驱驰。

前人《宿大万山送春》诗："东风与我共驱驰，今向荒庭惜别离。莫怪多情底相恋，也知重会隔年期。"

朱砂应岁贡。

前人诗："献上人归尽，公庭事寂寥。朱砂应岁贡，人户逐年凋。"

"驻节万山中，庭空彻夜风。凄凄声近耳，似为谈人穷。"

第八卷　程番府

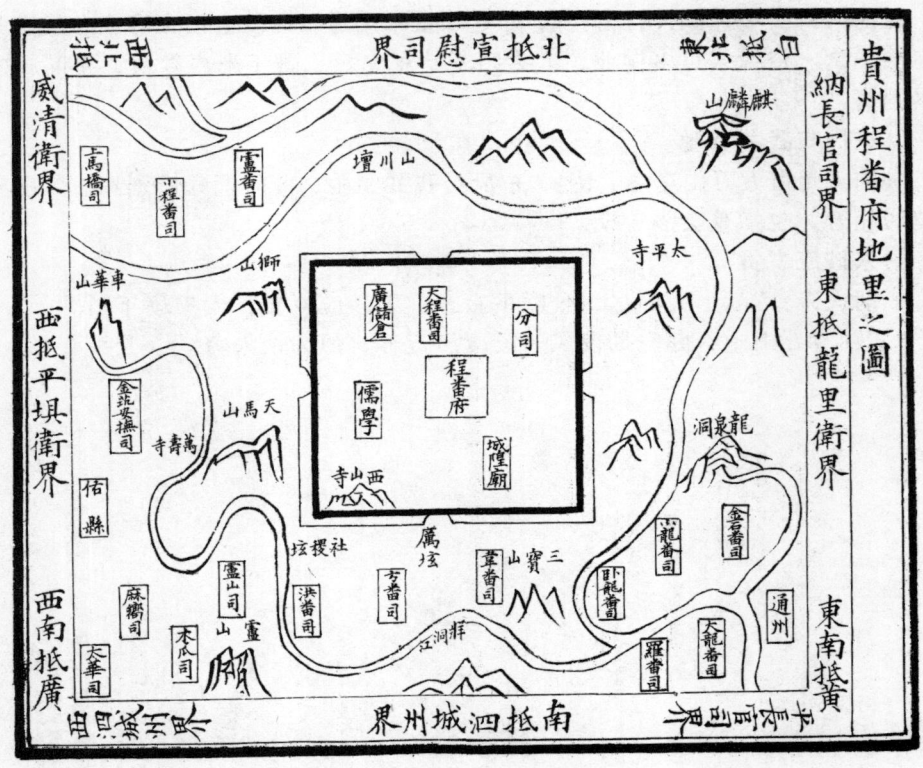

贵州程番府地里之图

长官司

程番。小程番。上马桥。卢番。韦番。方番。洪番。卧龙番。大龙番。小龙番。金石番。罗番。卢山。

金筑安抚司·长官司

木瓜。麻响。大华。

建置沿革

《禹贡》荆、梁二州□南之境，天文参井分野。春秋及秦为黔中地①。汉为牂牁郡，郡有牂牁江，自郡西北来，南流至地名破蚕，渐溃洞，通舟楫，抵番禺城下。光武时，牂牁大姓自牂牁江入贡，即此。唐为牂牁首领南谢氏所有。五代时，楚王马殷遣八姓帅率邕管柳州兵，讨两江溪洞至此，留军戍之，遂各分据，号八番。

宋为羁縻南宁州，治卧龙。至道元年，南宁酋长龙汉瑶遣使率西南牂牁诸夷贡方物，时龙氏最强，故诸番皆为所统，自号龙番。元丰二年九月甲申，龙番贡方物；甲午，罗番来贡；十月丙申，石番来贡。

元至元十九年降诏，以降夷八番金筑百余寨、三万四千余户悉为郡县，置顺元路金筑府，贵州以统之，而总隶于八番顺元等处宣慰司都元帅府。

本朝洪武四年，酋长密定等举土内属，置安抚司一、长官司十六，隶四川贵州卫。正统元年，以木瓜、麻响、大华三长官司割属金筑安抚司②，直隶贵州布政司，程番等十三长官司改隶贵州宣慰司③。成化十年，置程番府于程番长官司，复以金筑安抚司来属。今领安抚司一、长官司十六，亲领三里，曰木官，曰克度，曰通州。

按《元史》：至元十六年，潭州行省遣两淮招讨司经历刘胜昌招降西南诸番，以龙番方零为小龙番静蛮军安抚使，龙文求卧龙番南宁州安抚使，龙延三大龙番应天府安抚使，程延随程番武盛军安抚使，洪延畅洪番永盛军安抚使，韦昌盛方番河中府安抚使，石延异石番太平军安抚使，卢延陵卢番静海军安抚使，罗阿资罗甸国遏蛮军安抚使，并怀远大将军虎符，仍以兵三千戍之。

是年，宣慰使塔海以西南八番罗氏等国已归附者具以来上，洞寨凡千六百二十有六，户凡十万一千一百六十有八。西南五番千一百八十六寨，户八万九千四百。西南番三百一十五寨，大龙番三百六十寨。

二十八年，从杨胜请，割八番洞蛮自四川行省隶湖广行省。三十年，四

---

① 黔：原缺，据贵图本及《黔记》等补。
② 割属："属"字原缺，据《黔记》补。
③ 长官司："司"字原缺，据《黔记》补。

川行省官言，思、播州元隶四川，近改入湖广。今土人愿仍其旧。有旨遣问。还云：田氏、杨氏言：昨赴阙廷，取道湖广甚便，况百姓相邻，驿传已立。原隶平章苔剌罕。

郡名

牂牁汉名。南宁宋名。八番五代名。武胜元名。

至到

地里

东至龙里卫界二百五十里，西至平坝卫界二百九十五里，南至广西泗城州二百九十里，北至贵州宣慰司界五十五里，东南到都匀府界二百八十里，西南到广西泗城州界三百五十里，东北到龙里卫界三百里，西北到平坝卫界三百六十里。自府治至南京四千七百七十里，至京师八千一百五十里。

铺舍

曰东井，曰赤上，曰洞口，曰小山，凡四铺。

风俗

冠婚丧祭，颇效中华。《一统志》。

男子以白布裹头。《贵州志》。

夷类不一，风俗亦异。《新志》："郡中夷类不一。其曰八番子者，服食居处，与汉人同。妇人直顶作髻，不施被饰，俱以耕织为业。获稻和楷储之，刳木作臼，长四五尺，曰椎塘，每临炊，始取稻杷入臼，手舂之，其声丁东，抑扬可听。

"曰苗人者，性恶喜杀，僻居鲜俦，然甚重信，亦知爱亲。每春莫闻鹃啼，则比屋号泣，声振林谷。问之，则曰：'禽鸟去犹岁一至，父母死不再来矣。吾思吾亲，故闻鹃而泣。'

"曰仲家者，奸宄无义，多为冠盗。

"曰犵獠者，衣服鄙陋，饮食秽恶。风俗不一焉。"

民淳畏法。《新志》："府治新设，征役颇繁，然番民素淳，畏法不敢与吏抗者，其械则相率亡去。土官利其遗田，亦不之禁。故附郡村落寂然无居人。善牧者蠲其逋负，省其征徭，还定而安集之，亦易治也。"

形胜

四水交流，八番罗列。《府志》："四围川流交会，旋绕如络①。诸司皆分布罗列于四野之外。"

贵南藩屏。《新志》："郡南控广西，为贵南藩屏。"

田饶地阜，平广如砥。府治四野，畎亩相接，地土肥饶，平旷如砥，宜稻宜麦。

山广箐深，重冈叠寨。《金筑志》。

据诸夷丛聚之地。《金筑志》。

山川

麒麟山 在府东五里。

成化间知府汪藻诗："麒麟山有势，东望与天齐。怪石峥头角，行云护甲衣。瑞名千里播，灵趾万年栖。屹立人难近，无劳泣仲尼。"

天马山 有二②，一在府城西南七里，一在韦番司南。

卓笔山 在上马桥司，尖秀如卓笔然。

唐帽山 在小程番司后，以形似名。

狮山 在卢番司南一里。

象山 一在卢番司南。

三宝山 在韦番司东八里，三山品列，高镇诸山，上有三宝寺。

螺拥山 在金筑安抚司东二十里，山高五里，状如拥螺，上有深湖，水碧如蓝，四时不涸。每天欲曙，鸟兽皆集而饮之，滂有僧居，曰大圣庵。

锦屏山 在方番司东五里，排立如屏。

三叠山 在洪番司前，峰峦凡三叠。

笔架山 在卧龙司南三里。

九龙山 在小龙司后，九岭起伏，蜿蜒如龙。

天台山 在金筑安抚司东南二十里③，孤耸如台。

粗石坡 在金筑安抚司北十里，上有洞，古人藏金器其中，人不敢取。

雷打坡 在金筑安抚司北二里，山石尝为雷所震，故名。

牂牁江 在府城南，源出府西北三十里濛潭，南流入广西泗城州，出番禺城下。

---

① 络：原文作"终"，贵图本改作"结"，据嘉靖《贵州通志》改。
② 二：原文误作"一"，据文义及贵图本改。
③ 东南二十里："二"字原缺，据嘉靖《贵州通志》及《黔记》补，"东南"，前二书均作"西南"。

元乌撒道宣慰副使李景山《过牂牁江》诗："归欤何日是真归？惭愧山林与愿违。垂老八千余里谪，回头四十九年非。穷边野水黄云渡，梦里田家白板扉。珍重沙禽频见下，也应知我久忘机。"

乾溪 在金筑安抚司南五里，雨集成溪，雨止则涸。

吊羊洞 在金筑安抚司南十里，洞中有石，如羊倒悬[①]。

麻线河 在金筑安抚司北二十里，流延如线，故名。

龙泉 在金筑安抚司东三十里，泉出山洞，溃涌不竭。

福泉 在金筑安抚司南，故老云井旁旧有降真藤为妖，土人伐之，建寺其上。

胜水 在金筑安抚司西五里，地名麻大寨，人汲则涌，不汲则止。

上马桥河 在上桥司东。

大河 在小程番司，上通上马桥，下接卢番。

洗马河 在卢番司左，萦流清浅，司民洗马于此，故名。

大韦河 在韦番司东二里，上通程番，下接卧龙。

小河 在方番司前。

小溪 在洪番司前，溪流清澈。

仙人洞 在卧龙司东十里，中有乱石，起立如人。

白象洞 在卧龙司东南十里，洞中白石如象跧伏。

卧龙河 在卧龙司后，上通韦番，下接金石。

底方河 在卧龙司东一里。

双夹水 在小龙司，南北二水会于司前，故名。

植笏山 在大龙司前，以形似名。

卢山 在卢山司前，山极高，旁有三石峡如门，盘旋而上，顶平广，可容千人。有泉池田，亦可食，盖乡人辟兵所也。

宝塔峰 在卢山司西五里，峰峦尖削如塔。

蟠龙山 在麻向司后。

翠松山 在大华司前，其上松木森然。

沿台山 在木官寨西三里。

松岐山 在克度寨前二里。

连云山 在通州寨南五里，重峦连续，延十数里，林木森然，故名。

[①] 洞中有石，如羊倒悬："石""羊"二字原缺，据嘉靖《贵州通志》及《黔记》补。

莲花洞 在木瓜司西一里，中有石乳池，形如莲花，岩溜涓涓内注，四时不竭。

罗番河 在罗番司后。

大龙河 在大龙司后。

腰带河 在卢山司前，萦回旋绕，故名。

小河 在麻向司前。

假潦河 在木官寨前①。

龙井河 在克度寨前。

大河 在通州寨后。

双泉井 在府城南，上覆以亭。

大井 在府城东，清澈深沉，四时不竭。

龙井 在卢番司前一里，其水时一涌如潮。

瀼水泉 在韦番司西三里，汹涌如沸。

莲花井 在卧龙司西二里。

淞井 在木瓜司北一里，清流涌濆，虽旱不竭。

三潮泉 在卢番司，其水日凡三潮。

土产

香稻郡田膏沃，故多佳稻，炊之香白异常。一枝箭附地而生，叶如牛膝，背有白毛，能愈疮疡。蜡。仙茅。香草。白石英②。雌黄俱金筑安抚司出。

公署

府治 在府城中。成化十一年建；二十三年，知府汪藻拓筑府城，迁建于城内之北隅。

兴隆卫经历麻城李文祥记：

"程番府古为西南夷地，在《禹贡》荒服之外。历代罔收臣治，其沿革无传焉。宋元以来，常经略其地，然实未有得其臣附者。暨皇明肇兴，程番等司诸酋长始率土归附，愿为藩臣。洪武辛酉，始设长官司，俱隶贵州卫，后又改隶贵州宣慰司，民率苦其政。成化丁酉，长官方勇等愿开州治，乞文臣

---

① 官：原文误作"宫"，据上下文改。
② 白：原文误作"日"，据贵图本改。

以领之。朝廷嘉其言，准开府治，而金筑安抚、木瓜、麻响、大华并一十三长官司俱隶焉。

"开创之初，规制甚草略，城垣公署苟完初具。会巴陵邓公廷瓒宗器以太仆寺丞出知府事，日渐修治，然时力困诎，未遑懋举。

"暨乙巳，成都汪公藻文洁以兵科给事中嗣守，下车之初，明等威，宣德信，立条约①，饬名分。越明年，政通人和，部内安之，乃喟然叹曰：'可以有为夫！今人有百金之藏者，必思固其户枢，崇其垣墉，饬其室庐，广其廪庾，以壮观视，以靖觊觎。兹今郡治，官僚政于斯，民士聚于斯，政令礼法出于斯，如是可乎？'乃谋于僚属，谋于众庶，图有以创始之。佥曰休哉。

"于是庀材具用，命工程日，迁府于城北隅，府中为正堂，堂后为知府公廨，前为推官廨，右为经历司、司狱司，廨稍前左右翼为六房，而吏舍各比其后，右直列而左横峙焉，凡为屋五十有九间。距府西去百步许为儒学，其堂舍房屋杀府二之一有奇。东为广储、预备等仓，其距府杀学三之一，而房屋增四之三少缩。城垣凡六百一十八丈②，东西袤三里，南北延二里半，新增五之三，城东西南北各门焉。甃券俱以石，其规制雄伟，殆与中州诸郡齿矣。创始于成化丙午季夏，落成于成化辛亥季春。

"郡僚佐推官李君弼等走书请予记，予窃为民力不可妄劳，民财不可妄费，是故司牧者之所当知。然治政之道，实有轻重缓急之相先者；苟势在必不可阙③，势在必不可已，则民虽劳且费，君子固将举之。盖不得已而为所当为耳。民虽至愚，而神亦必有知吾心者。昔卫文公常营楚丘矣，卫之人歌之，曰：'定之方中，作于楚宫；揆之以日，作于楚室。'鲁穆公常修泮宫，复閟宫矣。鲁之人颂之曰：'思乐泮水，薄采其芹。'又曰：'閟宫有恤，实实枚枚。'之数役也。民力非不劳，民财非不费，而民反歌之颂之者，岂非知君上者事在不可已，而固无意于劳且费与？

"今程番郡治，僻在夷区，而所以保障防范之者，视诸郡当加详重。况宫室所以安憩也，堂阶所以出治也，学校所以育材也，仓廪所以储蓄也，城郭沟池所以保民御暴也，是岂为事之可阙而势之可已者耶？公能卓然自立，确然自信，谋于众而独成其功，使是郡官僚有安憩之所，士民有游处之地，奸宄有防御之具，饥馑有储蓄之素，以壮一方之观，以开千百年之业，以彰我国家大一统之盛。其有功于兴作也，固当与卫文、鲁僖同居于不朽矣。况又经画有方，调度有术，民不告劳，财不告乏，暨其乐成，僚佐颂之，士民歌

---

① 立：原本作"二"，不通，据嘉靖《贵州通志》改。
② 城垣：原缺"垣"字，据嘉靖《贵州通志》补。
③ 势：嘉靖《贵州通志》作"事"。

之，抑与卫诗、鲁颂异世同情，人心天理，夫岂有间于古今哉？今之论理于夷狄者，乃谓不可以中国之法概施。夫古人所谓不可概施者，盖繁文缛节，在所可略者耳，若贵贱名分、善恶劝惩与所以宣教防患者，则孔子所谓虽之夷狄不可弃，孟子所谓用夏变夷者，曾是而亦不可施乎？甚矣，人之好异也。若公者，可谓达于政者矣，予既述兴造之实而兼发其义，俾嗣公而守者，庶不昧于所从云。"

布按分司 在府城内东北隅。成化十一年，知府邓廷瓒建。

程番长官司 附郭。元至元十六年，置程番武胜军安抚司，以酋长程姓为名。洪武五年改置。

小程番长官司 在府城西北五里。元置小程番蛮夷军民长官司，酋长亦程姓。洪武五年改置。

上马桥长官司 在府城西北二十里。元为上桥县。洪武五年改置。

卢番长官司 在府城北五里。元置卢番静海军安抚司。析其西北地卢番蛮夷军民长官司。洪武五年，合置卢番长官司。

韦番长官司 在府城南五里。元置韦番蛮夷长官司。洪武五年改置。

方番长官司 在府城南八里。元置方番河中府安抚司。洪武五年改置。

洪番长官司 在府城南十里。元置洪番永盛军安抚司。洪武五年改置。

卧龙番长官司 在府城南十五里。宋置南宁州，酋长龙汉瑔称长雄，寻又号龙番，元丰二年入贡。元改置卧龙番南宁州安抚司。洪武五年改置。

大龙番长官司 在府城东南五十里。元置大龙番应天府安抚司。洪武五年改置。

小龙番长官司 在府城东南二十里。元置小龙番静蛮军安抚司。洪武五年改置。

金石番长官司 在府城东二十五里。宋为石番，元丰二年入贡。元置金石番太平军安抚司。洪武五年改置。

罗番长官司 在府城南三十里。宋为罗番，元丰二年入贡。元置罗番遏蛮军安抚司。洪武五年改建。

卢山长官司 在府城西南一百里。元置卢山等处蛮夷军民安抚司。洪武五年改置。

已上十三长官司，初隶贵州卫。正统间改隶贵州宣慰司。成化间改今属。

金筑安抚司 在府城西八十里。古荒服之地。唐为牂牁国羁縻州地。宋为南宁州地。元至元十九年降附，置金筑府，领长官司十七、县一，隶顺元路。洪武四年，酋长金密定归顺，罢金筑府，置金筑长官司于境内十笪寨。

十年，升为金筑安抚司，俱隶四川贵州卫。十六年，密定迁司治于吉林峰。永乐十一年，密定子得珠复迁治于马岭之阳，即坝寨也。正统元年，改隶贵州布政司，领贵州卫所属木瓜、麻响、大华三长官司。成化十年改今属，仍领长官司三。

木瓜长官司 在安抚司东一百里。元初为罗赖州，《元史》作乐赖，寻改木瓜等处蛮夷军民长官司，隶新添葛蛮安抚司。洪武十年改置，初隶贵州卫。正统四年改今属。

麻响长官司 在安抚司东南百一十里①。洪武间置，初隶贵州卫。正统四年改今属。

大华长官司 在安抚司东。元置大化等处蛮夷军民长官司，隶新添葛蛮安抚司。洪武十年改置，初隶贵州卫。正统四年改今属。

木官里 在府城南一百四十里。元置木当蛮夷长官司，隶新添葛蛮安抚司。洪武四年复置，隶广西泗城州。七年，为苗贼所破，收木官寨，隶贵州卫。正统元年，改隶贵州宣慰司。成化十年，改直隶程番府。

克度里 在府城东南一百五十里。元置雍即客都等处蛮夷军民长官司，隶新添葛蛮安抚司。洪武间废为寨，初隶贵州卫。正统初改隶贵州宣慰司。成化十年改直隶程番府。

通州里 在府城东南一百五十五里。唐宋为羁縻州。元志无考。本朝初，以所领把马等十八寨隶贵州卫。正统初改隶贵州宣慰司。成化十年改直隶程番府。

学校

程番府学 在府城内西南隅。成化十一年，知府邓廷瓒建于城内。弘治初，知府汪藻迁建于此。知府李克恭复相继葺之。中为明伦堂，左右翼以居仁、由义二斋。

书院

中峰书院 在府城内北。弘治间，知府汪藻建。本人诗：

"北来山趾固，郡后突三峰。中有层峦起，分明秀气钟。青衿随皂盖，白屋绕苍松。无限烟云色，其如归兴浓。"

---

① 东南：原本缺"南"，据贵图本补。

宫室

何陋亭 在府治内后圃。知府汪藻建。本人诗：

"一亭特立半山岑，何陋名题岂自矜？往事已从君子论，我心端为地方称。诸番并络弦歌化，万顷田饶岁谷登。举目皇上声教远，凭栏此日诵休徵。"

双泉井亭 在府城南。

知府汪藻诗："左山双井谷，泉水并清漪。廉让迁居司，唐虞凿饮时。煮茶甘绝胜，济旱泽频施。明月孤亭下，龙睛耀地维。"

忠孝楼 在程番司治。

成化间，知府邓廷瓒诗："登楼闲眺倚栏杆，忠孝人伦两尽难。红日比瞻天阙远，白云东望楚天宽。思亲血染千行泪，报国心怀一寸丹。何事边方风俗美，也由忠孝化诸番。"

世守堂 在程番司治内。

寺观

太平寺 在府城东一里。

西山司 在府城西。

大雄寺 在上马桥司后。

弥陀寺 在卢番司东。

天龙寺 在韦番司左。

西胜寺 在洪番司左。

菩提寺 在卧龙司右。

普光寺 在小龙司前。

槐花寺 在小龙司右。

万寿寺 在金筑安抚司前。

清明寺 在金石司后。

报恩寺 在大龙司右。

天龙寺 在卢山司右。

圆通寺 在木瓜司东①。

华山寺 在大华司东。

白云庵 在金筑安抚司东三十里。

---

① 木瓜：原文误作"木八"。

妙峰庵 在金筑安抚司白云庵后。
涌泉庵 在金筑安抚司胜水旁。
法华庵 在金筑安抚司东三十里。永乐十年建。

祠庙

文庙 在府学前。成化十一年,知府邓廷瓒建。弘治初,知府汪藻迁建。中为大成殿,左右为两庑,前为戟门、灵星门。
城隍庙 在府城内西南。成化间知府邓廷瓒建。
社稷坛在府城西。
山川坛在府城东。
厉坛在府城北。
关羽庙 在府城南。
天王庙 在方番司后。祀土神曰天王者。夷民事之甚谨。
南霁云庙 在卢山司北。长官卢金保建。
土主庙 在金筑安抚司治西。

关梁

青崖桥 在府城北七十里。成化间知府邓廷瓒建。
永安桥 在金筑安抚司右。
苦练桥 在卢山司右。
天生桥 在金筑安抚司北三十里。石壁千仞,环绕如城,水流其下,人行其上,坦平如桥。

古迹

废南宁州 在府城南三十里。宋置,为羁縻州。
废定远府 在府城南二百二十里。元置,领桑州等十州,朝宗等十一县。今废。
废古筑县 在金筑安抚司南一百里。元置,隶金筑府,俗名古羊县,今废。
仙人足迹石 在卧龙司境内。石上有迹,如人足形。

名宦

元·刘继昌 至元中，以两淮招讨司经历招降西南诸番，官其酋长，番境以宁。

本朝·邓廷瓒 巴陵人。成化十二年初设府治，以廷瓒为知府。披荆棘，创府治，勤劳不息，然又抚治开导诸夷，使奉约束。其循良有足称者[①]。后官至左都御史。

汪藻 成都人。成化间以兵科给事中任本府知府。严毅刚果，民夷畏服。尝拓筑郡城，迁建府治，规置□费，不烦于民。政暇诣儒学，课诸生。边郡风俗官府之美，皆藻为之。

人物

宋·龙汉珜 牂牁酋也。雄长诸部，授南宁州太守。至道二年入贡。

元·龙方零 汉珜后。至元中为小龙番部长，民夷悦服，境土晏然。后以经历刘继昌荐，授安抚使。

程延随 至元中为番民长，初率土归附[②]，授程番安抚使。

洪延畅 洪番酋长也。平易近民，不事侵攘。至元中授安抚使。政治循良，远民安堵。

龙文求 汉珜后。世为卧龙番长。部落强盛。世祖以为安抚使，佩虎符。

龙延三 汉珜后。世祖时为大龙番长。能以恩信抚其众。后因刘继昌招抚，遂率所部归附，愿为王民。

韦昌盛 韦番人。慷慨不羁，善于字民。归附后授方番安抚使。

石延异 石番人，为部长。能聚众抗敌。境内赖以无事，授安抚使。子孙世之。

卢延陵 卢番人。为卢番安抚使。有惠政，民多思之。

本朝·密定 金筑安抚司人。洪武初率土归附。朝廷嘉以忠，授安抚，子孙嗣之。

科贡

蔡让 贵州前卫人。弘治十一年举人。

[①] 循良：原缺"良"字，据贵图本补。
[②] 初率土归附：原为"率初土归附"，误，据上文改。

罗志　上马桥司人。成化十八年贡，任四川开县主簿。
洪鉴　洪番司人。成化十九年贡，任浙江严州府照磨。
方以祥　上马桥司人。成化二十年贡。
程源　程番司人。成化二十一年贡。
程裕　程番司人。成化二十二年贡，未仕卒。
罗英　龙里卫人。成化二十三年贡，未仕卒。
张淮　贵州前卫人。弘治元年贡。
周易　贵州前卫人。弘治三年贡，任四川綦江县学训导。
顾继祖　木瓜司人。弘治四年贡。
段真　贵州前卫人。弘治五年贡。
张纶　贵州前卫人。弘治六年贡。
程润　程番司人。弘治七年贡。
朱彻　贵州前卫人。弘治八年贡。
平鉴　贵州前卫人。弘治元年贡。
石显章　木瓜司人。弘治九年贡。
强健　贵州前卫人。弘治十年贡。
曹廉　贵州前卫人。弘治十一年贡。
刘绍　贵州前卫人。弘治十二年贡。

列女

龙氏　大龙番长官龙震女，程番长官程鉴妻。鉴殁，龙年甫二十，抚育其庶子昊以承父官。孀居四十余年，内外略无间言。

题咏

村村卖剑买牛耕。
成化间知府邓廷瓒送人诗："熊家难弟与难兄，此去金溪路几程？今夜倚楼观月色，明朝策马听秋声。人夸二谢联春草，我爱三田重紫荆。归报严亲八番好，村村卖剑买牛耕。"

好山不得在中原。
教授王训《程番客夜》诗："浪游远到十三番，瘴雨蛮烟昼亦昏。老树仅堪成大用，好山不得在中原。殊方鴃舌应难晓，故里莺花未足论。珍重便须回马首，莫因客思恼吟魂。"

绝域曾劳汉使通。

前人诗:"瘦马蒲鞍控朔风,山如列戟路如弓。穷荒未必尧封到,绝域曾劳汉使通。暴客尚存愁逆旅,奸谀不死恨英雄。玉关牢落天门远,谁献平蛮第一功。"

曾于丹檄提三尺。

前人诗:"百战休题马上劳,烽尘久不到征袍。曾于丹檄提三尺,羞向青铜见二毛。壮志于今成潦倒,芳名自古属英豪。夜窗独坐谁知己,银汉无声北斗高。"

寥寥番馆夜无眠。

前人诗:"寥寥番馆夜无眠,风满长空雪满天。客思宛如千里外,人家不是十年前。重来转觉峦山险,老去方知世路偏。此际有怀难自遣,好烦杯酒共诗篇。"

野猿啼断夜沉沉。

前人诗:"野猿啼断夜沉沉,山馆挑灯只苦吟。填海已无精卫力,忧天空有杞人心。亡羊路险豺当道,倦鹊巢寒雪满林。和得阳春徒自尔,更阑无处觅知音。"

第九卷 都匀府

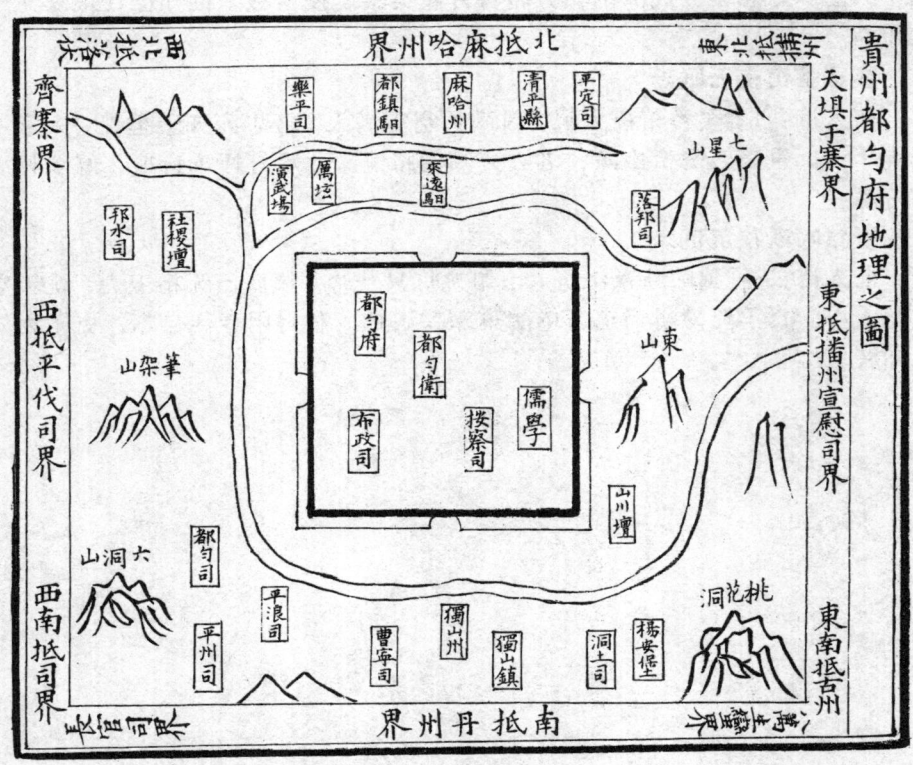

贵州都匀府地理之图

长官司

都匀、邦水、平浪、平州六洞。

县

清平。

麻哈州·长官司

乐平、平定。

独山州·长官司

丰宁。

合江州·长官司

陈蒙烂土。

建置沿革

《禹贡》荆、梁外境，天文参井分野。汉唐为黔中地。五代晋天福五年，都云酋长尹怀昌率其十二部附于楚。宋为羁縻合江州、陈蒙州地。元初因之，寻分置都匀军民府，领都云县；定云府领合江、陈蒙二州。俱隶思明路。寻合置都云定云等处安抚司，领长官司十七、州四，隶云南行省。

洪武十六年，仍置都云安抚司，隶四川布政司。二十三年，苗民复叛，平之，平羌将军何福筑城于中都云竹林蛮寨，奏改安抚司为都匀卫，谓云之为物，变化不一，改作"匀"字，取均匀为义，领长官司七，仍隶四川布政司。永乐十七年，割所领长官司七，改属贵州布政司，而本卫属贵州都司。寻复以长官司七还属。弘治六年，改都匀府，领州二、长官司八、县一。

郡名

都云五代晋名。都匀今名。竹寨。

至到

地里

东至四川播州宣慰司界二百二十里，西至龙里卫平伐长官司界一百二十里，南至广西南丹州界三百三十里，北至平越卫界六十里，东南到湖广五开卫古州八万生苗界二百里，西南到新添卫丹平长官司界三百三十里，东北到四川播州宣慰司界二百三十里，西北到平越卫界一百里。自府治至南京四千七百一十五里，至京师八千一百四十五里。

铺舍

曰府前，曰邦水，曰箐口，曰小寨，曰摆忙，曰摆隆，曰葛哩，曰虎场，曰平伐，曰谷郎，曰谷定。凡十铺。

形胜

西扼桂象之喉，东引川播之腋。 教授王训《送陈守备序》："都匀地方千里，西扼桂象之喉，东引川播之腋。上接贵藩，下连湘楚。长山如林，环溪为带。"

控扼要荒。《贵州志》："控扼要荒，孤城独守，为广西之唇齿、贵州之藩篱。"

壤僻而险。《一统志》："教授王训《都匀城隍庙碑记》：'界瓯贵之间，壤僻而险。'"

众山环绕，一水萦流。《一统志》："东距播州，西连龙里，北通平越，南抵南丹。众山环绕，一水萦流，而本卫居其中焉。"

北通平越，南抵南丹。《一统志》。

风俗

人重廉耻。《新志》："郡人皆中州迁调①，故其习俗，男女有别，甚重廉耻。"

勇于战斗。《一统志》："郡当诸蛮巢穴，累有攻御，故郡人闲于射骑，勇于战斗。"

治丧不用浮屠。《新志》："郡人有丧，皆供佛饭。僧云有死者灭罪资福，迩者，兵备副使阴子淑谆切教谕，幡然悔悟，冠婚丧祭，一用朱氏礼。"

俗颇竞利。《旧志》。

地多岚瘴。《新志》："平州、烂土等处，四时常暖，土宜糯，恒炊食之。春深草木畅茂，及秋禾扬花之时，岚瘴交作，俗呼为青草米花瘴。触之则病②。"

出入戴笠。《一统志》。

夷俗恶陋。《新志》："都匀诸夷，据险不庭，俗甚恶陋。其曰黑苗，曰仲家，曰木獠，曰狫獠者，性皆凶犷，累为边患。弘治癸丑，王师讨平，设为郡县。然其余孽犹未尽殄③，出没无常，今巡抚中丞浙西钱公、兵备宪副西蜀阴公力加抚捕，始皆畏威怀德，而革心归化也。"

山川

笔架山 在府城西北。三峰高耸，形如笔架。

---

① 中州：原文缺"中"，据万历《贵州通志》补。
② 病：原缺，据嘉靖《贵州通志》补。
③ 殄：原本误作"珍"。

东山　在府城东。

蟒山　在府城南里许。

按察司佥事罗昕诗："尘嚣忙处一偷闲，挂笏遥看郭外山。云护蛟龙潭影黑，雨添苔藓石鳞斑。前驱宾从频相过，左衽人□未易还。惆怅四郊多壁垒，孤臣何以慰天颜。"

养牛山　在府城西北一十里。

扬鼓山　在平定司北二十里。

平孔山　在平定司南三十里。

箐口山　在邦水司西南。

凯阳山　在平浪司西南六十里。山甚险峻，有寨在其上。

六洞山　在平州司西南七十里。其山险峻，傍有六洞寨。

镇夷山　在独山州南。山高顶平，土酋结寨其上，以镇苗贼。

独山　在独山州南二十里。其山尖圆而峻，无他山相连，因名。

行郎山　在丰宁司西南八十里。山高顶平，而道路崎岖，土人用梯以登①。上有蛮民三百余家。山半有泉，流注滂沛，四时不竭。

七星山　在府城东北十里。七峰秀矗，形如北斗。

小孤山　在府城西北二里。其山特出平原之中，故名。

鸡冠山　在平浪司东二十里。山颠突出，怪石俨若鸡冠。

邦水箐山　在府城西二十□里。盘旋高耸，林密径险，猿声鸟音，凄然其□。

郡人廖驹诗："峭拔连霄汉，蛮山岂有名。路从云顶出，人在树头行。暑夕犹生冷，时常罕得晴。客怀多畏怯，厌听野猿声。"

丙王山　在烂土司。其山高数百丈，林木幽深。苗民于上避兵。

冉溪江　在平定司东八十里。

翁寿河　在府城东四十里。其水□出两山之间，中有石磴。潺湲激冽，人病涉焉。

都匀河　在都匀司南。

麦冲河　在平浪司东南二十里。旁有寨。

平洲河　在平洲六洞司南。水中有洲，土人设肆，贸易其上。

麻哈河　在麻哈州治南。

山疆河　在平定司东十五里。

长河　在府城北。源出府城东北，三里，两水合一，南流。

---

① 用梯："用"字原文不清，据万历《贵州通志》补。

龙潭 在府城南。深不可测。祷雨有应。

都匀洞 在都匀司东十五里。前门北向，高广四十丈五尺。后门南向，高广四五尺。洞中乱石状如象鼻，杂草丛生。

乐平溪 在乐平司治南。

平定溪 在平定司东。

梅花洞 在烂土司东南三十里。每为叛苗所据。宣德九年，都指挥顾勇等尝攻克之。

一碗水 在箐口山绝顶。四时不涸。遇夏，过客取饮，仅容一碗，饮而复溢。故有是名。

板水塘 在邦水司前。水极澄澈。

双井 在府城东北。泉出石壁，四时不涸。郡人仰焉。

胡公堰 在府城北一里。本朝指挥胡纲筑。城西诸田仰其水利。

土产

芝麻。杨梅。韭。檀木。紫竹。海棠。方竹。厚朴。枳壳府境俱出。

公署

府治 在府城内西北隅。弘治七年，知府凌文献①、推官舒惟纲建，经历司、司狱司附焉。

四川右布政周瑛《平都清苗夷记》：

"皇明之有天下也，自我太祖高皇帝龙飞淮甸，中原底平，夷蛮宾服，罔弗庭者，百有三十余年矣。贵州，天地西南之一隅耳。都清，贵州东南之一郡耳。洪武初，天兵南下，闻风帖尔，服王赋，入王贡，迄今无虞。

"宪宗皇帝之末，其酋乃复梗化，辄敢弄兵于潢池。镇抚之臣累请讨之，皇帝犹体虞舜好生之德，弗即加诛，使使会诸臣谕驯之。冀其来格两阶之舞，恩至渥也。蠢尔苗裔，怙终弗悛。

"今上皇帝嗣位之四载，其酋乜富架、重恶龙十有二人，纵其党，四出劫扰峒寨，烽㷉日益急。巡按御史冯玘忾然以闻，皇赫斯怒，若曰：'蕞尔小丑②，敢忘先帝好生之德，自速其亡，可终宥乎？'乃诏冢宰、司马议，佥曰：'兹

---

① 凌：原文误作"陵"，据《黔记》改。

② 蕞：原缺，据嘉靖《贵州通志》补。

苗自作弗靖，谊征，不可缓。今兵食俱足，动惟厥时。'帝若曰：'我师直矣，告在丈人，卿等其共图之。'佥曰：'副都御史邓廷瓒，昔抚其人，诸山川要害，宜提督；太监江惪宜监督①；镇远侯顾溥世食其土，宜总其兵；都督金事王通久镇其地，宜协同统军；纪功实，则御史黄玹堪其事。师宜近取诸川、广、云、贵，无勤远。'上皆曰可。乃命廷瓒以壬子夏四月驻辍兵都清观衅，犹冀苗之或悔祸也。大哉天地之量也，而终述不复。

"又明年癸丑秋八月，监督偕总兵与协同咸来会军，如雷霆震于上。九月，祃于郊，誓于众，若曰：'嗟，尔众听无哗。兹苗敢逆天怠厥职，贡敢后。弗供，天所弗与。命予以尔众恭行其罚。今尔众来矣，戎器其精，无弗善，否则有常刑；部伍其严，无弗律，否则有常刑。于是万人一心。'

"越翌日，壬子，师分道以进，协同与兵备副使吴倬领军，由杨安、苔干、麦冲进，都指挥刘英预焉。参将赵晟、兵备副使俞俊督军由清平、索驴、撒毛进，都指挥王楷预焉。六路并进，压贼境。孟冬上旬，我师一鼓遂缚其酋乜富架、洛道，阵杀重恶龙，斩级若干。仲冬中旬，师再鼓，又缚长脚、重虐、夜拾，斩级若干。至季冬下旬，师三鼓，又缚阿利、鸡选，阵杀阿脚，斩级仍若干。三阅月三捷，而苗败窜，天厌其恶久，雪成凌，草木皆冰。余孽獍奔山谷者皆冻馁而死。我师无复搜窟穴之劳，蛮方尽平。

"明年甲寅春正月丁未，班师奏捷，二月庚申，俘献。皇情悦怿，降敕奖谕，大赉有功，监督、总兵加禄米，提督进右都御使，视南京都察院篆，协同进右都督，参将进都督金事，兵备及都指挥以下皆进秩，土官军兵皆受赏各有差。其有事兹行若总运督饷方伯张廉、参政刘肃、参议韩镛、金事罗昕、古其然各赐彩帛，又以都匀置府，独山、麻哈置州，清平置县，以牧怀疑之民。吁，庙谟远矣哉。

"未几，邓公以都御史总督两广，暇日，书来示瑛曰：'贵在湖南、川东、广西，其人多罗鬼，则都清疑即鬼方之遗裔欤？其叛服无恒，今犹古，盖其风土然也。在商，鬼方常叛，为西南诸侯之望，故高宗伐之。在今都清又叛，为西南诸侯之阻，故皇上讨之。皆义之不得已也。以义兴师，故皆不劳而成功。古今岂异哉？殷武之诗，商人所以颂高宗也。先生今之诗人也。居迩都清，耳其事甚稔，然则颂天子之盛德神功，以昭来世，俪前美，俾夷世戢无反侧，非乡先生之责而谁？'

"瑛辞不得，受而诗之，诗曰：

"'皇祖圣作，天地复春。诸夏既安，四夷咸宾。百有余年，内宁外谧。

---

① 江：原缺，据嘉靖《贵州通志》补。

蕞尔苗裔，鼎鱼假息。包茅弗贡，王祭弗共。稼穑弗勤，王赋弗供。宪皇好生，大德如舜，重杀不辜，文诰叮咛。圣皇继统，苗犹弗靖。爰振其旅，深入其箐。天命弗僭，玉石攸分，歼厥渠魁，获匪其群。元凶则赦，胁从罔乱。如狶斯奔，如鸟斯散。天厌苗恶，雨雪行诛。有瘠于壑，有殍于途。我旅啴啴①，逸无亡夫。不穷峒穴②，不变疆里。郡县治之，以戢怀疑。如天之覆，安则群黎。谁其对越，致天之法？邓公如裴，自朝授钺。师贞无咎，告在丈人。惟兵凶器，无敌惟仁。我作斯碑，亦有深意。仁者览焉，斯文当契。'"

布政司分司 在府城内西南隅。永乐间建。

按察司分司 在府城内东。成化十九年，整饬兵备副使方中建。弘治十二年③，副使阴子淑增建。

都匀卫 在府内西南隅④，即前元都云定云安抚司治。洪武二十二年，指挥黄庸改建，经历司、镇抚及左、右、中、前、后五千户所附焉。郡城围七里，周辟五门，东曰武靖，南曰宣威，南之右曰镇安，西曰通和，北曰广武，俱洪武二十七年平羌将军何福、指挥黄庸建。

都匀长官司 在府城南十里。唐为羁縻州都云地。宋置都云县，元因之⑤，寻改上都云等处蛮夷军民长官司，隶都云定云等处安抚司。洪武十六年改置，隶都匀卫。永乐十七年，改隶贵州布政司，寻还隶都匀卫。弘治七年改今属。

邦水长官司 在府城西二十里。元置中都云板水等处蛮夷军民长官司，隶都云定云等处安抚司。洪武十六年改置，隶都匀卫。永乐十七年，改隶贵州布政司，寻还隶都匀卫。弘治七年改今属。

平浪长官司 在府城西五十里。元为都匀洞蛮夷军民长官司，隶都云定云安抚司。洪武十六年改置，初隶都匀卫。永乐十七年，改隶贵州布政司，寻还隶都匀卫。弘治七年改今属。

平州六洞长官司 在府城西南一百五十里。元初为都云定云安抚司地，寻置六洞柔远等处蛮夷军民长官司。洪武十六年，改置平州六洞长官司，隶都匀卫。永乐十七年，改隶贵州布政司，寻还属都匀卫。弘治八年改今属。

清平县 在府城东北一百三十里。洪武二十二年，置清平长官司，隶平越卫。三十年，改隶清平卫。弘治八年，改清平县，及改今属。

麻哈州 在府城北一百四十里。元为麻峡县，隶新添葛蛮等处安抚司，

---

① 啴啴：原缺，据嘉靖《贵州通志》补。
② 峒：原缺，据嘉靖《贵州通志》补。
③ 弘治：原文无，据《黔记》补。
④ 西南：原文为"西南南"，衍一"南"字。
⑤ 因：原文误作"田"。

寻废，改麻哈长官司，迁治于犵狫寨，隶平越卫。弘治八年，改麻哈州，及改今属，领长官司二。

乐平长官司 在府城西北二百里。元为木猺寨，置乐平长官司，隶平越卫。弘治八年改今属。

平定长官司 在府城东北一百五十里。洪武三十二年置，隶平越卫。二十三年，改隶清平卫[①]。弘治八年改今属。

独山州 在府城南一百里。元置独山州蛮夷军民长官司，隶新添葛蛮安抚司。洪武十六年，改九名九姓独山州长官司，隶都匀卫。永乐十七年，改隶贵州布政司，寻还属都匀卫。弘治八年，改独山州，隶都匀府，移治于前元都镇马乃等处长官司故址[②]，领长官司二。

丰宁长官司 在府城南二百二十里。元为都云定云安抚司地。洪武二十二年，置丰宁长官司，隶都匀卫。永乐十七年，改隶贵州布政司，寻还属都匀卫。弘治八年改今属。

合江州陈蒙烂土长官司 在府城东二百里。宋置合江、陈蒙二州，为羁縻州。元初因之，隶思明路定云府，寻合置陈蒙蛮夷军民长官司，隶番民总管府。洪武十六年，改合江州陈蒙烂土长官司，隶都匀卫。永乐十七年，改隶贵州布政司，寻还属都匀卫。弘治八年改今属。

独山镇巡检司 在府城南一百三十里。

税课局 在府东。

都匀仓 在府治东。隶贵州布政司。

养济院 在府治前。旧在东山之麓。弘治十二年，知府杜礼迁建于此。

学校

都匀府学 在府城内东，即都匀卫学。宣德八年建。成化六年重修。弘治八年改都匀府学。弘治十年，兵备副使阴子淑重建。中为明伦堂，左右翼以两斋。

贵州参议李芳记：

"政理之大，当务之急，曰富曰教。故孔子告门人，孟子告时君，俱以富、

[①] 原文为："洪武三十二年置，隶平越卫。三十年改隶清平卫。"此处始隶时间或改隶时间必有一误。《黔记》所记为："明洪武二十三年置，隶平越卫。二十三年，改隶清平卫，弘治八年，改属州。"万历《贵州通志》与《黔记》同，据改。

[②] 马乃：原文误作"为乃"，据《黔记》改。

教言之。盖富所以厚其生，教所以复其性。富而不教，则近于禽兽。必立学校，明礼义以教之，使人伦明于上，小民亲于下，则教化自尔而兴行，风俗自尔而丕变。

"我太祖高皇帝以武功定天下，以文德绥太平，自国都以至于郡邑，莫不建学立师，以执教化之枢机。特贵藩僻在边徼，卫学未设。大参山东李睿以地虽夷域，而武弁戒行，子弟俊秀英发者多，非建学教之，殆变于夷者也！乃请于上而允焉。贵阳军卫学校之设，肇于此矣。

"贵臬副使吴懋遂大建都匀之学，极其完美。众请记其事于石。予惟学校为养贤之地，作学在执政之良。学校兴则人材盛，人材盛则天下化成矣。吴公自科目发身，凡所经历，孜孜以学校为己责者，诚知夫学校乃感化人心之机、转移风俗之本，使执政者皆以作兴学校为心，则何忧乎教化之不兴，风俗之不丕变，人材之不倍出哉？然则能兴学校于废弛之时，智者之事也；能悯斯民于彫瘵之日，仁者之事也。教化之政既举行矣，养民之政尤当加意焉。富教兼备，仁智交尽，殆不悖于圣贤之道也。予故始终以富教之事为将来者告。若夫豪杰之士，出己赀以资费者，具勒名于石。文不复载。"

宫室

谯楼 在府城内东山之上。弘治十二年，副使阴子淑以是楼有鼓无钟，乃移观音寺钟悬于上，晨昏钟鼓之制始备。

本官诗："千仞东山百尺楼，登临陡觉豁双眸。轩窗弘厂吞云雾，钟鼓和鸣彻斗牛。四面清风消瘴雨，一方佳致敌瀛洲。边城壮观从今盛，镇服诸蛮不用忧。"

寺观

观音寺 在府城内。洪武二十四年，指挥黄镛建。永乐十二年，都指挥陈原重建。成化元年，寺僧古廷子兴增建山门。弘治七年，寺僧皆归正，寺渐废矣。

三清观 在府城中。旧在城内西南隅。永乐十二年，都指挥陈原迁建于此。

高真观 在府城内东北隅。永乐十二年，都指挥陈原建。成化一十三年重修。中有杰阁曰玉皇。

祠庙

文庙 在府学内。宣德八年，贵州按察副使李睿、都指挥陈原建。弘治十年，副使阴子淑重修。知府杜礼创置祭器，庙貌礼文粗备。

城隍庙 在府城内。永乐间建。宣德间，都指挥陈原重修。

贵州教授王训《重修城隍庙记》：

"城隍载在祀典，其神赞天地，辅国家，功德至大而远，与百神不侔。圣朝制为礼仪，自京都以及郡县，皆建祠设壝，合风云雷雨山川而祀之。春秋祈报，礼既有常，又命之以主厉祭享之，以誓有司，灾眚必告，水旱必祷。通于天下，无地而不尔焉。

"都匀卫界于瓯贵间，僻壤以险，引一旅而制夷，据孤城以独守。镇守都指挥同知陈公原昔自为卫，即以治人事神为重，于斯尤致谨焉。若曰卫之所赖以为安者，城也；城之所恃以为固者，隍也。然既有神以主之，而崇于国典矣。吾吏于兹，其守土治民，职相表里，可不尽诚敬以答神意乎？用是，考礼命工，弘构祠宇。于凡庙谒，必三肃而入，步趋容止，俨然如与神接。余四十年来，未尝少懈，兵旅地方之重，公府动作之微，有疑必质焉。

"近以夷丑弄兵，进逼城市，势之窘迫，几于不支。公复率军府之众，祷之曰：'原不任，致斯兵燹，愿以身殉，竭私产以赈乏与众，效死勿去，冀神目鉴，愚盟守以待。'后幸而获全，则神之赐。城在围凡十月，或战或守，动与机合，制胜图全，若阴有指示之者，寇以是日馁，消磨剗削，率以清宁。

"是盖公素有以感动之，神之阐灵敷惠亦宜也。而其祠宇雄壮，宫室丽美，侍卫之森严，居寝之精洁，视他祠无与为比。此皆公诚敬之至，所当致孝于神，非若不务民义而谄渎也。尚俱后来者或不知而忽此，其宁不有芜秽门庭而狼藉几案者矣？乃属予书其事，刻诸石以告之神，知公所以事神之意而继之以诚敬焉。庶几乎应不爽，以永延神惠于无穷，此则公之至也。"

社稷坛 在府城西。

山川坛 在府城东。

厉坛 在府城北。

旗纛庙 在都匀卫治后。洪武间建。

清源庙 在府城东山之麓。洪武间建。其神乃灌口二郎。郡人祀之甚虔。

汉寿亭侯庙 在府城内北。

吉祥庙 在府城中。洪武间建。祀五显之神。

文昌祠 在府学后。天顺间建。

关梁

  平定关 在府城北二十五里。旁有平定桥。
  威镇关 在府城西四十里。
  俱洪武二十四年置。
  迎恩桥 在府城北一里。
  来远桥 在府城北二里。
  平定桥 在府城北二十里。
  杨安渡 在府城东五十里。
  云津渡 在府城西一里。

馆驿

  来远驿 在府城北一里。
  都镇驿 在府城北七十里。

古迹

  废合江州 在府城东南二百五十里。宋置,为羁縻州。元初因之,隶两江溪洞思明路定云府,寻废为长官司。
  废陈蒙州 在府城东南二百里。宋置,为羁縻州。元因之,隶两江溪洞思明路定云府,寻废为长官司。
  废定云府 在府城东一百五十里。元置。
  废麻峡县 在麻哈州南。元置。
  废都云县 在都匀司西十里。元置。今废。
  废都云洞长官司 在都云司东。元置,隶新添葛蛮安抚司。弘治六年,改都匀长官司,徙今治。[①]
  废都云桑林独力等处长官司 在府城西二百里。元置,今废[②]。
  废都镇麻乃等处长官司 在府城北七十里。元置,今废。

---

  ① 本段原缺字,据《黔记》补。
  ② 本段原缺"二百""废"字,据《黔记》补。

名宦①

本朝·何福 洪武间以平羌将军讨平都云②。开建官司，筑城戍军，功著边徼。

黄庸 洪武间任都匀卫指挥同知。号令政事，边人称其能。

陈原 直隶定远人。永乐初任都匀卫指挥佥事。伟丰仪，富才气，善谋能决，兵夷率服。正统末，寇围城，人相食。原罄私产赈济，城赖以全。历官都指挥使，分守都匀地方。年八十二，卒于任。

丁寔 合肥人。任都匀卫指挥使。以武功升都指挥同知。成化初征落卜茹，死于锋镝。朝廷嘉之，以孙晖为都指挥佥事③。

屠升 直隶仪真人。任都匀卫指挥使。读书尚古，有武略。以功升都指挥佥事。子玺嗣职。有诗名。

许衍 字冠群，江西吉水人。成化间任都匀卫学训导。有学行，勤于诲人。在任十五年。致仕而去。

流寓

本朝·廖驹 闽人④。宣德初，从戍都匀卫，以诗名于时⑤。累荐不就，号强恕先生。

人物

五代晋·尹怀昌 以雄杰为都匀酋长。天福五年，率其属十二部附于楚。

本朝·李琰 字廷玉，都匀卫人。事嫡母宋氏，以孝闻。母疾，亲尝汤药，衣不解带者两月，疾革，割股和羹以进。及卒，哀毁踰礼。内外称之。⑥

---

① 名宦：原文误作"夕山"，据本书其他章节体例及万历《贵州通志》改。
② 洪武间：原缺"间"字，据万历《贵州通志》补。
③ 本段中，"合肥人"，缺"人"字；"以武功升"，"升"原文误作"隆"；"锋镝"，原文误作"锋铺"，据《黔记》改。
④ 闽人：原文误作"门人"，据万历《贵州通志》改。《黔记》作顺昌人，顺昌在福建南平。
⑤ 以诗名于时：原文误作"以诸名门于时"，衍一"门"字，"诗"误为"诸"。
⑥ 本段原缺"新尝汤药"之"尝"字，"哀毁逾礼"之"毁"字，据文义补。

科甲

金溥 都匀卫人。正统九年举。任四川浦江县学教谕。
袁伟① 都匀卫人。正统十二年举人。
钟祥 都匀卫人。成化十九年举人。

列女

马氏 都匀卫指挥佥事束昱妻也,封恭人,夫病将殁②,马氏具命妇冠服拜于祠堂,曰:"夫妇之道,生同室,死同穴。今夫将死,妾复无子,独生何为?"又泣拜其姑,亦以此言。姑惧,遍请其夫之□之妻③,大小毕至,劝以勿死④,累日。及夫卒,马悲泣,尽以家务属于其姑,曰:"夫妇义重,分在必死。"众见其诚切,不敢深拒,遂入室,闭户自经。事闻,表其门曰"贞烈"。
包氏 郡氓仲家女也。归都匀军士刘进,进以父挽运将归,往迓之,溺死。包氏往求其尸⑤,负归。谓邻妇曰:"吾年二十二⑥,无子,岂能再事人乎?"入夜,自经。按察副使吴立嘉其贞烈,为营圹冢合葬之。具以事闻,参议李芳为之传。
秦氏 都匀卫所镇抚秦斌女。年十六,适百户石王之子珍。永乐十八年,珍上京求嗣职而卒。秦年甫二十,誓守女节,养姑至孝。年七十四卒。始终无玷。乡邻白于当道,具宝上闻,未之旌表⑦。

仙释

石三泉 郡三清观道士也。踪迹诸异。尝自谓己独居无侣,召双鹤来巢。久之不去,鹤□地产⑧。时人神之。后不知其所终。

---

① 袁伟:原文缺"袁"字,据万历《贵州通志》补。
② 将殁:二字原文缺,据《黔记》补。
③ 遍请其夫之□之妻:此处缺一字,《黔记》此处作"遍请夫僚友",但劝妇人不死,请夫之僚友当无道理。此缺字应是"僚"或"友"字。
④ 勿:原文误作"忽",据《黔记》及文义改。此段还有几处缺字,亦据文义及《黔记》补足,不再出校。
⑤ 包氏:原文误作"包门之",据《黔记》改。
⑥ 二十二:原文缺,据万历《贵州通志》及《黔记》补。
⑦ 未之旌表:万历《贵州通志》作"旌表"。
⑧ 鹤□地产:此句万历《贵州通志》及《黔记》均无。

题咏

百尺高楼枕水隈。

监察御史丁养浩《登都匀城楼》诗:"百尺高楼枕水隈,望中遥指越王台。云连树色天边尽,山压河流地底来。簇簇鼓旗终日有,溟溟烟雨几时开?龙沙血战壮儿死,野老吞声哭未回。"

开府谩劳经绝域。

前人《闻都匀新开府治》诗:"年去年来年复年,是谁筹策为安边?也知士论终无定,却恐人心总不然。开府谩劳经绝域,无苗谁肯垦闲田?到头成败贞何在,一任悠悠听彼天。"

旗翻晓日千村静。

贵州参政黄琏次前韵:"都匀远隔楚天隈,山势低低处处台。岩桂飘香秋景到,苗民梗化使车来。旗翻晓日千村静,剑扫寒烟四望开。传播天威人自服,不劳阵法散军回。"

地势正当三楚尽。

按察佥事罗昕次前人次韵:"龙场路口蟒山隈,百雉城阴见将台。地势正当三楚尽,水声遥度九名来。牙旗影里星辰动,铜鼓声中雨雾开。东望洪江三百里,狂澜今日为君回。"

殊方重见通王贡。

前人诗:"边城谁谓少同侪?文武衣冠道谊谐。军命五车兵转肃,苗山千仞力堪排。殊方重见通王贡,俗吏无庸启厉阶。三月莺花浓似锦,不妨尊酒共倾怀。"

麻哈州名旧地名。

贵州按察司副使沈庠诗:"都匀官道少人行,麻哈州名旧地名。便欲题诗挥笔阵,也须仗酒破愁城。深沼险径劳夫力,细雨寒烟动客情。明日征车当早发,灯光先为报新晴。"

山州今日始巡行。

前人诗:"山州今日始巡行,官吏寥寥具姓名。公廨清虚疑野寺,土垣荒落当边城。一年佳节殊无兴,何处黄花自有情。造化从来难测度,明朝未可必阴晴。"

烧山夷獠隔溪西。

贵州按察司副使阴子淑诗:"仗节山行路欲迷,仰窥林隙觉天低。浑无日色薰人眼,谩有花香衬马蹄。唤子猕猴悬树北,烧山夷獠隔溪西。满前景物知多少,细问舆夫为品题。"

翠微深处护城隈。

前人《都匀分司有怀同寅罗公旦》诗:"翠微深处护城隈,眺望凭栏对月台。云影忽将新雨过,鹊声谩报好音来。寻常戎马田秋熟,多少人家户夜开。边徼无妨烟瘴冷,思君不见几肠回。"

"孤城环抱倚云隈,坐爱林阴转柏台。蔬圃隔池分绿去,蟒山当面送青来。身缘豸服妨轻举,镜为霜髭懒再开。只把辛勤了公事,不应寒谷说春回。"

斜照留晖半抹台。

前人《再用韵寄诸同寅》:"西风吹雨过溪隈,斜照留晖半抹台。天道刚收蛮瘴后,人心县望福星来。分携几月吟怀苦,对酌何时笑口开。城市凄凉边警靖,与君秋半约同回。"

南风迎节上西门。

前人《登城西楼观莲》诗:"南风迎节上西门,为爱开筵面野村。劝酒船行时正午,采莲人过水初浑。歌声拂槛添新兴,山色笼烟影绿尊。情浃主宾均一醉,天涯宦况底须论。"

使节到匀城。

前人诗:"使节到匀城,寒炎遽尔更。山岚时引拽,蛮语自伧佇。梦向天涯统,夏随眼底萦。形劳心亦苦,曾有不平鸣。"

山川风物似中州。

贵州易弦诗:"五树亭前一纵□,山川风物似中州。可忧独有狼烟警,愿向樽前借筋筹。"

第十卷　永宁州

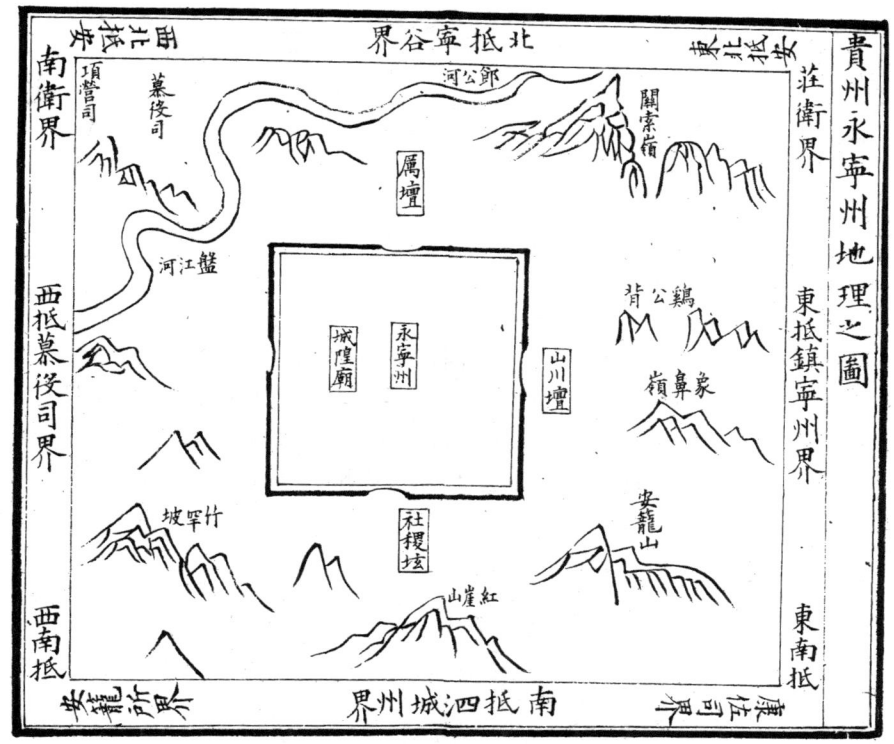

贵州永宁州地理之图

长官司

顶营。慕役。

建置沿革

《禹贡》荆梁之外，星分参井之余，贯沈之次。汉唐为黔中牂牁之地。乌蛮、佷人、犵狫所居。元置永宁州①，初为达安夷民打罕，隶云南普定府。大德七年，改府为普定路军民总管府，隶曲靖宣慰司②，州亦隶焉，寻改隶湖广省。至正间为广西泗城州所并。洪武十四年，普定府土酋同知安瓒不恭，命颍川侯傅友德讨之③。寨长叶桂新等率众款附。洪武十六年，仍置永宁州，隶普定府。洪武十八年，府废，改隶普定卫军民指挥使司，隶贵州都司。正统三年，改隶贵州布政司，领寨六、长官司一。

郡名

永宁元名。达安古名，夷语讹为"打罕"。

至到

地里

东至镇宁州界二十五里，西至广西泗城州界二百九十里，南至广西泗城州界一百六十里，北至安顺州宁谷长官司界三十里，东南到镇宁州康佐长官司界一百三十里，西南到广西安笼长官司界三百六十里，东北到安庄卫界一百五十里④，西北到安南卫界三百五十里。自州治至南京四千八百二十里，至京师八千三百里。

形胜

山川险阻，林箐蓊郁。《一统志》。
阻以重山，环以众砦。同上。

风俗

夷民五种，习尚不同。《州志》：夷有五种，曰仲家，曰罗鬼，曰犵狫，曰苗，曰龙家。虽习尚不同，然短衣科头、男女自婚，大率相类。

---

① 永宁：原文误作"水军"，据嘉靖《贵州通志》改。
② 曲靖：原文误作"曲遗"，据万历《贵州通志》及《黔记》改。
③ 颍川：原文误作"颖州"，据《明史》改。
④ 一百：原缺"一"字，据万历《贵州通志》补。

刻木为记。《旧志》：本州夷民皆广西泗城州分拨而来办纳粮差者，唯卜狆仲家，颇通汉语，凡有借贷，以一小木刻其物之多寡，日之久近，折而分之，彼此各藏其半以为信。男女皆着青布短衣，科头跣足，好佩弓弩。女人细摺长裙。架楼为居。饮食用铁三角架、沙锅炊之。鼠、虫、蚱蜢以为美味，饭食皆草具。纵有牛羊之馈，亦不精洁。婚姻以牛羊为聘。死丧杀牛祭鬼，击铜鼓举哀。近时亦有效汉人衣冠者矣。

食生咂酒。慕役长官司所部皆白罗罗，即古所谓白蛮也。乌蛮为大姓，白蛮为小姓。今慕役者皆白罗罗，在水西者皆黑罗罗。性奸顽，短衣跣足，常佩刀弩。一言不合，辄相戕害。妇人着青衣长袍，披发结其永垂于顶后。男女皆以羊皮一片悬于肩背以为礼。喜食生，以鸡豕鲜肉斫而为脍，和以草果蒜泥食之。酿大麦、苦荞、黄稗为酒，不莒缩，筒吸而饮。余与乌蛮同。

卜用鸡骨。顶营长官司所部皆仲家。与汉人友善，呼曰同年。性勤啬，善艺木绵，岁取崖蜂之蜡，贸易为生。疾病不服药，惟取鸡骨以卜之。服食器用、婚丧葬祭，与本州同。

山川

红崖山 在州西北八十里。悬崖绝壑，壁立万仞，惟东面可登。顶上有韭薤桃杏蔬果，但可取食。欲持归，则迷失其道，若有鬼神呵护之者。山畔有洞，宽广若堂，深数十丈。广有杉木，方五片，不知何时所贮，其色如新。洞前有石人、石马各一。近山居民间闻洞中有铜鼓之声。或崖上红光如火，则是年必有瘴厉。世传以为诸葛武侯驻兵息鼓之所。夷人每年一祭，牲用乌牛白马。或三年一祭，祭则必岁稔人和。

安笼箐山 在慕役司北五十里。山峦相接，林木蓊密。周四十里，官道竟其中，险阻难行。

箭眉山 在顶营司西一百里。地名陆堡，势极高大，周四十余里，河流萦纡其下。巅有两峰，山半一谷，甚宽平，可耕凿，土气多燠，蔬果四时不乏。游人惟可取食，不可怀归。间有怀者，辄迷其路，不能出。且多烟瘴，不敢久居，惟土著仲家夷居其中焉。

打罕坡 本名达安，在州北十里。州道经行其上，凡十里，极为崎岖。

鸡公背坡 在顶营司东三十里。形如鸡首，与关索岭对峙，山趾界以溪涧。

本朝贵州左参议吴裎诗："背耸青霄报晓晴，路人来往尽知名。夕阳照处鹡鸰避，雾雨开时鸟省惊。恋树顿云成羽翼，斗溪流水作喈声。昔年待漏朝天阙，喔喔惊霜正五更。"

象鼻岭 在慕役司西北四十里，大道经其上[1]，险峻难登。

关索岭 在顶营司治东。势极高峻，周四百余里。上有关索庙，因名。

盘江 在顶营司西四十里。源出乌撒蛮界。水性驶而浊。夏秋之交暴雨，水气上升成红绿色，行人触之即病瘴。《三国志》载诸葛亮南征至盘江，即此。

白水河 在慕役司西北三十里，驿道之侧[2]。水自高崖下注，长数十丈，飞沫如雨，凡二三里。盖贵州瀑布水之至大者也。

郎公河 在慕役司东南三十里。湍流疾急，不能为桥，惟设舟楫以济往来。

土产

木绵。苎麻。芝麻。甘蔗州境俱出。雄黄慕役司出。

公署

州治 在打罕坡下，洪武十六年建。

顶营长官司 在州南一百五十里。元为顶营寨。洪武十九年置长官司，领寨三。

慕役长官司 在州西一百七十里。元为慕役寨。洪武十九年置长官司，领寨四。

盘江巡检司 在州西北一百六十里。洪武中建。

永丰仓 在州西南四百一十里。安南卫城内。洪武中建。

寺观

观音寺 在慕役司，洪武开建。

祠庙

城隍庙 在州治西。洪武十六年建。

社稷坛 在州治东。

---

[1] 大道：指滇黔大道。"大"字原文误作"六"，据万历《贵州通志》改。

[2] 侧：原文误作"例"，据万历《贵州通志》改。

山川坛　在州治东。

厉坛　在州治北。

关索庙　在关索岭上。

云南左布政吕囦诗："终古雄威执政俦，独遗野庙向山头。滇阳南上一千里，白水东流几万秋。花落庭前春寂寂，鸟啼关外路悠悠。三分天下功劳著，父子精忠冠九州。"

监察御史张淳诗："力扶帝胄僻川东，百载辛勤塞草红。炎焰再然凭伟勋，南邦奠枕赖神功。仲谋僭据终无据，孟德奸雄未足雄。万古不磨忠义气，嵯峨庙貌白云中。"

关梁

箐口关　在安笼箐东。

白水桥　在慕役司西北三十里，白水河上。洪武二十五年，右军都督府都督王成奉敕建。本人记：

"巍巍乎惟天为大，惟尧则之，故圣人之御天下，则天之大，苍生之伦，靡不覆育，岂有夷夏之分哉？圣朝既宾服四夷，玄关之北，鄨闑之南，莫不向化，稽之于古，莫感于今。

"洪武壬申秋七月，子以右军都督，钦承制曰：'贵之普定，当南藩要冲，控制诸夷，白水河、关索岭、盘江，险阻特甚，宜建桥梁，以济公私。汝往，钦哉。'

"受命之后，夙夜惟寅，率是卫指挥陈忠等督工万人，以八月十六日起工，迄十二月一日，凡四阅月而成。夫兴大役于遐荒之域①，俾蛮民服役而乐于输功，盖由皇上之威风文德，有以绥靖而来之也。抚兹伟绩，予何加于毫末哉。奉命惟谨而已。今石梁底定，宾旅往来，履道坦坦。可不志其岁月，囗于求久，四勤石于桥石②，以昭国家威德之大，云是为记。"

南云桥　在顶营司西三十里，关索岭下。与白水桥同建。

者马桥　在州西六十里，打孙寨前。路出者平，通泗城州。成化十年，头目黄广建。

盘江渡　在顶营司西，盘江之上。

---

① 遐：原缺，据嘉靖《贵州通志》补。

② 四：当为"因"之误。勤：当为"勒"之误。

馆驿

查城驿 在州西一百三十里。洪武十五年建，隶普定府。府废，隶普定卫。正统三年改隶本州。

古迹

诸葛营 有二，一在红崖山上，一在盘江上。世传诸葛武侯南征，屯兵于此。

马跑泉 在关索岭畔。索，羽之子也，从丞相亮南征①，开道过此。渴甚，忽所乘马跑地，泉涌出，军亡以济②。

名宦

汉·关索 羽之子也。忠勇有父风。后主时，从丞相亮南征开道。

本朝·张融 洪武六年，任永宁州同知。立法度，建州治。抚绥有方，人皆悦服。

叶泰 湖广荆州人。宣德中任永宁知州。莅政恺悌，夷民畏服③，任满最课，升应天府治中④。

陈佐 江西吉安人。正统间任永宁州知州。沉静端谨，六事脩举。寻升四川重庆府同知。

人物

本朝·杜伸任 普定府人。洪武初以荐任慕役长官司副长官。招怀安集之政，甚为夷民所仰。

程士贵 永宁州人。洪武初荐任顶营长官司长官。保民靖边，政勋显著。

题咏

皇明文轨万方同。

---

① 丞相：原文误作"承相"。
② 亡：当误或衍。
③ 畏服：原文作"囗民"，据万历《贵州通志》及《黔记》改补。
④ 治中：原误为"治申"，据贵图本改。

贵州按察司佥事周孟中《过关索岭》诗："两山相对势摩空，小涧危桥一线通。迓远夷官知礼数，备严寨老带蛮风。降高恍若来天上，升下犹如出井中。独立山头瞻北斗，皇明文轨万方同。"

保障真为万里城。

贵州按察副使沈庠《关索庙》诗："青史曾留汉将名，登祠犹自仰休声。英雄何止千人敌，保障真为万里城。力挽东川空有恨，功收南服不劳兵。地方血食居人赖，闻说精灵俨若生。"

白云回首亲庭远。

贵州易统《过安笼箐》诗："古木缘萝夹道生，清凉雅称往来行。绿阴落地琉璃碎，翠葆摇风鼓吹鸣。屐齿折因逢路险，吟髭剩为咏诗成。白云回首亲庭远，啼鸟何堪更怆情。"

第十一卷　镇宁州

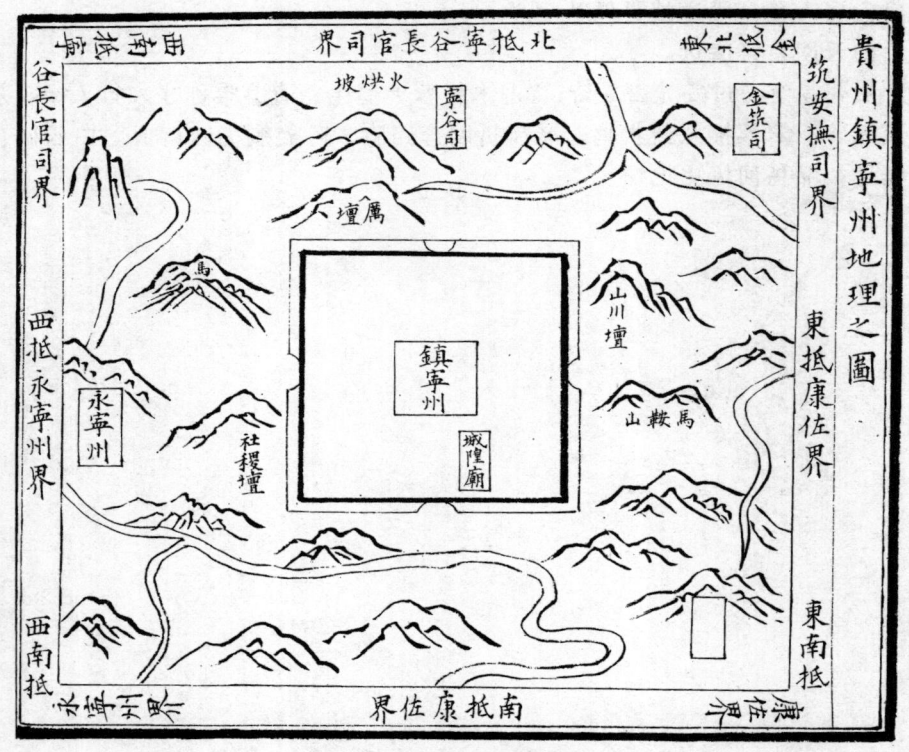

贵州镇宁州地理之图

长官司

十二营。康佐。

建置沿革

《禹贡》荒服之地，天文参井分野。汉、唐、宋为牂牁罗甸国地，号普东部。元于罗黎寨置和弘州，寻改镇宁州，隶云南省普定路。大德间，改属曲靖宣慰司，隶湖广省。洪武十六年，仍于罗黎寨置州①，属普定，府废，改属四川普定卫军民指挥使司。正统三年，改属贵州布政司，领寨六、长官司二。

郡名

普东宋名。罗黎元名。和弘元名。夷语讹为火烘。

至到

地里

东至安顺州界七十里，南至永宁州界三十里，西至永宁州界五十里，北至安顺州宁谷长官司界二十里，东南到安顺州界七十里，西南到永宁州界三十五里，东北到金筑安抚司界一百里，西北到安顺州界五十里。自州治至南京四千八百六十里，至京师八千二百二十里。

形胜

重岗峻岭，众溪环绕。《一统志》。
山川险阻之墟。《一统志》。
控镇百蛮，抚驯诸部。《新志》。

风俗

夷民杂居，风俗各异。《一统志》。
婚姻论牛。《一统志》。
茹毛饮血。《旧志》："州民多泗城州分拨耕种，狆民善造镖弩箭镞，傅以毒药②，中者立死。饮食率草具，虽有屠宰，不过茹毛饮血而已。婚姻服食与永宁州同。比年渐染华人之风，稍变其陋，是亦气化之使然也。"

---

① 罗黎寨：原文误作"维黎寨"，据本段前文及万历《贵州通志》改。
② 傅：原文误作"传"，据嘉靖《贵州通志》改。

牛革裹尸。《新志》："州民居十二营者皆白罗罗，近水西者皆黑罗罗。凡死丧，宰牛祭鬼，披甲执枪，乘骏马往来奔骤状，若鏖战，以迎神鬼。祭毕，用牛皮裹尸焚之。"

跳月成婚。《新志》："部民曰康佐苗者，语言聱诘，服食粗鄙，不循约束，做事顽拗，喜于深林僻野结屋以居。男则束发不冠，女则服花衣，杂以五色细珠为饰。男女未婚者，每岁三四月聚集于场圃间，中立一竿为鬼竿，环绕跳跃，戏谑歌唱，相得者至晚则负女以归男家。父母初不较，久方请谋通说，索牛为聘。有丧则举家以杵击臼，更唱迭和，三五日方置尸岩穴间。藏固深閟，人莫知其处。"

山川

马鞍山　在十二营司东三十里。形如马鞍。

火烘坡　本名和弘，在州治北十里。山高坡陆，其地气燠。虽隆冬登此，亦流汗浃背。

公具河　在十二营司东北四十里。旁有公具寨，故名。灌溉田亩，居民利之。

阿破河　在十二营司北五十里，以寨得名。土人以索为桥于上。《旧志》名阿坡河。

龙潭　在十二营司西。水色深黑，祷雨辄应。

摆山洞　在康佐司东十里。广七丈，深莫测。旁有摆山寨，因名。

既济泉　在州治东北。其地极热，而此水独凉，故名。

凉水井　在十二营司北一里。其水极凉，冬夏不竭。

土产

木绵。苎麻。甘蔗俱本州出。漆。漆蜡压漆子成之。五倍子。茶州境皆出。红花十二营出。蜡。降真香。草果。紫杉木俱康佐司出。

公署

州治　在本州，地名罗黎寨，即火烘。洪武十六年建。

十二营长官司　在州北三十里。元为十二营寨。洪武十九年，置长官司，领寨二十九。

康佐长官司　在州北四十里。元为康佐寨。洪武十九年，置长官司，领寨四。

镇宁在城税课司　在普定卫城内。洪武十六年建，属普定府。府废，属普定卫。永乐九年，改普定卫税课司。正统三年，改属本州，又改镇宁在城税课司。

寺观

万安寺　在十二营司境内。

祠庙

城隍庙　在州治东。洪武十六年，同知赵贵建。寻废。弘治十一年，署州事吏目刘琮改建于本州治南。
社稷坛　在州治西。
山川坛　在州治东。
厉坛　在州治北。
俱洪武间建。
龙王庙　在十二营司东一里，龙潭之侧①。土人祷雨多应。

关梁

天生桥　在十二营司东北四十里。
索渡桥　在十二营司北五十里，阿破河上。河水湍急。土人以藤绞为二巨索，贯以木筒，系于两岸。过则缚于筒，用游索往来，相牵以渡②。旧名阿破桥。

馆驿

安庄驿　在州治南一百里③，白水站内。洪武十五年建。先属普定府。府废，属普定卫。正统二年，改属本州。

---

① 侧：原文误作"恻"，据《黔记》改。
② 渡：原文缺，据万历《贵州通志》补。
③ 一百里：原缺"一"字。赵按：万历《贵州通志》作"离安庄城三十里"，《黔记》作"离城三十里"。因镇宁州原设于火烘哨，并不与安庄卫同城，嘉靖十一年，因御史郭弘化提议，才改设于安庄卫，镇宁州与安庄卫同城。此处的"州治南"并非与安庄卫同城时的州。据《黔记》载，火烘哨距安庄卫一百里，则安庄驿距镇宁州旧治断不会有二百里之多，因此，此处补为"一"。

古迹

普定故城① 在十二营司东南二十里。洪武十四年，大军克平普定府，暂立此城以守御之。十五年，征南将军傅友德徙于今普定卫治。而故城遗址尚存。

名宦

本朝·赵贵 洪武十六年，任本州同知。抚摩有方，因俗成政，不规规然泥于法制。民乐趋事，不后期。其本州创建，贵力居多，仕于其□者，今尚则之。

黄琳 昆山人。任本州知州。以身率人，部落向慕。后以考最升盐运司同知。

萧显 山海人。由进士任兵科给事中。以言事出知本州。政贵和裕，工草书。政暇率缙绅游览境内胜处，多形赋咏。寻升衢州府同知，迁福建兵备副使。

人物

本朝·萧杰 镇宁州人。洪武初任十二营司长官②。子惠部落，境内康乂③。子贤嗣序，卓有父风。人皆德之。

薛福寿 镇宁州人。洪武初任康佐司长官。安集流散，抚字困穷。民始复业④。

于成 镇宁州人。任康佐司副长官。时州民窘于征赋⑤，逋窜者多。乡寨空虚，田亩荒废。成多方招徕，俾安生理，宽复租徭，民戴之如慈母。

列女

杨氏 本州十二营僰人杨太女。祖仕元为普定府通判。洪武十四年，天

---

① 普定：二字原缺，据文意补。
② 长官：原文误作"艮官"，据万历《贵州通志》改。
③ 康乂："乂"字原缺，据《黔记》补。
④ 复：原缺，据《黔记》补。
⑤ 州民：原误作"用民"，据《黔记》改。

兵南征，安陆侯吴复时为裨将①，留镇普定。闻杨聪慧有志操②。以礼聘之。十六年，侯薨，杨哀毁几至灭性。翼日沐浴更衣③，于灵几后自缢而死。事闻，赠贞烈淑人，仍于文家表其门。

题咏

州衙荒落知何处。

本州同知萧显《宿普利驿》诗："檐外雨声连夜响，客边人对一灯昏。州衙荒落知何处，夷俗腥膻不可言。白日尚余吾道在，皇天应鉴此心存。勤民六事愧难尽，岂有涓埃答圣恩。"

客楼风月新诗在。

太仆寺卿□原次韵："故人契阔几寒温，云海沧茫望眼昏。到处人情应已了，别来心事向谁言？客楼风月新诗在，京国文章旧价存。万里相期摅寸赤，浮生一饭□君恩。"

万山深处昼常昏。

翰林学士倪岳次韵："地比镇宁知更僻，万山深处昼常昏。怜君远道传诗句，愧我临岐忆赠言。夷险不妨身总健，乾坤无负道终存。官闲尚有囊中粟，感激宁同一饭恩。"

南服奇山助永言。

太子洗马罗璟次韵："君在镇宁康健否？思君默默几朝昏。西垣谏草留遗直，南服奇山助永言。纳纳乾坤吾道泰，悠悠岁月此心存。愁来白发添多少，惜取精神报主恩。"

遗迹多从父老言。

翰林侍讲李东阳次韵："翁在江南儿在此，天涯无复问晨昏④。幽怀每共官僚说，遗迹多从父老言。白雪新词真寡和，青毡旧物想长存。君看道路逢迎地，犹是当年侍从恩。"

侏僇久听解蛮言。

陈璚次韵："乱山绝域人何远，野草荒烟日易昏。冠盖乍临轻棘遗，侏僇久听解蛮言。客中服食身常健，笔底殷勤舌自存。人望谢安宜复起，君王浩荡有洪恩。"

---

① 侯：原误作"便"，据《黔记》改。
② 聪：原缺，据《黔记》补。
③ 翼日：原误作"置日"，据《黔记》改。
④ 问：原文误作"间"，贵图本改了，但仍不清楚。

有使难通鴂舌言。

翰林侍讲王臣次韵:"边徼重山蛮雨暗,秋风黄草瘴烟昏。无溪不接文身地,有使难通鴂舌言。马耳缺时占已定,虎须将后险犹存。巢南更远知无忘,一饭能忘圣上恩?"

风高北应联群过。

翰林修撰吴宽次韵:"尺书遥向天高寄,秋晚□□病眼昏。把袂尚怀前日别,开缄如对故人言。风高北应联群过,霜后青松壮节存。莫道遐方为久计,赐环终许荷殊恩。"

瘴乡深喜独生存。

兵科给事中马中锡次韵:"昨复题画问远人,天涯何处倚苗昏。玄都观里非前度,武德年中有谠言。琐闼谩思同出入,瘴乡深喜独生存。始知去在皆君赐,莫道南还不是恩。"

风厉南荒劲草存。

贵州按察司周孟中次韵:"普东迢递隔天门,瘴雨溟濛白昼昏。分竭寸丹期小补,罪当万死在空言。日高廿极倾葵远,风厉南荒劲草存。不是孤臣教暂谪,殊方何事沐皇恩。"

第十二卷　安顺州

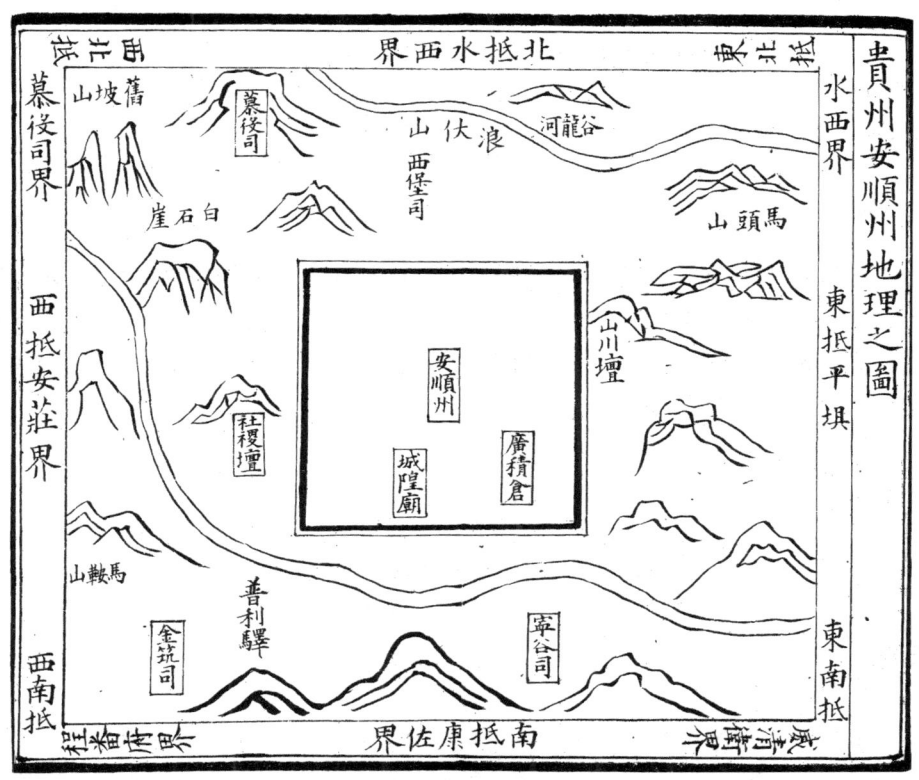

贵州安顺州地理之图

长官司

宁谷。西堡。

建置沿革

《禹贡》荆梁二州外境，天文参井分野。唐为罗殿国地。宋为普里部。元置习安州①，属普定府，隶云南省。洪武十六年改安顺州，隶普定府。十八年，府废，改属普定卫，隶四川都司。寻改隶贵州都司。正统三年，改隶贵州布政司，领寨十二、长官司二。

郡名

习安元名。安顺同上。普川同上。

至到

地里

东至平坝卫界六十里，西至安庄卫界七十里，南至程番府界六十里，北至镇宁州界二十里，东南到程番府界六十里，西北到镇宁州界三十里，西南到安庄卫界四十里，西北到镇宁州界三十里。自州治至南京四千九百一十里，至京师□千二百九十里。

形胜

崇山峻岭为之郛郭，惊涛急流为之襟带。《旧志》。

风俗

风气舛污。《州志》："州民皆龙家夷类，多张、刘、赵、谢四姓。通黄语，识文字，有事刻木为记。性奸狡，好争斗，与人不合，辄蛊毒之。出入佩刀弩，科头跣足，以背负物。妇人或束髻于项，用皂布包之，呼为大头龙家。或团发垂两耳畔，呼为小头龙家。每岁七月七日宰牛赛神，调之做鬼。男女十五六岁听其出外，相悦则为偶。风气舛污之甚，近亦能染如华人矣。"

咂酒待宾。《州志》："宁谷长官司部落黑罗，古乌蛮也。凡宴会不用杯酌，置糟瓮于地，宾主环坐，沃水瓮中，以藤吸饮。人死，以牛革裹尸焚之。"

宰牛为盟。《旧志》："西堡长官司部落皆犵獠，曰红犵獠，曰花犵獠，曰打牙犵獠，其名虽殊，其俗无异。性狠毒好杀，出入佩刀弩，执兵杖。依山负险，为寨以居，乍服乍叛。男

---

① 州：原文缺，据万历《贵州通志》及《黔记》补。

女科头跣足，短衣摘须。妇人耳穿大孔，裳用花布攒围之，曰桶裙。死丧不用棺，积薪焚之。与人有仇，宰牛聚其种类，设盟助力，以报其仇，但得杯酒片肉者，虽冒白刃而死，亦不之恤。如与甲有仇，甲已死亡，凡甲之亲属皆与之构仇不息。近被王化，駸駸稍革其暴悍之风矣。"

山川

旧坡山 在州治西北。其上两峰险峻。中有石关，郡治因之以为隘。

新坡山 在州治西北。其巅长广五里。州治枕之以为形势。

岩孔山 在州东四十五里。高峻盘桓，顶平广，可坐万人。山畔有孔，傍有崖孔寨。

马首山 在州东南四十里。山势崇高，形如马首。

马鞍山 在宁谷司西一十里。双峰屹立，如马鞍然。

浪伏山 在西堡司治后。元置习安州于此山下。

伐乍山 在西堡司南六十里。山高箐深，多材木焉。

白石崖 在西堡司西山十里。石白崖高，顶平可居，且有泉水，四时不竭。崎险难登，惟有一径，仅可攀援而上。蛮人恃之，以为硬寨。成化间为官军所破。

贵州左参议吴禔诗："白石崖高未易攻，曾临此险效孤忠。已将德化招渠丑，更出奇谋破敌雄。风动兵戎欢奏凯，雷轰民庶乐呼嵩。边隅只得干戈息，何用燕然自勒功。"

红土坡 在州西南十五里。土色如砾。

黑土坡 在州西南一十里。土色如墨。

楚由洞 在西堡司东南五十里。山高万仞，盘桓起伏，逶迤三百余里。洞在山畔，深广亦百余里。

播老鸦洞 在西堡司南六十里。山势险峻，洞深不可测。

谷陇河 在西堡司治前。下流合乌江。

乾海子 在宁谷司东南四十里。水泛成湖，其面甚阔。凡云南值旱，此水则地溢，境内必丰登。云南水潦，此水则涸，境内必旱。验之多应。水涸时，人于中得云南所用之海巴，因知其地脉或相通焉。

清水井 在宁谷司东三十里。水极清凉，因名。

土产

稻 州境土壤饶沃，宜稻。虽邻境荒歉，此处必登。**木绵** 宁谷司出，其地多燠，土人隔年矸中土曝干,以火烧之,明年二月布种,则苗高二三尺。著绵最多。**芝麻**、**姜**并宁谷司出。**绵细**西堡司土人以丝绵绩为之,宽仅尺余,有细密花纹者。**刀**西堡司出,锋利,有二镰、三镰之号,胜于他境所铸。**杉木**。**马**。

公署

州治 洪武十五年,建于地名八十一寨。正统间,土官通判阿窝复于普定卫城西南贸地建屋,与流官居住。成化、弘治间,知州李腾芳、蔡坤俱重建。

宁谷长官司 在州西南三十里。元为本寨,隶安顺州。洪武十九年,置长官司,领寨二十九。

西堡长官司 在州西北九十里。元为谷龙寨,隶安顺州。洪武十九年,置长官司,领寨四。

广积仓 在州西南四十五里。普定卫城内[①]。

寺观

开元寺 在州治南。

观音寺 在宁谷司治前。

祠庙

城隍庙 在州治南。洪武十一年建。

社稷坛 在州治西。

山川坛 在州治东。

厉坛 在州治北。

关梁

旧坡石关 在州治西北,旧坡山上。

碧波桥 在州治东二里。

宁谷桥 在宁谷司前。

[①] 城:原文误作"域"。

索桥 在西堡司南四十里，谷龙河上。河宽水急，土人系藤为桥，以济往来。

古迹

废习安州 在西堡司北，浪伏山下。元置，隶普定府。今废。

废普定县 在州治西。元置，隶曲靖宣慰司普安路，寻省入安顺州。

名宦

元·赵将仕 延祐四年，为普定路军民总管府判官。立学校，明理义，通商贾，芟恶植善，政迹大著，阴阳学正罗进为撰德政碑记。

本朝·彭蠡 洪武十六年，仕安顺州同知。创制行政，聿有条理，吏民悦服。

刘肇 江西庐陵人，景泰中仕安顺州知州。宅心惠爱，治事端谨。秩满，部民男妇哭送者盈道。

夏祈 江西桂溪人，任本州知州。梗介有守，处事公平。任满，升淮安府同知。

李腾芳 长沙人，任本州知州。爱人下士，政务修举。西堡夷民生拗，自洪武永乐以来不供粮差，腾芳慑之以威，怀之以德，始皆就约束，如编民焉。

人物

本朝·阿窝 安顺州人。洪武十四年，率众归款①，授本州土官通判。安集人民，时称能吏。

顾真佑 安顺州人。永乐间，以才干荐任宁谷长官司副长官。政令不苟，民人信服。

温伯寿 普定府人。洪武初，以才干授西堡长官司副长官。招抚夷民，谕以威德。强横不庭者，皆纳□谕诚，时称其能。

---

① 款：原误为"欵"。

题咏

拟将文教变夷风。

本州知州殷缙诗:"行行西堡万山中,崖壁嶙岣倚半空。车出羊肠资索引,语如鴃舌倩人通。溪林结屋茅茨小,刀剑随身老少同。自愧无才堪作郡,拟将文教变夷风。"

第十三卷 普安州

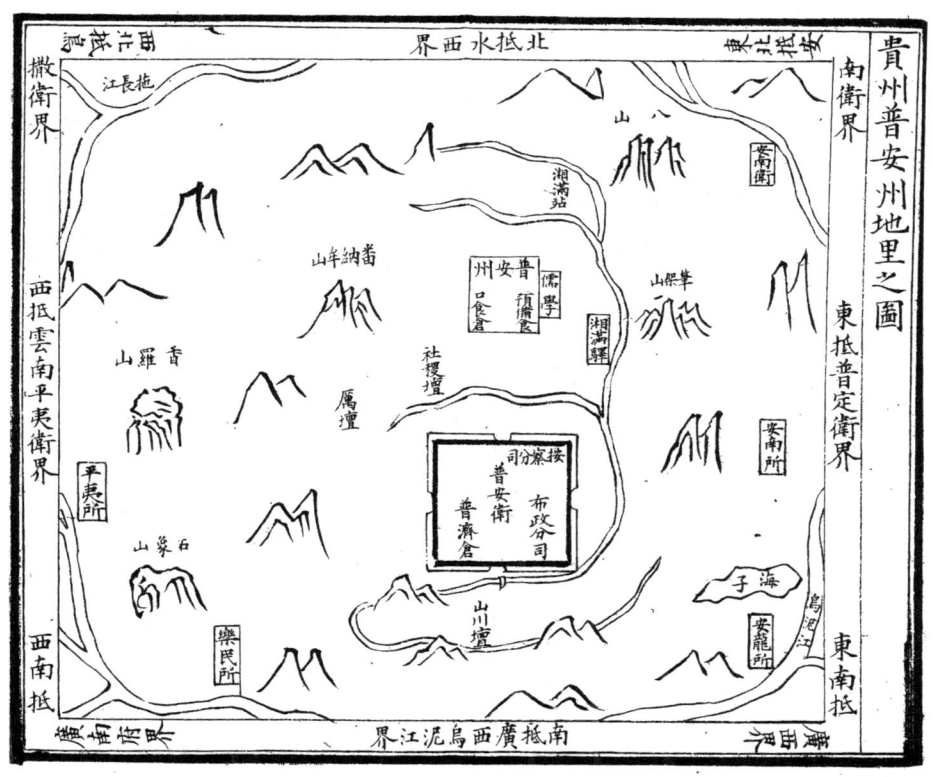

贵州普安州地理之图

建置沿革

《禹贡》梁州之域，天文井鬼分野。秦为黔中地。汉为牂牁郡地。蜀汉、魏、晋俱为兴古郡地①。隋属牂州。

---

① 兴古郡：原文误作"兴吉郡"，据本书他处及《黔记》等改。

唐武德中，置西平州。贞观中，改为盘州，领附唐、平夷、盘水三县，隶戎州都督府。蒙氏时为南诏东鄙。东爨乌蛮居之，号于矢部，或作榆市部。其后，爨酋阿宋更号齐弥部，寻复为于矢部。

元延祐四年内附，置于矢部万户府。寻改为普山府。至元间改置普安路，领和能、八纳、习旧、普定四部，隶云南省。寻改为普安安抚司。后复为普安路，领禾龙、八纳、习旧三千户所，镇宁、永宁、习安三州，普定、永山、石梁、罗山四县，隶曲靖等处宣慰司。

洪武十四年克服。十六年，置普安军民府，以土酋那邦妻适恭为知府，佐以流官。适恭卒，以子普旦为知府。二十一年，普旦与越州阿资、本府马乃等连兵叛命，袭陷普安府。二十二年，天兵讨平，罢普安府①，置普安军民指挥使司领其地，移理今城，隶云南都司。寻改隶贵州都司。永乐元年，置普安安抚司，以土酋慈长为安抚，隶普安卫。十三年，慈长谋为不轨，改安抚司为普安州，隶贵州布政司，领罗罗夷民十二部，号十二营，谓部长曰营长。

郡名

兴古蜀汉名。西平、盘州唐名。于矢一作榆氏。齐弥晋名。普山。

至到

地里

东至永宁州界一百九十里，南至云南曲靖军民府一百五十里，西至云南平夷卫界一百二十里，北至贵州宣慰司界五百五十里，东南到广西安隆长官司界五百四十里，西北到云南霑益州界二百一十里。自州治至南京五千三百里②，至京师八千四百里。

铺舍

曰普安，曰高丽，曰水塘，曰撒麻，曰蒿子，曰亦纳，曰大坡③，曰娥郎，曰亦资孔，曰鲁尾。凡一十铺。

---

① 府：贵图本作"州"，当非。
② 自：原文误作"贵"，参照本书其他章节改。
③ 大坡："大"字原缺，据万历《贵州通志》补。

形胜

蛮夷襟喉。《一统志》："据险立城，控夷蛮之襟喉，为大郡之藩屏。"

云、贵、广、川之交。《一统志》。

外控六诏，内扞贵藩。《新志》。

风俗

事商贾，喜佛老。《一统志》："蛮民习俗不一。白蛮巧佞，专事商贾。阿缚蛮喜诵老佛经。"

尚文重信。《新志》："郡城军民皆中州人，风俗可观。士事诗书，农勤稼穑，然尚文重信，尤出他郡之上。"

其人悍戾倔疆。《旧志》："土酋号十二营长，部落有罗罗、仲家、狫獠、爨人。语言不相谙，常以爨人为通事译之。其性悍戾倔疆，好斗杀。服食居处，婚丧嗜好，皆与他处夷俗同。其罗罗则有黑白之异，黑者为贵，而白者为贱云。"

累世为婚。《旧志》："夷人之类不一。男女未婚配者，父母不禁其出入，任其自相会集歌誧①。情合者为婚，多有累世为婚者。然男家常以为男家，女家常以为女家。成婚之日，妇见舅姑，不拜，惟侧立于前，以水器进盥漱水为礼。与酒，则立饮之。近年渐染华夏之习，稍变其陋而近于礼矣。"

摘髭裹髻。《旧志》："罗罗摘去髭②，不欲蔽唇，以为美观。妇女束发于顶为高髻，缠以青带，别用布一方，或白或淄，四角缀带以裹之，仍以幔毡竹笠加于上。出遇官长，则除笠悬之于臂以为敬。仲家男女皆善青衣。男子以青布裹头。"

食生唖酒。《旧志》："夷俗常用大麦、苦荞、黄稗酿酒，临饮，则以温水沃糟，用藤及竹为筒，宾主环坐，递相唖饮。仍喜食生，以鸡豕鲜肉斫碎，和以蒜泥草果食之。宴会无此，以为不敬。"

火炬二节。《州志》："夷人每岁以冬夏二季月之二十四日为火把节，屠豕宰牛，以祭其先。小儿各持火喧戏于市，如上元岁除然。"

山川

番纳牟山 在州治西北，为州镇山，驿道由之。又名云南坡。郡八景曰东峰笔架即此。

---

① 誧：贵图本作"谑"。
② 髭：原文误作"髻"，据上句及万历《贵州通志》改。

本朝郡人沈勋诗："谁将大手笔收藏，巨架留看似水苍。地显儒珍传太古，天生文物镇遐方。飞峰尚想毫挥彩，列黛犹疑墨炫光①。若是神人能劈去，玉堂相赠紫薇郎。"

八部山 在州治东三十里。九峰摩空，一泉奔注。普安旧治在其下②。

石象山 在州治西南六十里。傍有石如象。

八纳山 在州治东北七十里。高二十里，上有平顶③。傍连小石百余。泉声树色，常与烟岚掩映，人迹罕至。土俗相传以为土酋益智藏其祖宗魂筒于岩穴间，子孙十年一次登山祭之。其登必椎牛羊，持刀弩，鼓噪而往焉。

笔架山 在州治东。山峰凡三，中峻傍卑，形如笔架。

香罗山 在州治西一百里。平夷千户所在其上。

杨那山 在州治东南一百五十里，势极陡峻。安南千户所在其麓。

夹牛山 在州治西南九十里。乐民千户所在其上。

新盘山 在州治东七十里。新兴站在其上。

党壁山 在州治西南一百四十里。四山环绕，其中平旷，可容数百家。风气四时清凉，前代土官避暑则居之。

罗磨塔山 在州治北一百八十里。四面峭壁，上有寨。惟一迳可达，东北瞰盘江④。

盘江山 在州城东北一百八十里。为安南、安庄二卫之界。

得都山 在州治东南四百二十里。一名白崖⑤。产雄黄木振。

格孤山 在州治东南四百五十里。俗呼故故山。

碧云洞 在州治南二里。岩穴极深。旧名水洞。

本朝郡人沈勋诗："洞天隐隐诧蓬壶，林麓清虚胜画图。白石森罗呈古怪，丹霞掩映护仙都。山通别岛深难测，涧涌洪流倒却无。好约暮春来祓禊，羽觞列坐共酬呼。"⑥

郡主簿杨彝诗："山腰谁凿洞门开，绝谷层峦亦壮哉。满地白云无径路，一溪流水隔尘埃。欲从阮肇寻源去，曾见初平叱石来。胜览于人随处有，何须海上觅蓬莱。"⑦

---

① 炫：原缺，据嘉靖《普安州志》补。
② 普安旧治：原文误作"普安旧志"，万历《贵州通志》及《黔记》均作"旧普安"，意即普安旧治，因改。
③ 上：原缺，据万历《贵州通志》及《黔记》补。
④ 瞰：原作"歌"，据嘉靖《贵州通志》改。
⑤ 白崖：原文作"白产"，据万历《贵州通志》及《黔记》改。
⑥ 此诗原缺字较多，据嘉靖《普安州志》"南洞胜游"诗补。
⑦ 杨彝此诗有缺字，据《黔记》补。

贵州佥事罗昕次御史□[①]：奇胜秘幽□白日游人束烛寻，鸟度天□风传洞口石钟音。濯缨自喜沧浪在，避暑宁须河南临。茅屋二间谁可假，正怀司马客东林。"

杨彝歌："老夫平生爱山水，每闻胜境心独喜。故人邀我城南游，出郭溪行二三里。峰回路转非尘寰，鸡犬人家足生理。恍然置我桃源中，风景依稀乃相似。耕田凿井不计年，疑是秦人始居此。谷中树暗连桑麻，洞底花香杂兰芷。阴阴古洞苍山根，绝壁飞崖半空倚。豁然深入天窗明，外固中宽如屋里。醉眠云蹬高似林，袖拂平沙净于几。松风一派从天来，散作流泉和宫徵。泉来只与海眼通，鹤发仙人烹石髓。蛟龙窟宅变斯须，白日阴崖电光紫。此时豪兴为谁发，笔下诗成泛山鬼。安得凌空生羽翰，共载吹笙玉童子。一声长啸洞云寒，可出林梢鹤飞起。"[②]

天桥洞 在乐民所西，有石如桥。

新石洞 在州治南，中多怪石可玩。

以冲海子 在州治东南三百三十五里，安笼千户所城南。周围三里许，深不可测。傍有石门，海子之水注而入焉。春夏涨溢，或至城下。

拖长江 在州治东北七十里。源出自沙陀石岩中，曲折隐见二百余里。下通盘江。

贵州佥事罗昕诗："拖长江水来何处？东入牂牁几派分？边塞有兵屯属鄙，关门无险控滇云。过桥野衲迎人拜，近陇农夫植杖耘。望里山城才一舍，未愁入谷避斜曛。"

大水塘 在州治南三十余里。东西三十步，南北二十步，深一丈余，乃积水之渊。四时不涸。

磨溪 在州治东南一百九十里。其水自东南乱山中出，下通乌泥江。其地四时常温暖，故前代土官冬月则居之。

深溪 在州治东南一百二十五里。其水之源上去渡口东北五十余里，出自岩穴中，历老高寨，又名沙洲河，西南而流下低、黄草坝、呀哈等寨。其间多山岩阻碍，潜流而往，或见或隐，盘旋三百余里，亦入乌泥江。

三一溪 在州治东。其水之源有三，一出沙河庄，一出日前山，一出云南坡西小涧。三流相遇，合为一溪，故名为三一溪。自北而南，环城东流。由善应桥入于洞[③]。

---

① 次：原文误作"吹"，当是"次……韵"。
② 杨彝此诗亦有缺字，据《黔记》及《普安直隶厅志》改，不一一出校。
③ 《黔记》此句作："由善应桥入碧云洞。"此段还有缺字，据《黔记》补，不一一出校。

南板桥河　在州治东南八里。上接大水塘诸洞及三一溪水。东通三板桥河，曲折而去，延二百余里。入盘江。

者卜河　在州治东南四十里。源出杨那山下，与小溪合流，曲折二百余里。入盘江。

响水　在州治南五十里。水出山间，奔入右洞，声闻数里。

龙潭

普济井

温泉

土产

硃砂。水银。铁。雄黄。橙。山茶花。鹦鹉。芭蕉。榛。兔。

公署

州治　在普安卫城外东南，番纳牟山之阳。在八部山下。去今治东三十里。本朝永乐十四年迁建于此。

都御史李士实①《平普安夷记》：

"皇上君临天下，弘治之十有一年，贵州巡抚钦前巡抚河南都察院右副都御使钱公钺仍旧职，奉玺书以行。公至，周视四境，熙然同春。维是普安之孽，披猖相扇，日大以炽。盖米鲁以妾弑夫，隆礼以子弑父，阿保及其子鲜莫、阿乃以部落弑其主，村栅为之破者一百三十余区，民庶死者五百余人。攻我戍堡，窥我城邑，抚谕良勤，猖獗弥甚。为梗十有三年，毒流三百余里，方且分据三寨，进欲雄视一方，退欲保守三窟，浊乱天常，肝脑涂地。夷狄之中，未有若此之甚者也。乱不可常，罪在必诛。

"公乃谋于镇守太监杨公友、总兵官东宁伯焦公俊、巡按御史张君淳暨藩臬诸君，佥曰：'允如公议。'人谋既谐，军檄立具，事在必行。

"或曰：'司马法，冬夏不兴师，今兹夏也，无亦不可乎？'

"公曰：'六月出师，周有吉甫；五月渡泸，汉有诸葛。况西南之夏，秋也。庸何伤？矧势不容缓哉。'疏以闻，卜曰出师。

"乃令曰：安南、安庄、普定营长毛政、黄昱之众，尔都指挥刘英其将之，

---

① 都御史李士实："士实"二字原缺，据万历《贵州通志》补。都御史，万历《贵州通志》作"云南巡按"。

其进也，由普安百户徐福屯，以为左哨；普安、威清、平坝把事设额厘营长洒墨之众①，尔都指挥王璋其将之，其进也，由普安百户宫高屯，以为右哨；乌撒、毕节、赤水、永宁之众，尔都指挥李雄、吴远、侯宇其将之，其进也，由乌撒后所，以为后哨，截拖长江，以遏其后路。尔都指挥张泰、黄京各提屯卒千人于普安、安南二城，操训震耀，以为声援。参政马自然、副使周凤、参议王昊、佥事龚嵩，其审事机以为诸师进止之节，请行粮者毋移日，赏战功者无逾时。

"然米鲁者，云南霭益其母族也②。东师压境，势必西遁。于是，报我云南，期为之所。遂檄都指挥卢和、佥事胡荣率土官知州安民等顿兵邻壤，严为之备。既又榜于市，曰今所诛者，止米鲁、阿保父子，余皆胁从罔治。

"诸师并进，四面夹攻③，贼不支，以次就缚，投戈降者相继，而米鲁果西遁矣。为刘英辈擒者二十有二，馘者十有五，俘者二十有九。为王璋辈擒者二十有三，馘者四，俘者三十。英、璋共擒者七，馘者一。而阿保者，李雄、吴远、侯宇之所系也。阿鲜莫者，英、璋辈之所执也。阿反者，安民之所缚也。降者千一百余，来归副使周凤等人也。乃报于上，曰罪人得矣。然所以致此，方面群僚，殚虑用命，与万三千将校戮力效死④，以成此功者，皆我祖宗德泽结于人心，皇上威明著于远徼之所致也。渠魁其置之理，友党其从未减，妇女其从配，山川土田，其入板图，励勤之士，其录之如故典。米鲁付云南另致讨焉。制曰可。

"于是居者抃于室⑤，耕者抃于野，行者抃于道，而普安遂宁。左布政黄君琏、右参议翁君迪、按察使刘君福、副使沈君庠、阴君子淑，咸谓兹功之成，皆我钱公之谋，不可无志。砻石普安，录其事，请予记。予托邻交，与闻乎兹者甚悉，乃为铭曰：

"我明启祚，於赫列祖，五圣继序，治于下土。蔚蔚七叶，寔维我皇，天覆地载，熙然八荒。嗟彼普安，蠢尔小丑，自绝与天，敢为厥戎首。贼妻贼夫，贼子贼父，亦有贼民贼州，父母猖厥无极，如米无防⑥。三百余里，悉为战场，十有三年，流血成沚。冤声在路，谁其一洗？二三大僚，是秉国钧，思捄其急⑦，急于捄焚。维是六月，整我六师。先发后闻，以乘厥机。乃命

---

① 平坝：原作"平场"；设额厘：原作"设显厘"，据万历《贵州通志》及《黔记》改。
② 云南：原文误作"云幸"，据万历《贵州通志》改。
③ 攻：原文误作"政"，据嘉靖《普安州志》改。
④ 三千：原缺，据嘉靖《普安州志》补。
⑤ 居：原文误作"君"。
⑥ 米：万历《贵州通志》作"水"，当是。
⑦ 思：原误作"恶"，据万历《贵州通志》改。

阃帅，挥桴提鼓。左军右军，如罴如虎。四三谋臣，是维藩臬。有严中坚，出奇决策。师不逾时，元凶悉缚。持戈来者，欢乎腾跃，遂报于上①，罪人得矣。乃睠西顾，今如息矣。帝嘉尔荣，褒旨自天，西顾无忧，维尔独贤。镌功告成，用识己酉，石若不磨，功亦不朽。"

按察司分司 在卫城内南。宣德中建。成化中重修。

税课司 在卫城东门外。

普安仓 在卫城内。

普安军民指挥使司 在州治西南一里。经历司衙、镇抚及领左、右、中、前、后、中左、中右七所附焉。卫城周四里一百步。旁疏四门，东曰富安，南曰宁远，西曰遵道，北曰永康，俱本卫洪武二十五年指挥使王威等建。

平夷守御千户所 在州西一百里。旧在州西一百二十里，地名鲁勤旧。洪武二十三年，改鲁勤旧为平夷卫，移所治于今香罗山。城周一里二百六十步，隶普安卫。

安南守御千户所 在州东一百六十里杨那山上，寻徙山下。城周一里二百步。洪武二十一年建。

乐民守御千户所 在州西南九十里夹牛山上。洪武二十二年建为托落堡。二十六年改为所。所城围一里二百步。

安笼守御千户所 在州城南三百二十里。洪武二十一年建为宁远堡。寻改为所。所城围一里二百七十步。

新兴堡 在卫城东七十里，新盘山下。洪武二十二年五月建。

湘满站 在卫北里许，普安八部山下。洪武二十一年七月建。

新兴站 在卫城东北七十里新盘山下。洪武二十年十一月建。

亦资孔站 在卫城西六十里石象山下。洪武二十年十二月建。

亦资孔递运所 在卫城西六十五里石象山下。洪武二十年建。

已上站所俱隶普安卫。

学校

普安州学 在州治西。洪武三十年建于普安卫门外。永乐十一年迁建于此。中为明伦堂，左右翼以三斋，曰养正，曰日新，曰进德。

---

① 上：原缺，据万历《贵州通志》补。

宫室

北楼 即普安卫城北门楼也。洪武间,指挥使王威建。

士人杨彝诗:"层楼高接彩云端,画栋翚飞紫翠攒。山势北来如凤舞,溪流南下若龙蟠。星河影落秋光早,钟鼓①声催曙色寒。想得公余有清兴,时来吟咏倚栏杆。"

怀甓堂 在州治西一里,士人沈勋建。

清啸轩 在州治西北武安坊内,郡士人孙宁建。

杨彝诗:"苏门先生清且真,偃蹇一榻无纤尘。诗惊鬼神鸾凤啸,笔落风雨蛟龙嗔。高怀每指月为侣,寡合只凭山作邻。却怜我亦好奇者,时时来访南溪滨。"

天风亭 在州治西北。

万松轩 在州北郭。杨彝建。

沈勋诗:"先生高隐即徂徕,绕屋清阴覆绿苔。万树总持霜雪操,一林俱是栋梁材。窗间翠羽风前落,谷口鸾笙月下来。闻说摘花多酿酒,蚁香银瓮几时开?"

寺观

观音寺 在州治东。

兴福寺 在州治南。

老君观 在州治东,武安坊内②。

真武观 在普安卫城内北。

祠庙

文庙 在州学内。永乐十五年建。宣德八年,贵州按察副使李睿重建。中为大成殿,左右翼以两庑,前为戟门、灵星门。

城隍庙 在州治西。永乐间建。

社稷坛 在州治西一里。

山川坛 在州治南一里。

厉坛 在州治西一里。普安卫亦有城隍庙。

---

① 鼓:原缺,据嘉靖《普安州志》补。

② 安:原缺,据上文补。

武安王庙 在普安卫城北门外。

土主庙 在州治西。本境内土主。

五显庙 在州治西北。

三官庙 在善应桥东。

关梁

芭蕉关 在州城八十五里。

分水岭关 在州城西一百一十里。

安笼箐关 在州城东南二百四十里。

临清桥 在州治东。

惠政桥 在州北门外。

澄源桥 在州北郭。

善应桥 在普安卫城南关。

士人沈勖诗:"飞石攒空若化成,跨溪环洞巧经营。水从玉练腰间过,人在金鳌背上行。应有素书堪进履①,岂无驷马更题名。适来偶倚危栏看,偏喜沧浪可濯缨。"

南小板桥 在州南八里。本朝弘治五年,义官刘华易以石。

东门桥 在观音寺前。弘治六年,指挥刘武建。

通衢桥 在州南八里。弘治十一年,指挥华远建。

软桥 在州东三十五里。昔人以藤作桥,悬崖而渡。今易以石。

三板桥 在州东五十里。

盘江渡 在州东一百九十里。

深溪河渡 在州东南一百二十五里。

馆驿

湘满驿② 在州西北一里。

新兴驿 在州东七十里。

亦资孔驿 在州西六十五里。

---

① 履:原文误作"屦",据《黔诗纪略》改。

② 湘满驿:原文误作"湘湘驿",据万历《贵州通志》及《黔记》改。

古迹

废附唐县 在州南一百里黄草坝。

废平夷县 在州西一百二十里。今为云南平夷卫。

废盘水县 在州东盘江之上。

已上三县俱唐置，隶盘州。

废永山县

废石梁县

废罗山县 在州西一百里香罗山。

以上三县俱元置，隶普安路。

普安旧城 在州治东三十里。

名宦

本朝·王威 许国公志之子。洪武间以荫授安陆侯，左迁安南卫指挥使。二十五年，调守普安。令严政宽，事和而集。创筑卫城及诸公署，不加呵责，但计日料功，赏其勤者，而堕者自劝。《旧志》称其"有综理之才，弘毅之度"云。

不帖杰 安南千户所副千户。骁勇多谋，尝以计破贼，及擒其渠魁。边境用谧。

陈忠 本卫指挥佥事。骁勇过人，训练有法。正统间从征麓川，身先士卒，攻击旧大硬寨①，奋不恤身，殁于锋敌，事闻。朝廷赐祭。

华升 故广德侯华高之玄孙也。任普安卫指挥使。掌篆三十余年，威德兼著，军民悦服。寻升都指挥佥事，掌云南都司事。

陶文靖 四川万县人。宣德八年知普安州。长于裁决抚字，遐迩交誉。升云南府同知。

王徽 字尚文，南京锦衣卫人。成化初授刑科给事中。以言事，左迁普安州判官。克修厥职，民夷向化。秩满归隐。弘治初复以荐起，授山西参议。未久，复引年去。

流寓

本朝·杨彝 字宗彝，号万松，余姚人。洪武中，为闽长泰主簿②。其子

---

① 攻：原文误作"政"。
② 长泰：原文误作"之子泰"，据万历《贵州通志》及《黔记》改。

坐谪,挟家戍普安。宗彝弃官伏阙,献诗自陈。诗曰:"臣本山中一布衣,三年从宦在京畿。功名有志嗟何晚,妻子无依望不归。已照九重恩莫报,明月千里泪频挥。丹心一点随云气,长绕黄金阙下飞①。"太祖览之大悦,特升吏部考功司主事,还其从戍妻孥。后以引年去官,就养普安所。著有《万松集》,藏于家。

  沈勖 字廷规,高邮人,号懒樵,洪武中,从戍普安。通经史,能诗文,所著有《迁思遗稿》《普安卫志》。

  汪溥 字巨渊,澧州人,号丽泽。性颖悟而刚直,博学能文,不事禄仕,从父戍普安。开家塾以教郡之子弟。出其门者多伟器焉。

人物

  元·益智 普山土酋也。有权略,善驭众。元祐四年归款,授怀远大将军②、曲靖宣慰使,掌普安路总管府事。终于官。

  那邦 益智孙,袭祖职。以功升云南行省参知政事,仍领路事。元季兵乱,保障境内,民以宁谧。其妻适恭。本朝命为知府。

科甲

  刘瑄 普安州人。宣德元年举人,任直隶青阳县学教谕。
  王玺 普安卫人。宣德七年举人,任湖广泸溪县学训导。
  章善 普安卫人。宣德七年举人,未仕而卒。
  赵珂 普安州人。宣德十年举人,未仕而卒。
  盛裕 普安卫人。正统三年举人,任四川西冲县知县,改广西苍梧县。终于官。
  钱昂 普安卫人。正统十二年举人,卒于礼闱之火。
  张仪 普安卫人。景泰元年举人,保任本学训导,升四川江安县教谕。
  司马璋 平夷所人。景泰四年举人,任云南广南府通判。终于官。
  姜胜 普安卫人。景泰七年举人,任云南曲靖府通判。
  高景 普安卫人。景泰七年举人,未任而卒。

---

  ① 下:原误作"不",据《黔记》改。
  ② 授:原文误作"接",据《黔记》改。

王璘　普安卫人。天顺六年举人，任四川忠州训导，升江西湖口县学教谕。
　　刘清　亦资孔站人。成化四年举人，任江西上饶县知县，改福建永安县。
　　薄淳　普安州人①。成化四年举人，任云南鹤庆府推官。
　　穆胜　乐民所人。成化七年举人，遥授判官。
　　杨铭　普安州人。成化十年举人。
　　宫铨　普安卫人。成化十三年举人，任四川安县知县。
　　王俨　普安卫人。成化十三年举人，任四川潼川州学训导，升国子监助教。
　　廖允恭　普安卫人。成化十三年举人，未仕卒。
　　殷俊　普安州人。成化十九年举人，任云南习峨县学教谕。升四川成都府学教授。
　　司马学　平夷所人。成化二十二年举人，任直隶上海县学训导。升文安县知县。
　　朱绘　普安卫人。成化二十二年举人。
　　刘琳　亦资孔站人。弘治二年举人。
　　王用贤　普安卫人。弘治五年举人。未仕卒。
　　张瓒　安笼所人。弘治八年举人。
　　马鉞　安笼所人。弘治十一年举人。
　　汪茂　普安卫人。弘治十一年举人。

题咏

　　两山壁立下深溪②。
　　杨□《过深溪》诗："两山壁立下深溪，仰视危峰万丈梯。望远始知天宇阔，凭高只觉海云低。渔樵并坐逢人话，猿鸟群飞隔树啼。临老经过恐难再，颠危从此倦攀跻。"③
　　地镇南夷环百雉。
　　士人沈勖《望坊楼》诗："层楼新构耸层台，轮奂巍峨碧落开。地镇南夷

---

① 州：原缺，据《黔记》补。
② 两山：贵图本误作"西山"。
③ 此诗《黔记》作沈勖诗，原缺字，据《黔记》补。群：原作"郡"。跻：原作"蹄"，亦据《黔记》改。

环百雉，天临北极拱三台。鹰扬不独严戎备，燕赏从知北客怀。拟欲登高夸胜概，衰迟歌讼愧非才。"①

风约寒泉半上楼。

监察御史丁养浩《巡普安》诗："好山如画压城头，尽日岚光翠欲流。峻岭到天偏碍月，密林藏雨下如秋。云开锦嶂横当户，风约寒泉半上楼。老我柏台看未足，欲将书剑问瀛洲。"②

关门无险控滇云。

贵州按察司佥事罗昕《过普安》诗："拖长江水来何处，东入牂牁几派分。边塞有兵屯蜀鄙，关门无险控滇云。过桥野衲迎人拜，近陇田夫植杖耘。望裡山城才一舍，未愁入谷避斜曛。"③

近卫设州如倚柱。

贵州按察司副使沈庠《普安分司次丁侍御韵》④："万里云山没尽头，孤城一带面溪流⑤。民夷已定非前日，禾黍全收是有秋。近卫设州如倚柱，就崖结屋类层楼。殊方历遍今重到，信笔题诗白鹭洲⑥。"

山路苦崔巍。

贵州易纮《过普安》诗："山路苦崔巍，三年一度来。马蹄残铁尽，竹色夕阳催。窗映松□火，炉飞石炭煤。解鞍投旧馆，呼酒对新裁。"

---

① 此诗《黔记》题作《北门楼再构呈诸帅》诗，原缺字，据《黔记》补。层楼：《黔记》作"城楼"。非才：原诗作"井"，亦据《黔记》改补。
② 此诗《黔记》题作《普安公署》诗，原缺字，据《黔记》补。下如秋：《黔记》作"不知秋"。
③ 此诗本书前介绍拖长江时亦引，此处缺字据前补。
④ 沈庠：原文误作"吠庠"，据本书他处改。
⑤ 溪流："流"字原缺，据嘉靖《贵州通志》补。
⑥ 信笔：二字原缺，据嘉靖《贵州通志》补。

第十四卷　龙里卫军民指挥使司

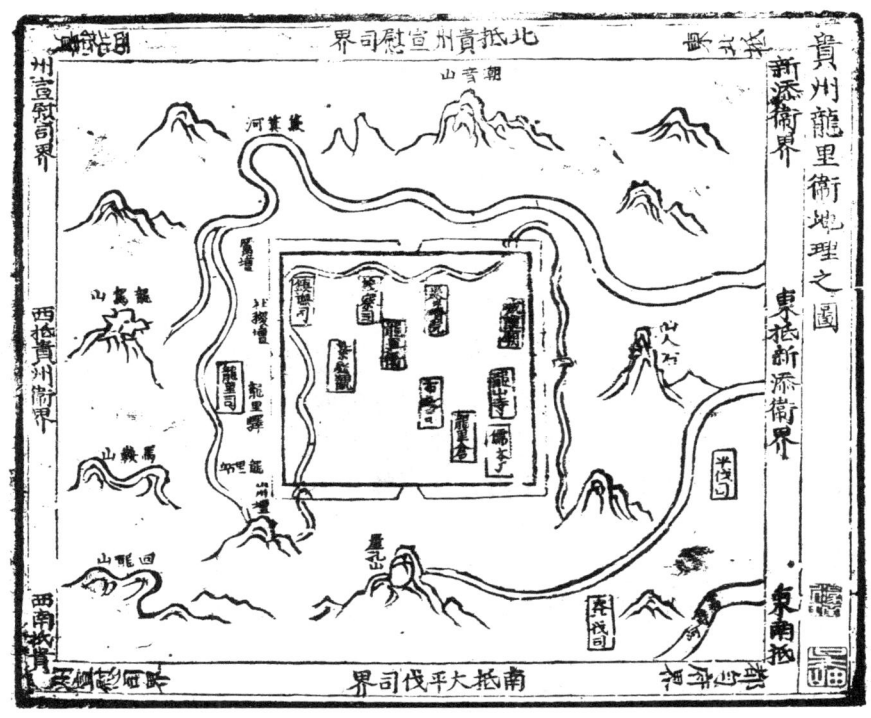

贵州龙里卫地理之图

长官司

平伐。大平伐。

建置沿革

《禹贡》荆梁二州南境，天文参井分野。秦为黔中郡地。汉为西南夷地。唐宋俱为罗殿国地。

元初置龙里州，隶八番罗甸宣慰司。大德元年，改置平伐等处蛮夷军民长官司，隶亦溪不薛千户所。寻改隶新添葛蛮安抚司。

本朝洪武四年置龙里驿。十九年，增置龙里站，属贵州卫。二十三年，置龙里卫指挥使司，领平伐、大平伐、小平伐、把平四长官司，属贵州都司。二十九年，改龙里卫军民指挥使司，割所领小平伐、把平二长官司隶新添卫，迁卫治于今城中，领千户所五、长官司二。

郡名

云从元名。龙里同上。龙驾本山名，卫治其下，因以为名。

至到

地里

东至新添卫界三十里，西至贵州卫界二十五里，南至大平伐长官司界六十里，北至贵州宣慰司界二十里，东南到都匀府界一百九十里，东北到新添卫界六十里，西北到贵州宣慰司羊场地界五十里，西南到贵州宣慰司界八十里。自卫治至南京四千八百五十里，至京师八千三百八十五里。

铺舍

曰附城，曰麻子，曰高寨，曰陇耸，曰谷觉。凡五铺。

形胜

襟山带水。《一统志》："襟山带水，为夷地之胜。"

山环水绕。《一统志》。

当滇楚往来之要冲，控诸夷出入之喉舌。《卫志》。

风俗

土瘠人贫，俗尚俭朴。《一统志》。

习俗醇古，不事浮靡。《新志》："卫人多楚、越、吴、闽之裔，故习俗醇古，不事浮靡云。"

夷俗杂糅。同上。

境内东苗之夷，性戆而厉。男子科头赤脚，衣用青白花布，领缘以土锦。妇人盘髻，贯以长簪，衣用土锦，无襟，当幅中作孔，以首纳而服之，别作两袖，作事则去之。杂缀海𧵅、铜铃、青白绿珠为饰。春月，以木刻马为神，召集男女，祭以牛酒，曰木马鬼老者，坐饮马傍，未婚男女俱盛饰衣服，吹笙唱歌，旋马跳舞，类皆滛佚之词，谓之跳月。彼此情悦者遂同归男家。父母杀鸡占卜纳焉。女父母论姿色索牛马，多至十五六。力不足者，累岁征之。

西苗性凶狠。男子椎髻，上插白鸡毛，衣白布短衣。妇女衣画蜡，花布首饰，用海𧵅、青白小珠。婚娶亦以跳月为约，与东苗大同小异。

仲家、宋家、龙家之俗亦丑陋，间有合于汉礼者。

惟苗性憨且狠恶，不务纺绩，俭啬积财，买牯牛善触者，召亲戚，击铜鼓，斗牛于野，已而杀以祭鬼，与众食之。以牛角授子孙，曰某祖某父食牛凡几，以夸富厚焉。

仲家范铜为鼓，其制类鼓无底，遇死丧，待宾客，击以为乐。相传诸葛武侯之所铸者，价值牛马或以百计。富者倾产市之，不恤也。疾病不服药，惟杀牲祷鬼而已。卧席止用竹栈箆簟，富者止有一毡。俱刻竹木为契，不相欺绐。

山川

龙驾山 在卫城南一里。崇高蜿蜒，为卫之镇。

马鞍山 在卫城西一里。

回龙山 在卫城西南一里。诘曲绵亘，俗名夹习山。

潮音山 在卫治北。峻拔秀丽，林木蓊荟。上有潮音寺。

紫虚山 在卫治东南。峰峦突兀，树茂密。紫虚观在其上。

冗刀山 在平伐司治西。峰峦高耸，状如列屏。元时，有蛮酋保郎者立寨于此，招集蛮民以自保。后授以宣抚使。

谷峡山 在大平伐司治东北。连峰峭壁，中唯一径可通，为司之界。

江肘山 在平伐司南五十里。林木深阻，石磴崭绝，溪水缭绕其下。

瓮金山 在大平伐司东南六十里。悬崖峭壁，惟一径可登。顶平坦，有泉水。景泰间，叛夷据此为险。

昆阻山 在平伐司南五里。深林巨箐，为土人樵采之处。

长冲 在卫城西十七里。苗贼出没之所。成化间置哨堡以警备之。

纸局坝 在卫城东。

窑坝 在卫城北三里。

石头坝 在卫城北一里。

以上三坝皆洪武中筑，水利颇巨。

仙人石 在卫城东一十七里。

岩孔洞 在卫城南一里。高广深邃，瀑布飞泻，四时不竭，灌溉甚广。

岩孔干洞 在卫城南一里。中悬二石乳，扣之，一如钟音，一如鼓音。

加牙河 在平伐司北。源出者寨，流入瓮首河。

瓮首河 在大平伐司东南二十里。一名翁寿。下合清水江。

簸箕河 在卫城北四里。水性激疾，人莫敢渡①。

谷郎房河 在平伐司西二十里。

原溪 在卫城西南四里。

呼应泉 在卫城南九十里。俗名叫水。泉脉淤渗不见，呼之则涌出，仅足掬啜，复涸。虽日百呼皆应，亦甚异矣。特以僻在夷境，名不世显耳。

主事黎逊诗："混混灵泉主者谁，随呼随应事堪疑。博施素有无穷泽，却在行人小器窥。"

土产

茶。茱萸卫境俱出。铁大平伐司出。

公署

卫治 在卫城中。洪武二十三年建，经历司、卫镇抚附焉。左、右、中、前、后五所分置于城内。卫城围五百三十八丈，周辟四门，东曰朝阳，南曰通化，西曰威远，北曰镇靖。

布政司分司 在卫治东南。永乐间建。弘治二年，指挥贾武重建。

按察司分司 在卫治西。正统四年，指挥储斌建。

平伐长官司 在卫城东南六十里。元为平伐等处蛮夷军民长官司，隶新添葛蛮安抚司。大德元年，改隶亦溪不薛千户所。洪武十五年改置，隶四川贵州卫。二十八年改今属。

大平伐长官司 在卫城南八十里。洪武十九年置，隶四川贵州卫。二十八年改今属。

龙里站 在卫城西。永乐十九年建。

龙里仓 在卫治南。洪武二十三年建，隶贵州布政司。

预备仓 在卫治西。

养济院 在卫治北，成化七年建。弘治元年增建。

---

① 渡：原缺，据嘉靖《贵州通志》补。

学校

龙里卫学 在卫治东南。正统八年建。成化二年，按察副使吴立、指挥王濂改建。中为明伦堂，左右翼以二斋，曰进德，曰修业。

贵州右参政叶鸾记[①]：

"孔子之道，如日之行天，虽时有蒙翳，而其明未尝息也。如水之在地，虽时有拥遏，而其行未尝止也。纲常彝伦之懿，礼乐文章之道，虽间有废坠，而其理未尝泯也。举而行之，作而新之，在学□兴替何如耳？天朝稽古制治，□都国以至郡邑，莫不有学。特卫学犹未遍设也。贵藩诸卫学校创自正统癸亥，副使山东李公睿始请命而建焉。龙里儒学开设于卫之东南，若堂，若斋，若大成殿，俱苟完矣。余则未备。

"迨成化己丑春，今副使贵溪马公立驻节是卫，谒拜庙庭，周览还视，载怅载叹，曰：'地则高明宏敞矣。特向坐未利，庑门未立，非但不足以都山川之美，顺地理之宜，亦不足以奠王灵而兴贤士也。'于焉相地势之崇卑，度基址之广狭，树表立位，后少东而前少西，左顾右瞻，前盻后视，水环以流，山匝而峙，群目乖视，迥革乎旧。□徒庸之劳，立措置之方，令指挥使王濂专董其事，指挥同知贾武兼总其纲，他则协并心力，赞襄其事。

"会守备都阃王公聚乐成人之美，首出帑钱，以为群下倡。由是，指挥储机、王颙、庞玉、陈泰、李珍、赀勋，秦□以及五所舍属之人，皆争奋，各捐俸资，以周其用。既成厥命，并勤丕作，取土木金石于场，征工傡功，蚤作夜息，期月而成，完旧益新，基今定命悉循吴公之指画。明伦堂、东西斋、文庙神像，虽遗易旧贯，然朽败者新之，剥落者缉之，绘饰藻节什百乎旧。增修两庑东西各三间，并题先贤位主于其中。戟门如庑之数，他如庖厨、公廨，左右峙列。墙垣周围，延袤千尺，悉覆以陶瓦，涂以丹艧。建文昌祠像于文庙之左，则多王濂己资以成也。魏然焕然，壮观一新。神栖以安，法庭以正，会讲有堂，祭拜有地。经始于己丑，落成于庚寅。何功成之易易如此。

"夫间日，予以备储按历之暇，卫之官庶词请曰，斯学之建，科目乏人，建今三十余年矣。自宪副吴公改创以来，未及五载，充弟子员若谭珪者，中甲午乡试。他日科贡之盛，讵有涯涘？阴阳地理之利足征矣。幸乞文立石，以表宪副吴公改创之绩焉。

---

① 右参政：万历《贵州通志》及《黔记》均作右参议。

"予惟为政以人才为本，学校乃育才之地。宪副吴公，叹孔子之道，考国家之制，先举懿典，以正道本。俾是荒服，化为阙里。作兴士类，拳切于心。周则在鲁候僖公能修泮宫①，诗颂其美。在汉则有蜀文翁能崇儒学，史赞其贤，今吴公法古之大，同于鲁，化人之艰，侔于蜀，殆将形诸颂而标诸史乘，休声于无穷，岂俾僖文专令誉于前也哉！历兹以往，士之游于泮者，尚当各砺乃志，以续夫龙城科贡之盛，以副乎吴公作兴之心可也。书此以识夫巅末。推资以给费者，其姓名各列于左，俾观风者有所采焉。"

宫室

鼓楼 在卫治东南。永乐间建。
南楼 在卫治南，即通化门之楼也。
卫人举人谭珪诗："城上高楼可摘星，飞甍俯瞰碧溪澄。追思庾亮乘秋月，亹亹谈锋四座称。"
竹石山房 在龙山寺内。

寺观

龙山寺 在卫城内东。洪武一十六年，指挥贾禄建。成化末，指挥贾武重修。
紫虚观 在卫城内东南。永乐七年，指挥贾禄建。
贵庠生王佐诗："紫气稜稜烛玉京，群真曾此驻霓旌。一从奏罢宾云曲，二十三天空月明。"

祠庙

文庙 在卫学前。正统八年建。中为大成殿，左右为两庑，前为戟门、棂星门。
城隍庙 在卫治东。洪武二十一年，指挥贾禄建。成化二十三年，指挥贾武重修。
雷雨坛在卫城南一里。
社稷坛在卫城北一里。

---

① 周则在：语序应为"在周则"，与下文对应。

厉坛 在卫城北一里。
旗纛庙 在卫治后。洪武二十四年建。成化二十一年，指挥贾武重修。
文昌祠 在文庙东。

关梁

长冲关 在卫城西一十七里。
陇耸关 在卫城东二十里。
俱洪武二十五年置。
永通关 在卫城西五里。
广济桥 在卫城西南五里。正统四年，指挥储斌建。
贵州教授王训记：

"龙里为南荒要区，前代未有卫也。我朝受天明命，奄有万国，肇置兹卫，既实以兵，而又兼领民事，故卫制为军民指挥使司。而兵屯夷寨，参列其境，无日夕远近皆入卫，奔走职事，贸易货殖。其路当西南隅，有源溪截道而东，厥流奔疾，非揭厉可涉。先是，架木为杠，以利行者，会积雨涨溢，辄决杠漂木，葺而复毁。吏民恒病涉焉，虽有急速，不克济也。

"正统壬戌冬，贵州按察司副使济宁李公拜命，经理屯田，农务大兴。不三二年，仓廪充实，而兵民亦有余资。丙寅秋，卫指挥使储侯度其力可以给斯役也，乃集议属僚，捐俸禄为倡，复命住持僧昌明劝募金谷以鸠工，未几而足，卜日经始，凿石为梁，冶铁弥缝，明年告成，来者往者，咸乐利济，因命之曰'广济'焉，寻谓是桥非储侯之勤政而无以举之，非宪副公则兵食有弗足，而民力不可为用也。苟不纪其始末，久必泯而不彰，无以示劝后来，乃走币求予记。

"予闻水有桥梁，民不患涉，亦王政之一端也，昔公孙侨听政于郑，尝以乘舆济人于溱洧间，孟子讥其惠而不知为政。夫以侨有君子之道可称，犹或有遗于此，矧储侯以武臣为卫，乃能举而成之，以惠利于众人，其善政固可书也已。虽然，百役之成，靡不涉于力也。龙里要荒，土利硗薄，而能使其人有余力，至于可以给公家修废举坠之役，则凡仰事俯育之愿，必先有以遂之矣。桥之成，是又本于宪副公，而公之善政爱民，又岂作桥一事所可称述而书之也哉。姑录其事，以记岁月云耳。"①

---

① 本文原不清楚及缺字颇多，均据嘉靖《贵州通志》补足。不一一出校。

馆驿

龙里驿　在卫城西。洪武间建,隶贵州宣慰司。

古迹

冗刀山古营　在平伐司西南八里。《元志》称夷酋保郎宋末时聚兵保此。
废龙里州　在卫城西。元置,隶八番罗甸宣慰司,寻废。
废龙里县　在卫治东南五十里。元置,隶龙里州,寻省入平伐长官司。
废哝耸古平长官司　在卫城东十里。元置,隶新添葛蛮安抚司。本朝洪武初废。

名宦

本朝·王玺　洪武二十三年任本卫指挥佥事。忠直刚勇,为时所重。
王信　永乐一十一年任本卫指挥佥事。征广西马平县,死□锋镝,广西人重其义勇,立庙祀之。

人物

元·保郎　平伐司人。宋末,边寇蜂起,疆土骚乱,募保郎集兵民保障村寨。入元,以功授安抚使。有惠政。
本朝·贾武　龙里卫人。成化间以荫授龙里卫指挥。练达有为,兵政修举。

科甲

谭珪　龙里卫人。成化十年举人,任广西平南县知县。
徐锪　龙里站人。弘治二年举人。

题咏

家家乐业干戈息。

本朝御史邹鲁《巡龙里》诗："占来罗甸远陬荒，此日归来倍异常。被发俗同冠盖里，侏僑言作管弦乡。家家乐业干戈息，处处连云麦稻黄。为说只今新雨露，绣衣骢马按边疆。"

偶来龙里作元宵。

贵州按察副使沈庠《元宵宿龙里》诗："水陆兼程两月劳，偶来龙里作元宵。莫嫌箫鼓添烦聒，亦幸轩窗不寂寥。老眼且看诗满壁，高怀何用酒盈瓢。感时忽动思亲念，坐待天明恨未消。"

半窗月影自寥寥。

前人次韵："营营无补亦徒劳，又向山城宿一宵。万里音书全落落，半窗月影自寥寥。渊明有兴东篱菊，颜子何心陋巷瓢。贤哲高风今想慕，顿令尘抱一时消。"

雨过龙山翠欲流。

贵州按察副使罗昕《龙里分司》诗："雨过龙山翠欲流，晴光多在屋西头。不随越客愁多瘴[①]，应共侬家喜有秋。松菊久荒元亮径，风尘犹碍仲宣楼。牂牁东去鳞鸿杳，半载无书到广州。"

未离陑险三迁戍。

前人次韵："雨余冈路似河流，人步山椒怯石头。绝壁云阴浓似幕，满林枫叶乱鸣秋。未离陑险三迁戍，何用高登百尺楼。最忆去年今日里，片帆乘夜过洪州。"

一方顿觉风光好。

贵州按察副使阴子淑《龙里道中》诗："春到荒陲柳眼舒，如酥膏雨正来初。一方顿觉风光好，万里浑教瘴气除。喝道有人先负弩，诘兵何日不驱车。谬膺重寄惭无补，只此辛勤可自誉。"

[①] 越客："越"字原缺，据嘉靖《贵州通志》补。《黔记》及万历《贵州通志》均作"客子"。

第十五卷　新添卫军民指挥使司

贵州新添卫地理之图

长官司

新添。小平伐。丹平。丹行。把平寨。

建置沿革

《禹贡》荆梁南境，天文参井分野。秦为黔中郡地。

宋为麦新地。嘉泰初，土官宋永高克服，以其子宋胜守之。乃改麦新为新添。

元置新添葛蛮安抚司。大德元年，授驿券一道，领长官司一百三十，县一，隶湖广行省。寻改隶云南行省。

洪武四年，置新添长官司。二十二年，增置新添千户所，属贵州卫。二十三年，升为卫，领新添、丹行、丹平三长官司，为新添卫军民指挥使司。又以龙里卫所领小平伐、把平二长官司来属，隶贵州都司。今领千户所五、长官司五。

郡名

麦新宋名。新添同上。葛蛮元名。

至到

地里

东至平越卫界八十里，南至龙里卫大平伐长官司界九十里，西至龙里卫界六十里，北至平越卫界六十里，东南到平越卫界一百里，西南到龙里卫界一百一十里，东北到平越卫界九十里，西北至贵州宣慰司界八十里。自卫治至南京四千七百三十里，至京师八千二百六十里。

铺舍

曰新添，曰干溪，曰瓮城，曰新安，曰谷定。凡五铺。

形胜

四山排戟，一水萦纡。《一统志》。

东界平越，西接龙里。《一统志》。

右通云贵，左达湖湘，南抵广西，北邻蜀界。《新志》。

风俗

俗多俭约。《一统志》："卫人皆中华迁谪，地瘠产薄，故俗多俭约。"

讼寡盗息。《贵州志》："俗无争讼之风，境无盗贼之患。"

旧人善俗。《卫志》："卫城附郭，河西民曰旧人者，盖前代中州之裔。读书尚礼，亦颇富庶。家或百丁，父慈子孝，兄友弟恭，其俗最善。"

以寅、卯、丑日贸易。《一统志》："寅日为虎场，卯日为兔场，丑日为牛场。是日军民皆集，贸易有无。"

割发为孝。《一统志》："父母死，男女皆割发为孝。"

八夷异习。《新志》："新添卫所辖五长官司之夷八种。

曰东苗，椎髻赤足，妇女以土绵为衣。婚不用媒，相悦则奔。既婚之后，始以牛马聘礼。

曰西苗，以十月为岁首，宰牛具酒，召亲友为乐。乐有铜鼓、横笛、匏笙。婚嫁与东苗同。

曰木獠，男女皆科头跣足，以花布为衣。食则以盆贮饭。男女围坐。匙举而食。

曰犵獠，以耕猎为生。死丧，负尸就圹，周身蔽以薄板而葬。杀牛，具酒食，饮墓前而散。

曰仲家，男女衣青黑衣。以十二月为岁首。通汉人文字，知卜算。死亡不变服，邻里皆素食，不禁鱼虾，祭以枯鱼，哀戚颇至。

曰宋家，衣冠同华人。死丧，素食水饮。三七日后宰牲口祭，辄食肉饮酒如常。余俗与华同。

曰蔡家，以牧羊为生。每岁两取其毛以为毡。

曰八番，本程番府入流食于此者，以耕织为业。俗多如华。

山川

银盘山　在卫城西二里。山圆如盘，色白如银。
笔峰山　在卫城南。其峰如笔，高插云汉。
杨宝山　在卫城北。山常青翠。
谷定山　在卫城西北五里。
蔡苗山　在卫城东北一十里。上有泉，悬崖飞下，宛如玉虹，曰飞泉。
谷阻山　在小平伐司东五里。
陇冒山　在小平伐司西一十里。
摆龙山　在把平司东一十里。
翁黄山　在把平司北一十五里。
瓮城河　在卫城西南二十里。元置瓮城都桑等处长官司于此，故名。
雍真河　在小平伐司治西。
藤茶河　在丹行司治东南。

八字河　在卫城东二里。二水合流，复分派。东西旋绕卫城，形如八字。
麦新溪　在卫城西。
罗鸭溪　在把平司治南。
甲港溪　在丹平司东一十五里。
沙井　在卫治北。味极清甘，遇旱不竭。
飞泉　在卫城东北一十里蔡家山上。

土产

茶、葛布俱丹平司出。姜。梅。菖蒲。刺竹。椒。蜡。胡桃。栗卫境俱出。

公署

卫治　在卫城中，经历司、卫镇抚附焉。左、右、中、前、后五千户所分置于卫前东西。卫城围六里六步，周辟四门，东曰熙春，西曰延秋，南曰武扬，北曰肃远。俱洪武二十二年建。

按察司分司　在卫治东。洪武二十八年建。

新添长官司　附郭。

小平伐长官司　在卫城西南五十里。元为雍真等处蛮夷长官司。大德初改平伐等处兼雍真蛮夷长官司，属顺元路。洪武十五年改为小平伐长官司，属贵州卫。二十九年改今属。

把平寨长官司　在卫城南六十里。元置，属顺元路。本朝洪武十五年改属贵州卫。二十九年改今属。

丹平长官司　在卫城西南一百里。元置丹平等处蛮夷长官司，属广西南丹州。后废。洪武三十年，改置丹平长官司及改今属。寻省。永乐元年复置。

丹行长官司　在卫城西南一百二十里。元置丹行等处蛮夷长官司，属南宁州。寻废。洪武三十年，改置丹行长官司及改今属。寻省。永乐元年复置。

新添站　在卫城北。洪武十九年建。

新添仓　在卫城内南。隶贵州布政司。

预备仓　在卫治内东。

养济院　在卫城内东。成化七年建。

学校

新添卫学 在卫城内西。正统元年,贵州按察司副使李睿建。中为明伦堂,左右为二斋。

贵州宣慰使司儒学教授杨懋记:

"新添卫,古荒服之外,夷裔之区也。虽唐虞三代,声教未暨焉。洪惟我太祖高皇帝平定天下,肇设新添卫,隶贵州都司。道路适通滇南,诸夷入贡,多由于是。太宗文皇帝不鄙夷区,置布、按二司,统而纠之,视与中国齿,边境得以安宁久矣。

"今之按察司副使济宁李睿前任本布政司参议,怜军民子弟俊秀,未有学以教导之,俾知孝悌忠信之道,礼义廉耻之方,上章奏请边卫立学,宣宗章皇帝允之,乃宣德八年也,而新添卫儒学始设焉。内创明伦堂及二斋,集俊秀教之。厥后,朝命儒官赵壁到任执事,久之,而庙未立。

"恭惟皇上继承大统,隆兴学校,敕天下所司修建。指挥使孙礼暨诸僚属捐己俸金,伐木鸠工。始事于正统己丑冬,创立大成殿,既雕削之,又藻饰之。塑圣人像,崇奉于中,设四配十哲。两庑爵位序次如仪制焉。前建仪门、戟门。鉴泮池,缭垣奂然一新,与名州郡学肩。遂事于正统丙寅夏七月。同寅指挥佥事平镛聘礼走书,丐予记之。

"夫学,所以施教化,谈道德,以陶民性;集俊秀,育成材,以资任用。故自三代之盛及汉唐宋之治,皆莫此之先也。我国朝定制,凡建学必立庙,以崇祀先圣先贤。自生民以来,未有盛于今日也。孙侯任武职,钦遵圣朝崇重儒道,倡立庙宇以崇奉之,俾边境军民子弟咸知圣人垂教,君臣父子之道,如日在天。孙侯得非贤乎?古者大事书于策,小事书于简,作而不记,后世何观?故谨为之记,以谂后人云。"

宫室

肃远楼 即卫城北门楼也。洪武间建。天顺间重修。

寺观

兴福寺 在卫城北。永乐二年建。成化二年,指挥王通重修。
真武观 在卫治北。洪武中建。

祠庙

文庙 在卫学东。正统八年建。中为大成殿，左右翼以两庑，前为戟门、棂星门。

城隍庙 在卫治东。洪武二十五年建。

其风云雷雨坛在卫城南三里。

社稷坛在卫城北二里。

厉坛在卫城北二里。

旗纛庙 在卫治北。洪武二十五年建。

关羽庙 在卫治北。

五显庙 在卫治南。

关梁

谷芒关 在卫城东一十五里。

瓮城关 在卫城西南二十五里。

瓮侣桥 在卫城东。

麦新桥 跨麦新溪。

以上关桥俱洪武二十三年建。

西河桥 在卫治西二里。弘治二年，指挥史韬建。更名迎恩。

惠政桥 在卫城西南二十里，瓮城河上。弘治六年，都御史邓廷瓒命贵州宣慰使安贵荣建。

都御史钱钺记：

"瓮城之河，远不可考其自出。由平伐至于龙里、新添之间，合诸山之流，若蜂窠蜈足，皆注是河，其水益大以衍。路当孔道，东西行者，踵相接也，咸以徒涉为艰。旧作浮梁，编竹为楗，实以杂石，绝流而置之者以十数，上施横木，仅通往来。每气至水盈，则泛溢于两崖之间，喧豗奔突，楗弛梁败，人皆褰裳濡足。凡有所挟任，其首若背，始克有济。及霜降水缩，冰凝腹坚，类揭趾以往，若履锋刃，往往以病告。如是者有年数矣。

"弘治改元之六年，都御史邓公廷瓒、都督王公通皆奉玺书抚镇贵阳，肃清寇攘，修举废坠①，秩有次序，惟是桥之圮，未之治也。乃相与喟叹，此

---

① 修举："修"字原缺，据万历《贵州通志》补。

非吾辈之责乎？遂鸠工庀材，审曲面势，改建石梁于旧址之南，凡数百武，道亦因之以就宽平。财用之需，一出于贵州宣慰使安贵荣，白金之费以两计者若干。工役之用一出于在官之人，以日计者若干。餱粮之供一出于公廪之余，以石计者若干。广三寻有奇，袤十倍之，伍洞联属，委蛇蜿蜒，势若垂虹。由是，行道之人，如履平地，不知其水之缩伸，而厉揭之为病也。经始于七年之春，落成于次年之夏。四民承德，百姓快睹，咸谓自有斯河以来，未之见也。

"既而，邓公有两广总督之命，王公自陈休致，而予继抚兹土，知建桥始末为详，贵之人士，恐二公之功久而湮也，谓宜托金石以纪其事。

"予惟贵州去京师万里，声教百年，革夷而华，关梁道路，如砥如矢，固由我圣祖神宗德化渐摩之深，而前后抚镇诸公匡直辅翼，亦不为无助。昔子产听郑国之政，以其乘舆济人于溱洧，孟子讥其惠而不知为政，且示徒杠舆梁之期。今是桥之成，规制之宏，惠利之博，坚固久远，岂特十倍于徒杠舆梁而已哉？彼命不咸于喧豗，教阅不失于期会，商旅不妨于交易，刍粮不稽于转输，王政之当务于是乎在。因名之曰惠政，以见二公能推子产之惠而施于有政。虽孟子复生，将无庸议矣。夫天下之事，成于同而败于异，惟二公心无不同，故事无不就，建平蛮之伟绩，缵屏翰之奇勋。惠流当时，泽及后世，可书者尚多，非止一桥而已。姑书此，以诏夫后之人。"

馆驿

新添驿 在卫城北。洪武十四年建。天顺八年，指挥王通重建。

古迹

废瓮城都桑长官司 在卫城西南二十里。元置，隶新添葛蛮安抚司。本朝废。

名宦

本朝·孙礼 保定人。正统间任本卫指挥使。勤于政理①，为时称重。

---

① 政理：二字原缺，据万历《贵州通志》及《黔记》补。

史昂 凤阳人。任本卫指挥使。练达政治,军民帖服。

严胜 丹徒人。任本卫指挥同知。才干威望出于群。每巡征,屯营之处,夜闻虎鸣,去则不尔,时人以"严老虎"称之。①

人物

宋·宋胜 新添卫人,父宋高,嘉泰初克服麦新等处,以胜守其地。嘉定中授胜右武大夫、沿边溪洞经略使。胜卒,其子聚袭。

元·宋朝美 胜曾孙。父捉巴蛮夷都总管。朝美累官新添葛蛮安抚使。

本朝·王通 字廷用,新添卫人。春融简重,累著军功。自指挥升至都督佥事,镇守清浪,改镇贵州,平都匀,辟土地,以置郡县。已而,引年勇退,时论高之。

文彦镐 本卫人。由监生任四川威远县知县。弥盗安民,政绩大著。坐事去官,部民为之号泣。

列女

吴氏 本卫舍人王达妻也。年十九而寡,敬事舅姑,坚持妇节四十余年,贞白精励。

题咏

水满田禾似有秋。

都御史孔镛《新添道中》诗:"遇险平生不解愁,笑谈策马过山头。烟迷草径疑无路,水满田禾似有秋。樵子穿云歌伐木,牧童吹笛倒骑牛。眼前诗料且收拾,定远终封万户侯。"

八千险道不须愁。

贵州按察司副使陈琦次前人韵:"八千险道不须愁,任是天涯也尽头。报国无材心尚赤,思亲有泪发先秋。高歌激烈穿云汉,老剑光芒射斗牛,但有清忠昭汗简,男儿何必定封侯。"

---

① 本段原有缺字及衍字,据万历《贵州通志》及《黔记》改补。

寨獠蠢愚全信鬼。

贵州按察司副使沈庠次前人韵:"两事君亲一样愁,几时能不皱眉头。无烟村落空遗地,欠雨山田敢望秋?寨獠蠢愚全信鬼,屯军贫苦半无牛。也知食禄当思报,不羡人封万户侯。"

皇仁岂限天南北。

贵州按察司佥事罗昕次前人韵:"山城薄暮角声愁,遥望蛮烟暗岭头。群盗纵横闻昨日,三军征伐候今秋。皇仁岂限天南北,殊俗犹持风马牛。玉食辕门皆将胄,好磨长剑取公侯。"

万重山色绿将匀。

贵州按察司副使阴子淑《到新添》诗:"席怜未暖又东巡,尽日驱车向晚春。百折溪声流不了,万重山色绿将匀。观风兼得移风术,览物还知造物仁。但笑年来忧念拙,欲推素学化文身。"

第十六卷　平越卫军民指挥使司

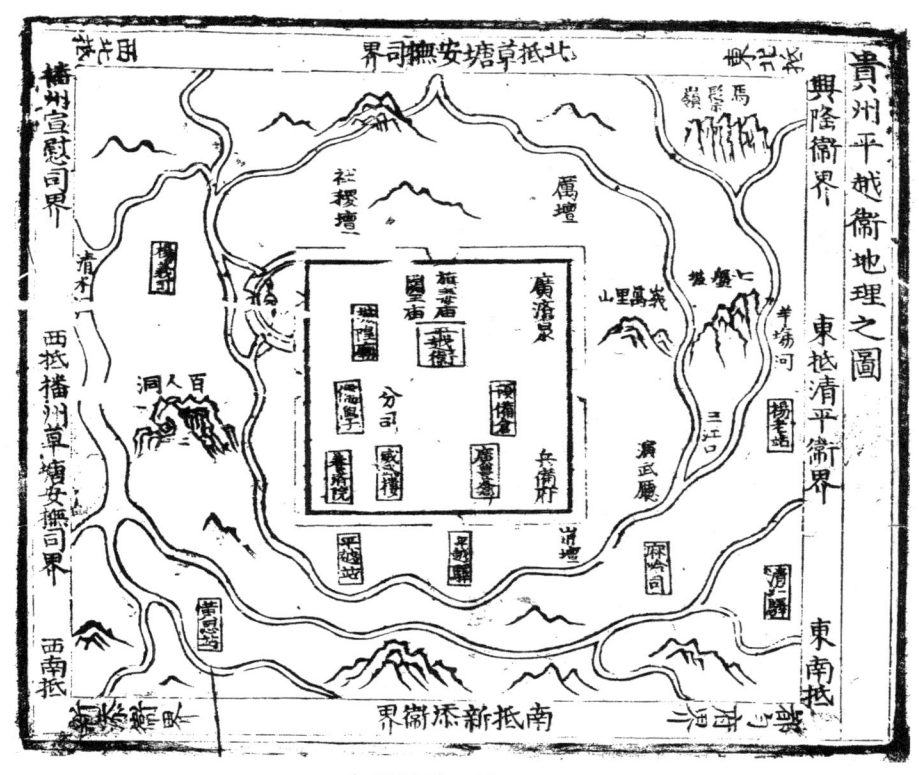

贵州平越卫地理之图

长官司

杨义。

建置沿革

《禹贡》荒服之地，荆梁南境，天文参井分野。秦为黔中郡地。汉唐为蛮夷所据。宋嘉泰初，土官宋永高克服麦新地，亦内附，号黎峨里等寨。元置平月长官司，隶八番顺元宣慰司。洪武十四年始置平越卫军民指挥使司，领杨义、麻哈、乐平、清平、平定五长官司，属四川布政司。寻改属贵州都指挥使司。二十年，割清平、平定二长官司属清平卫。弘治七年，改麻哈长官司为州，隶都匀府。今领长官司一、千户所五。

郡名

黎峨宋名。平月元名。

至到

地里

东至都匀府平定长官司界七十里，南至新添卫界六十里，西至四川播州草塘安抚司界，北至黄平安抚司界，俱一百二十里；东南到都匀府界九十里，西南到新添卫界七十里，东北到兴隆卫界一百二十里，西北到四川播州宣慰司界一百五十里。自卫治至南京四千六百七十里，至京师八千二百里。

铺舍

曰城南，曰谷子，曰西阳，曰播文，曰冷溪，曰栗旦，曰羊场，曰杨老，曰鸡场，曰麻哈，曰的蓬，曰毕拨，曰狗场，曰高枧，曰瓮蓬，曰平定，曰迎远。凡一十七铺。

形胜

边方冲要之地，苗蛮丛蕞之墟。《一统志》。

山蹊之险。《太平桥》。

北距三百涝，东枕七盘坡。《新志》。

马鬃岭扼其喉襟，羊肠河设其险阻。《新志》。

风俗

决烈好讼。《旧志》。

俗尚威武，渐知礼义。《一统志》。

汉夷殊俗。卫中军士多中州缙绅之裔，崇文尚礼，不失其旧。其郊外之民乃苗狑仲家，性凶狠好斗，轻生易死，不知礼义。迩来渐革其旧，服役公庭。衣服、言语，稍如华人焉。

山川

文笔山 在卫城南五里。与天马山并。一峰秀异如立笔，三江皆会其下。

笔峰山 在卫城南三里。其山高耸，四时常青，如卓笔然。

杉木箐山 在杨义司西五十里。峰峦高峻，为至险之处。

石关口山 在卫城东南二里。两崖如门，官路经其中。

峨万里山 在卫城东一里。极高大，顶有清泉数穴。本朝初王师略地，尝屯兵其上，营址犹存。

月山 在城南一里。麓有月山寺。

笔架山 在卫城南五里。二峰秀列，当儒学前。

天马山 在卫城南五里。

瀚霾山 在卫城东北六十里。山高林深，霾雾瀚郁。

七盘坡 在卫城东五里。官道经其上①，转折凡七。

贵州按察司佥事罗昕诗："建节鸣镳度七盘，无人不道马行难。正思岭表梅关过，误作云中栈道看。晴日映林云气紫，晚风吹帽鬓丝寒。阳春白雪人难和，一字真成两日安。"

倒马坡 在卫城西南五里。亦官道所经。骑者多困其险。

穿崖 在卫城东八十里。崖孔穿透，广容千夫。

百人洞 一名穿洞。在卫城西十里。清泉涌出。洞广可容百人。景致幽雅，人多游焉。

麻哈江 在卫城东南三里。江水清深，萦城而去。

清水江 在卫城西四十里。上流接贵州宣慰司界，下接新添长官司界，其流颇大，雄吞诸溪。

地松河 在卫城东北十五里地松屯。

羊场河 在卫城南二十里。横截驿道。弘治间建石梁于上，曰通济桥。

广济泉 原出峨万里山。弘治八年，参将赵晟因城中乏水，凿阴渠，导入城中为井，覆以亭，人甚便之。

十里溪 在卫城西八十里，杨义司封内。昔王师征蛮，驻师十万于此，故名。

---

① 上：原缺，据《黔记》补。

冷溪 卫城西南四十五里。

三江口 在卫城东南七里，三水会合，波流潆回。

土产

葛布。茶。麂。水竹。橘。乌头。金梅。

公署

卫治 在卫城中。洪武二十二年建，经历司、卫镇抚附焉。左、右、中、前、后五千户所散置于卫治之外，卫城围九里，周辟四门，东曰宣和，南曰通化，西曰泰宁，北曰广武，俱洪武间建。

按察司分司 在卫城内西南隅，洪武间建。

兵备分司 在卫城内南。成化十九年，贵州按察司副使方中建。

杨义长官司 在卫城东三十里。元为平月长官司地。洪武间置。

平越站 在卫城南。洪武二十一年建。

杨老站 在卫城东三十里。洪武二十一年建。

黄丝站 在卫城南二十里。洪武十九年建。

税课司 在卫城西。洪武十七年建。

广丰仓 在卫治南。洪武十五年，指挥同知端聚建。

养济院 卫治西，洪武中建。①

学校

平越卫学 在卫城内西南隅。宣德八年，贵州右参议李睿建。成化二年重建。

贵州按察使杜铭记：

"皇明大一统，极天地之大而有之，惟夏惟夷，悉臣悉主，粤若贵本古炎荒，蕞尔夷区，其类鸟言鴃舌，椎髻卉裳，习尚刀戈，而好勇斗狠。我太祖高皇帝龙飞之初，以神武剪其昏狂，一视同仁，而纳于甄陶之内。肇置亲卫之兵以镇之，于是平越有卫，盖盼乎此。然当是时，王化始行，而礼法之教未备，故学校不兴，庶官齐建，盖有待于可行之日也欤？

---

① 卫治西，洪武中建：此句原缺，据万历《贵州通志》补。

"宣德癸丑，宣宗章皇帝始命建学，置官颁篆，而隶于卫，泮宫讲室，则有贵州按察司副使李公睿、佥事屈公伸初焉相土之宜，得佳胜于卫城西南之隅，盖前隆平侯张信为卫之日所居之世也。厥位面阳，厥势高广，山水之清，林樾之秀，所共钟萃，佥谓协吉。遂命指挥王俊、刘璿版筑之、殿庭、门庑、讲堂、斋舍，一时略备。择卫之俊秀子弟为之徒而教焉。未几，诸生有若缓者，登进士第，拜行人。其神化之速可见矣。

"正统己巳，诸夷叛乱，列城在围，而平越尤甚。兵民困于城中，不能樵采，公庭廊庑之楹①，卒毁为爨，惟学宫仅存，然亦毁瓦画墁，颓垣撤户，莫之守，师徒散逸，而弦诵不作，其不至于废学也几希。自后王师吊伐，削险秽乱，而修废举坠之政，必有待于其人而后行。

"今上皇帝嗣位之初，简命中臣左监丞郑公忠作镇兹土，中台副都宪李公浩实巡抚之，总制军旅则南宁伯毛公荣，而佐以参将都帅吴公经，监察御史周公源复按治焉。时皆文武重臣，忠良寅协，咸欲振作颓风，廓清边鄙。以故众务修举，庶民子来。适襄阳吕侯实以锦衣亲军指挥，改任于越。谒庙之日，周视学睿圮壤缺略，慨然以为己任，且以其子升尝弟道，古为地官中事，出自学校，乃锐意作新，指俸晴囗倡诸，布鸪而葺治之，棂星门俱易以石②，殿庭门庑，垣圹阶陛，咸撤其敝而一新之。正室神位，则重护以板屋，黛垩丹漆，焕耀洁泽。外建儒林坊以表之，庙学规制之美，轮奂之精，视昔为有加焉。

"经始于成化丙戌冬十月，而以次年丁亥夏四月讫工。越之士夫守吏，戍卒民夷，奔走观望，合辞欢庆，乃以其成告于总戎。毛公闻而嘉之，谓铭曰，吕昔以金吾近臣去国来边，略不以为穷戚，而作新学校，思以成俗化民，俾圣人之化行于远方者，已晦而复明。学校之教，施于边人者已坠而复举，其为功利，盖有关乎风俗之易移，夷情之去逆效顺，格暴为良，于吾守土俗之助不少，宜以其事刻之于石，以垂不朽。

"铭以谫才，承乏贵宪，方以丕阐学校，风化远人，以奉宣天子德教为念，而吕侯乃能用心及此，迄于有成，其贤于人也远矣。总戎不没其善，既称许之，而又为之求记，以示永久，岂非有君子之心，得大臣之体者乎？是皆可书也，故记之，以纪岁月，因以告夫士之游艺于此者，皆当有以知其性分之所固有与其职分之所当为，而各俛焉以尽其力，考求圣经贤传，讲明修齐治平，至于忠君孝亲，施于有政，举不外于伦理之常，以求复其仁义礼智之性焉。庶无负于朝廷建学立教之恩与夫卫侯修废举坠之意矣，于是乎书。"

---

① 廊：贵图本缺。
② 棂：原缺，据文意补。

宫室

威武楼 在卫城南门之上。

水城 在卫城西门外。城据原阜，素少水泉。正统末，苗寇围城，人马渴死者众。成化间，指挥张能奏允，决西山之水至城西门外，增筑瓮城护之，以便汲饮。

寺观

月山寺 在卫城南二里。洪武二十一年，指挥戴旺建。山岩秀丽，竹石清幽，为郡佳境。

观音寺 在卫城南，通远桥之左。成化十年，贵州按察司副使吴立建。

高真观 在卫城西南，福泉山上。洪武二十二年，指挥张信建。

祠庙

文庙 在卫学前。正统元年，副使李睿建。弘治九年重建。中为大成殿，左右翼以两庑，前为戟门、灵星门。

城隍庙 在卫城内西。洪武二十二年，指挥端聚建。

社稷坛在卫城西一里。

山川坛在卫城南二里。

厉坛在卫城北十里。

俱洪武十七年建。

旗纛庙 在卫治后。

关王庙 在卫治北。正统间建。

关梁

武胜关 在卫城南一里。左右皆峻崖，一水中贯，官道经焉。险阨可守。

羊肠关 在卫城东南二十里。

通远桥 在卫治南。永乐五年建。

太平桥 在卫城南三里。

五里桥 在卫城东五里，七盘坡下。成化十年，贵州按察司副使吴立建。

通济桥 在卫城东五里，羊肠河上。弘治四年，兵备副使吴倬建。

按察司佥事周孟中记：

"贵州清平、平越间羊肠河，上通滇南，下达湘楚，实喉襟之地。旧济用舟，每遇暴雨不虞，舟为水所漂流。或济，而水悍急，往往有覆溺之患，涉者病之。正统间，苗寇叛，王师于征，临河，水卒起，舟济弗及，将士死者不可胜计。有职者尤以为深虑。

"吾同寅佥宪淳安吴君倬分按是方，往来谘咨，咸曰必架石桥，庶前患可纾。乃下令：石取于山，灰煅于石，财出于公私之羡余，力役于军民之闲暇，相两山间水纡回处得石基焉，其盘固若天造而地设也。

"以成化二十年十有二月三日兴工，至二十三年四月初旬，工始告毕。桥石墩四，水洞三，长一百六十尺有奇，广二十尺，高五十八尺。役费白金几七百两，人工无虑十万，亦费且劳矣。而下不怨者，孔子所谓：'择可劳而劳之，又谁怨？'虽然，当役将半，时财力已屈，而议者或沮之。吴君亦惮焉。适钦命镇守贵州太监张公有事东鄙，过而叹曰：'兹役实军民无穷之利，有不趋令者罚。'由是，役者益劝，富者争出赀以助。君亲舍河畔茅茨之下者逾月，朝夕程督，桥乃克成。向非张公宣威令以作军民之中急，几何而不功亏一篑哉！

"考之周官，岁十一月徒杠成，十二月舆梁成。民未病涉也。故子产以乘舆济人于溱洧，孟子讥其其惠而不知为政。诸葛武侯常曰：'治世以大德，不以小惠。'其治属郡也，开诚布公，凡桥梁路道，靡不缮治。称者谓其有王佐材也，信不诬矣。吴君之佥贵臬，非特建是桥，凡政务之克举，历历可书，不有闻于大德小惠之义能然乎？遂书此，锐诸石。若夫董公役之官属，助财费之义士，主馈饷之僧人，列书于右，以同垂不朽云。"

杨老桥 在卫城东二十里，杨老堡东。弘治十年，都御史邓廷瓒建。

天生桥 在卫城北三十五里。石梁跨溪，宛然成桥。

馆驿

平越驿 在卫城南。洪武十六年建。

古迹

废三陂地蓬等处长官司 在卫城东南三十里地蓬铺。元置，隶新添葛蛮安抚司。今废。

名宦

本朝·王先 合肥人。洪武间任平越卫指挥佥事。智勇谋略，一时无右。蛮夷畏之，不敢犯其锋。

毛胜 顺天府大兴人。宣德间任平越卫指挥使。智勇超迈，边防以宁。天顺间，以功进爵南宁伯。

郭英 湖广宁远卫人。正统间充贵州参将，作镇平越。威德兼行，诸夷畏服。非警急不废诗书，时称儒将。

李山 凤阳定远人。国初从征，累著战功，为宜兴卫指挥同知。后以事降调平越卫指挥佥事。寻卒于官。太祖高皇帝遣官赐祭，优恤其家。

刘璿 河南确山人。任平越卫千户。累功升都指挥。清慎老练，好儒能诗，所著有《竹亭退隐》《琅玕有咏》等集。

流寓

本朝·金声 字永声，姑熟人。谪戍平越。以文行见称于时。而内交者，皆闻人焉。

人物

本朝·张信 本卫人。居家孝友，莅官忠勤，好礼下士，为时所许。后以功封隆平侯。

赵信 本卫人。任百户。骁勇善战，胆力过人。以武功累官贵州都指挥佥事。奉敕守备平越等卫地方。苗蛮畏之如虎。

盛仲芳 本卫人。德行诗文，本末俱美，所著有《慎独斋稿》。

张懋英 本卫人。性孝博学，能文工书，与金声、盛仲芳齐名，时号三先生。

杨中 宽厚笃实，隐德不仕。以医济人，未尝计利。后以子贵，封奉议大夫。年九十一而卒。

徐胜 本卫人。修身齐家，绰有典则。百口同居者五世。弘治初，有司以恩例赐羊酒奖劝，具实以闻。

黄绂 本卫人。梗直方正。由进士累官布政使，转都御史，升南京户部尚书。

科甲

黄绂 正统十二年举人，十三年进士①。

杨遵 本卫人。天顺三年举人。成化五年进士。任四川布政司参议。

赵广 本卫人。成化九年举人。任四川泸州同知。

李云 本卫人。成化十六年举人。

杨时荣 本卫人。成化十六年举人。

黄彬 绂之子②。成化十九年举人。

列女

徐氏 本卫军人李庸妻。正统十四年，夫与苗贼战，亡，徐年二十五，子时用始三岁。都指挥赵信欲夺其志，以配卫卒，徐以死自誓。守节四十余年，且善事舅姑，殷勤教子。事闻，诏旌表其门曰"贞节"。

廖氏 本卫军人周清妻。夫死，廖氏年二十七，无子，姑老家贫，纺绩终养。坚志守节，莹然无瑕。

仙释

张仙人 不知何许。以洪武间来寓高真观，与指挥张信善，教信以葬地，曰："远远长龙自北来，脉流成右建僧台。前峰凹处堪为冢，若葬真泉步玉阶。"已而，别信，曰："武当山再会。"信恳留，闭之室中，未久，寂然不知其所往。后信以功封隆平侯，监修武当宫观，果再会其人焉。

题咏

一路春山长蕨薇。

监察御史翟□《平越道中题》："一路春山长蕨薇，东风吹老叶离离。首阳若有千千亩，老食夷齐死不饥。"

幽花乱发不碍路。

监察御史丁养浩《登平越城》诗："高山之上泉水流，高山重重无尽头。

---

① 三：原作"二"，据《黔记》改。

② 绂：原作"缓"，据前文改。

中天蔽日易为夜,大地雨过浑疑秋。幽花乱发不碍路,好鸟独鸣时过楼。披襟杜笏发长啸,久客聊此当中州。"

七盘坡上蛮烟重。

贵州按察司副使罗瓒《杨老堡》诗:"雨后寻花踏软泥,林莺恰恰款人啼。七盘坡上蛮烟重①,五圣关前望客迷。野寺背岩寒洞小,戍楼据险乱山低。苗夷小智如鼹鼠,莫较平吴与不齐。"

边城会睹古风还。

贵州按察司副使阴子淑《平越分司次同寅罗公旦韵》:"日月跳丸瞬息间,首年倏忽换苍颜。且将吾道为时用,肯学僧家拼昼闲。寒谷漫怜春意到,边城会睹古风还。宪台事了凭栏看,鹊报新声过暮山。"

---

① 蛮烟:原文误作"蛮州",与下文"望客迷"没有联系,据此诗标题改。

第十七卷　清平卫军民指挥使司

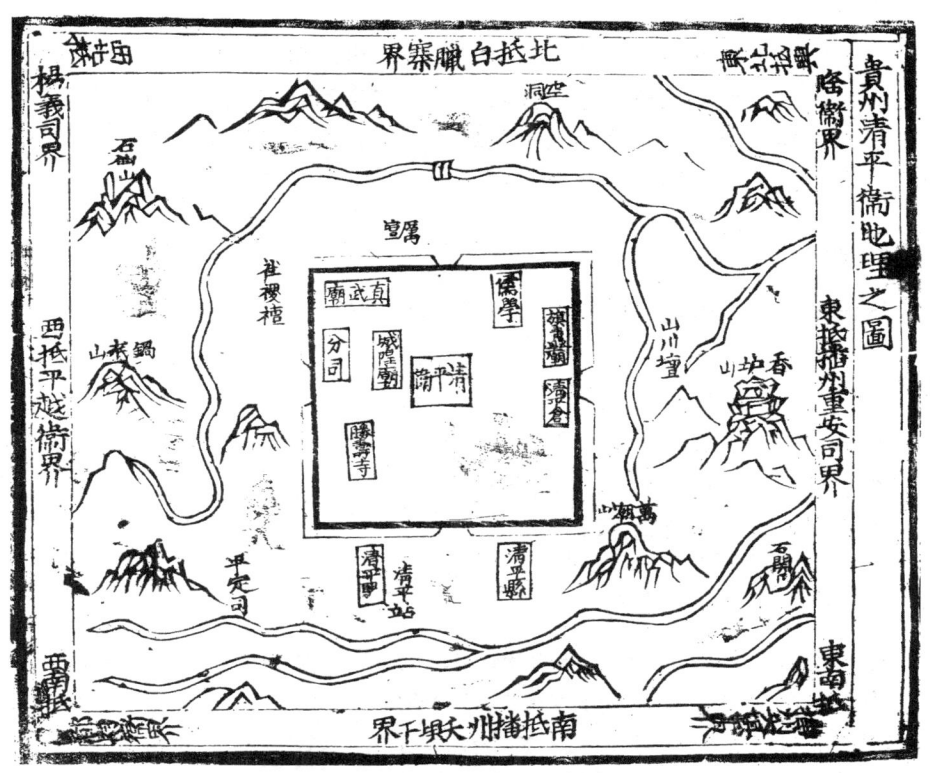

贵州清平卫地理之图

建置沿革

《禹贡》荆州南裔，天文参井分野。秦置黔中郡，以其地属之。历代为夷酋所有。元为麻峡县地。

洪武十四年置清平堡。二十五年，改置清平卫指挥使司，隶贵州都司，领清平、平定二长官司。二十四年，迁卫治于清平堡之北。弘治七年，改清平长官司为清平县，改平定长官司属麻哈州，俱隶都匀府。今领千户所五。

郡名

清平。仙山郡在石仙山下，因名。

至到

地里

东至四川播州重安长官司界，南至平越卫界，俱六十里，西至平越卫杨义长官司界二十里，北至平越卫界四十里，东南到都匀卫界二百二十里，西南到平越卫界六十里，东北到兴隆卫界六十里，西北到四川重安长官司界六十里。自卫治至南京四千七百里，至京师八千二百里。

铺舍

曰清平，曰洛邦，曰腊梅，曰洛登。凡四铺。

形胜

众山环拱，二水交流。《一统志》。
东抵丹章，西连平越。《一统志》[①]。
秀峰列戟，戍垒屯云。《新志》。

风俗

语平讼寡。《旧志》："本卫人皆江南迁谪，故其语言平顺，敦尚礼义，词讼亦寡。"
力田务本。《新志》："卫人与夷民杂处，敦质务本，故男以耕读为业，女以缉纺为务。鲜为商贾技艺之习。"
椎髻衣白，出入戴笠。《一统志》。
居无床席，手抟饭食。《一统志》。
附卫诸夷，风俗异尚。《新志》："曰犵狫，性恶，科头跣足，颇通汉语。衣楮皮布，制同汉人。妇人则服短花衣。婚姻以牛为聘礼。与人交易，刻木为契。有仇则提戈相戮，或剡牛召众为报复。约每岁以秋收毕日为岁首，杀牛祭祀，曰做大鬼。以竹器盛食，以牛角饮食。亦听官府约束，如齐民。

"曰杨黄。通汉语，衣服亦近于汉人。知祀先祖，有疾病则祭鬼乞福。婚姻亦以牛为聘礼。以竹器盛食。

---

① 一统志：三字原缺 "一"，另二字不清楚，据贵图本补。

"曰犵狫，性刚，不通汉语。饮食衣服无异。犵狫婚姻自相配偶，不用媒妁。

"曰黑苗，囚首赤脚，性类犬羊，不通汉语。服短花衣。有不合，虽父子亦相攻杀[①]，屠牛召兵，不可以德化。婚姻以牛为聘礼。饮食亦用竹器盛之，手抟而食。

"曰东苗，稍通汉语。服红花衣，头插白鸡毛。其俗同于犵狫。

"曰西苗，椎髻赤脚，服短白衣。其俗类东苗。

"曰仲家，以字为姓。衣服与汉人同。言语稍异。婚姻用媒妁。树桑供蚕。男知读书，女务纺缉。以十一月朔为岁首。

"曰大家。科头跣足，语言侏杂，而性驯扰。衣服稍类汉人。婚姻用牛为聘礼。祀先以木牌为神主。有事不尚刀兵，但以讲断为法。"

山川

东山　　在卫城东二里。

锅底山　在卫城西三里。顶如覆釜，故名。

万潮山　在卫城南四里。

葛贡山　在卫城西五里。

马鞍山　在卫城东五里。

双乳山　在卫城北六里。

石仙山　在卫城西三里。上有石人二，如围棋然，故名。

罗仲山　在卫城北三十里。

望城山　在卫城东二十五里。

舟溪江　在卫城东八十里。

王家坡　在卫城东二里。

龙王坡　在卫城南四里。上有龙王庙，遇旱祈祷辄应。

木级坡　在卫城南五里。两木交生，如阶级焉。

观音坡　在卫城北二十里。

山江河　在卫城东五十里。

大空洞　在卫城北十五里。

小空洞　在卫城北七里。

东门溪　在卫城东。

西门溪　在卫城西。

勇胜溪　在卫城南五里。

---

① 虽：原文误作"锥"。

凯旋溪 在卫城北五里。

济生池 在卫城内西。正统十四年，苗贼围城，凡十四月，军民赖此以济，故名。

皮井 在卫城西。水清味甘。卫人以之造纸。

大井 在卫城西。

土产

蜡。茶。无花果。白鹇。红鹤。

公署

卫治 在卫城内东。洪武二十四年建，经历司、卫镇抚附焉。左、右、中、前、后五所分置于卫之前。卫城围六百六十七丈。周辟四门，东曰通明，西曰遵化，南曰通远，北曰镇安。俱洪武二十三年建。

按察司分司 在卫城内西。

清平站、清平堡 俱在卫城西。

清平仓 在卫治东，隶贵州布政司。

养济院 在卫城南。

学校

清平卫学 在卫城内西北隅。正统八年，指挥使石宣以其蔬圃建。中为明伦堂，左右翼以二斋。

贵州宣慰使司儒学教授王训记：

"皇明受天眷命，统有万方，经国理民，一用孔子之道，是以声教之远、治化之隆，超越古今。惟清平本以荒裔，俗丑民夷，国初始置兵卫以威之，而隶贵闱。自后德化及，民日趋于礼法之中，而不知为之者。永乐中，复置布、按二司于贵以监临之，犹未有学也①。

"宣德癸丑，今宪副李公睿来参贵藩，肇举学校之政。而挥使石侯宣慨然以为己任，辟其园圃为基，草创斋室，以居学者，而教官未有命下，时惟自延师劝课。

---

① 未：原文误作"本"。

"今圣天子嗣位，首敕台宪分督天下之学，而贵以裁省，则按部者兼理之。由是，弟子中有钱润者，首登云南辛酉乡试，其效可知也。继而，宪副公复以建学为请。正统七年，朝廷降篆于学，命文儒吴君林来司其训。

"石侯重以故址隘陋，且无庙庭，非所以奉明命，广化源。乃甲子之秋，群议僚属，蹴力召工，桧斫于郊，陶冶于肆，卜日经始。又明年而后成。前为王官法庭，侧翼两庑，圣贤肖于正室，从祀则以木主，有伉重门，威符礼式。后置明伦堂，而左右斋舍、牲庖具备，垣堵高坚，鼇亚之精，藻绘之丽，足以奠王灵，庇俊秀。一时士夫守将，合辞欢颂，谓：'我圣朝用夏变夷之化愈久而愈昌，孔子之道益远而益著，岂可无述哉？'乃走书征记。

"训惟《中庸》论圣人与天地同体用，非孔子莫能当之。然自天降生民，虽有仁义礼智之性，而气质之禀不齐，不能无过不及之差，其流至于无父无君者。故圣人品节为教，著之于经，使知有君臣、父子、夫妇、长幼、朋友之伦，上下、尊卑、贵贱、亲疏、内外之等。率焉而无太过，循之而无不及，皆得有以复其本然之性焉。由是，皇极以建，人伦以明，家国以肥，天地以位矣。有天下者，于孔子之道，诚不可一日而忽，学校之教，尤不可一地而无也。

"今清平既有学矣，为士若民之游于此者，则当求诸性命道德之源，而考夫圣经贤传之旨，明体以适用，致知以力行。至于能尽其性，而不失仁义礼智之天则，师之所以教，子弟之所以学，孝亲忠君施于有政，举不外乎此。而于国家之建学立教，卫侯之成俗化民，容有负乎哉？故训为之记而附以是说，将使远方之人咸知我朝一视同仁，而崇尚孔子之意如此，庶几有所观感而兴起焉。其于风化，亦或有助，不但纪其岁月而已也。"

宫室

樵楼 在卫城内东。正统间，指挥使石宣建。

寺观

胜寿寺 在卫城内西。永乐初建于卫城外。毁于寇。天顺元年，都指挥王聚迁建于此。

玄真观 在卫城内北。天顺七年，指挥石宣建。成化二十一年，指挥李通重建。

清泉庵 在卫城西。弘治八年建。

祠庙

文庙 在儒学前。正统八年建。中为大成殿，左右为两庑，前为戟门，外为棂星门。

城隍庙 在卫城西。洪武二十六年建。

社稷坛在卫城西一里。

山川坛在卫城南一里。

厉坛在卫城北。

俱清平县祀。

旗纛庙 在卫治后。洪武二十五年建。

文昌祠 在儒学南。成化八年建。

关羽庙 在卫城南。天顺五年，都指挥王聚建。

李王庙 在卫城中。天顺六年建。

晏公庙 在卫城北。景泰八年建。

龙王庙 在卫城南四里，龙王坡上。天顺七年建。

马祖庙 在卫城北。景泰八年建。

关梁

鸡场关 在卫城南十里。

罗仲关 在卫城北，罗仲山下。

俱洪武二十五年建。

迎恩桥 在卫城北。

报捷桥[①] 在卫城北。

凯旋桥 在卫城北五里，凯旋溪上。

勇胜桥 在卫城南五里，勇胜溪上。

山江渡 在卫城西南四十里。

馆驿

清平驿 在卫城南一里。洪武十六年建。为翁霭驿，隶四川黄平安抚司。洪武十九年，改清平驿，隶平越卫。

---

① 捷：原文误作"揵"，据万历《贵州通志》改。

古迹

废恭溪望成崖岭等处长官司 在卫城东南三十二里。元置,隶新添葛蛮安抚司。今废为望城堡。

名宦

本朝·司铎 河南人。洪武二十四年开设卫治,任指挥佥事。创置公署,筑建城垒。以能政闻。

石宣 山东人。任本卫指挥使。读书好礼,廉公有为,兵民咸服。事嫡母贾、生母韦,以孝称。官至贵州都指挥佥事。惜登用未竟其器而早卒。

人物

本朝·王聚 字德舆,清平卫人。自千户累升贵州都指挥佥事。刚方谋勇,为时所重。推掌都司事凡十五年,政令凛然,边防以立。

孙钦 字克诚,本卫人。任千户。治家、莅政,皆有法程。后官至指挥同知。

何振 字纲举,本卫人。任千户。才艺忠勇,志存报国。正统间,香炉山苗寇不服,振亲至其巢,晓以逆顺。苗质之,寻纵还,时人壮之。

杨升 字东明,清平卫人。任指挥。武而能文,尤尚吟咏。

李源 清平卫人,性至孝。父疾病,源尝粪甘苦,以占吉凶。父愈,人皆称其孝感。后官至都指挥佥事。

孟昊 字初阳,清平卫人。宋吉国公琪之八世孙也。任副千户。忠毅自负。正统末以先锋御寇,力战而死。

陈楷 字景范,清平卫人。修身慎行,能文工吟。开门授徒,多所造就。

王铨 字秉衡,清平卫人。学识、德行,见推于人。或劝其仕,辞以母老,隐居终其身。

周纲 字维之,清平卫人。博学工吟。隐居不仕,时称为南坡先生。

科甲

钱润 正统六年举人。任广西思明府同知。

孙瀚 成化十六年举人。任广西镇安府同知。

孙贤 成化十六年举人。任四川长寿县学训导。

张渼 弘治五年举人。任四川忠江县知县。

李绶 弘治八年举人。任四川内江县学训导。
孔完 弘治十一年举人。

列女

赵氏 清平卫人。添大亨之妻。年二十,夫丧无子,自缢以殉。本卫尝以其事闻。

李氏 清平卫人。都指挥石宣妻。年二十四,宣卒,李守志不移,杜门保节,始终无玷。寿七十三而卒。

白氏 清平卫千户王雄妻。年二十二,夫亡,子辅方一岁,誓不再嫁。育辅成人,以袭夫职。志节贞白,年六十六,乡人称之不置。

郭氏 清平卫千户王保妻。年二十八而寡,无子。母族屡欲夺而嫁之。以死自誓,纺绩给日,贫苦百状,不变其守。乡邻莫不称羡。

题咏

贵州且喜兵戈息。

监察御史杨贡诗:"一自离京又半年,几回翘首五云边。山川花鸟皆相似,男女衣冠迥不然。罗鬼有镖方出路,野苗无火不耕田。贵州且喜兵戈息,雨顺风调尧舜天。"

黔黎在在丰衣食。

主事易贵次韵:"圣主龙飞第一年,仁恩浩浩海无边。寰中礼乐于斯盛,塞上锋烟不用然。万国梯航归魏阙,九区税法取周田。黔黎在在丰衣食,共仰羲轩太古天。"

亲舍相违又隔年。

贵州按察司副使沈庠次韵:"亲舍相违又隔年,每劳驰梦白云边。眼前奔走诚徒尔,世上声名亦偶然。报国思无铭鼎志,谋生幸有种瓜田。归心忽动思飞举,不是诗狂欲上天。"

蛮瘴全消霜正肃。

贵州按察司副使阴子淑次韵:"宦游南北已经年,晚岁提兵靖极边。蛮瘴全消霜正肃,客窗渐暖火初然。一方月色盈庭院,几处泉声落涧田。自愧为民忧未了,驰驱不计是炎天。"

第十八卷　兴隆卫指挥使司

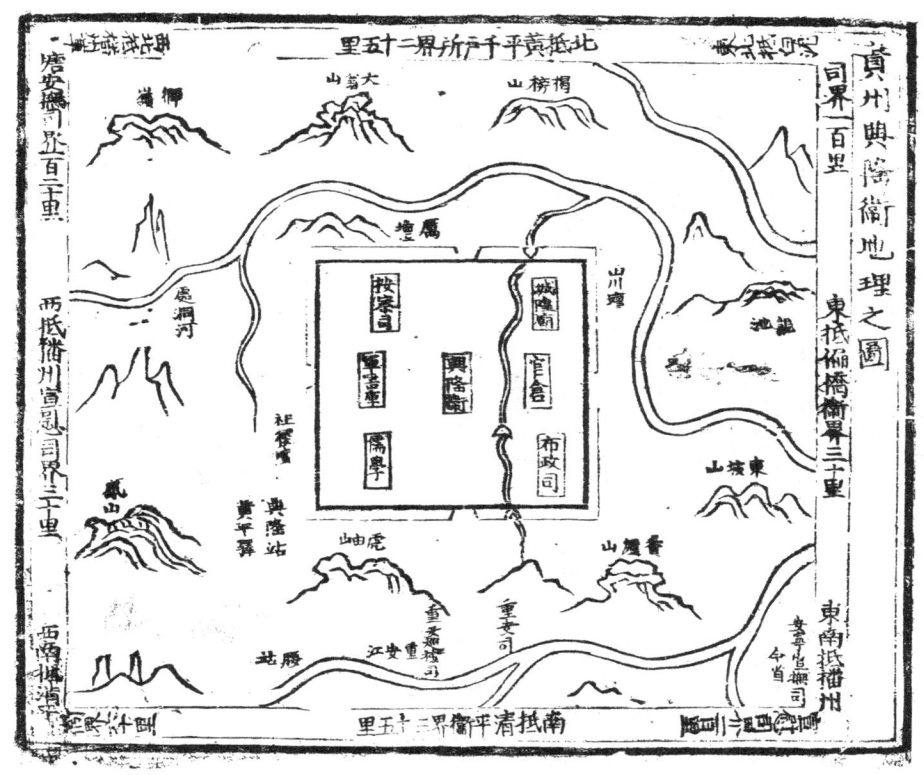

贵州兴隆卫地理之图

建置沿革

《禹贡》荒服之外，天文参井分野。秦置黔中郡，以其地属之。汉唐皆为牂牁蛮地。宋为黄平府地，号狼洞。元因之。

洪武八年，以其地隶四川播州重安长官司。二十二年，颍国公傅有德征南，以地当西南要害，始置兴隆卫，隶贵州都指挥使司，领千户所五。

郡名

狼洞宋名。龙渊在卫城北龙岩山下，有渊。相传灵物所居，时出为云雨，故郡以兴龙名。今更"龙"为"隆"。

至到

地里

东至湖广偏桥卫界三十里，南至清平卫界三十五里，西至四川播州宣慰司界三十里，北至黄平千户所界二十五里，东南到四川播州宣慰司界一百里，西南到清平卫界六十里，东北到四川播州白泥长官司界一百里，西北到四川播州草塘安抚司界一百二十里。自卫治至南京四千六百三十里，至京师八千一百三十里。

铺舍

曰兴隆，曰黄猴，曰周洞，曰重安，曰罗仲，曰寨坦，曰东坡，曰大翁，曰黄平。凡九铺。

形胜

与楚邻封。《旧志》："教授王训《月潭寺记》：'贵与楚邻封，郡当两疆之界。'"
东连镇远，西距龙骨。《旧志》。
北通锦播，南抵清平。《旧志》。
立一军之保障，控三省之边幅。《新志》："卫当楚、蜀、贵之交，立一军保障，而三省之边幅皆倚仗焉。"

风俗

居无恒产。《旧志》："卫之士卒来自湖湘，宗族交代从戍，故役无定籍，而居无恒产焉。"
务本于农。《新志》："卫人与附近夷民皆不事商贩，惟以力田为生。土沃力勤，所入倍于他郡，故有足食之利而无匮乏之忧。"
礼义渐兴。成化间，经历李文祥左迁于此，革去滛祀，遏绝浮屠。近得致仕布政周瑛崇用朱氏家礼，冠婚丧祭悉举行之。乡间观感，间有一二效行者。

山川

香炉山 在卫城南十五里。峭拔高耸，翠拥烟霞，宛若香炉，卫之名山也。天顺间，夷獠为恶，屯聚于上，天兵破之。今不敢据。

大翁山 在卫城北二十里。形势雄据，如大翁然。

马鞍山 与大翁山对峙。岩石奇巧，傍一小山如马鞍然。

东坡山 在卫城东二十里。岩石玲珑，千态万状，溪水旋绕，景致佳胜。有僧寺曰月潭。

揭榜山 在卫城北一里。平齐陡削，宛如揭榜。

重安江 在卫城南三十里。源出苗境。两山夹岸，水深莫测。当滇贵驿道，维舟为渡。

处洞河 在卫城西十里。源出苗境，东流径处洞，至卫城，合兴隆大河及兴隆小河，入镇远之镇阳江。

高溪 在卫城西南。傍有高溪屯。

秀水溪 在卫城东二十五里，东坡堡下。

龙洞 在卫城北一里。一名狼洞。山石崭然，水深碧，四时不竭，故老云昔有龙居其中，每雷雨则蜿蜒飞出。

王井 在卫城西南。洪武间，岷王之国云南，经此，无水，命凿于驿之后，得泉，清冽而味美，迄今源源不竭。郡人仰之，因名王井。

四方井 在城内，上水关东。源出石隙，味胜他井。

土产

楠木。黄杨木。

公署

卫治 在卫城内西。洪武二十二年，颖国公傅友德建。永乐三年，本卫指挥佥事萧琳重建。经历司、卫镇抚附焉。所领左、右、中、前、后五千户所，散置于卫之前后。卫城围九里十三步，周辟四门，东曰丰润，南曰镇安，西曰宣威，北曰昭化。

布政司分司 在卫城东门内。

按察司分司 在卫城西门内。

兴隆站 在卫城南。

东坡堡 在卫城东二十□里。
重安堡 在卫城南三十里。
兴隆仓 在卫城内东,隶贵州布政司。
重安巡检司 在卫城西南二十五里,隶四川黄平安抚司。
养济院 在卫治前。

学校

卫学 在卫城内东南。旧在卫城南。宣德九年,副使李睿、指挥同知常智建。弘治二年①,指挥狄俊、经历李文祥奏请迁置于此,盖故仓址也。郡人布政使周瑛督建。中为明伦堂,左右翼以二斋,曰博文,曰约礼。前为学门,外为泮宫。门右建尊经,又外为儒林坊。

贵州按察司提督学校副使沈庠记②:

"兴隆卫开设于洪武初,卫之学则创始于宣德甲寅。其地偏于城之东隅,且卑湿浅隘。其殿庑堂宇,率多鄙陋苟简。盖设治之初,司事者惟欲急于成功耳矣。岁月既久,风雨摧剥,又皆珊塌损坏之甚,诚不足以奉先圣之灵,而为师生讲习之所。往时,当道有事于此者,每诣学行礼,睹斯学之蔽陋,未有不兴叹而欲一新其制者,然卒不能致力于其间。

"弘治庚戌,麻城李文祥以兵部主事被谪本卫经历。其时,兵备副使金华戚公适弟提学政,以文祥由进士,有文名,遂委之署学事。文祥见学舍倾圮日甚,乃与其时掌卫事者商议,欲图择地以更新之,遂诣于朝。

"命下,先巡抚右副都御史邓公行委布政使嘉兴张公、按察使徽州汪公,及一时巡守诸公,偕至于卫,咨谋相度,乃得今地,适当城之东南,面以通衢,皆以峻山而高城环绕之。登其上而视之,举城之公廨、祠宇、庐舍,俱在目前。自其下而仰观之,山色之夌空,松竹之葱蔚,苍烟翠霭,变态不一,俨然丹青图画也。诸公咸以为他之佳胜,无逾于此,议遂定。

"归而白诸邓公,喜其得地,且曰:'地虽美,使不得其人以主其事,恐是瘤炙内而功终莫能成。'众皆曰:'本卫致仕方伯周公优中林下,况素有迁学之志,委之可成也。'邓公遂走书,以其事见之,方伯公亦慨然以身任之不辞。更建之计虽定,其余木、砖、石,工食与凡百费,亦甚不足。方伯公乃岁平借俸禄之余资,取材于山,取石于崖,甄瓦于窑,以至工匠力夫之价,

---

① 二年:原文缺"二"字,据万历《贵州通志》及《黔记》补。
② 沈庠:原文误作"沈牵",据本文正文改。

与夫米、蔬、盐、醢、牛、羊、猪、鹅、鸡、鸭、酒食之类，办给略无吝，居人亦不知所自也。

"工始兴先女大成殿三楹，中肖孔子之像，置四配于东西两傍，十哲又后，而稍下两庑各三楹，立主以置从祀诸贤。前立戟门三楹，又其前立灵至明三楹，以石为之。右立二亭，一以书春秋二丁祭礼之仪典，一以书本学登科之姓名。复于文庙之右建明伦堂三楹，两傍翼以博文、约礼二斋。其堂之前立中门，左右皆屏墙。左旋而下立泮官门三楹，堂之右建尊经阁一楹，以佇朝并颁降经籍。阁之下为文昌祠，盖亦因其旧有而复尝之也。阅之两旁，翼以进德、修业书室二楹，以为育举者藏修之所。凡庙宇、门庑、觉室与立亦皆有存。砌以巨石，叠以曾阶，饰以丹朱。气象宏远，规模广大，比之旧迹，相去远矣，诚一方之伟观也。方伯公上下督理之劳，亦可想见矣。

"工始于弘治甲寅七月，告成于囗年九月。学成既久，尚无文以记其事，方伯公恐其后世不知更建之由，乃走币致香，征余文以纪之。因复之曰：'庠谬司学政，此其职也，何以币为？'遂领其所请而返其币。久之，尚未脱稿。

"今年春，因巡历各府衙，见其各学倾颓，多无完宇，乃白于今巡抚右副都御使钱塘钱公、巡按御史嘉兴陈公，欲为修理之举。二公皆为远于学校者，莫不忻然乐从，行令所司，遂各给与囗文凭数纸，令其愿受者各照数上纳，以为修学之费。既不劳于风，又不费于官，颇为便益。且有兵备副使内江阴公、分守左参议慎南王公、分巡金事西蜀朱公，亦皆知所崇重，凡所历学校，极力为之，务求整饰。故今各学亦渐有次第，而兴隆之学何有未备，今复加完备，不焕然一新？而方伯公之功愈久愈彰矣。

"余巡历至卫，诣学，览其形势之胜，询其事踪之详，乃得详其颠，求以复方伯公之请。其使诸士子游于此者，勉力效进修，仰求圣贤之心法而效用明时，尧舜乎君民，成康乎世道，功业显于当时，休声垂于后世，庶几无负于朝廷作养之厚恩，诸当道作兴之美意，及今乡先达忠厚之盛德也。是为记。"

宫室

南楼 在卫城南。

郡人布政周瑛《南楼春眺》诗[①]："百尺危楼倚碧霄，登临佳境值春朝。桃花点点飞红雨，柳树依依锁画桥。一水护田烟浪达，四山耸翠雷痕消[②]。

---

① 此诗《黔记》题为《南楼》。
② 雷痕：《黔记》作"雪痕"。

远听牧笛兼渔唱，尽是康衢击壤谣。"

尊经阁 在卫学右。弘治三年建。

世恩堂 在卫城中。指挥李信建。

主事易贵诗："敌忾勋劳自祖宗，世承宠爵不人同。千年带砺山河永，百代貂蝉雨露浓。康国骈蕃来锡马，云台奕叶绘元功。子孙茂衍前人庆，共沐恩波浩不穷。"

寺观

善化寺 在卫城南门外。一名观音寺。洪武间建。

月潭寺 在卫城东二十里，东坡堡侧。正统八年，指挥常智建。寺后山岩，石乳玲珑如云朵，极其巧异，为东南佳丽。景泰初，南蛮寇边，欲毁其寺。僧广能誓死以守，得不毁。

贵州宣慰司学教授王训记：

"贵与楚邻封，当两疆之界，曰东坡。由道左入，跻攀林麓，仅百武，有飞岩倒悬，巉屼巧怪，垂珠滴乳，尽态极奇，若神蛟之驾秋云，灵凤之骞晴汉。又如千乘万骑，浮空以驱，仙子灵姝，御风而下。虽以五丁之力，吴刚之技，追而琢之，不足以方其妙，盖天成也。傍有崆峒，邃不可人，而一泉清冷，自半岩奔流于野，居人饮焉。其佳胜殆无与比，惟在夷区，古所弗治，故辙迹罕焉。

"爰及皇朝一统，始置兵卫，在贵曰兴隆，在楚曰偏桥，而周道由之。由是，来者往者，以观以游，间有学佛者结庐，号普陀岩，去就率无定迹。正统间，游僧广能来营寺，名曰月潭。时贵之都指挥常智为卫兴隆，倡众募财，首建正室，中塑法像，金碧丽美。茂林修竹，环拥芳翠，遂有闻于四方。

"岁己巳，诸夷为乱，掠地屠城，列郡流亡，萧然若无人之境。能虑佛寺必毁，苟奉身而避，生复何益？乃誓死弗去。寇至，欲兵之，能兀坐殿侧，大呼曰：'愿杀我于郊，勿秽佛宫也。'寇聚观话笑，久之，乃舍去。继有寇者，能坚守弗谕，寇竟相率他往，而寺赖与具存。

"已而，朝廷声罪致讨，特遣太监阮让、梁达、郑忠监诸军事，将帅皆文武重臣，若靖远伯王骥、保定侯梁瑶、南和侯方瑛挂印为总戎。大司马侯璡、石璞、都宪王来、白圭，少司寇刘清、锦衣千帅吴绶，相继为总戎赞佐，大都督陈友、李震、田礼、白玉、李贵、刘玉、张任咸为副参，方岳都指挥使张锐而下，皆极一时之选，共成九伐之谋。而训以职教，为诸将罗致，束韬书以备计筹。自庚午至己卯，历十载，师凡五举，而寇悉平。

"中臣阮公尤爱山水,至必憩息之。乃为营室两翼,而千帅吴公重命构亭,以便登览。扁曰"画中",兴隆卫指挥使李信复建山门,以宏规制。至是,佛有梵官,僧有丈室,讲馔有位,游息有所,而天造人为,盖已无尽其美矣。

"训继以事坐累,谪广道,实经马隆城,千户王纲辈咸与久,要约与俱往,徘徊觞咏竟夕,广能因预末座,具以寺事白训,请记。

"惟山川因人而显,宇内佳山水多经品题,而载舆志者固多,若斯岩之美,盖千百中而什一也。且广能托迹空门,竭诚事佛,据佳胜以经营,不幸遇寇,又能以其生死为之存亡,而卓绝之行,将与斯岩并美于无穷矣。故并记之,俾刻诸石,过而观者有感焉。或儋爵析圭,责任兆民之休戚;或树旄秉节,身系天下之安危,一是皆以广能之所以事佛者事君,罔不尽心所事,而易其徇身忘国之私,将其于世教有助,不但以文词夸形胜,赘浮图而已。"①

本朝兵部尚书程信诗:

"此庵绝胜补陀庵,石嶂腾云锁翠岚。百折飞泉围舍利,两行修竹护茄蓝。林深有果驯猿献,夜静谈经伏虎参。想像名山惟第一,洞门凝望久停骖。"

"水正澄兮月正晴,水波月影两相平。波因月色光偏洁,月籍波光色更明。形自无前元一气,名从有后作双清。东坡暂驻三军节,聊向源头一濯缨。"

贵州巡抚都御史邓廷瓒诗:

"偶从古刹寻遗踪,乱峰削立摩苍穹。幻出南海释伽景,移来西竺兜率宫。过客题诗刻湘竹,老僧入定巢云松。门前流水更清澈,仙源似与银河通。"

贵州监察御史王鉴之诗:

"每约春晴寺里游,来时风雨满征裘。半空宝刹云中见,一脉芳泉石罇流。竹色满窗侵酒罤②,梅花几点落茶瓯。只因方外无尘鞅,消尽胸中万古愁。"

贵州按察副使沈庠诗:

"半空苍翠结楼台,石磴盘迂接上台。景象只疑非世有,画图真信是天开。却怜好处无僧占,何幸常时有客来。我欲细看留数日,试将清气洗尘埃。"

贵州按察佥事罗昕次王鉴之韵:

"晦雨经旬负胜游,喜逢晴日拂衣裘。偶寻僧寺扪萝入,更过陀岩看雪流。一点禅心如宝月,百年尘梦息金瓯。松门静掩棕榈影,不入前山画角愁。"

郡人周瑛诗:

"层峦叠嶂耸琼楼,仿佛三山东海头。水泛碧桃香涧谷,烟笼绿柳锁汀洲。祥光隐隐峰头起,紫气溶溶洞口浮。白鹤玄员瑶草古,苍苔仙迹旧遨游。"

---

① 王训此记《黔记》中有节选,本文中缺字亦据《黔记》补。
② 罤:原文误作"莘",据《黔记》改。

玄妙观 在卫城中。洪武八年，颖国公傅友德建。

祠庙

文庙 在卫学左。弘治三年迁建。中为大成殿，左右为两庑，前为戟门，外琢石为灵星门，前凿泮地。

城隍庙 在卫城东。洪武间建。

厉坛在卫城北，成化间建。

旗纛庙 在卫治后。洪武间建。

文昌祠 在卫学西。弘治三年建。

关羽庙 在卫城内东。洪武间建。

关梁

大石关 在卫城北。

重安关 在卫城南三十里。

永宁桥 在卫城北。宣德间建。弘治间，经历李文祥重修。

云泉桥 在卫城南。

永安桥 在卫城东一十里。

重安渡 在卫城南二十里。

馆驿

黄平驿 在卫城西南，隶四川黄平安抚司。

名宦

本朝·萧琳 永乐初为兴隆卫指挥佥事。以廉干，推举掌卫事。勤慎有为，重修卫城及公署，人不告劳，卫人至今思之。

权安 正统间任兴隆卫指挥使。性俭素而勤于政理，御属吏严而不苛，为时名将焉。

李文祥 麻城人。弘治初，以兵部主事左迁兴隆卫经历。刚捐有为，且富文学。寻卒，人共恤之。

人物

常智 宣德间任本卫指挥同知。桓毅拳勇,直德不回。修创学宫,营缮城垒,劳绩多著。

周瑛 字廷闻。兴隆卫人。性疏敏,多才学。以进士任秋官主事,升员外郎。出知临安、衡州二郡,传太仆卿[①],参广东省政,升广西右布政。敭历中外,德政洋溢,已而引年,优游林泉,清饬益励。尝出赀修建卫学。所著有《兴隆卫志》二卷。

科甲

周瑛 兴隆卫人。景泰元年举人,五年进士。官至广西右布政使。
朱玉 兴隆卫人。成化四年举人。
周希默 瑛之子。弘治二年举人。
李斐 兴隆卫人。弘治八年举人[②]。

列女

王氏 兴隆卫百户吴瀜妻。年二十二,瀜没,姑怜其少,欲改嫁之。王请养姑守节,誓不再醮。寡居四十余年,邻里贤之。弘治六年事闻,旌表其门,曰"贞节"。

张氏 兴隆卫举人朱玉妻。有贤德,玉遇之以礼。已而玉卒,王哭之三日[③],绝而复苏者再,乃慨然曰:"妇人从一而终,吾夫既殁,吾何生为?"遂具衰麻,自经而死。

仙释

广能。正统间,卓锡月潭寺,戒珠不玷,禅诵勤苦。尝当昼诵经,有虎入寺,僧行惊走,能不为动,虎登堂见能,遂去。或问曰:"师有道乎?"能曰:"华严力也。吾有何道?"因戒众隐其事。岁己巳,苗夷寇兴隆,且欲劫寺,众僧皆逃避,亦请能行。能曰:"吾辛勤结播此寺,誓与之同存亡。"独

---

① 传:当为"转"或"迁"。
② 弘治:原文误作"亭治"。
③ 王:当为"张"。

守不去。已而，寇至，欲杀能。能曰："幸戮吾于外，毋污此佛地。"贼义而释之，且戒同恭毋毁寺，寺赖以全。寇退，众问之，亦曰："华严力也。"详见寺碑。

题咏[①]

双旌明发三千里。

贵州按察司佥事罗昕《晚发兴隆》诗："出境难忘入境忧，此心时到蟒山头。烽烟谩说与三月，炎□那能变□秋。何处誓师形白马，几回断话□黄□。双旌明发三千里，□□元勋列五侯。"

地经积雨气如秋。

前人诗："浅倾□□□愁，醉拆新荷□□□。节到端阳□□□，地经积雨气如秋。□欲偕燕人□变，□□溟□□□牛，学术荒唐□□□，□□诗勿问张□。"

夜雨酿春寒。

按察副使阴子淑《兴隆道中》："子厚独觉韵，夜雨酿春寒。客窗惊已晚，劳苦岂独贤。驱驰良自扰，夏禹三过门。忧怀曾未了。"

[①] 题咏：此节三首诗多处模糊，无法辨识，贵图本则多缺字，二书合校，得如下，不一一出校。

第十九卷　威清卫指挥使司

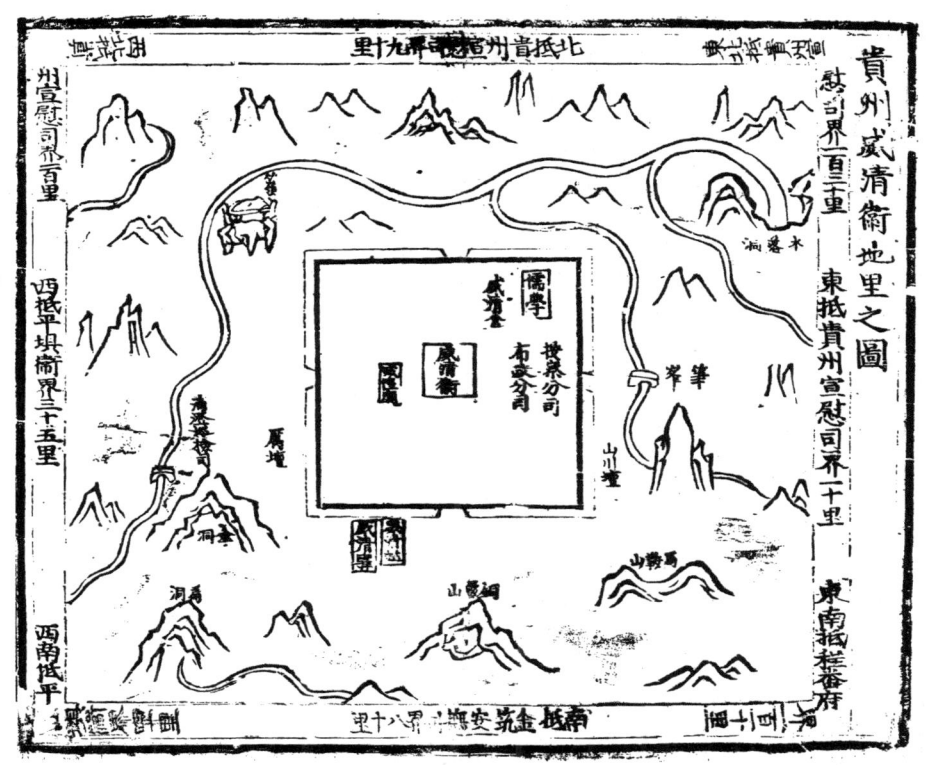

贵州威清卫地理之图

建置沿革

《禹贡》荒服之地、荆梁之表，天文参井分野。秦汉为黔中郡地。唐宋为罗甸国地。元为八番罗甸宣慰司地。

洪武初仍属贵州宣慰司。二十一年置威清站，隶贵州卫。二十三年始置威清卫指挥使司，隶贵州都指挥使司，领千户所五。

郡名

威清。清远。溪澄本河名，后人因以名郡。

至到

地里

东至贵州宣慰司界一十里，西至平坝卫界三十五里，南至金筑安抚司界八十里，北至贵州宣慰司鸭池河界九十里，东南到程番府界一百一十里，东北到贵州宣慰司界一百三十里，西南到平坝卫界四十里，西北到贵州宣慰司界一百里。自卫治至南京四千九百四十里，至京师八千三百六十里。

铺舍

曰六寨，曰的澄，曰倒树，曰阿冬，曰镇夷。凡五铺。

形胜

群山襟带，周道逶蛇。《旧志》。
溪澄西扼，炉岭北藩。同上。
山险水激。《新志》："山险峻而周遮，水清冽而激溅。"

风俗

人性谲诈而多讼。《新志》："卫军士皆湖湘人，俗诈而健讼，仍其素焉。"
务本逐末者相半[①]。《卫志》："居田野者以耕织为业，处城市者以商贩为生，务本逐末者相半。"

山川

马鞍山 在卫城东南。
笔山 在卫城东。
贵庠生王佐诗："铦峰如笔倚穹苍，犹带当年翰墨香。云敛晚天琼管碧，

[①] 务本逐末者相半：原文误作"务本逐末相者半"，据正文改。

霜酣秋草兔毫黄。生花不入长庚梦，扫素空思逸少狂。何若杏园修五凤，助依万丈拥虹光。"

香炉岭 在卫城西北，形如香炉，而引长岭。

铜鼓山 在卫城南三十里。山半有洞，每阴雨，闻其中有声①。

凉伞洞 在卫城西南一里。中有悬石如伞。

王佐《伞洞归云》诗："凿透冰窝溅雪花，五丁留作白云家。飘摇妙有来苍狗，缥渺虚无下翠华。伴鹤暂令栖水石，从龙终是弃烟霞。何如变幻中天去，滂沛甘霖遍海涯。"

扁洞 在卫城西南，与凉伞洞相对。洞口扁窄，仅容一人出入，内渐宽广。深入，一小溪，潺潺截流。溪傍石乳盘屈如龙蛇。上有窍通明，好事者多游观焉。

曹本洞 在卫城东南一里。明敞如堂，室中有一石，击之鏗然响应。

的澄河 在卫城西十里。源出普定九溪坝，东流经本卫，入落水洞，伏流十里。至地名青山复出。

级波塘 在卫城西南三十里。塘拥涧泉，日凡三溢则浊，逾时乃清。溉田甚广。

涌泉井 在卫城南门外。

龙井 在卫城北。深数十仞。

土产

乌头。前胡。刺竹。槁本。

公署

卫治 在卫城内南。洪武二十七年，指挥佥事焦琴建。经历司、卫镇抚附焉。左、右、中、前、后五千户所分置于仪门外。卫城周围七百五十六丈，分辟四门，东曰安阜，南曰振武，西曰长宁，北曰安远。俱洪武二十六年，指挥焦琴建。

布政司分司 在卫城内十字街，旧学地也。成化二十年，指挥高节建。

按察司分司 在卫城东门内。宣德七年，指挥张正建。

威清站 在卫城南。洪武间建。

---

① 声：原缺，据嘉靖《贵州通志》补。

威清仓 在卫城东北隅。永乐间建，隶贵州布政司。
的澄河巡检司 在卫城西五里。永乐中建，隶贵州宣慰司。

学校

威清卫学 在卫城内东北隅。宣德八年建。弘治元年，署学事贵州宣慰司儒学训导罗鼎重建。西徙二百步。中为明伦堂，东西翼以进德、修业二斋。本卫经历章廷圭记：

"自古帝王治天下，未有不以建学育才以臻治效者，此学校之设，其来尚矣。我太祖高皇帝乘六龙，履九五，华夷一统，声教四讫。以贵州远在荒服，介乎夷獠之间，南接滇阳，北通两京，实维要冲，权隶四川之藩枲，而设卫以羁縻之。永乐间，始立三司。正统辛酉，建学设官，选官属子弟以充生员。当是时，人文未备，而法制初就，学则因地而建，前逼后迫，隘陋殊甚。

"成化间，训导熊端满代上京，抗疏欲迁改之。下巡抚重臣暨三司议可，委指挥高节、王辅督建庙学，皆西向。已而，巡按监察御史包裕见之，慨然以为圣人万世帝王所师，故祀以天子礼乐。今庙治西向，非所宜也，岂足以妥圣贤之灵，为育才之地乎？昔有唐盛时，罢周公之祀，而正孔子南面之位，史称美焉。遂命迁南向。

"时贵州宣慰司学训导罗鼎以学行闻，来署学政，毅然以迁作为己任，遂捐私帑及生徒礼仪，悉为工费。指挥使魏纪董伐林，张泰、刘畿董工役，而高节、贾忠、王辅、张举、焦瑀、蔡恭，镇抚强勉，暨诸属所官同心赞之。肇工于弘治戊申，开拓旧址，规度一如其制，第以戎伍多事，兼以连岁凶荒之故，力不逮而中寝。罗君之志弗渝，补缀葺理，多出己费。

"弘治癸丑春，监察御史岳阳黄玹来按是邦，复谒庙，睹其制费浩繁，嘉罗君之刻苦锐意，乃措缗钱，复命廷圭，委以成绩。廷圭承命，夙夜祗勤。乃与恭等矢心厉职，共成厥终。若文庙、圣像、两庑、戟门、灵星门、泮池、儒林坊、明伦堂、两斋，焕然一新，周匝以垣墉。观者骇愕，以为边鄙之地不意有此伟观。夷民亦莫不奔走而瞻仰之。虽曰集众完美，而经厥始，图厥终，实罗君一念公勤所致，厥功伟矣。

"呜呼！朝廷建学，惟欲育贤才以待用，抑又以敦教化，厚风俗，以昭国家文明之盛。士之获与俊秀之选，而育于斯者，亦一时遭遇之幸也。尚思当宁之厚待，明师之造就，上司之作兴，奋志以卒其业，修德以立其身，庶几于朝廷之崇奖，诸君之用心，学校之兴举，不为虚负，而抑又有光焉，其勖之哉。是为记。"

宫室

振武楼 即卫城南门楼也。上置更筹，为晨昏之节。

玩略堂 在卫城中。千户刘□建。

主事易贵诗："将军华构欲何如，大启轩窗看武书。纸上编排鱼丽阵，胸中商略虎贲车。六韬究彻无玄秘①，三略研穷善卷舒。会见边庭崇艳用，堂同麟阁耀苍虚。"

寺观

崇宁寺 在卫城内西。宣德六年，僧白云建。正统六年，都指挥佥事张贵重修。

观音寺 在卫城南。弘治五年，卫人朱英、翁志等建。

崇真观 在卫城内西。永乐二年，千户夏通建②。

祠庙

文庙 在卫学东。弘治元年迁建。中为大成殿，左右为两庑，前为戟门、灵星门。

城隍庙 在卫城内十字街。指挥焦琴建。

厉坛在卫城西，指挥张正建。

旗纛庙 在卫治西北。指挥焦琴建。

关羽庙 在卫城南门内。指挥焦琴建。

灵官庙 在卫城内东北隅。指挥焦琴建。

关梁

的澄关 在卫城西八里。

北门桥 在卫城北。成化二十二年，百户陈纲建。

的澄桥 在卫城西八里。旧为板桥，上覆以屋，凡一十一间，累葺累敝。弘治十二年，巡抚右副都御史钱钺琢石为之③，坚固长广，甲于诸桥。

平桥 在卫城东一里。

---

① 韬：原文误作"诣"。

② 户：原缺。

③ 钺：原缺，据《黔记》补。

新桥 在卫城西南十里，弘治十一年卫人朱英、谢铎建。

馆驿

威清驿 在卫城南门外。洪武十七年，都督马烨建。隶贵州宣慰使司。

名宦

本朝·张贵 正统间任威清卫指挥同知。有胆略，累从征讨，多树勋庸。正统十四年，苗寇围城，贵与指挥贾镛分率精锐，出其不意，败之，贼奔溃，不再犯。教授杨懋以将才荐，升都指挥。

张晟 成化间任威清卫指挥同知。多读书，尚气节，尤长于诗。后以征西堡功升都指挥佥事，出守都匀推金。阃政皆有可称。

刘翀 正统间任威清卫后所百户。谋议出众，为人所服。从征簏川，冲冒矢石，出入敌阵，奋不顾身，卒斩渠魁老丑。后累官至指挥佥事。

张琳 四川人。正统间初置卫学，任训导。训诲有方，士沐其教者甚多。

罗鼎 湖广益阳人。弘治间，以贵州宣慰司学训导署威清学事。勤于启迪，弦诵一振。又以庙学倾败，迁建之，私橐为虚。寻以课最升直隶巢县学教谕。

人物

钱达 威清站人。性至孝。父仲方病笃，达彷徨无措，乃吁天割股，和药以进，父病果愈。郡人甚称其孝。

列女

蒋氏 威清站人蔡俊妻。年二十，夫亡，守制，誓不适他人之门。抚育遗腹子琳，躬勤纺织，清苦勤励，坚持一节三十有三年。里人以其事上之，未蒙旌异。

张氏 威清卫指挥张贵女、指挥魏政妻也。政从征永宁，死于王事。张哀毁，几至委顿，时年方二十五。以贞白自守，抚二子纲、纪。纲荫补先职，寻卒。复以次子纪袭之。纪以征讨功,升贵州都指挥佥事。里人称其守节、教子之善者不容口。

陈氏 威清卫学生林玉妻。以勤俭相夫,崇饰儒雅。夫没,陈年二十,无子。去朱铅,养舅姑,六十余年,不渝其守。

题咏

关山在处应无阻。

监察御史丁养浩诗:"贵阳城外午风清,策蹇徐行又一程。地自昔年皆窃据,化归昭代却新更。关山在处应无阻,人物于今也渐生。我欲凭高望乡国,一天愁恨若为平。"

城边老树春常浅。

按察佥事罗昕次前人韵:"竹雨初晴草雾清,谩随邮吏计官程。城边老树春常浅,马足红尘事几更。时序催人重午过,江山回首一阴生。不知岩下西流水,日为何人诉不平。"

云雾天边开屏幛。

前人诗:"冲炎历险不知劳,马足西巡又一遭。云雾天边开屏幛,陂陀雨后决波涛。韩苏未了浮名累,巢许真成绝代豪。春酒淋漓谁独醒?未应奴仆命《离骚》。"

使轺两日驻威清。

贵州按察副使沈庠《威清分司》诗:"使轺两日驻威清,景物萧条动客情。负郭人家生意簿,近冬天气夕阳轻。愧无事业追前辈,岂有文章淑后生?时务惊心浑不寐,几回吟坐到鸡鸣。"

山城隐隐暮烟生。

前人诗:"案牍无多兴亦清,细询时事总关情。需求今日惟加重,赋敛何人肯放轻?村舍寥寥黄叶积,山城隐隐暮烟生。夜深残烛频催换,野寺寒钟几处鸣。"

平桥凝望景多幽。

贵庠生王佐《平桥野望》诗:"潦尽寒潭万壑秋,平桥凝望景多幽。绛霓晚吸千山雨,白云晴飞两岸鸥。云入江村埋草屋。渔披夕照钓苹州。济川剩有苍生念,笑看孤舟古渡头。"

第二十卷　平坝卫指挥使司

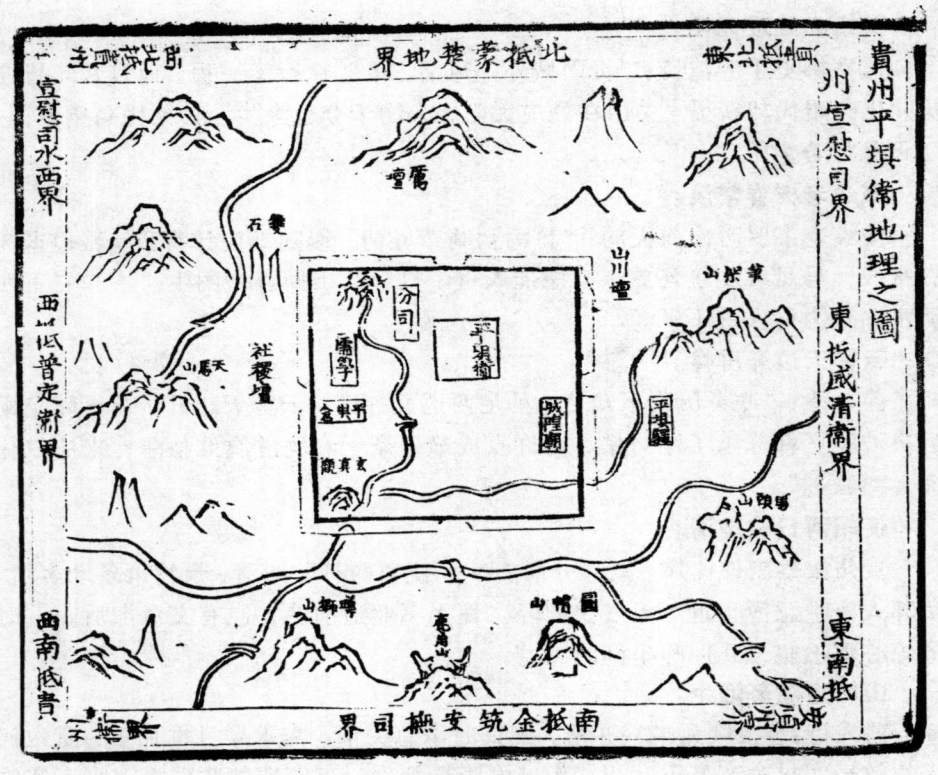

贵州平坝卫地理之图

建置沿革

《禹贡》荒服之地，天文参井分野。秦置黔中郡，以其地属之。汉、唐、宋俱为罗殿国地。元为金竹府地。洪武二十三年始置平坝卫，隶贵州都指挥使司，领千户所五。

郡名

沃畴古名。平原今名。平城同上。

至到

地里

东至威清卫界四十五里，南至金筑安抚司界四十里，西至普定卫界，北至贵州宣慰司界，俱三十里，东南到安顺州界三十里，东北到贵州宣慰司界四十里，西南到贵州卫界四十里，西北到贵州宣慰司水西界三十里。自卫治至南京四千六百七十里，至京师八千五十里。

铺舍

曰沙作，曰界首，曰平坝，曰饭笼，曰陇窝，凡五铺。

形胜

地当冲要，城压平原。《旧志》。
山拥村墟，水环城郭。《旧志》。
背负崇冈，面临沃野。《新志》。
田畴弥望。《新志》。

风俗

颇趋于利。《旧志》："卫人皆吴楚谪戍，而土地荒僻，生涯疏薄，故颇趋于利。"
风俗渐移。《旧志》："卫自开建以来，百年于兹，渐被王化，风俗渐移，而登科入仕者累有其人矣。"
服舍俭朴。《新志》："卫俗淳质，不尚侈靡，服无锦绮，室用茅茨，颇有古风。"

山川

天马山 在卫城西一里。
团山 在卫城内南。不甚高大，而形圆净。

圆帽山　在卫城南二里。

笔架山　在卫城南三里。

蹲狮山　在卫城南八里。一名狮子山。

鹿角山　在卫城南一十五里。石峰耸立，形如鹿角。

马头山　在卫城东南二十五里。群山连络，高耸凌空，形如马头。

包五岩　在卫城南一里。

上坝　在卫城东南。

下坝　在卫城西南。

车头河　在卫城南十里。

袈裟岩　在卫城南一里。削壁千仞，如展袈裟然，故名。

蚺蛇洞　在卫城南一里。深广可容百人。中有潭水，泓深莫测。

落阳河　在卫城南二十里。

麻绵河　在卫城南四十里。

东溪　在卫城东。源出东北石洞中，流灌田亩，人赖其利。

龙井　在卫城东南一里①。水极清，上常有烟雾。居民遇旱，屠狗魇之，风雨随至。

圣泉　在卫城西。其水消长不时，故名。

珍珠泉　在卫城一十里，沙作铺前。涌溅沤沫，灿如珍珠。

龙洞泉　在卫城南一十五里，龙洞堡侧。泉自石洞涌出，日有消长，如潮汐。灌田十余里。

土产

椿木有文理。叶初生可茹。半夏。桔梗。

公署

卫治　在卫城中西北隅。洪武二十三年建。经历司、卫镇抚附焉。左、右、中、前、后五千户所分置于卫之左右。卫城围九里，周启四门，东曰开泰，南曰丰润，西曰雄边，北曰武安。

按察司分司　在卫城内北。

---

① 里：原缺，据贵图本补。

沙作站　在卫城南。洪武中建。

平坝仓　在卫城内西。永乐中建，名永丰，隶本卫。正统十四年改今名，隶贵州布政司。

养济院　在卫城内北。

学校

平坝卫学　在卫城内西。宣德八年建。寻徙稍北。弘治十年，都指挥张泰、指挥刘文徙建于故址。中为明伦堂，左右为进德、修业二斋。

宫室

雄边楼　在卫城西门之上。

贵州宣慰司儒学训导陈玺诗：

"井干巍峨据塞城，晨昏钟鼓半天鸣。倚栏一望八荒尽，须信凌烟浪得名。"

寺观

永福寺　在卫治南。洪武中建。正统十四年，寺僧清聪重修。天顺四年，指挥何瑛重建。

卫人通判卫兰记：

"平坝卫城西南百步许，有山巍峨，林木蓊郁。洪武中，卫率有好佛者相度其地，堪为栖佛之所，乃剪薙榛芜，平伐土石，建庵堂三间，塑佛像于中，名曰永福寺。居民遇百疾苦，诚祷立应。由是，信礼者日众。

"正统己巳，有僧清聪自滇南来，住锡其间，惜境界之清幽，慨堂宇之倾圮，因常住之财，再加劝募。而江右义士萧完会、洪霄、杨秀初者，各捐赀鼎建，作大佛三尊。居民好善者亦各为罗汉像绘彩涂金，既完且美。外之山门，周以墉垣，傍建方丈数椽，以容挂搭。

"历兹十余稔，风雨震凌，渐就倾仆。好事欲为者顾力弗逮，有力可为者又吝不为。

"景泰丙子，贵州镇临巨臣以斯卫百尔政事隳废且久①，乃举大宁卫指挥使何公瑛以掌之，事闻，可其荐。公自下车以来，廉勤自持，恩威并立。不数年，城池、廨宇、庙学、街衢皆一新。又以永福寺乃习仪祝釐之所，义不

---

① 镇临：贵图本作"滇临"；政事：贵图本作"政专"。

可后，遂自捐俸赀为倡于上，复命住持僧清聪、居士张福瑞劝募于下，合卫僚属、遐迩军民，莫不欢忻鼓舞，兴起其好善乐施之心。委财既繁，乃择匠卜日，斩木伐石，大其营造。而同寅朱公专董其工，又择属职分领其事。而何公劳心戮力，区画财用，以继于后。于是捐金施谷者接迹而来，趋事赴工者不召而集。肇始于庚辰季春初吉，落成于孟夏庚午。

"筑台二尺，建佛殿五间，巍然深广。其他则扶倾补敝，崭然若新。更为僧室、山门，凡十余间。展辟左右地几数亩。崇垣周立，遂宇中启。比之旧规，加百倍矣。都阃王公、金公暨诸挥使以予得亲耳目，属记其事，以垂不朽。

"夫是寺创始于洪武壬申，于兹八十余稔，莫有为之改作者。何公一旦肇举斯役，不劳民，不伤财，不逾月而公告成，可谓能为人所不能为者矣！非大智有余，忠勤不怠者，畴克尔哉！将见自今以往，朝钟暮鼓，朔望香烛，以祝延圣寿而祈保民福，则公之用心，其亦为国为民之大事也。古者大事书于册，志其美也。诸公于何公何爱焉？予于何公非阿也。后之览者，尚当有征于斯文。"

观音寺　在卫城西一十五里。

玄真观　在卫治西。

圆通庵　在卫治南。洪武二十四年建。

祠庙

文庙　在卫学前，宣德八年建，弘治十年重建。中为大成殿，左右序以两庑，前为戟门、棂星门。卫城东南濠有祭田十数亩，岁收租以供春秋丁祭。

城隍庙　在卫城内东。

厉坛在卫城北。

旗纛庙　在卫治后。

关羽庙　在卫城内东。

灵官祠　在卫城内南。

真武庙　在卫城南沙作站内。

关梁

滴水关　在卫城南二十里。

通南桥 在卫城南三里，路通云南。
东溪桥 在卫城东门外。

馆驿

平坝驿 在卫城东南，永乐中建。弘治十二年，指挥魏纪重修，隶贵州宣慰使司。

名宦

本朝·金桂 庐州人，正统间任平坝卫指挥使，正大刚果，军政修明，以功升都指挥佥事。

何瑛 河南人，景泰间自永宁卫指挥使改平坝卫，廉慎公勤，材谋出众，城池廨宇，祠庙道衢，皆修治一新。寻升都指挥佥事。

人物

本朝·卫兰 平坝卫人，聪敏豪侠，善谈兵论文，听者亡倦。以乡荐优等通判衢州府，伟著政迹，如其志云。

科甲

卫兰 景泰元年举人，任浙江衢州府通判。
金荣 景泰四年举人，未仕而卒。
赵伦 成化十年举人，未仕而卒。
张清 成化二十三年举人，未仕而卒。

列女

陈氏 平坝卫指挥陈瑛女，千户梁武妻，天资婉淑，克尽妇道。武卒，陈服丧过哀，殡葬如礼，年二十七，杜门不出，誓不再适人。成化十年，所司以其事闻，月给食米赡之。

题咏

断云孤屿出。

监察御史丁养浩《平坝》诗:"平坝晓来过,萧萧风气清。断云孤屿出,斜日半山明。病马投空戍,饥乌噪古城。几家茅屋在,无处听鸡声。"

野戍平临夕照中。

前人诗:"晴原猎猎战旗风,马首青山望不穷。犹有好花开暮景,不知寒意到秋蓬。人家半出层霄上,野戍平临夕照中。多少行人怨滇海,晚来歧路泣西东。"

历遍殊方身万里。

贵州按察副使沈庠《平坝分司》诗:"近午肩舆久发程,黄昏灯火入荒城。奔驰已觉无诗兴,岑寂何堪更雨声。历遍殊方身万里,坐深寒夜鼓三更。思家忧国平生事,莫怪头颅白发生。"

昔年曾宿此山城。

前人诗:"五日西巡过二程,昔年曾宿此山城。孤松已变当时色,流水还如前日声。盛世文风当振作,百年人事任粉更。远臣徒抱酬恩至,碌碌无功愧此生。"

第二十一卷　普定卫军民指挥使司

贵州普定卫地里之图

建置沿革

《禹贡》梁州之域，天文参井分野。秦置黔中郡，以其地属之。汉为牂牁蛮地。晋为兴古郡地。唐为罗甸国地，罗鬼犵狫可剽苗蛮所居，号普里部。宋因之。

元初内附，置普定县，隶普安路。寻改普定府，隶云南行省，领安顺、永宁、镇宁、习安四州①。大德七年，改普定路，隶曲靖宣慰司，寻改属湖广行省。

洪武十四年，仍置普定府，领州三、长官司六，属四川布政司。筑城于今城东二十里，寻增置普定卫，徙今城②。十八年，府废，以州司附于卫。二十五年，改置普定卫军民指挥使司，仍属四川。正统三年，割所领三州六长官司隶贵州布政司，而本卫改属贵州都司，领千户所五。

郡名

罗甸汉名。普里汉名。普川《一统志》。普利。

至到

地里

东至平坝卫界六十里，西至安庄卫界四十五里，南至金筑安抚司界二百二十里，北至贵州宣慰司界二百七十里；东南到金筑安抚司界一百八十里，西南到广西泗城州界七百六十里，东北到贵州宣慰司水西界二百里，西北到普安州界四百里。自卫治至南京四千六百四十里，至京师八千二十里。

铺舍

曰普定，曰罗德，曰阿若，曰杨家桥，曰马场，曰龙井，凡六铺③。

形胜

冲要剧地。《一统志》："崇山峻岭为郛郭，惊涛急流为沟池，实冲要剧地也。"

众山环绕。《一统志》。

四方辐辏，为边鄙一都会。《新志》。

山川扼塞，屹为边垒。《新志》。

襟带三州之区，控引百蛮之域。《新志》。

---

① 州：原文误作"川"。
② 徙：原文误作"徒"。
③ 六铺：原误作"五铺"。

风俗

汉夷异俗。《一统志》:"汉夷杂居,风俗各异。汉尚文义,夷习鄙陋。"

人颇尚义。《一统志》。

尚义而重文。《卫志》:"附郭夷民五种,习尚不同。自立军卫以控制,卫之熏陶,渐染中原衣冠之俗,亦尚义而重文。服食器婚丧之礼,皆可观矣。"

物产富庶。《新志》:"境土坦夷,物产富庶,甲于他郡。"

背义趋利。《新志》:"卫俗本淳朴,迩颇失其故态,与人交际,虽词令可观,皆谲诈而不情。或见人一衣一室之华,辄忮詈之。虽亲长师友之间,恩礼亦簿。惟贸贸日趋于利,风俗日降,势不可为。然转移而返之旧也,则有望于君子焉。"

山川

东胜山 在卫城内东南。高数仞,长倍之。俗名青龙山。

西秀山 在卫城内西。山形蹲踞如虎,林木蓊郁,上有浮屠石塔七级,屹然为卫之壮观焉。

贵州按察司佥事周孟中诗:

"群山环抱壮边城,城上孤峰眼界明。万落云开天远大,双溪月霁水澄清。日悬雁塔风霜老,春暖柳营弦诵声。公暇却从乡进士,登临款曲问民情。"

旗山 在卫城东南,峻拔如卓旗。

马鞍山 在卫城东,以形似名。

大林山 在卫城西二里。形势起伏,林木森蔚。

小林山 与大林山山峙。

印山 在卫城西二里。山高顶平,上置封堠,宛若印形,故名。

唐帽山 在卫城西三里。以形似名。

猫儿山 在卫城西三里。

卫人□哲诗:

"山形蟠距类狸□,雄峙城西壮一隅。春草离披毛覆膂,涧泉飞洒汗侵肤。云封崖屋终朝卧,风举林声彻夜呼。鼠辈纵横巳袪尽,豺狼莫遣更当途。"

玄真山 在卫城西十五里,杨家桥铺东。山高林茂,壑穷崖,惟一路逶迤可达。巅有二巨石,对立若门,门内平坦宽广,昔人建玉皇阁于上,扁曰"玄真境"。竹林果菜畦,分荫间置,亦奇绝境也。

抟翠山 在卫城东北五里。崔嵬森秀。有道士结屋修炼其下。

欢喜岭 在卫城北二里。虽不甚高,而起伏延亘十余里。洪武中,蛮贼数万攻城，镇远侯顾成时为指挥，领兵追杀至此，大胜，兵将皆喜，因名。

卫人同知娄广诗：

"长岭盘旋镇远夷，谁将欢喜美名题。当年义战王师胜，此际胜残寇迹迷。捷奏彤庭褒绩伟，功镌石壁与天齐。边城永藉为雄障，烽火红销卧鼓鼙。"

砚石 在儒学右手。平坦方正，周二十余丈。

贵州举人杨樊诗："势凌铜雀坦如砻，鬼斧移来泮水东。残藓斓斑鸲眼绿，落花分布马肝红。笔锋气鼓云笺上，文藻光浮墨沼中。岁岁鱼龙吸余泽，九霄分雨黑涛浲。"

龙潭洞 在卫城东北五里。山上危峰盘亘雄峙。洞门广十余丈，流水出焉，深不可测。岁旱祷雨辄应。上有龙王祠。

清虚洞 在卫城东南三里，东岩山畔。洞之前危峰削壁，迤逦不断。其洞有二，一明洞在山南，深远宽广若堂宇；一暗洞在山北，门仅通人，内广袤，深不可测①，洞中有白石滴乳，俨若人物、云、龙、狮、象之状。

九溪河 在卫城东南四十里。溪流九曲，故名。

侯家泉 在卫城内西北隅。石隙中涌出，味清甘，遇旱不竭。

圆通井 在卫城内南。

观音井 在卫城内，圆通井西。一名城隍井。

大井 在卫城内东南隅。

清华井 在卫城内南，四时不竭。

右三井俱洪武中凿。

马场井 在卫城南二里，马场侧。烹灌之功颇钜。

圣潮水 在卫城五里。泉自山麓石隙中流出，消长如潮。②

枪凿泉 在卫城西十里。地高阜无水脉，而涓涓流出，虽旱不竭。耆老传云诸葛孔明驻兵此地，无水，渴甚，将士以枪凿之，其泉涌出，因名。傍有营垒遗址。

土产

蓝靛。西瓜。香雪梨。紫英石色紫白相错，莹如水晶，可以制器。蜡。五味子。漆。红花。草果。木绵。苎麻。铅。漆蜡以漆木子压而成之。

---

① 测：原文误作"侧"。
② 圣潮水：万历《贵州通志》作"圣泉"。在卫城五里：万历《贵州通志》作"城南五里"。

公署

卫治 在卫内西。洪武十五年建。经历司、卫镇抚附焉，左、右、中、前、后五千户所分置于卫治之前。卫城围七里一百五十步，周辟四门，东曰朝天，南曰永安，西曰怀远，北曰镇夷。洪武十四年，安陆侯吴复建。

布政司分司 在卫城内南，圆通寺右。

按察司分司 在卫城内南。洪武中建。

兵备分司 在卫城内北。弘治八年，兵备副使周凤建。

学校

普定卫学 在卫城内东北隅。正统间，贵州布政司参议李睿建；寻毁于火。按察司佥事屈伸重建。中为明伦堂，左右翼以崇德、广业二斋。

顺昌廖驹记：

"我朝有国，薄海内外，日月所鱼，悉主悉臣，郡县军卫，罔不建学。文化之盛，古所未有也。普定卫肇自洪武辛酉，其成郭夷坦①，物产富庶，甲于他处。宣德癸丑，宪副李公睿先任贵州参议时，卜地于城东，始建学舍。乃者毁于火，岂惟诸生失讲习之地？而吾夫子神主，亦假寓道宇，可胜慨哉？

"正统戊午夏，金宪屈公伸廉问来兹，祗谒文宣，喟然太息，乃偕镇守都帅顾公勇及本卫指挥王斌等躬造旧基，相地度材，鸠集百役，复经营之。既而工告成。于是栖神有殿，会讲有堂，肄业有斋，自廊庑、门墙以及庖舍、湢溷，无一不备者。经始于是岁夏五月戊子，落成于次年夏四月壬寅。规模仑奂，弦诵洋溢。爰命驹为文，刻诸坚石，图示永久。

"窃惟是邦昔在荒服之外，民皆夷獠，风气习俗不类中州。今则役服贡赋，一循法度。衣冠言词，渐同中华。是虽国家政治之隆，抑亦教化之所资也与？抑柳州谓仲尼之道，与王化同远迩，信夫！然则学校之兴举，乌可后哉！李公、屈公之用心，诚知所先务矣。诸士子以俊秀而来学者，尚当以风俗道义为一身之任，则邹鲁夷壤柱石世道之懿，不多逊于昔贤。而朝廷建学之意，与诸公今日之殷勤缔构者，皆不孤矣。是为记。"

宫室

朝天楼 即卫城东门楼也。洪武十九年建。

---

① 坦：贵图本原缺。

监察御史沈衡诗：

"层楼百尺倚高寒，面面春风曲曲阑。鼓角每从朝夕听，山川拟作画图看。虚帘卷雨迷归燕，画栋连云下舞鸾。旌节几回恣登览，一声长笑海天宽。"

镇夷楼　即卫城北门楼也。洪武二十一年建。

士人伍建诗：

"城上楼高秋气清，独依南斗望神京。一身天地云孤远，万里关河月共明。函谷鸡声中夜起，秦庭马角几时生。凭谁为问梧桐信，卧听朝阳有凤鸣。"

怀远楼　即卫城西门楼也。洪武十九年建。

永安楼　即卫城南门楼也。洪武十九年建。

鲸音楼　在崇真观内。上悬钜钟。

贵州王佐诗：

"玄馆孤寒浸月明，鲸音百八撞重城。酒醒竹叶悠杨送，门掩梨花断续鸣。戍垒几回霜雁避，庭槐三匝夜乌惊。铿訇不但严昏晓，多少红尘俗百清。"

寺观

圆通寺　在卫城内南。洪武中建。天顺五年，镇守贵州太监郑忠重修。寺后秀峰屹立，上建浮图，亭榭清幽，花木蓄茂，景为一郡之胜。

巡抚贵州都御史秦敬记：

"普定卫隶贵州都司。圆通寺创始于洪武十八年，重修于永乐六年，皆镇远候顾公之力也。乃今六十余年，风雨摧圮，不治非一日矣。天顺四年冬，镇守贵州中贵郑公奉上命，统兵征讨西堡蛮苗，驻兵普定。观其故寺，久而将废，顾瞻嗟咨，有不能释然于怀者，谕于住持者，曰：'比行用师，全捷凯旋，吾当葺之。'既而，公戒我师旅，如雷如霆，进厥贼穴，执讯获丑，地方以平，而功果成矣。

"班师回日，公即捐己赀以为之倡，普定官属乐为之助。拘木连甓，役不计功，用不计直，栋梁翚飞，金碧炫耀，不亟不徐，寺已复完而更新矣。公又买田数亩，常为寺僧衣食之用度，一童子以奉本寺香火。

"或有问于予，曰：'公之斯役，盖以报往日行师全胜，赖佛氏荫佑之功而作也？'

"予曰：'不然。公自幼读书明理，入侍内廷，小心缜密，多效勤劳。出镇贵州，累次征战，大建勋业，昭昭在人耳目。前后四十余年，蒙列圣眷顾之隆，满门贵显，光荣无比。公感恩图报，修寺以为祝延圣寿之宇，此亦天保臣子之意。且公精诚布于上国，仁德著于遐方，何功不立，何夷不化，岂为是乎？若子之言，不几于泯公之忠，何以见天朝仁义之师，三军之勇哉？'

"问者赧然而退。适公请记，故并及之，以解郡惑。"

巡按御史钱塘沈衡诗：

"宝刹宏开第一禅，佛香僧饭已多年。光腾舍利辉晴日，翠长旃檀霭瑞烟。百尺楼中云衲聚，三空室里慧灯然。我来登览挥毫处，自愧才非贾浪仙。"

左参政淳安胡拱辰诗：

"圆通禅寺景偏幽，万里旬宣数日留。云断客经林下路，月明人倚塔边楼。一帘花气分长昼，半榻松阴占早秋。最是碧潭清澈底，往来无碍泛虚舟。"

清泰庵 在卫城内东。僧悦禅退居栖禅之所。门迳幽深，松竹秀丽，文人墨客多吟玩于此。

都事金继昌诗：

"入秋天气雨霏微，松外遥看白鹤飞。方丈有缘拼一赏，挂林斜日竟忘归。"

善法庵 在卫城西二里，普定站内。

石佛庵 在卫城东二十五里，阿若铺西。庵倚孤峰，岩洞宏敞。昔人凿石佛于崖下，前建法堂。成化十六年，镇守云南太监钱能改建。殿宇、僧房、廊庑、山门，为一大兰若矣。

崇真观 在卫城内南。洪武二十九年建。正统九年重修。

贵州按察使林坦记：

"天下之舆图，有所谓名邦大郡者，虽山川磅礴之气所钟，要亦城郭宫室之都，台观祠宇之盛，有以壮观之，故善为政者亦必以是为务。盖将以福生民，而且使栋宇翚飞，为观美也。

"普定为西南要区，风土清淑，界乎滇贵之中，左右荆蜀。前代犹荒裔，民俗鄙陋，诛茅结屋者虽有其人，所谓城郭、宫室、台观、祠宇，则皆无焉。我朝混一寰宇，惟夏惟夷，悉臣悉妾，故普定始为卫。且置州牧，隶贵州。维时，夏国武毅顾公成以征南将军都督率师征讨不恭，至此，始卜地于阛阓间，为崇真观，以祠老氏神，事在洪武丙子，而观之创始如此。自后，卫之甲兵日富，制度日完，虽所谓名邦大郡可与并称。迄今六十余年，风雨凌震，观多圮坏，观者莫不欲嗣而葺之也。

"于是挥使王侯斌以为己任，锐意经营。材用之需，陶瓬之费，施者填委，不日而给，卫之寮寀咸相与相之。乃命工用事，增其故式，爰廊爰整，重门加修，前殿加广，视前逾十之有三；而后殿亦营从新制，东西翼以夹室。修梁巨，

□□①

流过此，故名。

西津桥 在卫城西门外。

南津桥 在卫城南门外。

杨家桥 在卫城西十五里。

五里桥 在卫城东五里。

清水桥 在卫城东二十五里。

穿心堡桥 在卫城东三十五里穿心堡外，云贵驿道所经。

馆驿

普利驿 在卫城南门外，洪武二十八年建，属普定府，府废，属卫。正统元年改属安顺州。

古迹

诸葛营 在卫城西十里，旁有枪币泉，耆老传云，汉诸葛亮尝驻兵于此，营垒尚有。

贵州教授王诗诗②："荒徼缘谁有将台？武侯曾此驻兵来。六韬龙虎成苔藓，八阵风云化草莱。遗迹重登尘土合，不毛一扫瘴烟开。清时未老安边志，对此应思七纵才。"

废普定府 在卫城内东北隅，元置。洪武十八年废，今其地为兵器局。

废普定县 在卫城东南十五里，元置，隶普安路，寻改隶普定府。

名宦

元·赵将士 普定总管府通判，立学安边，政平讼理，夷人畏服，树德政碑以讼之。

本朝·吴复 庐州人，洪武初以安陆侯充副将，克服普定，遂留镇焉。信赏必罚，蛮夷畏服。创置城池、公署、驿传、祠庙，为时能臣。

顾成 扬州人，性严毅，有武略。洪武初，以指挥佥事从克普定，留任本卫。攻击怀来，屡著殊勋，历升右军都督，封镇远侯，镇守贵州。

---

① 原本缺页。据本书体例，所缺内容为本文后部分及祠庙、关梁之一部分。

② 王诗：当为"王训"之误。

张信　凤阳人，洪武中任普定卫指挥佥事，家世孝友，处同寅协恭，尤好以礼下士，精通战略，后以武功封隆平侯。

顾勇　成之子，善智略，有感武，累官贵州都指挥佥事。正统间守备普定，兵民畏服，寻征麓川，殒于锋镝。

顾兴祖　成之孙，永乐初成封镇远侯，镇贵州，朝廷以成先任普定卫指挥，复以兴祖为之，莅政严明，百废修举，成卒，袭侯爵。

流寓

本朝·陈迪　字良启，云间人，洪武中从戍普定卫，旷达不羁，长于诗文。

王观　字孟宾，嘉兴人，谪戍普定，富文学，开塾教授，而才俊多出其门。

冯侃　字本谦，嘉定人，从戍普定，能文善书，得颜柳诸公之妙。

汪恕　字如心，徽州黟人，初充县学生，洪武初，兄胜祖征南，留守普定，未几殁，子戍。□恕补役，恕年甫十七，惟一姊已适人，延至家，拜属曰：弟当行戍，老母在堂，无他兄弟备养，幸有先人田若干，愿姊耕以养吾母终余年，脱弟不死，报德未晚也。乃来应役。数年告归省母，亦无恙。及还普定，而母讣闻。哀恸顿绝，久之乃甦。结草为庐，寝苫枕块其中，朝夕哭临，三年盐酪不入口，骨如柴立，隆冬盛寒，单衰徒跣，终身哀慕，言及亲，辄泣如初丧焉，郡人呼为汪孝子。

人物

元·容苴　普定人，大德中授普定知府，时蛇节、宋隆济等作乱，容苴率众效顺，容苴没，其妻适姑复能宣力戎行，遂改府为路，而以适姑为总管，佩虎符。

本朝·王铭　普定卫人，以荫授本卫指挥佥事，骁勇善骑射，正统□征麓川，升指挥同知，寻殒于阵。朝廷嘉其忠，进子泰官一级。

王斌　普定卫人，宣德初，序先职，任本卫指挥使，廉介公平，莅卫政□十余年，后以军功升都指挥，卫人□不置。

郭贵　普定卫人，以先荫任本卫指挥同知，机敏能事，以荐升都指挥，守备普定卫等六卫，累功升都督。奉敕充参将，镇守贵州迤西地方，桴鼓为之不警。寻终于镇。

陶英 普定卫人。勇敢多智。自本卫百户从征广西、麓川、东苗、草塘四十余处。累功升指挥使。最后征山都掌，出哨洛不如，遇伏，力战而死。赠都指挥。

赵侃 字至刚，普定卫人。登天顺甲申进士。忠谨鲠直，授吏科给事中，累升都给事，时政得失，军民利害，累形章疏，率见举行，升通政司右通政，兼掌五军诰命事，终于官，朝廷赐以谕祭。

孙铎 字文振，普定卫人。学博经史，尤善训诂，屡辞征辟。尝典卫学，训迪勤恳。士以科第进者，多出其门。巡按御史沈衡复辟署贵州宣慰司学，自著诗文以送之。所著有《普定卫志》一卷。

科甲

赵侃 天顺三年举人，八年进士。任给事中，升右通政。

汪大章 普定卫人。弘治八年举人，十二年进士。

列女

黄氏 保定青宛人黄礼之女。年十七，适同里王二。随夫来戍普定，行至夷陵，夫死于虎。黄时年二十有四①，奉姑携幼子，涉历艰险，以至普定。坚执妇道，孀居四十□年。皓然□缁。所司以闻，旌其门曰"贞节"。

裴氏 四川遂宁县裴祥之女，王召保之妻。随夫戍普定，夫卒，裴年二十四②，哀毁尽礼。孝事舅姑，舅姑死，竭力营葬。抚遗腹之子，守洁白之行四十五年。事闻，旌其门曰"贞节"。

邹氏 苏州昆山邹思明女也。洪武初，父随例戍普定。邹甫五岁，随母居故乡③，长，赘同里人吴文荣，乃始奉母历万里之险来省父。未几，父调征当行，文荣谓邹曰："涉远来首侍，始得会，遽忍父去？吾请代行。"已而，文荣死于阵，年二十有二。感夫之义，誓死不嫁，积四十七年。所司以其事闻。

景氏 字妙清。普定卫舍人马彪之妻。彪卒，妙清时年二十有二，子伟

---

① 黄：原缺，据万历《贵州通志》补。
② 二十四：万历《贵州通志》作年二十。
③ 居故乡：原误作"故卿"，据万历《贵州通志》改。

甫五月，誓死不二从，舅姑莫能夺。孀居二十余年。事闻，覆核实而妙青卒，事遂寝。

叶氏 字菊英。普定卫千户叶荣从叔祖女也。年十五，适百户陈纪。生子二，长甫六岁，次月余，纪随师征讨，劳苦成疾，归而益剧，语人曰："吾死无憾，但恐妻不能守，将弃子而他适。"妇闻之曰："汝勤王事而致疾，天必眷佑。设死，我必不独生。"夫果殁，妇哭尽哀，躬亲殓殡事。既称疾偃卧，自刎不殊。众走视之，血流弥枕席，余息垂尽。举家惊惶，傅之以药。妇曰："我死不必救，弟善视幼子，以立陈氏门户。"遂绝，年二十二。

贵庠余翔为作诗曰：

"夫劳王事返泉乡，妻为夫亡更可伤。白璧不怜居襁褓，青萍独许振纲常。深闺冷谢朱铅色，烈焰高争日月光。忠节一门能两尽，汗青千古有余香。"

仙释

一天 云南曲靖僧也。宣德间住圆通寺。戒行峻洁，学者崇仰，称为法门龙象。尝讲经，鸟雀集而听之。

悦禅 杭州人。正统间住圆通寺。苦行禅学，开引后进，退居清泰庵。年九十，跌坐而终。留尸经年，容貌如生，众咸异之。

题咏

平坝一程来普定。

监察御史丁养浩诗："平坝一程来普定，贵阳风景此平分。几多衰草漫铺地，无数好山高出云。仅有裔夷输职贡，不妨师旅乐耕耘。秋成薄暮送归鸟，处处鼓鼙斜日曛。"

禅关寂寂隐山腰。

按察副使沈庠《普定山寺》诗："禅关寂寂隐山腰，坐听松声海上潮。冲破晓烟常见鹤，噪残秋色不闻蜩。游山诗客闲登塔，禁足幽僧不过桥。风景依稀犹在目，烟光云影路迢迢。"

柳堤人荫绿烟丝。

贵阳易纮《普定道中》诗："柳堤人荫绿烟丝，汗血驹怜锦障泥。辛苦不辞东道险，殷勤要慰北堂慈。山云太巧妆成画，风景多情做就诗。翘首贵阳如咫尺，纵然为客不多时。"

第二十二卷 安庄卫指挥使司

贵州安庄卫地里之图

建置沿革

《禹贡》梁州西南之境，天文参井分野。秦为黔中郡地。汉为牂牁郡地。晋为兴古郡地。唐宋为罗甸国地。元为永宁、镇宁二州地，属普定路。

本朝洪武十四年，置纳吉堡。二十二年，改置安庄卫指挥使司，隶贵州都指挥使司，领千户所五、守御千户所一。

郡名

纳吉元名。安庄今名。

至到

地里

东至永宁州界一百九十里,西至安顺州西堡长官司界一百二十里,南至安南卫界一百四十里,北至贵州宣慰司界三百里,东南到永宁州界一百五十里,西南到安南卫界一百二十里,东北到程番府界二百里,西北到镇宁州界七十里。自卫治至南京四千九百二十里,至京师八千三百里。

铺舍

曰纳吉,曰阿桥,曰白水,曰鸡背①,曰关索岭,曰北口,曰芭蕉,曰南口,曰黄土坡,曰盘江,曰宝甸,凡十一铺。

形胜

危峰列峙,急濑萦回。《旧志》。

万山为之屏翰,两江据其左右。《旧志》:"白崖百林,诸山旋绕卫治。盘江、乌泥二江引带东南。"

风俗

人性淳朴。《旧志》:"卫士卒皆中国之久戍边境,习其风土之气,性颇强悍。自朝廷建学立师,化导之久,是以返其淳朴,衣冠礼乐亦彬彬矣。"

地杂百夷。《新志》:"环城百里之间,皆诸夷巢穴。风俗粗鄙,异言异服。然与卫人错居,近亦颇为汉俗。"

其俗勤俭。《旧志》:"其俗勤俭,以耕织为业,故家富菽粟,日用饶裕。升大如斗,谓之乡升。交易多用布疋,如钱钞焉。"

尚儒重信。《新志》:"卫自建学以来,人知读书,科贡不乏。然甚重信义,尤为可称。"

---

① 曰鸡背:原作"机备",不可解,据嘉靖《贵州通志》改。

山川

青龙山 在卫城南。连峰叠嶂，委蛇如龙。

士人杨彝诗：

"好山起伏似游龙，图画天开眺望中。绝壁雨妆春树绿，高岩日上晓云红。隐居疑有谢安石，登览长怀陆放翁。我亦平生爱疏散，几时琴剑一相从。"

四明韩圭诗：

"群山积翠总巑岏，仿佛青龙此处蟠。云气淋漓春作雨，雾光昏暝晓生寒。南阳高卧怀诸葛，东眺登临起谢安。一自将军升去后，久无鞭辔此游盘。"

环翠山 在卫治北。林木四时苍翠。一名真武山。

白虎山 在卫城南，与青龙山对峙，形如虎蹲。

士人杨彝诗：

"西岩虎踞势巍然，独爱高秋爽气鲜。湿雾飘来终日雨，晴空飞下百重泉。多时待月吟边倚，曾为看山醉后眠。遥想诸公登眺处，至今歌咏可磨镌。"

笔架山 在卫城东一里。三峰并列，苍翠可爱。

龟山 在卫城西南五里。以形似名。

白崖山 在卫城西三里。山势起伏连绵，自水西至普定欢喜岭、老虎关、马场铺、龙井铺等处，牵络百里，至此而止。

东坡山 在卫城东三里。盘郁委蛇，高插霄汉①，亘十余里。卫之名山也。

狮子崖 在卫城南一里。

紫云洞 在卫城南一里。洞内石乳结为狮象之形。傍荫溪潭，松林森秀。南有观音庵，郡人岁时游观焉。

主事仇翰诗：

"何年鬼斧凿玲珑，窅窱仙乡一窦通。霜干接云邀夜月，云根嘘气贯晴虹。凤音巧制伶伦律，虎骨曾伤李广弓。千载仙游遗迹在，我来遥想古人风。"

士人杨彝诗：

"人物由来得地灵，紫云仙洞近南城。初平叱石成羊起，子晋吹箫作凤鸣。璞玉光辉何太洁，冰霜节操有余清。高怀自此无尘俗，已有声名上玉京。"

举人杨樊诗②：

"鬼工凿破昆仑顶，幻出真如清净境。紫云缭绕天常青，白日高揭昼不暝。

---

① 高：原作"南"，据嘉靖《贵州通志》改。
② 杨樊：贵图本作"杨彝"，当误。据《黔记》，杨樊是贵州慰司举人，而杨彝不是举人。本书与嘉靖《贵州通志》同《黔记》。

石梯万丈霄汉间，璚花瑶草翠与丹①。交通三五洞中洞，俯仰百千山外山。嶅嶅峦岫芙蓉削，猗猗竹树栏杆弱。一鸟不鸣林更幽，微风触籁如天乐。闲云潭影冰壶清，雪消潦净素练澄。卓锡老僧因洗钵，曾教雷鼓蛟龙惊。我来访胜坐良久，顿觉身心非我有。宛如商岭倚黄绮，只少桃源刘阮友。浮生赢得片时闲，傍花随柳从容还。恨无玉带山门镇，命笔贻题可厚颜。"

仙人洞 在卫城西五里。洞极深广，观者秉炬而入，不能穷焉。

白马洞 在卫城南三里。内有白石如马。

黑洞 在卫城东一里。石乳纵横，奇桱可爱，然深黑，游者必假烛导焉。

巢云洞 在卫城北二十里，晓峰奄之左。内有石台，台下有泉，四时不竭。

盘江 在卫城南一百里。源出乌撒，过云南霑益州，西南流入普安州，与拖长江会，入广西者香江。

乌泥江 在卫城南一百里。南流入广西田州，流急色浊。

白水河 在卫城南三十里。悬崖飞瀑，直下数十仞为河，湍激若雷，飞沫如云雾塞其下。

贺家溪 在卫城北。源出东坡山，东南流竟卫城中，西出，溉田甚广。

石溪 在卫城南四十里。源出狼洞，南流入慕役司界。

宴乐池 在卫城南，青龙山下。指挥陆正种莲于中，拘亭其傍，以为游观之所。

荻芦池 在卫城北六十里。周围八十里，中有一岛，岛上建石华表二。卫百户马姓者，屯田其傍，故俗名马官人湖。

黄井 在卫城南。土黄水清。郡人造纸于此，洁白异常。

泥井 在卫城西。五泉并沸，清冽而甘。

白土井 在卫城西南。傍皆垩土。

常兆井 在卫学前。

起龙井 在卫城西，万安桥下。相传，昔雷雨交作，有龙跃起而去，遂成井焉。

龙井 在卫城北十里。澄彻深广，中有群鱼，游人投以糗饵，则旅然而集。相传昔人有食其鱼者，必病，故人不敢取。石壁有古镌字，模糊莫辨。

四明韩圭诗：

"井泉清冽拟名沽，灵物蜿蜒竟有无。变化虚疑春作浪，澄清浑似夜藏珠。天文下应青铜镜，地脉中通白玉壶。见说仙瓢今在乎，好分一滴慰焦枯。"

---

① 璚花瑶草：贵图本作"璚草瑶花"。

石泉 在卫城西三里。源出石窦中，清凉不竭，灌田数亩。
丰泉 在卫城西三里，白崖山下。流衍四出，浸灌颇广。
清泉 在卫城西三里，白崖山左。中产异蟹，或赤或紫。其上林木蓊郁，清致可玩。
浦泉 在卫城西三里，清泉之下。流合碧溪，入白水河。
马跑泉 在卫城南四十里，关索庙右。世传关索领兵至此，马跑而出，因名。

土产

苎麻。木绵。稻卫境土沃，饶秔稻。菠萝蜜关索岭出。余甘子如橄榄而小。

公署

卫治 在卫城中南。洪武二十二年，指挥陆秉建。弘治元年，指挥陶英重修。经历司、卫镇抚附焉。左、右、中、前、后五千户所，分置于卫治之前。卫城围七里，周辟四门，东曰朝阳，西曰镇夷，南曰柔远，北曰迎恩。
安平道 在卫城内南。正统九年，按察佥事屈伸建。
兵备分司 在卫城内南。成化八年建。
关索领守御千户所 在卫城南五十里。洪武二十一年，置关索岭、鸡背二堡；寻并鸡背入关索岭。二十五年改为所，所城围三里，旁辟三门，东曰仁和，南曰昭德，北曰隆福。
安庄站 在卫城南二十五里。
白水堡 在安庄站西。
北口堡 在卫城南五十五里。
查城站 在卫城南八十里。
南口堡 在查城站西。
已上站堡俱洪武间建。
安庄仓 在卫治东。洪武二十六年建，隶贵州布政司。
预备仓 在卫治左。成化四年建。
关索岭所仓 在本所内。原本所军士不支月粮，弘治初间，当道以闻，始置仓储以给之。

学校

安庄卫学 在卫城内东北隅。正统八年建于卫治东；九年，按察佥事屈伸、本卫指挥陆京迁建于此。成化二十年，指挥黄京，弘治五年，千户丁正、卫镇抚吴晟俱重修。中为明伦堂，左右为志道、据德二斋，别为号房十间。

本学训导胡禛记：

"安庄僻在边幅，距京师万里，《禹贡》为荒服，夷罗杂处，声教不加，凡礼乐制度，典章文物，民鲜克知。洪维我太祖高皇帝龙飞淮甸，肇造海宇，扫胡元之陋习，振中夏之文风，以二十二年，乂安边徼，设卫控制。惟兹遐僻，尚阻声教。

"前镇国将军都指挥陆秉奉命征南，武功告成，留守其地，乃宣布恩威，昭示信义，恒欲建学立师，教育边士。乃择卫左隙地，设社学，进子弟，举师儒教之，且劝且励，闾阎弦诵颇振。侯殁，子瑄继承先秩，分符世守，亦笃以是为心。宣德四年季冬，具实奏请建立学校，诏命未下。

"正统改元三月，禛授是学训导，赍檄而来，以典教事。惟时茅屋初构，制陋地隘，凡殿庑堂斋，率皆未有。而秉孙京继掌兵符，励志欲更治之。九年春，贵枭金宪屈伸来巡，京进而告曰：'学校，风化之本，政教之源，卑陋愀隘，非惟难于教人，而祀享先师，于礼亦亵。兹欲迁徙重建，不敢专也。'屈公嘉而允其言。

"遂谋及乡士，谋及卜筮，择城内北胜地一区，购以兼金，广约五百丈，袤约二百丈，山明水秀，地阜形正。侯暨僚属各捐己俸，以市瓦木，又总部伍，以事版筑。前建大成殿三间，为楹者四，中肖宣圣及四配十哲之像，傍建两庑六间，为楹者八，刻七十子之名爵，凡戟门、棂星门、厨库诸屋，无不完备。后建明伦堂三间，左右建志道、据德二斋各六间，为生徒肄业之所。庠门、射圃、垣壁并设，焕然一新。经始于甲子春，落成于乙丑秋。侯以禛备详巅末，谓宜纪其事，勒之金石，以垂永久。

"呜呼！圣人之道，昭如日星，经纬乎天地，贯彻乎古今，譬之菽粟水火，不可一日而无。况兹边方，一旦变椎髻而为冠裳，易侏僸而为礼让，三纲五常，秩然振举，四端万善，井然修明。其裁成辅相，品节防范，未有不自圣化所致也。先正云：'天不生仲尼，万古如长夜。'孟子曰：'自生民以来，未有盛于孔子也。'今丹垩檐楹，金碧栋宇，安神有庙，阐教有地，则盛世崇儒右文，嘉惠远人之意亦至矣。游是学者，可一日而忘圣人之教、国家之盛心哉？必其策励自振，毋为利迁，毋为惰废，将见异日家诗书，户礼乐，登甲科，建名实，以佐我国家治理之美，不其伟与？禛才识肤浅，姑用以记岁月，唯诸士子思自勉焉。"

宫室

瞻云楼 在卫城东。洪武二十二年，指挥陆秉垒石为台，建楼其上。重檐三叠，下辟四门，以通往来。上置钟鼓，以节晨昏。

普安士人杨彝诗："危楼高架碧云天，每为瞻云倚画栏。万树浮岚围晓翠，八窗微雨作春寒。嘉游仙驭随丹凤，曾弄琼箫驾彩鸾。想得公余清假日，不妨柱笏卷帘看。"

朝阳楼 在卫城东门上。

永清楼 在卫城南门上。

镇夷楼 在卫城西门上。

迎恩楼 在卫城北门上。

永思堂 在卫城中。指挥陆京建。

翰林学士周述记：

"昔我太祖皇帝龙兴凤阳，一时雄武材勇之士，而各以其能出入战阵之间，时建大功，以取高爵，传其子孙，世永相袭，此固遭遇之各有时，亦世泽深长，故其流远也！

"凤阳陆京，曾大父达，初以武勇从太祖皇帝，与诸将南北征伐，擐甲胄，操矢石，蒙霜露，削平僭伪，屡着勋绩，功居一二，授封黄安侯，斯亦显矣！传其子秉、孙瑄，皆以武勇称。秉官拜贵州都指挥同知。瑄袭安庄卫指挥使。而瑄之子京，又以世嫡，袭有父爵，可谓克世其家者也。非遭遇有时，而世泽深长，故其流者远耶！

"暨京慨念祖父勤劳艰难，致兹荣显，今传至我，可不思所以继绳之乎？于是名其所居之堂曰永思。京来京师，属其友鸿胪序班武陵魏某求予为之记。予惟人孰无思？思能及乎祖父，则思之至也。然与其思于心，曷若勉诸。自身者，祖父之遗也。凡临战陈，则思祖父之所尝致勇，援弓矢则思祖父之所尝闲习，抚士卒则思祖父之与同甘苦，镇边鄙则思祖父之靖而不扰。若是为能思也，否亦徒思而已。

"京于祖父益笃不忘，宜勤武事，严武备，嗣守前人之道，俾名昭于时，庆延于后，则其思岂不深长乎？诗曰'永言孝思，孝思维则'，京之谓也。兹因其请，于是书以为之记，斯堂其亦永有耀也。"

列峰亭 在卫治北，列峰寺内。

杨彝诗：

"孤城环拱万峰攒,结得幽亭紫翠间。花径云来须自扫,松窗月上不须关。山猿抱子上复下,沙鸟随人去又还。最好春溪初过雨,瀑崖千尺看潺湲。"

寺观

列峰寺　在卫治北。洪武二十二年,指挥陆秉建。

观音寺　在卫城南二十五里,白水堡西。

云陵寺　在关索岭所城内北。

紫霄观　在卫治南。

高真观　在卫治南。

玄天宫　在卫城北,真武山上。

玄真观　在关索岭所城东。

紫云庵　在紫云洞侧。都指挥司德芳建。

晓峰庵　在卫城北二十五里。山林幽雅,泉流清激。卫士人李瑄建。

三教堂　在北口堡内。

祠庙

文庙　在本卫儒学前。正统九年建。成化十三年,指挥陆卿、陶英,十七年,指挥李雄俱重修,中为大成殿,左右为两庑,前为戟门、棂星门。成化四年,训导潘愈捐俸铸铜爵二十有四。弘治十二年,训导陈善复捐俸置珠漆盘百有五十,以供丁祭。

城隍庙　在卫城内。

社稷坛在卫城南二百步。

风云雷雨坛在卫城西一百步。

厉坛在卫城北。

俱永乐间建。

旗纛庙　在卫治后。洪武间建。

东岳庙　在卫城中。

昭灵庙　在卫城南。

通灵庙　在卫城西。

五显庙　在卫城西。

关羽庙　有二，一在卫城南，一在查城站内。

三圣庙　在白水堡内。

文昌祠　在文庙东。成化十三年，指挥陆卿建。

关梁

老虎关　在卫城北二十五里。石上有虎足迹，故名。

太平桥　在卫城内北。

锡庆桥　在卫城内西。

万安桥　在卫城西。

通济桥　在卫城南。

碧澄桥　在卫城西五里，碧溪之上。

周殷桥　在卫城南七里。

通云桥　在卫城南三十五里，关索岭下。永乐元年，都指挥陆秉建。

普安桥　在关索岭所南。

古迹

诸葛营　在卫城南四十五里，狼□屯侧。相传诸葛南征，屯兵于此。遗址尚存。

名宦

本朝·陆秉　字守直，凤阳人。初授宁国卫指挥佥事，累官昭将军。洪武二十三年，奉命领军开建安庄卫，遂留守焉。秉武略政事俱优，在任十年，军民怀服。开屯田九万五千余亩。三十二年，升贵州都司都指挥同知，掌司事。寻朝京师，卒于道，敕葬开封。

萧伯辰　清江人。洪武二十八年，任安庄卫经历。学优才瞻，政绩大著，寻升兵部侍郎。

李斌　凤阳人。任安庄卫指挥佥事。简练有方，屏翰以立。在任二十年，上下宜之。

周节　临淮人。任安庄卫指挥佥事。持重有为，尤善射骑。

人物

陆京 字景山，本卫人。刚直孝友，好学能诗。官至云南都指挥同知。

陆正 字至中。京之子。文才武略，时辈所推。累官云南都指挥同知。政令严明，部伍畏敬如神明焉。

陆卿 字廷相。明敏好学，尝以《易经》应乡试不偶。序其父职，以功升贵州都指挥佥事。政誉洋溢，巡抚云南都御史吴诚荐守临安。累征夷寇，升都指挥同知。复奉命征都匀，未就绪而卒。子儒魁伟特立，有父风烈。

李瑄 安庄卫人。忠实乐善。与弟玉友爱①，庭无间言，子姓法之。三世同居，乡邻称重。

科甲

卢桢 安庄卫人。天顺六年举人，未仕卒。

张宏 北口堡人。成化元年举人。任湖广辰州府学训导。

萧济 安庄卫人。成化七年举人，任云南河西县知县。

范珍 安庄卫人。成化十年举人。任云南禄丰县知县。

胡裕 安庄卫人。成化二十二年举人。任南京国子监助教。

吴钺 安庄卫人。弘治八年举人。

丁时 安庄卫人。弘治十一年举人。

列女

沈氏 安庄卫舍人李晟妻。年十八，晟卒，七阅月，得遗子元。沈抱节孀居，抚元以成，任指挥同知。元死，孙继宗生始一月，沈又殷勤育之，以重先职②，家业赖以不坠。孀居凡六十年。所司尝以其事上闻。

易氏 安庄卫舍人张御妻。御卒，易年方十九，抚子经袭其祖职百户。家人尝怜其少早寡，欲改嫁之，易置刀于怀，以死自誓，善事舅姑，服勤不厌。所司亦尝以其事闻。

仙释

无名僧 永乐间，游脚至白水堡观音寺。言貌谨愿，募砖垒塔于寺后。虚其中，与千户丁昱等约，曰："吾入塔，尔以砖灰锢塔门。明年今日，闻塔

---

① 弟：原文误作"第"。
② 以重：二字原缺，据贵图本补。

内有声始启之。"如其言，僧果危坐自如，异香馥郁，容貌愉泽，众咸异之。后不知其所如。其塔尚存。

题咏

戍落喜无烽火红。

佥事周孟中《安庄分司》诗："迟日山高晏上东，居人如在瓮天中。市间已有弦歌化，戍落喜无烽火红。行逐云烟幨盖湿，坐看风月酒杯空。豚鱼信及垂周易，谈咲无能化远戎。"

值此太平无事日。

参政吴中和前人诗："星轺去去任西东，瀛得从容大块中。解闷有时斟蚁绿，周贫随处散陈红。惭居方岳才何用，喜殄奸渠党渐空。值此太平无事日，不妨挥笔颂平戎。"

一星戍火照边戎。

佥事刘简和前人诗："地分南北与西东，多少夷民住此中。满日芦花飞絮白，一林枫叶坠霜红。危峰岚气蒸蛮雨，落涧泉声震碧空。昨夜月明山路转，一星戍火照边戎。"

更待月明刁斗静。

御史丁养浩诗："畦田百叠锁山腰①，雨后流泉似海潮②。青嶂午阴看饭犊，碧林秋静听鸣蜩。一帘暝色人归市，万壑腥风虎过桥。更待明月刁斗静，满天苍碧夜迢迢。"

隐隐山云万里情。

贵州按察副使沈庠《安庄分司》诗："行台门对此荒城，隔断喧尘分外清。较艺却嫌冬日短，吟诗更喜晚天晴。苍苍松柏千年节，隐隐山云万里情。踪迹如萍真可叹，使轺明日又长征。"

溪深渡有津。

贵州易纮《安庄道中》诗："功名煞苦人，跋涉敢辞频。山转疑无路，溪深渡有津。点猿栖择木，老马骛惊尘。叶底凉飔散，孤吟句法新。"

一声残角山城晓。

前人《晓发安庄》诗："猛雨欺凌客被单，破窗无纸护风寒。檐花落尽灯花落，梦景阑时夜景阑。世事与人多龃龉，愁身对此倍辛酸。一声残角山城晓，草没平沙路半干。"

---

① 百叠：《黔记》作"百垒"。
② 后：原缺，据《黔记》补。

第二十三卷　安南卫指挥使司

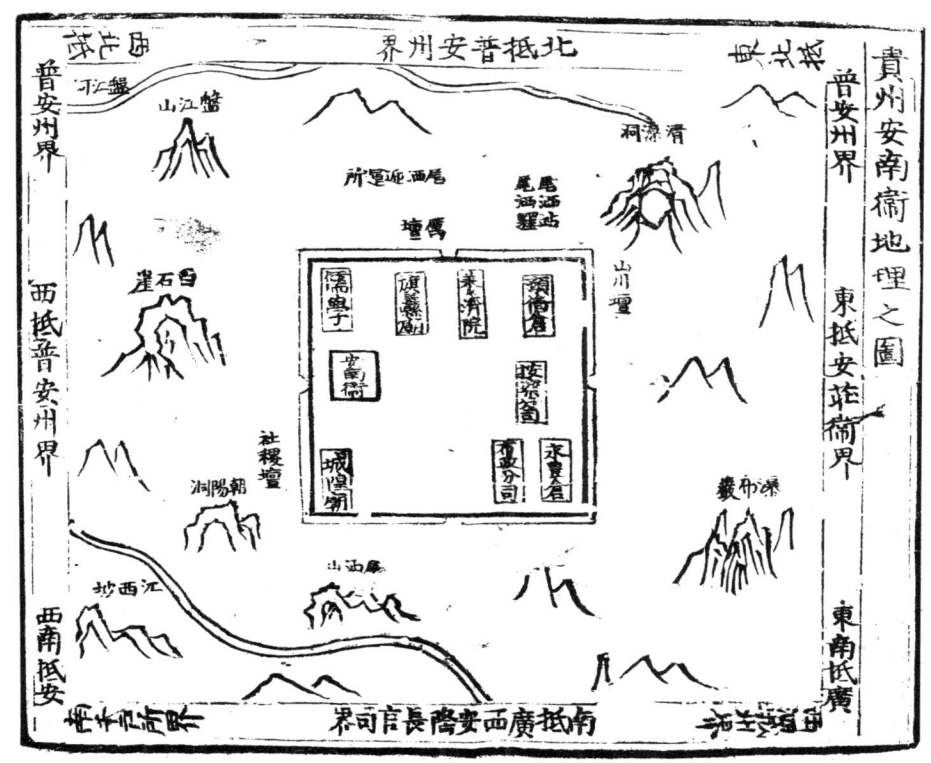

贵州安南卫地理之图

建置沿革

《禹贡》梁州西南之境，天文参井分野。秦为黔中郡地。汉为牂牁郡地。蜀汉及晋俱为兴古郡地。唐为牂牁国地。宋为罗甸国地。元为普安路地，隶云南行省。

洪武十七年，置尾洒驿，属普安军民府；二十年[①]，置尾洒递运所；二十一年，置尾洒站及尾洒堡；二十三年，置安南卫指挥使司于江西坡；二十五年，迁卫治于尾洒堡北，即今治也，领千户所五，隶贵州都指挥使司。

郡名

尾洒。安南。

至到

地里

东至安庄卫界一百六十里，西至普安州界一百六十里，南至广西安隆长官司界五百三十里，北至普安州界二百五十里，东南到广西泗城州界一百九十里，西南到安南千户所界一百二十里，东北到普安州规模寨界二十里，西北到普安州阿山寨界五十里。自卫治至南京四千六百五十里，至京师九千一十四里。

铺舍

曰尾洒，曰哈马章，曰鸟鸣，曰腾茄，曰牛场，曰泥纳，曰芭蕉，曰新兴，曰革刺，曰板桥，凡十铺。

形胜

盘江界其东，鸟鸣阤其南。《一统志》。
群峰环蠡。《一统志》。

风俗

男女跣足，以背负重。《一统志》。

[①] 二：原文误作"一"。据上下文改。

善畜牧贸易。《一统志》。

病不服药。《卫志》。

性尚刚勇，出入佩刀。《卫志》。

俭陋质朴，勤于耕稼。《一统志》。

山川

尾洒山 在卫城南二里。山势高耸，其巅常有云雾，土人因名尾洒，犹华言水下也。

普安杨宗彝诗：

"复岭重岗气郁葱，非烟非雾散遥空。苍苍晓色鸿濛里，淡淡晴光紫翠中。瑞彩双飞金鸑鷟，天花几朵玉芙蓉。身依南斗瞻亲舍，复隔乡关百万重。"

独秀山 在卫城东一里。

玉枕山 在卫城南一里。

白基山 在卫城西三十三里。其山巍峨，傍有削壁，清秀可爱。

盘江山 在卫城东三十七里，与安庄卫为界。石路屈曲，降陟峻险。

江西坡 在卫城南三十里。山坡重叠，宛如龙翔凤翥之状。洪武初，置安南卫于此，今为江西坡铺，居人颇众。

白石崖 在卫城西南五十里。石崖削壁，有飞泉直下，如瀑布。

瀑石岩 在卫城东二十里。岩岸高峻挺出，山半有泉，自洞中泻入深潭。遇旱，军民入潭取水，祈祷辄应。

清源洞 在卫城东一十三里。洞深旷，中有清泉，岩石奇怪。暑月，行人皆仰资焉。

卫人沈勖诗：

"石乳渊澄溅齿香，洞门深护翠琳琅。云浮寒碧晴犹雨，露滴空青冷欲霜。蟾吐夜光窥玉鉴，鹤鸣秋籁奏金商。试茶取水阴崖底，坐爱将军大树凉。"

朝阳洞 在卫城西南一里许。石岩平入，竹树森列，清荫蒙密，日出，则光彩明媚。中产异石，奇形怪状，犹鸟兽伞盖，或如檯凳器物者。又有清泉从石隙流出，澄澈如练。

壁有诗云："岩前花发春正浓，柳摇黄金来暖风。柔丝拦路挽不断，怕有俗子相交通。当年老叟围其处，犹有穷猿挂高树。花谢花开春又春，几载逃秦不归去。紫芝瑶草变苍苔，碧桃红树成蒿莱。市朝迁转居人易，兴亡两事俱哀哉。我向洞中访陈迹，神仙遗石莹如璧。持得归来售市人，售遍市人皆不识。"

江西河 在江西坡，南流入盘江。

  盘江 在卫城东四十里。源出乌撒，过西堡，合诸溪，流经皮古、毛口诸屯，合规模小溪水，至下马坡转南，入岩穴，或见或隐，下通乌泥江。
  者卜河 在卫城东南四十里。自普安州杨那山小溪合流，曲折二百余里，入盘江。
  尾洒井 在卫城南门内。水清而甘，人多汲之。
  双清井 在卫城内西北。二井相连，水极凉洁，虽亢旱不竭。春夏涌泛，流濑堪爱。
  永澄泉 在卫城外东北二里。
  白鹿泉 在卫城南一里。
  清连池 在卫城中，卫治之南。深广有源，为汲濯之利。
  飞瀑泉 在白石崖半。
  贵州举人陈玑诗[①]："银汉飞泉万丈悬，玉虹晴贯白崖颠。水帘常洒无云雨，珠箔虚明不夜天[②]。"

土产

  橙。梅。葛。蕨。菖蒲。马。猿。麂。竹鸡。枫木。刺竹。苎麻。菠萝蜜。余甘子。雄黄。

公署

  卫治 在卫城中。洪武二十三年，建于今江西坡。洪武二十五年，改建于此。经历司、卫镇抚附焉，左、右、中、前、后五千户所，分置于卫之左右。卫城围七百四十三丈，周辟四门，东曰迎祥，南曰振武，西曰永通，北曰长宁。
  布政司分司 在卫城中。
  按察司分司 在卫城内东。
  尾洒站 在卫城东北。洪武二十一年建。
  尾洒递运所 在卫城东北。洪武二十一年建。
  尾洒堡 在卫城东北。洪武二十年建。
  永丰仓 在卫城内东南隅。洪武间建，隶永宁州。
  养济院 在卫城中。

---

  ① 陈玑：万历《贵州通志》作杨彝诗，有八句，后四句为："雁荡看秋劳梦思，庐山览秀有诗篇。复瞻奇胜南荒外，雅兴何如李谪仙。"
  ② 珠箔：原缺"箔"字，据万历《贵州通志》补。

学校

安南卫学 在卫城内西。宣德八年建。中为明伦堂,东西翼以两斋。

宫室

南樵楼 在卫城南门之上。洪武二十七年,指挥梁海建。
贵州越升诗:
"飞飞燕雀闹辰昏,画栋朱甍起碧墩。清夜肯容无廙亮,月明不复见刘琨。空凌八极千层拱,远望山川一并吞。仵听紫箫声断后,朝阳惊醒彩鸾魂。"

迎祥楼 在卫城东门之上。洪武二十七年建。
前人诗[①]:
"峰峦环合绕山城[②],突兀高楼耸太清。雅称桓伊来弄笛,好教子晋坐吹笙。笑陪月姊非无侣,卧听天河落有声。袖里封章何日上,凭栏几度望瑶京。"

寺观

南峰寺 在卫城南关。洪武中建。
玄灵观 在卫城东一里,独秀山上。
高真观 在卫城南一里,玉枕山上。

祠庙

文庙 在卫学前。正统八年建。中为大成殿,左右为两庑,前为戟门、棂星门。
城隍庙 在卫城内西。永乐间建。
旗纛庙 在卫治后。洪武二十七年建。
关王庙 在卫城南门外。洪武二十八年建。
龙神庙 在卫城南二里。洪武二十九年建。

关梁

鸟鸣关 在卫城南二里。关出山巅,下入深菁。洪武中置关,有戍兵。

---

① 前人诗:《黔记》作"越升诗",诗题为《题安南卫迎祥楼》。
② 绕:原缺,据《黔记》补。

江西坡桥 在卫城西三十里①。洪武二十五年建。

盘江渡 在卫城东四十里。

普安杨彝诗：

"湍急沙崩坏石梁，毒龙腥水暖如汤。西坡去马争朝涉，南口鸣鸡促晓装。瘴湿黄茅常带雨，露溥白草不成霜。将军既济焚舟去，逐客终朝一苇航。"

馆驿

尾洒驿 在卫城东北。洪武中建，隶普安州。

古迹

安南旧城 在卫城西三十里，江西坡上。

名宦

梁海 洪武二十三年，领军开创安南卫；二十七年，既迁卫治，城垒、公署，草创未备，海谋度规画，以次葺之。劝督有方，士卒趋之，不知其劳，亡何，城治一新。军民至今赖之。②

人物

本朝·吴庸 安南卫人。清修雅饰，器宇宏远。累官贵州都指挥佥事。既致仕，复以荐起，征都匀、清平叛寇，躩铄领兵，数出数捷，凯旋奏勋，赐俸瞻之终身。

列女

唐氏 安南卫舍人何俊妻。俊卒，唐方少艾，父母舅姑皆欲再嫁之，唐曰："人所以异于禽兽者，以有节义尔，吾宁死不能再事人。"众不敢复言。守节三十年，皎然无瑕，乡邻重之。尝以其实达于部使者。

---

① 三十：原缺，据贵图本及《黔记》补。
② 本段有脱字，据《黔记》补。

题咏

熊虎百屯林徼外①。

监察御史丁养浩《巡历安南》诗:"道远悠悠引旆旌,西风落日带孤城。云开列嶂当空出,雷涌长江入地鸣。熊虎百屯林徼外,鼓鼙终夜净严更。何人助我安边策,一展功勋答太平。"

安南今日驻行旌。

贵州按察副使沈庠《安南分司》诗:"安南今日驻行旌,遥望行台迥出城。当面好山随屋转,隔林幽鸟尽情鸣。出奇人物真难得,委靡文风未易更。职业无成吾独愧,不知何以答升平。"

天涯无处望蓬莱。

前人诗:"百尺荒城接宪台,天涯无处望蓬莱。一年欲尽还堪惜,五字频成底用裁。家信喜从前日得②,使轺难必几时回。君亲两事关心切,莫怪愁眉不易开。"

盘江瘴雾腾空起。

前人《盘江道中》诗:"轻云连日凝寒色,一夜严霜重于雪。出门便觉两眼明,万壑千崖同一白。日高三丈气未融,逢人尽道来年丰。我亦闻之动深想,生杀妙理真难穷。近午将行三十里,盘江瘴雾腾空起。下车惊讶双耳聋,急唤渡江莫停止。昔年过此亦如之,今来深信全无疑。夕阳入城喜不已,走笔纪事非云诗。"

---

① 林徼:嘉靖《贵州通志》作"临徼"。
② 前日:"日"字原缺,据嘉靖《贵州通志》补。

第二十四卷　毕节卫指挥使司

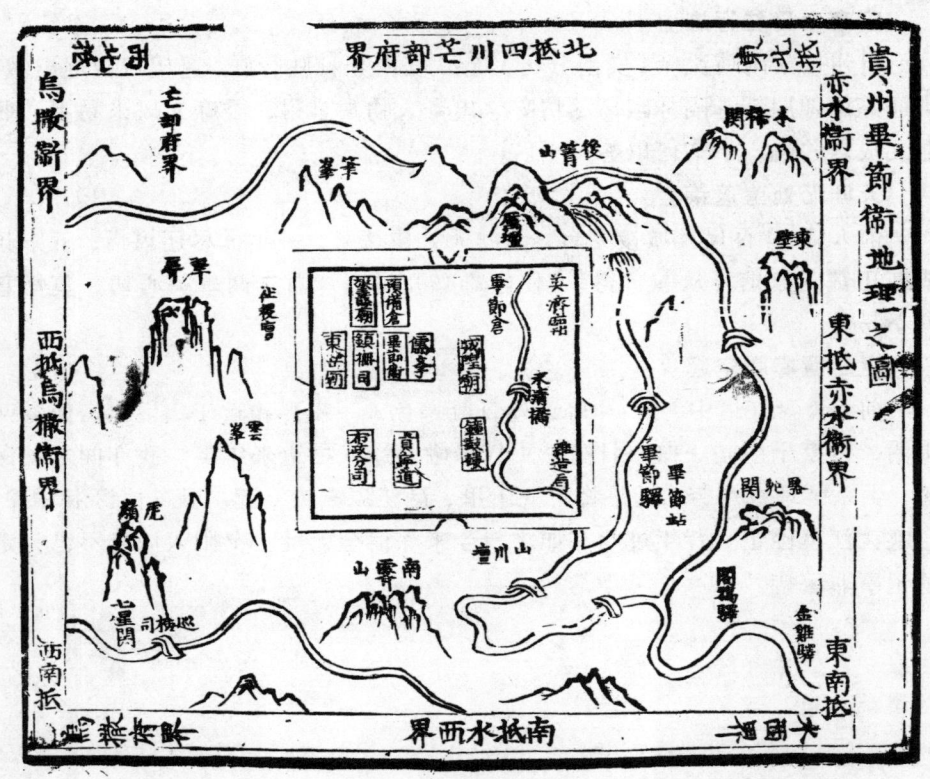

贵州毕节卫地理之图

建置沿革

《禹贡》梁州之域，天文参井分野。秦为黔中郡地。汉为牂牁郡地。唐乌蛮居之，为罗甸国地。宋因之。元为八番顺元等处军民宣慰司地。

洪武初归附。十五年，总兵官颖川侯傅友德置乌蒙卫于乌蒙府境内；十六年改毕节卫，迁徙于今治。领千户所五，隶贵州都指挥使司。

郡名

毕川。

至到

地里

东至赤水卫界四十五里，南至贵州宣慰司界二百一十五里，西至乌撒卫界一百里，北至四川芒部府界八十里，东南到贵州宣慰司界一百八十里，西南到乌撒卫界一百五十里，东北到赤水卫界一百六十里，西北到四川芒部府界二百二十里。自卫治至南京六千三百九十里，至京师九千五百六十里。

铺舍

曰毕节，曰南加，曰那章，曰乡云，曰落浙水，曰青岗，凡六铺。

形胜

华夏要冲。《一统志》："东抵木稀关，西带七星河，落浙萦其南，大山障其北，当华夏之要冲，为云南之通道。"

东抵赤水，西连乌撒。《一统志》。

控制夷罗，屏蔽云贵。《新志》。

风俗

中州礼俗。《一统志》："戍此者皆中州人，其冠婚丧祭之礼，能不混于流俗。"

用夏变夷。《庙学记》："卫居乌蛮巢穴，然能读书循理，用夏变夷。"

人多勤俭。《新志》："卫人勤于耕种贸易，不事奢侈。"

夷俗喻利。《旧志》："卫城四境皆乌蛮，毡裘椎髻，性狡悍而趋利，卜用鸡骨。"

斗狠健讼。《新志》："卫俗迩来斗狠健讼，狙诈不情，盖渐染川南之俗也。"

脱帽为礼。《旧志》："卫境罗罗见贵人必脱其帽以为敬，盖乌蛮故俗然也。"

山川

南霁山 在卫城南二里。山峰特出，每将雨则云翳其巅，将霁则峰峦爽见。

东壁山 在卫城东二里。嵯峨环列如壁。

卫人都指挥林晟《东壁朝霞》诗：

"阳乌冉冉上晴空，紫翠朝来望不穷。瑞气远笼青障碧，祥光高应赤城红。酒杯泛处初流彩，锦绣裁成尚未工。极目蓬莱如咫尺，仙班疑缀五云中。"

木稀山 在卫城东四十里。巉崖陡峻，石磴崎岖，仅容一夫，设关以守其险。

翠屏山 在卫城西九十里，四时苍翠，望之如屏。卫八景之一，曰翠屏旭日。

林晟诗：

"翠峦高耸若屏风，羲驭初临露尚浓。晓色苍苍开罨画，晴光烂烂著芙蓉。来从旸谷经三岛，出自天阕彻九重。自愧负暄何以报，朝朝东向祝时雍。"

七星山 在卫城西九十里。山有七峰，如列星焉。

元国子助教冯福可《从征云南过此》诗：

"点苍何苍苍，环以西洱河。百年雨露恩，讵敢烦天戈。辕门振乌撒，衣带逾牂牁。巨险久已夷，故关尚坡陀。云胡七星名，亦复垂不磨。君侯诗书帅，文武用不颇。藩垣俟重临，民夷赖渐摩。中天揭斗柄，三辰行太罗。因之成关传，永世同南讹。"

本朝靖江王诗：

"天恩今许凯歌还，唾手功名总不难。勤得七星关土立，剑光应照斗牛间。"

四川按察司佥事时季照诗：

"一年一度一来过，白发星星奈老何。惟有青山无别态，白云还似旧时多。"

乌撒潘子安诗：

"七星关上暂停骖，满目晴云拥翠岚。城郭非耶新所拘，路岐平否旧曾谙。龙溪远匝西山外，虎岭高蟠北斗南。莫笑癯儒消髀肉，风尘来往倦难堪。"

脱颖峰 一名笔峰。在卫城北二里，尖秀拔出。

云峰 在卫城五里。一名灵峰。林峦耸翠，石迳萦纡。世传昔有樵夫于此见烟霞继绕，楼阁参差，久之始灭。

林晟诗：

"灵峰秀异即蓬莱，苍翠玲珑胜剪裁。红树白云缄药灶，琪花瑶草锁丹台。采芝人同松间去，骑鹤山从海上来。际此悠然忘世虑，绝胜刘阮到天台。"

卫学教授白经诗：

"岷峨流脉结斯峰，形势嵯峨列岫宗。灵异曾闻仙子现，绸缪常有碧云封。风停松畔鸦玄鹤，雨霁坛前卧老龙。毓秀储精无限量，愿生贤哲佐时隆。"

丰乐原 在卫城西十里。土壤饫沃，居人富庶。

石笋 在卫城北一百一十里。孤峰特立，高十余丈。

鼍音洞 一名响鼓洞。在卫城南五十里。洞中时或有声如鼓。

威镇河 在卫城东十里。源出北山，东南流，灌溉之利颇饶。

南加河 在卫城南一十五里。源出清水塘，合储涧，东南流入落浙水。

归化河 在卫城南二十里。源出西南山涧，东流入水西界。

七星关河 在卫城西九十里。两岸壁立，植铁柱锁系浮梁，以渡往来。

落浙水 在卫城南八十里。官道所经，设舟为渡。

林晟《落浙睹渡》诗：

"回首西山薄雾收，一江寒碧自东流。歌翻桃叶扁舟晚，雪点芦花古渡秋。两岸暝烟生草树①，半轮斜日下林丘。济川倘得徒杠手，来往行人遂远游②。"

白经诗：

"蛮溪截路浩波萦，官艇迎风渡口横。柳外暮烟迷皇眼，山西落日照行旌。旅人停骑隔江唤，篙子惟蓬带月撑。更有商家舟楫在，何由得遂济川心。"

龙潭 在卫城东三里。张争汪泞，云有灵物居之，遇旱祷雨多应。郡人建祠于上，以祀其神。

清水塘 在卫城东一十五里。大旱不涸，灌田甚广。

天泽井 在卫城内东。天顺八年，都指挥林晟凿。先是，城中素乏水利，累凿之不得泉。晟吁天凿此，得美泉焉。一城仰之，故名。

福泉 在卫城东一里，普慧寺内。

林晟诗：

"上方楼阁倚云开，一道清泉百折来。松径晚淙钟韵切，苔矶寒漱珮声谐。流行以渐滋群物，生序由来冠五材。最爱观澜作长坐，烦襟何自有尘埃。"

惠泉 在卫城东五里。烹灌之惠甚广，故名。

贵州布政司参政胡拱辰诗：

"天一生来地六成，人蒙美利得佳名。石中涌出源应远，阶不流过色愈清。茶灶三更酣煮月，稻田六月不妨晴。眼前道体无穷妙，逝者如斯理自明。"

土产

鹤膝竹一名罗汉竹，可为杖。**柴胡**。**马**。**兔**。

公署

卫治 在卫城内。洪武十六年建。经历司、卫镇抚附焉。左、右、中、

---

① 暝：此字原不清，据《黔记》补。

② 行人：贵图本作"往人"。

前、后五千户所，并建于卫治前。城围六里八十步，周辟五门，东曰武安，东之南曰通津，南曰镇南，西曰定西，北曰拱北。

布政司分司　在卫城内南。宣德间建。成化十一年，指挥刘永重修。

按察司分司　在卫城内南。宣德间建。

毕节站　在卫城东南。洪武中建。

周泥站　在卫城西八十里。洪武中建。

毕节仓　在卫城内东北。隶贵州布政司。

养济院　在卫城内东。

学校

毕节卫学　在卫城内东。正统三年，都指挥唐谏奏建。中为明伦堂，左右为进德、修业二斋。

本学教授孙隐记：

"洪惟太祖高皇帝禀不世出之资，持不世造之运，削平僭伪，扫涤寰宇，开拓古所未有之疆土，阐扬古所未行之治化，故内设国子监以萃四方之贤士，外建府县学以育民间之俊秀。每岁一贡，三岁大比，登其贤者而宾兴之，以资任用。虽取人之制不一，而出自学校者，十常七八也。生徒必丰廪饩以赡其身，蠲徭役以优其家，衣冠必异于流俗，课业不同于党庠。孔子每岁春秋二丁用王者礼祀，门人配之，朔望官给香烛价费，提调郡将率师生拜谒，著为常例。朝廷崇重儒术，作兴士类之意至盛而备者。盖以孔子之道与王化远迩，学校乃首善之地，贤材攸生，风俗由美故耳。

"然惟毕节庙学未立，正以地当蛮夷巢穴，肯綮之要。狼子野心，乍臣乍叛，急之则变生，缓之则法弛。用是，置卫筑城，建官属，辖士伍，戍守耕□□□，观感自驯，然后驱而之善，岂非用夏变夷之□意良洪乎？

"圣圣相继，天下晏然。迨我宣宗章皇帝诏天下武职官军子弟，悉遣入学，讲读武经，闲习弓马，欲其以文业缘饰武事，恩至渥矣。执事因是择老成有儒行者为师，纠子弟，令其教之。

"正统改元初，贵州都司都指挥佥事世箴唐公分镇到卫，首谒庙学，图称旨意，封章上请建学立师，恢弘圣教，报下从之[①]。公乃倍捐己资为倡，次自卫之挥使，下及千百户官，乐输己有。遂度卫治之东，前俯交衢，后临山麓，地高而向明，居密而人众。庶几弦诵声闻，人皆知所仰慕。

---

① 下：原文误作"不"，据下文"唐谏传"改。

"委任卫镇抚张清专力其事，贸易□木金石，征工徼功。既载于正统戊午三月十有八日，卒工于明年十月二十六日。中为大成正殿，宣圣当尊，配哲左右侍坐，外而东西两庑，牌刻序列诸子名爵。又外而戟门、灵星门，相距不远。缭以垣墉，随时启阖。别立泮宫、儒学二门，为生徒往来便道。殿后别有明伦堂，进德、修业两斋。公之营缮，可谓至矣。惜乎不能尽美，而公承敕命，率师往征麓川，兵刃既接，奋身前进，厄于战陈。上闻，悯其忠勇，赐赍金帛，加赠都指挥同知，奖其死于勤事，令子袭前爵。呜呼！吾夫子在天之灵亦或阴定于冥冥之中，以彰其有死而□者欤？

"继而，指挥佥事林晟掌卫事。宪副李公分巡至卫，谒庙礼既，顾谓曰：'曩因官冗，事不协一，□膺敕谕，以廉干推选，尔得专政事，尔能明习文业，诚知学校为尔首务，必续成之。'晟告曰：'是素志也，敢不奉教。'爰发己帑，率其僚属胥□□□，重为鸠材僝工。

"再肇于正统丁卯五月十有八日。侯视为己任，不遑寝食，日躬造视。其补缀葺弊，弥缝阙略，既成未完之始，更以所嬴赀货辟庙之西旁余地，建文昌祠一所，祠之西南，芟芜去秽，增建房舍一□间，祠之北，联络建房舍□十余门，以为师生肄习之所，器用百尔皆具。讫工于是年十月十有五日。从傍董其事者则有千户王逊、尹胜也。

"合而较之，地南北约深二百步许，东西约广百步，其间黝垩丹雘，轮奂维新，未能悉□。於戏，斯非我太祖高皇帝、太宗文皇帝仁恩义泽，壅遏不行于数十年之前，其震荡洋溢而大沛于数十载之下乎？吾夫子之道，无物不有，无时不然者也。

"虽然，自开辟以来，此地在荒服之□，以唐虞仁政而不能柔服，秦汉威力而莫克刚制。历唐、宋、元，至我朝，始归一统，赋税力役，不敢后期，服食动容，渐同华夏，亦可天性之真，今自呈露，君臣父子大义终不容泯矣。学可以不立，教可以不设耶？凡瞻斯庭，非斯堂者[①]，当之创始成终之匪易，完旧易新之尤难。毋视教为具文，学为虚器，必尽心力，不旷厥位，务效嘉绩。庶几成人有德，小子有造，梁栋欂桶，不失世用。斯有以答圣朝洪庥，振斯文遗绪，不惟无负所托，亦可以立吾身，兴斯道，俾夷风尽变于我，不亦韪哉！隐自正统甲子来典兹教，乐诸君子广上德意，能成盛事，以垂盛美。时忘固陋，述而俾勒诸石。"

---

① 非：当误。应是"登""履""跻"之类的字。

宫室

谯楼 在卫城中。指挥李兴、李隆建。
迎恩亭 在卫城南二里。为迎迓诏敕之所。

寺观

普慧寺 在卫城东。前有福泉,旧名福泉寺。正统十四年赐今名。
灵峰寺 在卫城西五里。
开化寺 在卫城东一十五里。一名般若寺。
即心庵 在卫城东北一十里。
大梅庵 在卫城北一十五里。
崇真观 在卫城南一里。

祠庙

文庙 在卫学前。正统三年,都指挥唐谏建。中为大成殿,左右翼以两庑,前为戟门、棂星门。
城隍庙 在卫城内北。洪武中建。
厉坛在卫城北。
旗纛庙 在卫治后。洪武中建。
东岳庙 在卫城内西。
英济庙 在卫城内东。祀蜀汉将关羽。洪武二十三年,指挥柳楫建。
国子监谢宽记:

"尝闻生当封侯,死当庙食,此英雄豪杰立志之言。然非大有功业,足以表见于天下后世,则不能致此。有一于此,则必垂名竹帛,图像丹青,千载之下,犹使人敬慕不已,若汉寿亭侯者是也。侯解人,姓关名羽,字云长,膂力过人,慷慨有大节。少游恒山,与刘玄德遇,志同谊合,由是结义,以兴复汉室为事。朝则侍立,礼严君臣;夕则同寝,情犹昆弟。及出师,多立战功,议者咸忌其勇,曰:'备有雄虎之将。蛟龙得云雨,终非池中物。'尝客许下,曹操遇之尤厚,欲其归己。侯终思汉,尝曰:'要必有以报曹公。'敌至,乃驰入万军中,刺颜良而还。曹惊喜益服。及辞去,有欲留行者。操曰:'彼各为其主,终不为吾用。'后守荆州,广土练兵,以图中夏。比长驱入洛，操至徙许以避其锋，不图汉运竟移，有志未就而陷。先主闻之痛悼。侯虽殁，忠义之心炳如日月，其英灵留于天地间，将无往而不在。自汉迄今，祀者益众，大而国家军旅之事，小而民间疾疫之灾，凡有扣者，应如枹鼓。是宜累受显褒而飨报功之祀于无穷也。

"洪武十四年，天兵定南诏。明年班师，留兵分屯形胜处。毕节实夷夏喉襟之地，固守足以控制诸蕃。乃命将官之素习边事者，来填是邦。同知柳楫居数四载，四郊无垒，境内清宁，始谓众曰：'曩征姚安，祷于侯祠，曰若得捷，当撤弊而新之。翼日，虏厚集其旅，乘风而来，我师奋进，忽反风涨尘，彼皆昏瞀失错，遂馘其渠首，全师而还，若有阴相者。方图新庙未果，而移镇于兹，居常怏怏。今幸城池已完，宜用余力建侯祠，使人有瞻依，神复扬灵兹土，而予亦毕姚安之愿。'佥以为宜。僚友交赞，部曲亦乐于趋事。

"爰差谷旦，载度载营，择地高爽，取材孔良。厥构翼翼，有庑有堂，设像崇严，临下有赫。自是凡欲祀侯者，皆得以骏奔而致敬。僝工之日，命予纪其事。予谓侯生为名将，策勋居多；殁为明神，有祷斯应。今庙于兹，将士瞻之而景慕，益生忠勇奋发之心，蛮夷瞻之而敬畏，益守不敢渝盟之信。然则斯庙之建，岂曰小补？云是宜书，遂为之记。"

四圣庙 在卫城东一里。本卫教授孙隐有记。

惠济庙 在卫城东北三里龙潭上。以祀龙神。洪武二十八年，指挥柳楫建。有记。

文昌祠 在卫学内。

旌忠祠 在卫城东北二里。祀唐忠臣张巡。

关梁

七星关 在卫城西九十里。关当滇、蜀、贵州之冲，山谿险峻。洪武十五年，颍川侯傅友德筑城，分本卫后千户所军士二百户守之。永乐十五年，甃城以石，围四百四十五丈，辟二门，南曰武宁，北曰大安。

善欲关 在卫城南五里。

老鸦关 在卫城西。

落浙关 在卫城南八十里。

罗罗关 在卫城西北二百里。

木稀堡 在卫城东四十五里。

长冲堡 在卫城西□十五里。

永清桥 在卫城内东。
济川桥 在卫城东一里。指挥刘泉、王瑜建。
通津桥① 在卫城南一里。
阜安桥 在卫城南五里②,天顺间都指挥□□建。③
威镇桥 □□④
七星桥⑤ 在七星关下。千户朱昺建。
天生桥 在卫城西一百里。
罗□□

馆驿

毕节驿 在卫城东南二里。隶贵州宣慰司。

古迹

梁王台 在卫城东北二里⑥。元梁王出镇云南,过此所筑,遗址尚存。林晟诗:
"昔人曾此驻旌矛,今日惟余一故丘。漠漠云烟豪气□,离离禾黍寝园秋。青山不改当时色,绿水还如旧日流。几度登临成感慨,夕阳□□晚风□。"
武侯碑 在卫城北一百二十里。地名上坝。相传诸葛武侯南征时所立。岁久剥落,文莫能□⑦。

名宦

傅友德 洪武十四年,以颍川侯总兵平乌蒙禄肇成功,建毕节卫,筑七星关。威惠垂于不朽。
汤昭 洪武间以指挥从征西南,而毕节卫治城池、道路,皆其修建。至今人称诵之。

---

① 津:原缺,据万历《贵州通志》补。
② 里:原缺,据《黔记》补。
③ 本段原有缺字,万历《贵州通志》作"阜安桥,城南五里,佥事胡宥捐赀修建"。
④ 本段原有缺字,万历《贵州通志》作"威镇桥,城东十里"。
⑤ 七星:二字原缺,据万历《贵州通志》补。
⑥ 二:原缺,据《黔记》补。
⑦ 本段原文多模糊,据《黔记》及贵图本补。

孙隐 浙江永嘉人。正统间任毕节卫学教授。老成敦实，文词伟赡，一卫士子倚为楷范。部使者余祯奉法不谨，隐论列之，罢去。当时称为敢言。

流寓

元·乔坚 为顺庆路判官，有文才。流寓毕节。多所题咏。

人物

本朝·唐谏 毕节卫人。以荫授本卫指挥佥事，寻以功升贵州都指挥佥事。才勇过人，兵政克举。又尝请以居第建学，得命，复捐己资益之，其详见教授孙隐所撰学记。后征麓川，战没。朝廷命有司祭之。□其子官一级。
唐正 谏之子。以父死国事，加授都指挥佥事。慷慨敢为，有父风致。
林晟 字子明，毕节卫人。读书好士，孜孜不倦。官至贵州都指挥佥事。后以子罪，连坐罢官，游优林泉，寄傲诗酒，年八十余而卒。所著有《墨庄诗集》，藏于家。

科甲

蒋琇 毕节卫人。正统十二年举人，任思南府学训导。
吴琛 毕节卫人。景泰元年举人，任四川宜宾县学训导。
胡山 毕节卫人。景泰四年举人。
王镛 毕节卫人。景泰四年举人，任云南曲靖府学训导。
汪琮 毕节卫人。景泰七年举人，任四川忠州学学正。
陈益 毕节卫人。景泰七年举人，任河南武陟县知县。
阮宁 毕节卫人。天顺四年举人。
王麒 毕节卫人。成化元年举人，任四川彭水县知县。
彭翊 毕节卫人。成化四年举人，任四川内江县学训导。
沈璠 毕节卫人。成化四年举人，任云南巨津州知州。
王麟 毕节卫人。成化七年举人。
王钧 毕节卫人。成化十年举人，任四川荣昌县学训导。
龚谏 毕节卫人。成化十年举人，任四川嘉定州学训导。
王蕃 本卫人。成化十二年举人，任云南太和县学教谕。

列女

蔡氏 都指挥林晟母,有志行。正统末,苗夷入寇毕节,时城中官军皆调征平越,而晟亦守备贵州,城中无一可恃,蔡散家资,募精壮,并童仆,登城拒守,凡三月,寇无所得,解去。蔡率众蹙之,寇大溃。又发私廪以赈贫穷,时称为女将军。

阎氏 毕节卫学生李林妻。年十九而寡,断发自誓守节,养姑四十余年。乡怜重之。以其实闻,未沐旌异之命。

题咏

不辞鞍马过南州。

元顺庆路判官乔坚《过七星关》诗:

"七星关上一回头,遥望乡关路阻修。欲倚云山攀北斗,不辞鞍马过南州。两崖壁立连天起,一水翻花出洞流。闻道时清无瘴疠,行人经此不须愁。"

天文南接鬼方秋。

国子监助教谢观《登毕节南楼》诗:

"群山如画拱层楼,高压诸夷冠数州。地势北通岷岭雪,天文南接鬼方秋。登临岂是元规赏,控制多从德裕筹。共说将军防御密,太平武备不忘修。"

万丈凌空山势险。

贵州按察司副使沈庠《毕节分司》诗:

"万丈凌空山势险,此身疑在雾云端。愁多便觉襟怀窄,昼暗不知天地宽。驿廪数升供晚粥,园蔬一味当春盘。孤灯荒馆聊吟坐,未到更阑兴已阑。"

山色暝曚昼不开。

前人诗:

"巡历民情空有泪,振扬风纪愧无才。野花寂寞春还放,山色暝曚昼不开。衰鬓每惊愁里改,遐方独讶梦中来。故乡万里频瞻望,一日柔肠几百回。"

十里孤城在万山。

前人《七星关》诗:

"据险何年设此关,武侯功业远难攀。穿碑只在峰峦顶,大誉还垂宇宙间。千载规模犹巩固,一方士马自安闲。朝廷神武诸夷畏,十里孤城在万山。"

翠涌峰峦影倒悬。

前人《再过毕节道中小庵》诗:

"翠涌峰峦影倒悬,半层云外是诸天。北来山色千年结,西渡家风一祖传。兴到好时须落笔,景当佳处且随缘。老僧枯瘦头颅白,只诵楞加不坐禅。"

第二十五卷　乌撒卫指挥使司

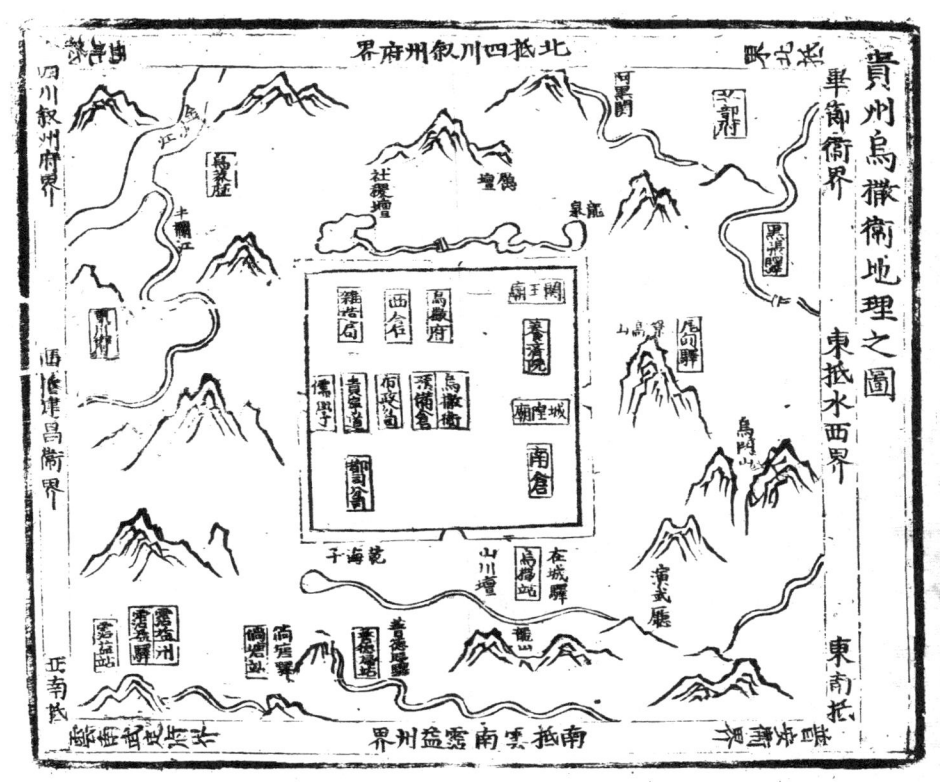

贵州乌撒卫地理之图

建置沿革

《禹贡》梁州之境，天文井鬼分野。其地旧名巴凡兀姑，后名巴的甸。自昔乌蛮居之。晋属朱提郡。唐乌蛮曰乌些者居此。至阿蒙始得巴甸，其东西又有芒部、阿晟二部，皆他酋所据。采乌些之后曰析怒者，始并其地，号乌撒部。元至元中始内附，置乌撒路招讨司，寻改为军民总管府。

本朝改乌撒军民府。洪武十五年，增置乌撒卫，隶云南都指挥使司。永乐间改属贵州都指挥使司，领千户所五。

郡名

巴凡汉名。巴明汉名。沙越。越章夷名。乌撒宋名。乌桓。

至到

地里

东至毕节卫界一百五十四里，西至四川乌蒙府界二百里，南至云南曲靖军民府界二百三十七里，北至四川芒部府界二百里，东南到普安卫界五百七里，西南到四川东川军民府界二百五十里，东北到毕节卫界三百九十里，西北到四川叙州府界六百五十里。自卫治至南京六千三百一十里，至京师九千四百八十里。

铺舍

曰在城，曰乾海子，曰腰站，曰箐头，曰可渡河，曰普德归，曰箐底，曰云关，曰倘塘，曰通南，曰来宾，曰么站，曰十里，曰泉水，曰青石，曰瓦甸，曰赤冈，曰水塘。凡一十八铺。

形胜

山崖险阨，襟带二湖。羊肠小径，十倍蜀道。《一统志》。

前临可渡，后倚乌门。《一统志》。

山高地险。《乌撒卫志》："界于诸夷之中，山高地险，实西南要厄之处。"

冈阜盘旋，海甸平旷。《新志》。

风俗

人性强悍。《旧志》："卫之士卒皆谪自中州，既久处边幅，皆强悍桀骜，岂风土之所致耶？"

衣冠礼乐，不殊中土。《新志》。

风气刚劲。《新志》："风气刚劲而多寒，故粳稻难艺。卫人所资以生者，惟苦荞大麦而已[①]。"

其俗勤俭。《旧志》。

牧羊为产。《新志》："土宜羊，土人皆牧以为生，岁两取其毛以为毡，而资贸易焉。"

山川

大隐山 在卫城东南三里。林木森然，中有僧寺。

乌门山 在卫城东北一百四十里。两山相对如门。

南山 在卫城南四里。

龙山 在卫城南九十五里。蜿蜒引伏[②]，宛如龙形。官道径其上。

凤岭 一名嘹高山。在卫城东。山势绝高，可以望远。

赤冈 在卫城东北五十里。

华盖洞 一名石洞。在卫城东南一百七十里。可容百人，复有窦深黑，举火而入，莫穷远近。

盘江 在卫城西一百五十里。源出乌撒东北，流入四川叙州界。

北海子 在卫城北二里。源出东山之龙泉，筑陂储之，以资灌溉，任洋澄洁。为卫城之壮。

七渡河 在卫城西三十里。其水纡萦，旋绕山谷，当津渡者七处。

可渡河 在卫城南九十五里。

养马川 一名野马川。在卫城东一百四十五里。夷人牧马于此。

九十九渡水 在卫城西南一百一十里。

龙泉 在府城东山下。泉水涌出，乍清乍浊，或云有灵物潜焉。

龙潭湾泉 在卫城东南八十里。群山之中，其深莫测。岁旱，土人祷雨于此。

土产

铜。铁。银。漆。松子。猿。鹿。鹦鹉。茯苓。厚朴。荆三棱。半夏。山茶花。羊。马。

公署

卫治 在卫城内南。洪武十五年建。经历司、卫镇抚附焉，左、右、中、

[①] 惟苦荞大麦而已：《黔记》作"惟种荍荍稷麦"。

[②] 伏：原缺，据嘉靖《贵州通志》补。

前四千户所，分建于卫前东西，后所在卫城一百八十里云南之霑益州。卫城围一千二十丈，周辟四门，东曰明治，南曰平政，西曰开化，北曰武安。

布政司分司 在卫城中。永乐间建。
按察司分司 在卫城内西。宣德间建。
都司分司 在卫城内西南隅。正统间建。
乌撒站 在卫城南一里。
瓦甸站 在卫城东八十里。
黑张站 在卫城东一百里。
普德归站 在卫城南八十里。
倘塘站 在卫城南九十里。
霑益站 在卫城南一百八十五里。
已上六站俱洪武中颍川侯傅友德建。
乌撒仓 在卫城中。洪武间建。
养济院 在卫城内东南隅。

学校

乌撒卫学 在卫城内西，正统八年建，中为明伦堂，左右翼以进德、修业二斋。

宫室

平政楼 即卫城南门楼也。洪武间建。成化间重修。上置更筹，以节晨夜①。

寺观

能仁寺 在卫城东，洪武二十年建。
观音堂 在卫城东一里。
真武观 在卫城北一里。

祠庙

文庙 在卫学前，正统中建，中为大成殿，左右为两庑，前为戟门、灵星门。

---

① 本书及贵图本原有错简。

城隍庙　在卫城内东，洪武间建。
旗纛庙　在卫治后，洪武间建。
关王庙　在卫城内东。
萧公庙　在卫城东南。
晏公庙　在卫城东。
文昌庙　在卫治西，元大定间建，永乐间重修。

桥梁

石驼关　在卫城东关，傍有石如驼，因名。
老鸦关　在卫城东三百里。
六道桥　在卫城东南四里。
可渡桥　在卫城南九十里。

馆驿

在城驿　在卫城西一里。洪武中建，隶四川乌撒军民府。

名宦

本朝·蔡礼　和州含山人。永乐间，自贵州前卫指挥佥事改乌撒卫，仍前职，掌卫事。宣布恩威，申明教化，军民信服。又缮治城池，修葺公署，其绩不能殚纪。

赵颙　正统间任本卫指挥佥事。才器刚勇，善抚士卒。从征麓川上江，奋战而死，朝廷遣祭以褒其忠。

人物

本朝·潘子安　乌撒卫人。才性颖敏，诗文清丽。尝客游滇蜀间，所至辄有著作，累荐不就①。所著《清啸集》传于世。

科甲

李芳　乌撒卫人。景泰四年举人，任浙江绩溪县知县。

---

① 荐：贵图本作"篇"。

张宸　乌撒卫人。景泰七年举人，未任卒。
耿惠　乌撒卫人。天顺三年举人，未仕卒。
杨琮　乌撒卫人。天顺三年举人，任河南彰德府学教授。
李珉　乌撒卫人。天顺六年举人，成化八年进士，任监察御史。
赵琦　乌撒卫人。成化元年举人，任云南石屏州学训导。
陈赞　乌撒卫人。成化十九年举人，任湖广汉阳府通判。
李铣　珉之子。成化二十二年举人。
易晖　乌撒卫人。弘治五年举人，任四川嘉定州学训导。
张翱　乌撒卫人。弘治八年举人，任四川简县学训导。
范萧　乌撒卫人。弘治八年举人，任清平卫学训导。

列女

吴氏　乌撒卫卒惟允之女。为卫士李贞所聘，昏礼未行而贞调戍金齿，竟没不还。女父母将改嫁之，女曰："吾既受李氏聘，即李氏妇也。誓不再适他姓。"遂引刃斫发，守节五十九年。有司以其事闻。诏表其门曰"贞洁"。

题咏

南接碧鸡通僰道。

乌撒卫学教授刘维巢《石驼关送人》诗："怪石如驼枕乱山，巍峨形势据高关。一杯酒尽逡巡里，千里人行缱绻间。南接碧鸡通僰道，东连白帝镇乌蛮。萦纡险侣羊肠坂，莫学王阳畏路难。"

一鞭疏雨过乌桓。

卫人潘子安《过乌撒》诗："泥泞滑滑路盘盘，回首松楸泪不干。漂泊自怜成汗漫，别离谁为报平安。林花染恨春红湿，野树笼愁晚翠寒。此际家人念行色，一鞭疏雨过乌桓。"

也应风气异中州。

贵州监察御史丁养浩《乌撒卫》诗："寻常雾溟只疑夜，蓦地雨来浑侣秋。纵使舆图归圣主，也应风气异中州。山禽向暖犹无语，野果经寒便不收。更道滇南数千里，几人从此觅封侯。"

尽日山行无一事。

前人诗："尽日山行无一事，寻芳到处有诗裁。野禽逐伴晚相语，闲花无人春自开。"

乌撒东来路不平。

贵州按察副使沈庠诗："乌撒东来路不平，深泥险窄石纵横。一程未到天先晚，半夜无眠心尚惊。谩忆昔年曾跋涉，始知此地少晴明。艰危世事吾何虑，只合随时信步行。"

殊方宁谧全无警。

前人《乌撒分司》诗："昔年过此将三月，今日重来岁暮时。人事也随风景变，客愁惟有鬓毛知。殊方宁谧全无警，公馆深幽合有诗。云树迷茫千万里，更从何处望京师。"

第二十六卷　赤水卫指挥使司

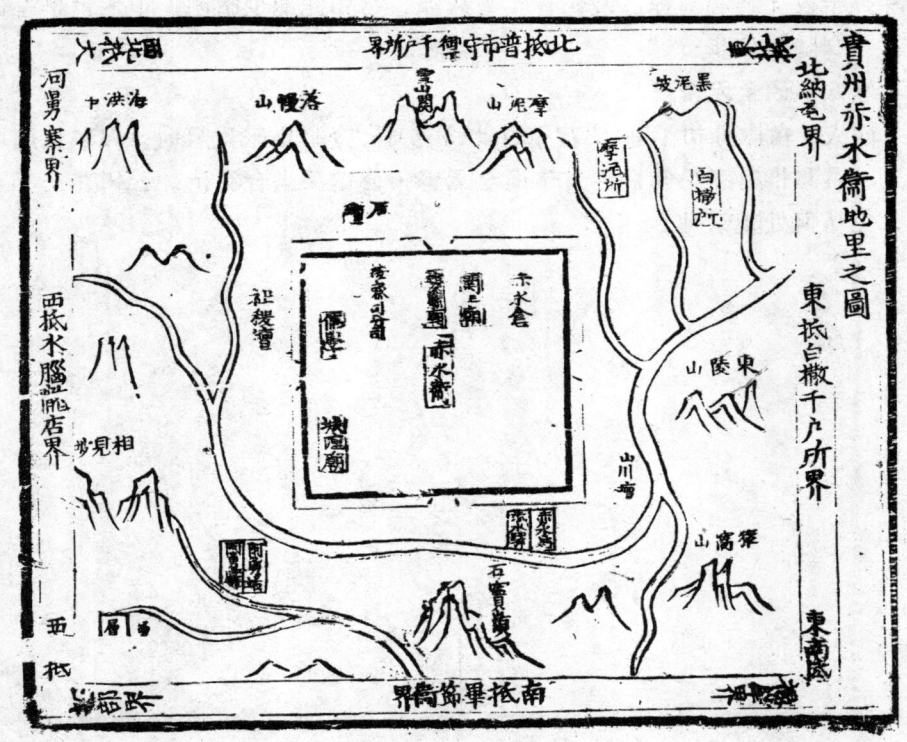

贵州赤水卫地里之图

建制沿革

《禹贡》梁州之南境，天文井鬼分野。秦为蜀郡地。汉为益州地。晋为李特所有。宋、周、隋皆为夷地。唐为蔺州地。宋为泸州地。元属永宁路。

洪武二十二年，置赤水卫指挥使司，领千户所八。在内左、右、中、后四所，在外前所、白撒、摩泥、阿落密四所①，隶贵州都司。

---

① 撒、摩：原缺，据《黔记》补。

郡名

赤江以水名。雪峰以山名。禄肇元名。

至到

地里

东至永宁卫界七十里,南至毕节卫界一百一十五里,西至四川乌撒府界四十里,北至永宁卫界六十里,东南到禄肇界五十里,西南到四川芒部府界七十里,东北到永宁卫界九十里,西北到四川永宁宣抚司界二十里。自卫治至南京五千□百一十里,至京师八千六百八十里[①]。

铺舍

曰赤水,曰清水,曰阿永,曰阿落密,曰板桥,曰层台,曰木稀,曰寅宾,曰威镇,曰毕节[②]。

形胜

依雪山以为城,控赤水以为池。

笔峰拱其前,雪山障其后。俱《旧志》。

四山环峙,一水贯流。《新志》。

与夷僚杂居,当滇贵孔道。《卫志》。

风俗

讼简盗稀。《旧志》:"守御官军皆中州之人,讼简而盗稀。"

生计萧条。《旧志》:"卫之四境,箐深土瘠,居人生计萧条。"

环境皆夷。《卫志》:"环境之夷,有黑罗罗,俗与贵州水西罗罗同。有羿子,性凶犷,以摽略为生。有苗,性戆而勇。种类不一,习俗皆丑,无足观焉。"《儒学记》。

---

① 本段原文多不清,据贵图本补。
② 本段原文多不清,据贵图本补。

山川

雪山 在卫城北二十里。高峻巉岩,亘数十里。方冬积雪,春尽始消。中通一道,上有关,以卒戍之。

落幔山 在卫城西北二十里①。峰峦高出群山之上,如悬幔然。

海洪山 在卫城西北四十里。延曼高秀,林木深箐。

东陵山 在卫城东。水石清幽,苍翠如楣②。

摩尼山 在卫城北四十五里。

层台山 在卫城西南一百里。山高箐密,烟雾晦冥。前千户所在其下。

猿窝山 在卫城东南。山势险阻,竹木蓊郁,为猿猱窟宅。

石窦岭 在卫城南。与雪山对峙。

黑泥坡 在卫城东北五十里。官道所经,泥泞为甚。

相见坡 在卫城西南五十里。两山相接,道经其上,行者皆望见,故名③。

倒马坎 在卫城西南一百一十里。

白崖 在卫城南五十里。

西崖 在卫城西。

水脑洞 在卫城西四十里。

滑石洞 在卫城东南一百二十里。

赤水河 在卫城南。源出四川芒部府,经红土川,东流入川江。每雨涨,水色深赤,故名。河当云贵驿道,始以舟渡,寻为浮桥。然南北近岸处水浅,桥船不能及岸,人犹病涉。正统初,卫人任英造小船维之,桥始与岸接。景泰间,百户陈旺、指挥安义、王谦皆相继葺之,人甚便焉。都御使陈价有《重修桥记》。

元中兴路总管公孙辅诗:

"南陟摩泥坡,寻下石斗岭。俯瞰赤水河,如入万仞井。人马及涯涘,径渡奔流猛。水石相戛击,郁作汤火滚。瘴焰所冲突,卒惧射工影④。人如中药鱼,上岸久方醒。又如登青天,下步无一稳。我马力如虎,趫捷凌绝顶。回首自愕眙,舌吐不得引。国恩叨海岳,敢辞身苦病。行矣勿踌躇,万事一笑领。"

杉木河 在卫城东南五十二里。土人伐杉材自此而出。

---

① 二:原缺,据《黔记》补。
② 楣:原缺,据嘉靖《贵州通志》补。
③ 本段原缺字较多,据嘉靖《贵州通志》补。不一一出校。
④ 卒:原缺,据嘉靖《贵州通志》补。

龙溪　在卫城北。

白撒溪　在白撒所东。南流入赤水河。

红土川　在卫城西五十里。

三渡水　在卫城东北七十里。曲折当道，行者二涉。南流入赤水河。

一椀水　在卫城东北四十里。泉出石隙，渟泓仅如一椀。虽群饮之，不竭。

瀑雪泉　即龙溪之流。飞注赤水河。郡人多题咏焉。

土产

柑。栗。猿。杉木。

公署

卫治　在卫城中。洪武二十二年建。经历司、卫镇抚附焉。左、右、中、后四千户所，分建于卫前之东西。卫城围八里，周辟四门，东曰通化，南曰靖安，西曰嘉乐，北曰宣威。

按察司分司　在卫城内北。

前千户所　在卫城南一百里。即层卫故址也。城围一里二百步。

白撒守御千户所　在卫城东七十里。城围一里二百八十步。

摩泥守御千户所　在卫城北四十五里。城围一里二百步。

阿落密守御千户所　在卫城南四十里。城围一里一百步。

赤水站　在卫城东南。

落台站　在卫城南一百里。

阿永站　在卫城南四十里。

摩泥站　在卫城北四十五里。

四站俱洪武十四年颍州侯傅友德建。

赤水仓　在卫城内。隶贵州布政司。

学校

卫学　在卫城内西。正统五年建。中为明伦堂，左右翼以博文、约礼二斋。

宫室

寿乐堂 在卫城内。指挥王谦建。

宣威楼 即卫城北门楼也。洪武中建。成化间重修。上置鼓角，为寅夜之警。

监察御史王鉴之诗：

"城上高楼百尺悬，城中新爨万家烟。白崖西去开罗甸，赤水东来入蜀川。岭树重云千里月，夕阳孤箠数声鹃。花明柳媚春如锦，仿佛江南一样天。"

寺观

观音寺 在卫城内东北隅。洪武二十二年建。

祠庙

文庙 在儒学前。正统五年建。中为大成殿，东西序以两庑，前为戟门、棂星门。

城隍庙 在卫城内西南隅。洪武二十二年建。

旗纛庙 在卫治后。洪武二十二年建。

关王庙 在卫城内北。永乐中建。

忠义庙 在卫城西南二十里，清水铺侧。郡人以四川行都司都指挥佥事张祥御寇，战死于此，建以祠之。其详见流寓。

关梁

雪山关 在卫城北十里。

木稀关 在卫城西南七十里。磴道崎岖，极为难行。

赤水河关 在卫城南一里。

石关 在卫城东北八十里。

浮桥 在卫城南，赤水河之上。正统间建。成化间，指挥王谦重修。

北关桥 在卫城北门外。

板桥 在卫城西南五十里。

馆驿

赤水驿 在卫城南关。
阿永驿 在卫城南六十里。
层台驿 在卫城西南一百二十里。
摩泥驿 在卫城北四十五里。
已上四驿俱隶四川永宁宣抚司。

古迹

废层台卫 在卫城东南一百里。即前千户所。洪武初建，寻废，留兵千户守之。今为落台站。

名宦

本朝·丁祥 正统间，任赤水卫指挥佥事。心志和平，练达政务。治卫五十余年，老稚咸颂其德。

李端 天顺间任赤水卫指挥佥事。宽裕有容，久参卫政，上下服其廉。

王谦 成化间，任本卫指挥使。廉公有为，军士悦服。修葺卫治及学校、诸祠，凡百废坠，无不兴举。卫居水西、永宁间，宣慰安氏与宣抚奢氏弄兵争地，当道檄谦往谕。因为分析，遂皆罢兵释怨。事亲尤以孝闻。母沈氏尝疾危殆，谦昼夜号泣，请天愿以身代，且割股为羹以进，母遂起。阖卫交颂其孝。

流寓

本朝·张祥 四川行都司指挥佥事也。正统己巳，贵州诸夷叛命，祥率所部来救，至赤水大捷。寇患少宁，驻兵守之。会霖雨水溢，贼乘间来攻，势甚盛。祥曰："事急矣！吾属当为国死。"引兵直济，追战二十里至清水铺。我兵死者什五，祥呼其仆马伏先、张牢等曰："不可为不义屈。"遂皆力战而死。郡人嘉其忠义，立祠死所祀之。

陈介 四川合州人。以都御史谪居赤水。忠谨和裕，与物无竞，若未有官职者，士论贤之。

人物

本朝·张伯安 赤水卫人。读书好义,以孝友清俭为时所重。后以子官封监察御史。

张谏 字孟弼。伯安子也。富文学,有才思。登正统乙未进士,授监察御史。风裁凛然。累官顺天府尹,升太仆寺卿。所至以廉能闻。

陈迪 字元吉,赤水卫人。以进士授监察御史。侃侃立朝,弹劾不避权要。寻卒于官。

朱谦 字益之,赤水卫人。以进士任监察御史,升江西按察佥事。贞度修举,人畏之不敢犯。

科甲

张谏 宣德十年举人,正统四年进士,官至太仆寺卿。
饶驸 赤水卫人。正统六年举人,任本卫儒学训导。
杭全 赤水卫人。景泰四年举人,任湖广咸宁县知县。
陈迪 赤水卫人。景泰七年举人,天顺元年进士,任监察御史。
朱谦 赤水卫人。景泰七年举人,天顺元年进士,官至按察佥事。
陈义 赤水卫人。景泰七年举人,任湖广茶陵州知州。
王恕 赤水卫人。景泰七年举人,任沅州知州,改云南建水州知州。
茅铣 赤水卫人。天顺三年举人,成化八年进士,未仕卒。
倪钺 赤水卫人。天顺三年举人,未仕卒。
沈琮 赤水卫人。天顺六年举人,任云南归化县知县。
徐谏 赤水卫人。成化元年举人,任云南通海县知县。
冯箎 赤水卫人。成化七年举人,任四川蒲江县学训导。
党洪 赤水卫人。成化四年举人,未仕卒。
吴文佐 赤水卫人。成化七年举人,任四川温江县知县。
文达 赤水卫人。成化七年举人。
杨让 赤水卫人。成化七年举人,任四川西充县知县。
马经 赤水卫人。成化十年举人,任广东肇庆府通判。
陈表 赤水卫人。成化十年举人,任云南呈贡县知县。
叶渊 赤水卫人。成化十三年举人,任四川庆符县学教谕。
翁谏 赤水卫人。成化十三年举人,任直隶六合县知县。
徐纪 赤水卫人。成化十六年举人,任江西南城县学教谕。

张憼　赤水卫人。成化十六年举人，任湖广黄州府通判。
路玺　赤水卫人。成化十六年举人，任江西布政司理问。
刘恺　赤水卫人。成化十九年举人，任广东布政司都事。
文轨　赤水卫人。成化二十二年举人，任湖广宜都县学教谕。
赵俸　赤水卫人。成化二十二年举人，任湖广□县学教谕。
韦瑛　赤水卫人。弘治二年举人，任湖广孝感县学教谕。
叶夔　赤水卫人。弘治八年举人。

列女

章氏　赤水卫军士聂贵妻。永乐四年，贵调征交阯。及行，嘱章善事其母，曰："脱吾不生还，必终养，无他适也。"后贵果卒不还，章守志奉姑。纺绩以营甘旨。姑悯其少，欲嫁之。章请死，姑不之强。姑没，竭力襄事，志操益坚。景泰三年，事闻。旌表之命未下。

题咏

路连云贵通京国。

监察御史汪津《赤水卫》诗："叠叠山从云外悬，城依山脚聚人烟。路连云贵通京国，水学之玄赴蜀川。戍久儿童能走马，春深旅客怕闻鹃。星轺此地经过日，正值秋风九月天。"

峭石巉岩不可攀。

前人诗："肩舆晚度雪山关，峭石巉岩不可攀。耳畔数声猿落涧，眼前一抹雾藏山。微名役我多尝险，暗地伤神几破颜。前道将军配珠虎，棱棱杀气走诸蛮。"

节气无常夏亦寒。

贵州布政吴中《至赤水卫》诗："两袖清风度翠峦，翠峦高处恣吟看。烟岚不散昼还暝，节气无常夏亦寒。一经绿迷芳草合，半溪红泛落花残。行行细把边情问，堪叹边情有万难。"

千仞冈头拥翠峦。

监察御史丁养浩次韵："千仞冈头拥翠峦，几多山色坐中看。有时匝地云霾合，长日半天霜雪寒。蜀魄叫哀知夜永，野花开晚怯春寒。怪来不识东风面，瘴雨时时行路难。"

城上旌旗带雨悬。

监察御史黄珂《次汪侍御韵》："城上旌旗带雨悬，城边草树昼生烟。山光水色连千里，人语鸡声傍一川。望眼谩劳迎过雁，愁怀无奈听啼鹃。登临直向最高处，恍若身游万仞天。"

边城险远我重来。

贵州按察司副使沈庠《重巡赤水》诗："边城险远我重来，湿雾溟濛昼不开。公廨清幽如洞府，人家层叠似楼台。千寻石磴滑于镜，一派溪流响若雷。又过季冬将十日，使轺拟在腊前回。"

当时赤水是寒川。

贵州按察司佥事罗昕次前人韵："孤城势若一壶悬，雨后林峦起白烟。负郭青山无隙地，当时赤水是寒川。谁家唤客秦鹦鹉，半夜愁人蜀杜鹃。闻说冬来尝不雪，风光多似岭南天。"

邮亭依社树。

前人《摩泥道中》诗："林秒风微动，山椒日未斜。邮亭依社树，军堡杂田家。几曲溪头水，无名洞口花。振衣歌石坐，诗兴本无涯。"

孤村峻岭雾中见。

贵州按察司副使沈庠诗："正过雪山逢大雪，肩舆上下此身危。孤村峻岭雾中见，幽寺名园梦里思。苦海岂无登岸日，愁城终有解围时。更深又喜投公馆，坐拥寒衾一赋诗。"

山色参差凌北斗。

前人《赤水分司》诗："飞流直下势如悬，隐隐城头起暮烟。山色参差凌北斗，地形迤逦接西川。从教岁暮催行李，怕到春来听杜鹃。此处气炎乌撒冷，相为唇齿不同天。"

第二十七卷　永宁卫指挥使司

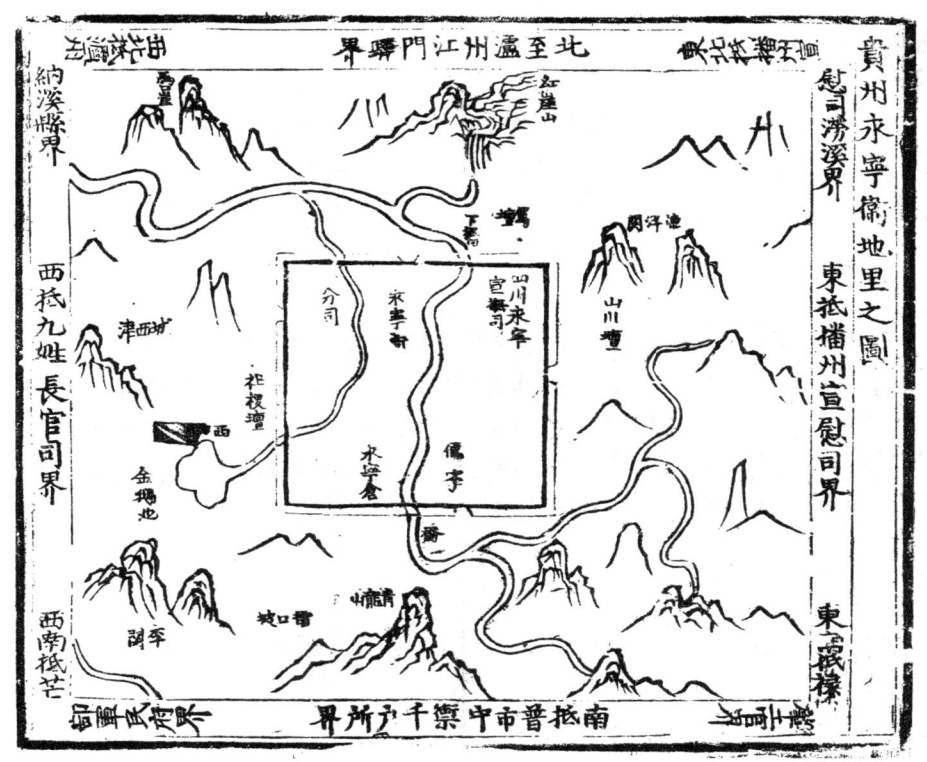

贵州永宁卫地里之图

建置沿革

《禹贡》梁州南境，天文井鬼分野。秦为蜀郡地。汉为益州地。晋为李特所有。宋及周、隋俱为夷地。唐置蔺州。五代二蜀为江安[①]、合江二县地。宋乾德中，刘光义平蜀，因之；寻置永宁路。元中统元年，改永宁路总管

---

① 代：原误为"伐"，据《黔记》改。

府，隶四川行省，领筠连州及腾川县。元统元年，改为永宁镇边都元帅军民宣抚司。

洪武四年，改为永宁长官司，寻复置永宁宣抚司，仍隶四川。其治旧在马口渔漕溪，距今卫城西八十里。五年，曹国公李文忠迁城于此，置卫治，是为永宁卫指挥使司，领千户所五，隶贵州都司。

郡名

蔺州唐名。永宁宋名。定川。界首卫为贵蜀之界，故名。

至到

地里

东至四川播州宣慰司界二百五十里，南至普市守御千户所界五十里，西至四川九姓长官司界九十里，北至四川纳溪县界八十里，东南到禄肇土官地界二百里，西南到芒部军民府界三百五十里，西北到四川纳溪县界三百二十里，东北到播州宣慰司界一百五十里。自卫治至南京五千六百一十里，至京师八千七百八十里。

铺舍

曰司门，曰甘溪，曰滴水，曰乐安，曰双井，曰普市，曰铁头，曰摩泥。凡八铺。

形胜

环城皆山，叠翠如屏。

马口崖镇其北，渔漕溪横其南。俱《一统志》。

西引三渝，南控六诏。《旧志》："教授王训《送桑都阃镇永宁序》：'西引三渝，南控六诏，羿罗杂处其间，独为水陆襟喉之会。'"

邦域险固，关塞严密。同上。

东连贵播，西接叙泸，南距芒部，北抵合江。《新志》。

水陆交通分界于此。《新志》。

风俗

习俗鄙陋，性格野朴。《一统志》。

不事商贾，性务农桑。《一统志》。

颇称富庶。《旧志》："卫界蜀壤，有河道，以通舟楫，故居人颇称富庶，崇尚礼义，向慕儒雅。往往有发身科第而登庸显要者焉。"

向慕儒雅。同上。

山川

土保山 在卫城内。昔有夷人土保居其上，因名。

西珠山 在卫城内西南。山形圆莹如珠，故名。

海漫山 在卫城北。延袤八十余里，如海水之汗漫。

青龙山 在卫城南二里。形如青龙。

红崖山 在卫城东北一十里。山多赤石，如列锦屏。

木案山 在卫城东南五十里。上有林木，下平如案。

乌降山 在卫城西北五十五里。秀拔霄汉，林木蓊蔚。中有大塚，相传为仙婆坟。

疋绢山 在卫城西北六十里。山顶瀑布飞流，宛如疋绢，因名。

箐口岭 在卫城东六十里①。

华崖 在卫城西二百六十里。

马口崖 在卫城西南。

梅子坎 在卫城西一百八十里。

永宁河 在卫城南。一名水东河，一名界首河。源出洛郎山涧，凡三，至卫城南合为一，贯城东北，流至纳溪县，与川江合。河流峻急，滩石险恶，自昔不通舟楫。洪武二十四年，景川侯曹震役夫凿之，起纳溪至永宁为坦流，舟楫之利兴焉。

通江溪 源出贵州界，流经九姓长官司，南十五里，名落卜茹溪②，下流入永宁河。

甘溪 在卫城南十里。

渔漕溪 在卫城西南八十里。

---

① 六十里：原作"六百里"，不合情理，据嘉靖《贵州通志》改。
② 落卜茹：原文误作"落卜姑"，据《黔记》及本书他处改。

铜鼓溪 在卫城西北五十五里。

天生池 在卫城西北六十里。四面山绕，水积于中，不假穿凿，故名。

灵湫泉 在卫城西五十里。有山洞，深二丈许。泉水四时不竭，祷雨即应。

金鹅池 在九姓司西南五十里。昔有天鹅，羽如黄金，游池内，至暮飞去，因名。

双井 在卫城南四十五里。

土产

茶。梅。柑。葛。苦竹。马。猿。栀子。

公署

卫治 在卫城内西南。洪武四年，曹国公李文忠建。经历司、卫镇抚附焉。左、右、中、前、后五千户所分置卫前东西。卫城围七里，周辟七门，东之南曰大东，东之北曰小东，南曰弘化，西之南曰承恩，西之北曰聚宝，北之东曰武成，北之西曰康乐。

按察司分司 在卫城内东南隅。

永宁宣抚司 在卫城内东。隶四川布政司。

永宁站 在卫城东三里渔浮关。洪武二十二年建。

学校

永宁宣抚司学 在卫城内西南。元至元间建，隶四川省。正统八年，贵州设卫学以教武职子弟，而永宁卫军生始并育于兹学，其科贡人才，隶宣抚司者则赴四川，隶本卫者则赴贵州焉。文庙斋堂俱有建置，以其隶于四川，故略之。

宫室

钟楼 在卫城内西山上。洪武间建。

鼓楼 在卫城西北山上。亦洪武间建。

寺观

崇福寺 在卫城南门外。洪武二十二年,土官宣抚奢尾建。
万寿寺 在卫城西门外。永乐九年,土官奢苏、同知戴亮建。
梓潼观 在卫城西门内。洪武十八年,指挥俞镇建。

祠庙

城隍庙 在卫城内东。洪武五年,指挥杨广建。
五龙庙 在卫城西门外。洪武十一年,指挥何铭建。
关王庙 在卫城内北。
晋王庙 在卫城西门外。洪武二十二年,指挥俞镇建。
旗纛庙 在卫治左。洪武七年建。

关梁

渔浮关 在卫城东三里。上接云贵,下通川蜀。洪武四年建。有兵戍之。成化二十一年,贵州都指挥桑盛修葺。规制严整,视昔有如。
金鹅堡关 在卫城西四十里。乃山都掌蛮贼出没之所。天顺间筑堡戍之。
三块石关 在卫城西北六十里,界首河上。舟楫过此,每有寇盗之警。成化初,筑堡备之。
上桥 在卫城内东南隅。
下桥 在卫城内东北隅。
通济桥 在卫城东南三里。旧架木以通往来。景泰初,按察佥事张淑始叠石为之,商旅称便。

馆驿

永宁驿 在卫城南。洪武间建。隶四川永宁宣抚司。

古迹

永宁旧城 在卫城西八十里,渔漕溪北,即元永宁路旧址也。洪武四年筑,五年后移今城。

旧蔺州 在卫城东一百八十里。唐元和初置，有碑在唐朝坝①。今剥落。

米利城 在卫城北八十里。有大田，常无水旱忧，米谷成熟，故名。

关索石 在卫城南二十里，大道之傍。故老云昔关索南征，恶此石截道，以戈鐏击之，石破为二，一留道傍，一飞堕道东，地名落石，今其析痕宛然。

陵墓

仙婆墓 在乌降山下，铜鼓溪浒。相传昔有老妪名满道，笃于道行，善知休咎，人多就决焉。后卒，葬于此。

名宦

宋·刘光义 乾德间平蜀，以威德著。请置永宁路以控羿罗之夷，边纪克序，部落获宁焉②。

本朝·吴珍 正统间任本卫指挥佥事。兵政茂著。寻征簏川，身先士卒，鼓噪入阵，擒四象以归③。升指挥同知。景泰间，羿獠啸聚，逼犯卫城，珍募精锐，躬率出击，斩俘甚众，城赖以全。

安琦 天顺间任本卫指挥佥事。善抚士卒，人用乐附。六年，大坝山都掌叛，远迩绎骚，几至失守。琦率锐卒，巡逻要害截杀，贼势顿挫。都掌称为虎将。寻随总兵官李安进讨，命琦先侦虚实，深入危险，至落卜茹遇贼，琦马陷泥潭，犹挽弓射杀七八贼。以援兵不继被害。卫人至今谈其勇烈。

桑盛 任本卫指挥使。敏于政事，上下交称，推握卫符，蔚有时誉。天顺间，大坝山都掌叛乱，总兵宫李瑾讨之。盛率偏师以从，累画进止方略，谨接以殊礼。间用其言，往无不捷。寻以功升都指挥佥事，后守备永宁等四卫，边务渐序，不试五兵，卒于官。

本朝·李文忠 曹国长公主子也。洪武中，拜曹国公。征永宁，筑城建卫，以靖远夷，边人至今仰之。

曹震 洪武中，以景川侯征南夷，凿永宁河以通舟楫，人赖其利。

杨广 洪武中，以指挥从征永宁禄肇。智勇冠运，甚为时帅所重。今永宁城皆其所筑。

---

① 坝：原缺，据《黔记》补。

② 获：原缺，据万历《贵州通志》补。

③ 四象：原缺"象"字，据《黔记》补。

人物

本朝·李福 永乐间，以本卫左所骑卒，从征交趾，能以智勇生擒渠寇黎澄，槛送中军，论功超升交州右卫指挥佥事，赐以彩绮、宝纱、金带、冠服。

陈永定 永宁卫人。任本卫中所百户。膂力绝人，善于骑射。宣德八年，调征松潘，有功，升本所副千户。正统四年，引军征剿思仁发，攻围上江刀招罕大寨，鼓噪奋勇[①]，截杀贼象，奋身遇害，人咸惜之。

王敞 永宁卫人。性颖才健，由进士敭历中外，能誉籍然。仕至浙江布政司参政。

科甲

王敞 正统六年举人，正统十年进士，任大理寺正，改南京户部郎中，升浙江布政司参政。

丘春 永宁卫人。正统九年举人，任广西布政司理问，升陕西金州知州。

谢富 永宁卫人。正统十二年举人，任福建汀州府通判。

邵昱 永宁卫人。正统十二年举人，任云南晋宁州知州，升广西平乐府知府。

余玺 永宁卫人。景泰四年举人，任云南大理府通判。

丁寿 永宁卫人。景泰四年举人，任威清卫学训导，升岷府教授。

李仁 永宁卫人。景泰七年举人，未仕而卒。

杨淳 永宁卫人。天顺六年举人，任南京应天府经历。

朱溥 永宁卫人。天顺六年举人，任四川合江县知县。

孙昭 永宁卫人。成化元年举人，未仕而卒。

谢礼 永宁卫人。成化四年举人，未仕而卒。

陆源 永宁卫人。成化四年举人，未仕而卒。

朱广 永宁卫人。成化十年举人，任云南北胜州知州。

王训 永宁卫人。成化十三年举人，任云南楚雄府学训导，升阳宗县知县。

陶辅 永宁卫人。成化十三年举人，任四川重庆府巴县学训导。

陶金 永宁卫人。成化十三年举人，未仕卒。

丘永 永宁卫人。成化十三年举人，任中书舍人。

骆宽 永宁卫人。成化十九年举人，任四川泸州学正。

[①] 勇：原缺，据文义及《黔记》、万历《贵州通志》补。

蔡林 永宁卫人。弘治二年举人。
陶心 永宁卫人。弘治二年举人。

列女

封氏 永宁卫人闵焕文妻。事舅姑以孝闻。夫卒,封丧葬尽礼,时年二十一,誓不再醮,以养舅姑,孀居三十七年。有司尝上其实,未蒙表异。

杨氏 永宁卫人伏文贵妻。文贵征交趾,死于阵,杨年二十六,子成甫二岁。杨婺居抚之,不再适人。成既长,亦以征贵州叛夷战殁,其妇毕氏亦守节不嫁。天顺间,有司亦尝以其妇姑之节上之。

谢氏 永宁卫军士□真妻。年二十四而寡。其母欲更嫁之,谢守死不二,卒抱节以终,年六十二。①

马氏 永宁卫指挥使侯英妻,泸州卫千户珣之女也。适侯二年而寡,誓志守节,抚其遗腹子宇以袭夫职②。始终无玷,乡邻称之。

胡氏 永宁卫舍人孙贤妻。贤疾笃,胡祷天愿以身代,且刳股肉,为羹以进。贤卒不起,哀毁,守节凡四十余年。

邹氏 永宁卫镇抚雷震妻也。年二十五而夫殁,守节无玷。震弟霖之妻沈氏,年二十三而寡,亦守节不嫁。里人称为雷氏双节。今年皆七十余。未蒙旌表。

题咏

望穷归目更多山。

贵州监察御史丁养浩《永宁行台》诗③:"绝壁烟萝几日攀,好风吹雨客途间。鸟当春暮语犹滑,人到地偏情亦蛮。流画别愁应有水,望穷归目更多山。去来莫作经行梦,梦里相看也怆颜。"

天近夕阳明绝壁。

前人次韵:"十日险途跻复攀,渐惊身入五云间。白崖南去半罗鬼,赤水北来多羿蛮。天近夕阳明绝壁,雨深春涧落层山。何当一扫烽烟净,望到长安开笑颜。"

---

① 万历《贵州通志》此段稍异,谢氏,卫人张贵妻,终年六十六。
② "宇"字原缺,据万历《贵州通志》补。
③ 永宁行台:《黔记》作"永宁道中"。

岭树入云连古戍。

前人次韵:"风物萧萧望永宁,感时心绪杳难平。关山到处有离别,夷罗几时无战争。岭树入云连古戍,河流如带绕孤城。行人正尔怨滇海,刁斗夜深声更清。"

十里边城一半荒。

按察司副使沈庠《分司次韵》:"万山历尽险非常,十里边城一半荒。风纪滥司真有愧,民情亲见惜无长。鸣春幽鸟亦堪听,入馔新芹也自香。天地寄形能几日,却教松菊笑人忙。"

重行川贵两州间。

贵州按察司佥事罗昕《永宁分司》诗:"杳想青云不可攀,重行川贵两州间。衣冠尽说无浇俗,弓剑那堪有羿蛮。城上东滇千里月,马前南诏万重山。何人为鼓津头枻,共汲泸江洗瘴颜。"

岚气逐风开远岫。

前人诗:"踏阁攀崖敢自宁,愧无长策补升平。难寻两省衣冠会,未免三农蝠燕争。岚气逐风开远岫,月光如水浸孤城。梦回客馆三更后,颇觉襟怀暑气清。"

第二十八卷　黄平守御千户所

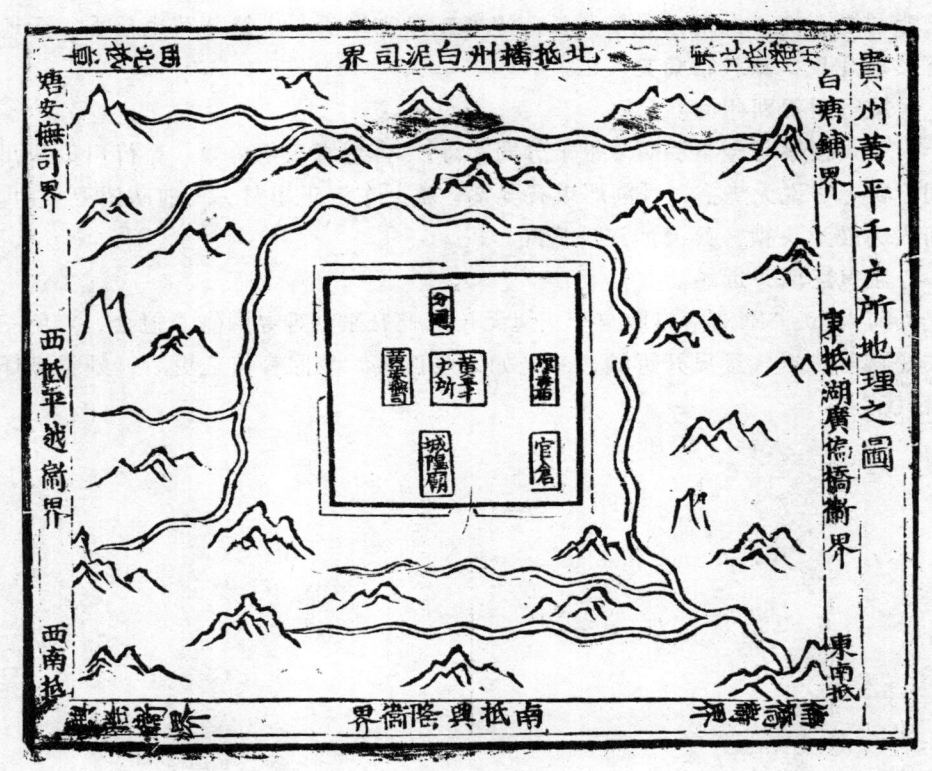

贵州黄平千户所地理之图

建置沿革

古西南夷地。汉属牂牁郡。唐属播州乐源郡。宋为黄平府，领上下三曲二长官司，隶叙州。元改隶播州宣抚司。洪武八年，改府为安抚司，以其地皆夷獠，多叛，添置黄平千户所以守御之，隶四川都司。十五年，改隶贵州都司。

郡名

黄平宋名。

至到

地里

东至镇远府界五十里，南至兴隆卫界二十里，西至四川草塘安抚司界五十里，北至四川白泥长官司界六十里，东南到镇远府界五十里，东北到平越卫界六十里，西南到兴隆卫界五十里，西北到四川容山长官司界六十里。自所治至南京四千七百里，至京师八千二百里。

形胜

葛郎洞为之蔽，马鬃岭为之关。《旧志》："西距西崖箐水之要害，而以葛浪洞为蔽；东抵上塘梅涧之险阻，而以马鬃岭为关。"

大山深谷、巉岩斗绝之地。元《黄平府志》。

重岗叠拥，二水环流。《同上》。

西连僰道，南极牂牁。《一统志》。

风俗

力于耕稼。《旧志》："环所多平原沃壤，人多力于耕稼，衣食颇足，敦尚诗礼，而附城诸夷亦渐化焉①。"

颇尚争讼。《旧志》："守御之卒多强悍，尚争讼。"

山川

铜钉山 在所城南五里。雄据峭拔，为诸山冠。

宜娘山② 在所城南五里。相传宋有宜娘者，屯兵于此，故名。

西崖山 在所城西。

---

① 附城：二字原缺，据万历《贵州通志》补。
② 宜娘：二字原缺，据贵图本及《黔记》补。

  琴坡山 在所城北六里[①]。山形横□如琴。为所之障。
  马鬃岭 在所城东四十里。
  葛浪洞 在所城西。
  梅子洞 在所城东。
  西门河 在所城西门外。泓深萦带，自北而东入镇阳江。
  箄水 在所城西。
  东溪 在所城东北。流入西门河。

土产

  楠木。猿。鹿。蜡。

公署

  所治 在所城中。洪武八年建。所镇抚附焉，所领百户所十，皆散置城内。所城围四里，周辟四门，东曰泰明，南曰保障，西曰服远，北曰琴山。
  按察司分司 在所城内南。宣德间建。成化中重修。
  黄平安抚司 在所城内西南隅，隶四川播州宣慰司。

宫室

  保障楼 即所城南门楼也。洪武间建。成化间重修。

寺观

  宝相寺 在所城东二里。元至元间建。洪武间重修。
  福智院 在所城内西。宣德间建。

祠庙

  城隍庙 在所城内南。洪武间建。

---

  ① 所城：二字原缺，据贵图本补。

旗纛庙 在所治后。洪武间建。

关梁

马鬃岭关 在所城东四十里。
来远桥 在所城东，东溪之上。
南河渡 在所城南。

名宦

本朝·张朝 洪武八年初设所治，以朝有才智，自贵州卫千户改黄平所。军政修举，蛮夷畏服。

朱暹 正统间以贵州前卫指挥佥事荐掌黄平千户所事。令肃政平，兵夷安堵。

流寓

本朝·陈溱 湖广蒲圻人。天顺间以户部主事谪居黄平。能文工吟，多所著作。

题咏

烽火不惊关市靖。
本朝主事陈溱诗："连云百雉绕山隈，势若金汤控远夷。已喜雕题归板籍，还闻边徼有藩篱。千家井灶闻鸡犬，四野金汤肃虎貔。烽火不惊关市靖，笙歌处处乐雍熙。"

高山深处置官衙。
贵州按察佥事罗昕《黄平分司有怀汝器大参先发思南》诗："高山深处置官衙，坐对飞岚送落霞。两度我来忘险恶，五年人异倍咨嗟。微霜未肯凋枫叶，残瘴犹虞摘米花。印水德江三百里，故人何处驻行□。"

戍楼粉堞依山起。
前人诗："攀崖踏阁到边城，腊雨新晴鼓角清。川贵版图分节制，兵民官府谩经营。戍楼粉堞依山起，野烧黄昏照眼明。安得长风开瘴雾，凭高时一望神京。"

专征将帅屯山口。

前人诗："绝峤风光逼小年，不辞千里入蛮烟。专征将帅屯山口，转饷丁夫泣马前。纳款但教言在耳，倒戈谁忍血成川。苗酋未识招徕意，犹据云崖石垒坚。"

第二十九卷　普市守御千户所

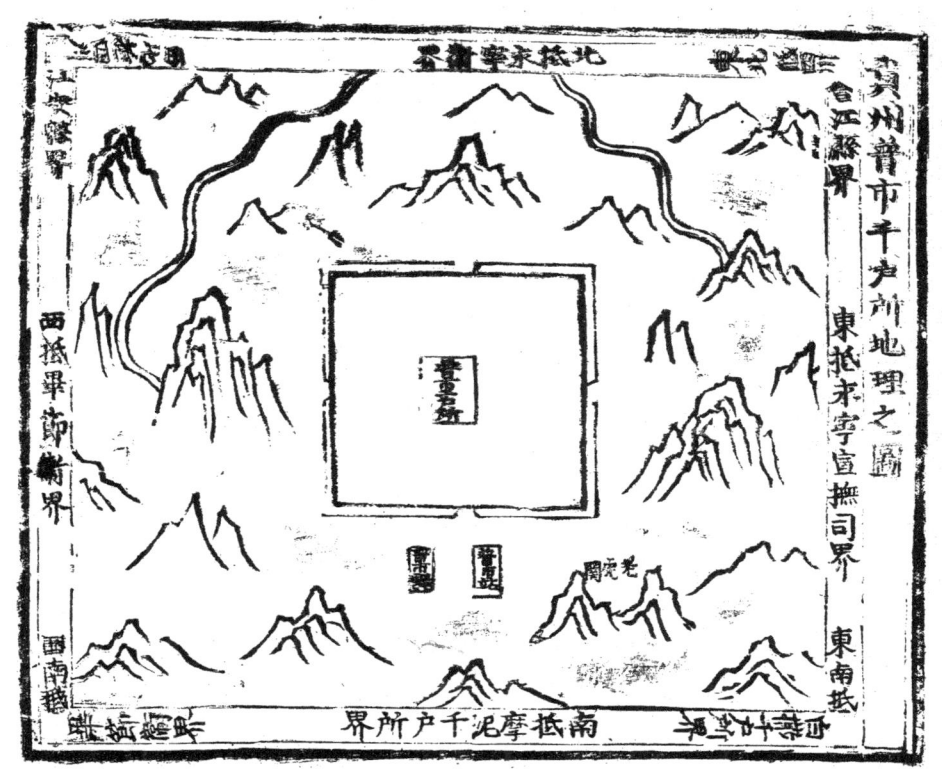

贵州普市千户所地理之图

建置沿革

《禹贡》梁州之境，天文参井分野。汉属益州。唐元和元年置蔺州。宋乾德三年，州废。元为永宁路地。洪武四年克服，以其地属四川永宁宣抚司；二十二年，复以其地当滇贵要冲，置普市守御千户所，隶贵州都司。

郡名

蔺州唐名。普市夷民为市于此，故名。

至到①

东抵永宁宣抚司界四十里，南抵摩泥千户所界二十里，西抵毕节卫界二百里，北抵永宁卫界四十里，东南抵白撒所界三十里，东北抵四川合江县界三百八十里，西南抵毕节卫界二百里，西北抵四川江安县界三百里。

形胜

四山围绕，峻险如壁。《一统志》。
崇山僻地，修竹茂林。《旧志》。

风俗

不务耕桑，专事贸易。《一统志》。
习俗颇淳。《旧志》："所之士卒虽居僻境，不变于夷，而习俗颇淳。"

山川

木案山 在所城东二里。山有茂林修竹，横亘青翠，如列屏障。
秀林山 在所城南三里。山多竹树，蔚然森秀。
龙泉涧 在所城东南六里。源出东南山谷，西流至所城南，潜入洞中，透合落窝溪。遇旱，辄取水祷雨有验。
落窝溪 在所城东南七里。

土产

竹。熊。豕野猪也。

---

① 原缺此段，据万历《贵州通志》补。

公署

所治 在所城内东南隅。洪武二十二年建。所镇抚附焉,领百户所十,分置城内。所城围二里二十步,周辟四门,东曰靖安,南曰保障,西曰延禧,北曰长宁。

按察司分司 在所城内西。正统间建。

普市站 在所城南三里。洪武二十年建。

宫室

保和楼 即所城南门楼也。永乐元年,千户杨山建。

寺观

普化寺 在所城西南八十里。永乐间建。

祠庙

城隍庙 在所城内东。洪武二十五年,千户杨成建。

旗纛庙 在所治后。洪武间建。

馆驿

普市驿 在所城南三里。洪武间建。隶四川永宁宣抚司。

名宦

唐·高崇文 元和初,率兵平蜀,诸夷归顺,因置蔺州以统之。

宋·刘光义 乾德间,讨平西南夷,威惠大著。

本朝·杨成 洪武间,以副千户建置所城,开辟道路,遗绩犹存。

人物

本朝·杨山 普市千户所人。永乐初,以荫授本所千户。才力有为,武备克举。修缮城垒,以严保障,边隅赖之。

题咏

三里孤城鼓角严。

贵州举人李陆诗:"三里孤城鼓角严,绕城清涌万山尖。鸟音清碎巧娱耳,草色春深乱入帘。苗獠投戈皆向化,使臣询瘼谩停骖。供盘休厌村酤薄,饱服雍熙思已酣。"

后 记

在点校《黔记》的过程中，我对弘治《贵州图经新志》有了进一步的了解，随后，又接触到了嘉靖《贵州通志》与万历《贵州通志》，就想把这几部书一并校了，可以为贵州历史的研究者提供一些帮助。

其时，我在贵州大学兼任古代文学硕士生导师，就请还没有开始写毕业论文的几个元明清方向的研究生一起参加，人手多，做起事来也快，2014年，就完成了点校工作，并与出版社签订了出版合同。但其时出版社尚忙于《黔记》的出版，这本弘治《贵州图经新志》虽已开始了校稿工作，但速度就慢得多了，一起工作的几个研究生都已毕业。但慢了也并不是坏事，我又因此多校了几次，发现了一些问题。

总之，这本书是要出版了，感谢西南交大出版社一直以来对我的支持，感谢李晓辉先生、吴迪女士的帮助，感谢邢洋洋、赵念、吴春燕几位同学对我的支持。

贵阳学院阳明学与黔学研究院
贵阳孔学堂签约入驻学者　赵平略
于贵阳学院明德斋
2017.7.20